Frieden und Sicherheit im 21. Jahrhundert

Bernhard Rinke · Wichard Woyke (Hrsg.)

Frieden und Sicherheit im 21. Jahrhundert

Eine Einführung

Springer Fachmedien Wiesbaden GmbH 2004

Gedruckt auf alterungsbeständigem und säurefreiem Papier

Die Deutsche Bibliothek – CIP-Einheitsaufnahme
Ein Titeldatensatz für die Publikation ist bei
Der Deutschen Bibliothek erhältlich
ISBN 978-3-8100-3804-3   ISBN 978-3-663-10108-6 (eBook)
DOI 10.1007/978-3-663-10108-6

© 2004 Springer Fachmedien Wiesbaden
Ursprünglich erschienen bei Leske + Budrich, Opladen 2004.

Das Werk einschließlich aller seiner Teile ist urheberrechtlich geschützt. Jede Verwertung außerhalb der engen Grenzen des Urheberrechtsgesetzes ist ohne Zustimmung des Verlages unzulässig und strafbar. Das gilt insbesondere für Vervielfältigungen, Übersetzungen, Mikroverfilmungen und die Einspeicherung und Verarbeitung in elektronischen Systemen.

Satz: Berthold Druck und Direktwerbung, Offenbach

Inhalt

Vorwort der Herausgeber 7

Dieter Dettke
Begriffe I. Der Sicherheitsbegriff 9

Reinhard Meyers
Begriffe II. Der Wandel des Kriegsbildes 25

Martin Kahl
Risiken I. Proliferation, Rüstung, Rüstungskontrolle 51

Kai Hirschmann
Risiken II. Internationaler Terrorismus
als sicherheitspolitische Herausforderung 77

Jörg Waldmann
Risiken III. Umweltzerstörung, Ressourcenknappheit,
Bevölkerungswachstum und Migration 101

Wibke Hansen
Konfliktregelung und Friedenssicherung I.
Die Vereinten Nationen. 125

Stephan Böckenförde
Konfliktregelung und Friedenssicherung II.
Die Vereinigten Staaten von Amerika 151

Martina Fischer
Konfliktregelung und Friedenssicherung III.
Humanitäre Intervention und Prävention 173

Johannes Varwick
Konfliktregelung und Friedenssicherung IV.
Die neue Rolle Deutschlands 201

Wichard Woyke
Neue Europäische Sicherheitsarchitektur I.
Die NATO 225

Bernhard Rinke
Neue Europäische Sicherheitsarchitektur II.
Die Europäische Union 245

Wolfgang Zellner
Neue Europäische Sicherheitsarchitektur III.
Die Organisation für Sicherheit und Zusammenarbeit in Europa 273

Autorenverzeichnis 295

Sachregister 297

Vorwort

Die terroristischen Anschläge auf das World Trade Center in New York und das Pentagon in Washington am 11. September 2001 haben schlaglichtartig gezeigt, dass die Sicherheit auch einer scheinbar noch so sichereren Nation zu Beginn des 21. Jahrhunderts nicht mehr gegeben ist. Im System der Nationalstaaten wurde Sicherheit als Schutz vor Bedrohung voreinander verstanden. Doch nun wurde erkennbar, dass die Sicherheit eines Staates, einer Nation, auch durch nichtstaatliche Akteure, wie zum Beispiel Terrorgruppen, gefährdet werden kann. Daneben haben der Golfkrieg 1991, die Kriege auf dem Balkan, die Bürgerkriege in Ruanda und Burundi sowie nicht zuletzt der Irakkrieg 2003 deutlich werden lassen, dass nach dem Ende des Ost-West-Konflikts kein friedliches Zeitalter angebrochen ist. Das Bedrohungsbild einer globalen militärischen Konfrontation zwischen zwei hochgerüsteten Militärblöcken ist durch komplexere, gleichzeitig weniger konkrete Konfliktszenarien ersetzt worden: „asymmetrische" Angriffe durch „Schurkenstaaten" und Terroristen, lokale Auseinandersetzungen und Bürgerkriege vor allem in Afrika und Asien sowie eine Reihe nichtmilitärischer Bedrohungen und Stabilitätsgefahren, die eine Sicherheitsdimension enthalten können. Zu nennen sind in diesem Zusammenhang etwa Flüchtlingsströme, illegale Migration, organisierte Kriminalität oder ökologische Schäden. Angesichts der Globalisierung verschwindet die Trennung von äußerer und innerer Sicherheit immer mehr und muss in einem Gesamtzusammenhang gesehen werden.

Somit befindet sich das internationale System zu Beginn des 21. Jahrhunderts in einem anhaltenden Umbruch mit ungewissen Ausgang. Neue Fragen stellen sich für die internationale Sicherheit, aber auch Fragen nach lange bestehenden sicherheitspolitischen Parametern und ihrer zukünftigen Bedeutung müssen beantwortet werden. Das bedeutet, dass es sich sowohl unter wissenschaftlichen Aspekten als auch unter dem Gesichtspunkt der politischen Praxis lohnt, mit den Problemen von Sicherheit und Frieden im 21. Jahrhundert zu befassen. Hier sei nur auf die Frage nach der Zukunft der transatlantischen Beziehungen sowie die Diskussion über Prävention, Intervention und Präventivkriege hingewiesen, die durch den Irakkrieg 2003 erneut in den Mittelpunkt des öffentlicher Interesses geriet. Kurz: Die internationale Gemeinschaft sieht sich mit zahlreichen alten und neuen friedens- und sicherheitspolitischen Problemstellungen konfrontiert.

Vor diesem Hintergrund verfolgt der vorliegende Band das Ziel, einen Beitrag zum besseren Verständnis und zur zukünftigen Bedeutung der sicherheitspolitischen Herausforderungen und Risiken, der wichtigsten internationalen Konfliktregelungs- und Friedenssicherungsmechanismen sowie der diesbezüglich relevanten Akteure zu leisten. Die Beiträge richten sich dabei vorrangig an Studierende des Grundstudiums bzw. an Leserinnen und Leser mit wenigen Vorkenntnissen und möchten zu einer vertiefenden Auseinandersetzung mit der jeweiligen Problematik einladen und motivieren.

Hamburg/Münster, im November 2003
Bernhard Rinke/Wichard Woyke

Dieter Dettke

Begriffe I. Der Sicherheitsbegriff

1. Einleitung
2. Zur Problematik der äußeren Sicherheit
3. Sicherheit und Verteidigung
4. Sicherheitspolitische Konzeptionen
5. Ausblick

1. Einleitung

Im weitesten Sinne umfasst der Begriff Sicherheit sowohl die innere als auch die äußere Sicherheit eines Staates. Die innere Sicherheit dient dem Schutz der Bevölkerung vor allen denkbaren Formen krimineller Handlungen. Darunter sind nicht nur Gewaltverbrechen zu verstehen, sondern auch andere Rechtsbrüche und -verletzungen, die dem friedlichen Zusammenleben einer Gesellschaft im Wege stehen. Zur inneren Sicherheit gehört also auch der staatliche Auftrag, Eigentumsverletzungen, Verletzungen der Privatsphäre und die Übertretung von Umgangs- und Verkehrsregeln zu unterbinden. Die damit verbundenen Aufgaben werden in erster Linie von der Polizei wahrgenommen. Die Aufsicht über die Polizei und die politische Verantwortung für Polizeiangelegenheiten liegt in der Regel beim Innenminister und nicht beim Verteidigungsminister. Speziell zum Schutz der äußeren Grenzen eines Staates, aber immer noch als Teil der inneren Sicherheit, werden besonders dafür ausgerüstete und ausgebildete Kräfte eingesetzt. In Deutschland geschieht dies mit Hilfe des Bundesgrenzschutzes, eine unmittelbar dem Innenminister unterstehende Institution, deren Aufgabenbereich zum Teil auch Merkmale der äußeren Sicherheit umfasst.

Die Aufrechterhaltung der inneren Sicherheit durch Polizeikräfte ist aber nicht nur eine Funktion der Exekutive. Einen ganz entscheidenden Anteil an der Aufrechterhaltung von Sicherheit und Ordnung und an der Rechtssicherheit allgemein haben die Gerichte. Nur wenn die Rechte des Einzelnen auf dem Rechtswege unter Umständen auch gegen den Staat selber oder gegen mächtige Gruppen und Individuen durchsetzbar sind, kann Sicherheit im Innern eines Staates gewährleistet werden, denn innere Sicherheit umfasst nicht nur den Schutz staatlicher Einrichtungen und Institutionen und seiner Amtsträger, sondern primär die Sicherstellung der freien Entfaltung jeder einzelnen Persönlichkeit vor jeglichen Übergriffen, staatlicher, gesellschaftlicher oder auch individueller Art.

Anders verhält es sich mit dem Begriff der äußeren Sicherheit. Darunter versteht man in erster Linie den Schutz des Staates vor äußerer Beherrschung oder Existenzgefährdung. Die äußere Sicherheit ist spezifisch auf die Abwehr von Bedrohungen gerichtet, die eine Gesellschaft von außen in ihrer Existenz gefährden können, zum Beispiel durch militärische Gewalt, Druck, Drohung oder Erpressung, Boykott und Embargo.

Der Begriff Sicherheit taucht vor allem in drei verschiedenen Varianten auf:

- Nationale Sicherheit – Der Begriff nationale Sicherheit wird im sozialwissenschaftlichen Sprachgebrauch definiert als „die Fähigkeit einer Nation, ihre inneren Werte vor äußerer Bedrohung zu schützen" (Berkowitz and Bock 1965: X). Richard Löwenthal (Löwenthal 1971: 11) hat in diesem Zusammenhang die Bewahrung der Freiheit der gesellschaftlichen Eigenentwicklung eines Volkes vor einem direkten militärischen Angriff, äußerem Druck oder der Drohung mit einem Angriff als das oberste Interesse eines Staates bezeichnet. Danach kommt es nicht nur darauf an, unter allen Umständen einen militärischen Konflikt zu vermeiden – dies könnte ja auch die Kapitulation vor den Forderungen anderer einschließen –, sondern unter Umständen auch unter Einsatz militärischer Machtmittel, die durch den Staat geschützte „gesellschaftliche Substanz" zu bewahren. Ein Staat ist – wie Walter Lippmann (Lippmann 1943: 51) es ausdrückte – in dem Maße sicher, wie er nicht in der Gefahr ist, existentielle Werte (core values) zu opfern, wenn er einen Krieg zu vermeiden wünscht und in der Lage ist, falls er herausgefordert wird, sie durch einen Sieg in einem solchen Krieg aufrechtzuerhalten. In diesem Sinne ist der Begriff nationale Sicherheit eine Funktion der Fähigkeit eines Staates, einen Angriff siegreich zu überstehen und Druck, Drohung und Erpressung erfolgreich zu widerstehen.
- Kollektive Sicherheit – Im Gegensatz zum Begriff der nationalen Sicherheit stellt das Prinzip der kollektiven Sicherheit auf ein Verfahren ab, in dem die Verletzung des Gewaltverbotes durch einen Staat alle übrigen Staaten zu gemeinsamer Aktion gegen den Angreifer zusammenführt. Jeder Staat ist in einem kollektiven Sicherheitssystem berechtigt und verpflichtet, seine Machtmittel gegen den Rechtsbrecher einzusetzen (vgl. den Beitrag von Wibke Hansen im vorliegenden Band).
- Internationale Sicherheit – Der Begriff internationale Sicherheit umschließt alle zwischenstaatlichen Ansätze zur Gewährleistung der äußeren Sicherheit der Mitglieder des internationalen Systems, also Bündnispolitik und Militärbündnisse ebenso wie internationale Organisationen, wobei sich drei Lösungsansätze zur Herbeiführung oder Verbesserung der internationalen Sicherheit unterscheiden lassen, nämlich Machtabbau, Machtkontrolle und Machtgleichgewicht.

Begriffe I. Der Sicherheitsbegriff

2. Zur Problematik der äußeren Sicherheit

Vor äußeren Bedrohungen sicher zu sein und nicht in Kriege verwickelt zu werden ist für jede Gesellschaft ein – an der Rangfolge politischer Prioritäten gemessen – äußerst wichtiges Ziel. Staaten unterhalten für diesen Zweck je nach Größe und Bedrohungswahrnehmung militärische Streitkräfte in einem erheblichen Umfang. Nur ganz wenige unabhängige, souveräne Staaten, Costa Rica z.b., verzichten auf die Aufstellung von Streitkräften. Die Mittel zur Gewährleistung der äußeren Sicherheit machen einen erheblichen Anteil an den Staatsausgaben und am Bruttosozialprodukt eines Staates insgesamt aus. Die absolut höchsten Verteidigungsausgaben bringen die Vereinigten Staaten von Amerika auf. Dort betragen sie für das Haushaltsjahr 2002/2003 insgesamt 379 Mrd. Dollar und machen etwa 5% des Bruttosozialprodukts aus. Im Haushaltsjahr 2003 stieg das Verteidigungsbudget im Vergleich zum Vorjahr überdurchschnittlich an. Der Haushaltsanteil der Verteidigungsausgaben in den USA liegt bei 17,8%. Einen höheren Haushaltsanteil haben die Verteidigungsausgaben in Israel. In den 50er Jahren zum Beispiel betrugen sie dort fast 50% des Staatshaushalts. Zur Zeit liegen die Verteidigungsausgaben in Israel bei etwas unter 10% des Bruttosozialprodukts. In Deutschland betrug der Anteil der Verteidigungsausgaben am Bruttosozialprodukt Ende 2002 weniger als 2%.

Die Problematik der Sicherheit ergibt sich aus der Tatsache, dass jede Gesellschaft mehr oder weniger verwundbar ist, z.B. durch militärische Gewalt, wirtschaftlichen oder politischen Druck, Drohung, Terror und Erpressung. Niemand ist unverwundbar. Sicherheitspolitik versucht deshalb nach Möglichkeit den Grad der Verwundbarkeit gegenüber zahlreichen Möglichkeiten der Verletzung zu reduzieren.

Wie die katastrophalen, strategisch gezielten Terrorakte von Al-Qaida am 11. September 2001 in New York und Washington deutlich gemacht haben, wo zivile Flugzeuge praktisch als Lenkwaffen zum Einsatz kamen, das World Trade Center zum Einsturz brachten und das Pentagon schwer beschädigten, ist absolute Sicherheit auch bei größtmöglicher militärischer Stärke nicht zu gewährleisten. Die Sicherheit einer Gesellschaft nach außen kann auf sehr verschiedene Weise verloren gehen: militärisch, wirtschaftlich, auf dem Wege ideologischer Beherrschung oder durch inneren Zerfall. Das bedeutet zugleich, dass militärische Mittel allein zur Gewährleistung der äußeren Sicherheit nicht ausreichen. Die Androhung militärischer Vergeltung gegenüber möglichen Angreifern und die Fähigkeit zur Abschreckung bleiben nach wie vor zentrale Grundbedingungen der Sicherheit, aber die Androhung von und die Fähigkeit zur Vergeltung alleine können nicht zur Verhütung von Konflikten beitragen. Äußere Sicherheit muss sich also auch auf andere, nicht-militärische Mittel abstützen, z.B. auf die Schaffung friedlicher Außenbeziehungen, auf die Erhöhung der Kosten für eine Verwundung und auf den Dialog politischer, kultureller und wirtschaftlicher Art mit dem Ziel der Bekämpfung von Konfliktursachen.

In der Geschichte der Sicherheitspolitik hat es auch immer wieder Versuche gegeben, die Technik zur Reduzierung von Verwundbarkeit einzusetzen. Im Altertum und im Mittelalter spielten Schutzwälle, Mauern und Festungen eine beherrschende Rolle im Sicherheitsdenken. Als berühmtestes Beispiel ist in diesem Zusammenhang die chinesische Mauer zu nennen. Noch bis zum Zweiten Weltkrieg spielte im französischen Sicherheitsdenken die Maginot-Linie, ein Konzept der Grenzbefestigung gegenüber dem Dritten Reich, eine wichtige Rolle. In jüngster Zeit ist auf ostdeutscher Seite auch die Berliner Mauer, sie wurde am 13. August 1961 errichtet, als so genannter Schutzwall vor äußeren Angriffen hingestellt worden, obgleich die Mauer in Wirklichkeit dazu diente, die Bevölkerung der DDR von der Flucht in den westlichen Teil Deutschlands abzuhalten. Langfristig lässt sich wirksame Sicherheit mit den Mitteln der Verteidigung alleine offenbar nicht erzielen. Die chinesische Mauer wie auch die französische Maginot-Linie erwiesen sich als überwindbar und selbst die Mauer hat den Zusammenbruch des DDR-Regimes kraft inneren Zerfalls nur zeitweilig aufhalten, nicht jedoch verhindern können.

Im nuklearen Zeitalter und angesichts der Tatsache, dass heute Massenvernichtungswaffen mit Interkontinental-Raketen und anderen Trägersystemen über große Distanzen eingesetzt werden können, stellt sich die Sicherheitsproblematik auf eine ganz neue Art und Weise. Mit Recht lässt sich behaupten, dass Sicherheit angesichts der Existenz von Nuklearwaffen und anderen Massenvernichtungswaffen zu einer unlösbaren Aufgabe geworden ist, weil selbst Staaten, die über Nuklearwaffen und andere Massenvernichtungswaffen verfügen, im Kern verwundbar bleiben. Der Einsatz z.B. von Nuklearwaffen im Zustand gegenseitiger Verwundbarkeit kann, wenn es zu einem nuklearen Gegenschlag kommt, schweren Schaden für die eigene Bevölkerung haben, wenn nicht sogar die Vernichtung der eigenen Existenz nach sich ziehen.

In der Ära des Kalten Krieges beruhte Sicherheit für die Vereinigten Staaten von Amerika und die Sowjetunion und ihre Verbündeten folgerichtig denn auch auf dem Prinzip der gegenseitigen Verwundbarkeit. Die Sicherheit wurde für beide Systemführungsmächte vor allem dadurch in einem stabilen Gleichgewicht gehalten, dass beide Seiten über eine gesicherte Zweitschlagfähigkeit verfügten. Die Kapazität zu einem entwaffnenden Erstschlag wurde bewusst auch technisch nicht angestrebt, denn eine wirksame Raketenabwehr hätte die von beiden Seiten gewünschte strategische Stabilität in Frage gestellt. Ein Beispiel dafür, die gesicherte Zweitschlagfähigkeit im Verhältnis zueinander nicht infrage zu stellen, war der ABM-Vertrag vom 26. Mai 1972. Beide Seiten verpflichteten sich darin, auf landesweite Systeme der Raketenabwehr zu verzichten

An Versuchen, die eigene Verwundbarkeit zu reduzieren und aktiv nach Möglichkeiten zur Raketenabwehr zu suchen, hat es jedoch nicht gefehlt. 1967 unternahmen die USA Versuche, mit einem Raketenabwehrsystem namens Sentinel wichtige Bevölkerungszentren der USA vor möglichen Raketenangrif-

Begriffe I. Der Sicherheitsbegriff 13

fen zu schützen. Von einer umfassenden Dislozierung des Systems wurde jedoch Abstand genommen, weil die offensiven Möglichkeiten, ein Raketenabwehrsystem zu überwinden, einen wirksamen Bevölkerungsschutz praktisch zunichte machen konnten. An derselben Hürde überlegener Offensivkapazitäten scheiterte zum damaligen Zeitpunkt auch das kurze Zeit später entwickelte Safeguard System, das den Schutz von US Raketenstellungen, nicht aber den Bevölkerungsschutz zum Ziel hatte. Einige wenige Abwehrsysteme zum Schutz der amerikanischen strategischen Nuklearstreitkräfte wurden auch im Rahmen des ABM-Vertrages beibehalten. Beide Supermächte verzichteten jedoch auf den Aufbau von umfassenden Raketenabwehrsystemen sowohl als Bevölkerungsschutz als auch zum Schutz der eigenen Raketenstellungen.

1983 lancierten die Vereinigten Staaten mit ihrer Strategic Defense Initiative (SDI) ein Programm mit dem Ziel einer weltraumgestützten Raketenabwehr. Das SDI-Programm, bisher das ehrgeizigste Vorhaben in der Geschichte defensiven militärischen Denkens, erwies sich jedoch als technisch nicht durchführbar. Zum Teil bereits vorhanden sind jedoch land- und seegestützte Raketenabwehrsysteme mit kürzerer Reichweite, deren Dislozierung nicht als eine Destabilisierung des strategischen Gleichgewichts angesehen wird, weil die Zweitschlagskapazität gesichert bleibt.

Die Vereinigten Staaten haben sich jedoch mit dem National Missile Defense Act vom 22. Juli 1999 zum Aufbau eines landesweiten Raketenabwehrsystems entschlossen und später konsequenterweise den mit der Sowjetunion abgeschlossenen ABM-Vertrag von 1972 gekündigt. In welchem Maße Russland und andere Nuklear- oder auch Nicht-Nuklearstaaten dem amerikanischen Beispiel folgen oder sich amerikanischen Plänen anschließen werden, ist noch ungewiss, denn es gibt noch immer eine Reihe von ungelösten technischen Fragen beim Aufbau eines Raketenabwehrsystems. Präsident Bush hat trotzdem Ende 2002 entschieden, mit dem Aufbau eines begrenzten, jedoch landesweit wirksamen Raketenabwehrsystem zu beginnen. Sicherheit ließe sich angesichts einer wachsenden regionalen und weltweiten Interdependenz zahlreicher Lebensbereiche und der damit verbundenen zunehmenden Verwundbarkeit jeder Einzelgesellschaft im Prinzip auch durch bewusste Akzeptanz gegenseitiger Verwundbarkeit gewährleisten. Die Voraussetzung für Dauerhaftigkeit und Stabilität eines solchen Sicherheitssystems wäre jedoch ein Höchstmaß von Vertrauen von Einzelstaaten untereinander. Gäbe es zum Beispiel mit umfassenden Vollmachten und den dazugehörigen Streitkräften ausgestattete Vereinte Nationen, so wäre durchaus denkbar, dass Einzelstaaten ganz auf den Schutz dieser Organisation vor Angriffen von außen vertrauen könnten. Auf regionaler Ebene wie z.B. im Bereich der Europäischen Union ist schon heute eine hohe Bereitschaft vorhanden, der UNO das Gewaltmonopol zu übertragen. Weltweit lassen jedoch die Unterschiede und Disparitäten von Macht-, Herrschafts- und sonstigen Verfügungschancen z.B. über Rohstoffe eine auf die Akzeptanz von Verwundbarkeit aufbauende Sicherheit kaum weniger illusorisch erscheinen als die am Zustand der Unverwundbarkeit orientierte klassische Sicherheitspolitik. Unverwundbarkeit auf dem Gebiet der Sicherheit ist ebenso unerreichbar wie wirtschaftliche Autarkie.

Mit der zunehmenden Komplexität von modernen Gesellschaften nimmt auch der Grad ihrer Verwundbarkeit zu. Ein Beispiel dafür ist die zentrale Rolle der Informations- und Kommunikationstechnologie für das Funktionieren moderner Wirtschaftssysteme. Information und Kommunikation sind heute das Herzstück der Infrastruktur fortgeschrittener, hochentwickelter Gesellschaften und der Schutz dieser kritischen Infrastruktur ist zu einem neuen Sicherheitsproblem geworden. In den Vereinigten Staaten „cyberspace security" genannt, umfassen heute Informations- und Kommunikationstechnologie auch ganz entscheidende Grundlagen moderner Kriegsführung. Gelänge es in einem Konflikt, die Informations- und Kommunikations-Infrastruktur eines Landes zu zerstören, würde damit auch die Verteidigungsfähigkeit erheblich eingeschränkt, wenn nicht sogar ganz lahm gelegt werden können. Der Schutz der Infrastruktur von Information und Kommunikation wird somit mehr und mehr zu einem Sondergebiet der nationalen Sicherheit.

Unter dem Eindruck der Terroranschläge vom 11. September 2001 in New York und Washington und auch anderer massiver Anschläge des internationalen Terrorismus hat auch der Heimatschutz nicht-militärischer Art – in Amerika „homeland security" genannt – eine neue Bedeutung erhalten, die die einst relativ klare und scharfe Trennung von innerer und äußerer Sicherheit aufzuheben beginnt. Nicht das Militär mit den klassischen Instrumenten von Heer, Luftwaffe und Marine werden zur Abwehr der Bedrohung durch den internationalen Terrorismus eingesetzt, sondern die traditionell der Polizei und der inneren Sicherheit zuzuordnenden Instrumente. Innere und äußere Sicherheit beginnen sich – wie das Beispiel des Terrorismus zeigt – zu überlappen.

Es besteht auch die Gefahr, dass terroristische Organisationen Zugang zu waffenfähigem Nuklearmaterial und zu chemischen und biologischen Kampfstoffen erhalten (vgl. die Beiträge von Martin Kahl und Kai Hirschmann im vorliegenden Band). Nicht mehr auszuschließen ist, dass z.B. so genannte schmutzige Atombomben (dirty nuclear bombs), die ohne großen Aufwand hergestellt werden können, zum Einsatz kommen. Für Terroristen bietet sich durchaus an, statt nuklearer Zerstörung die systematische nukleare Verseuchung als Mittel zur Durchsetzung von terroristischen Zielen zu benutzen. Auf Formen der asymmetrischen Kriegsführung ist die klassische Sicherheitspolitik sowohl theoretisch als auch praktisch nur unzureichend vorbereitet. In welchem Maße und in welchen Fällen ist zum Beispiel der Einsatz von Militär gegenüber in zivilem Gewand auftretenden Terroristen gerechtfertigt und auch effektiv, ohne den Grundsatz der Proportionalität in der Gegenwehr zu verletzen? In welchen Fällen ist es darüber hinaus zulässig, staatliche militärische Gewalt gegen subnationale und substaatliche Organisationen ohne feste territoriale Verankerung einzusetzen? Die Terrororganisation Al Qaida zum Beispiel ist mit ihren Netzwerken in über 60 Ländern vertreten, zum Teil ohne dass die betroffenen Regierungen dieser Länder genaue Kenntnisse über deren Präsenz im

Begriffe I. Der Sicherheitsbegriff 15

eigenen Lande haben. In diesen Fragen kommt zum Ausdruck, wie stark sich die gegenwärtige Sicherheitsproblematik in ihrem Wesen zu verändern und auf die gesellschaftliche Ebene zu verlagern beginnt. Was im Einzelfall in jeder Gesellschaft als schutzwürdiges, unabdingbares Wertesystem gelten soll, kann darüber hinaus innenpolitisch durchaus umstritten sein. Es kann sein, dass ein Teil der Gesellschaft lieber das zu schützende Wertesystem untergehen sähe, als für seinen Erhalt militärische Gewalt nach außen anzuwenden. Sicherheit als legitimes Ziel einer Gesellschaft steht stets auch in Konkurrenz zu anderen legitimen Zielen und muss mit diesen sowie mit den vorhandenen Ressourcen kompatibel sein. Sicherheit ist also als ein Ausschnitt aus dem Spektrum notwendiger Bedürfnisbefriedigung einer Gesellschaft anzusehen. Das heißt, dass die Auffassungen darüber, was an Sicherheits- und Verteidigungsleistungen jeweils zu erbringen ist, innenpolitischen Veränderungen unterworfen sind und nicht automatisch als außenpolitische Priorität vorgegeben oder gar dem innenpolitischen Machtkampf und der öffentlichen Auseinandersetzung entzogen sind. Weder für den Begriff der Sicherheit im objektiven Sinne – definiert als Abwesenheit einer Bedrohung gegenüber einem Gesellschaftssystem und seinen zentralen Werten – noch im subjektiven Sinne – definiert als Abwesenheit von der Furcht, dass ein Gesellschaftssystem und seine zentralen Werte bedroht werden – kann im Einzelfall Übereinstimmung vorausgesetzt werden. Die wissenschaftliche Forschung über Sicherheits- und Militärpolitik wird diesem letzten demokratietheoretischen Aspekt vermehrt Aufmerksamkeit schenken müssen.

3. Sicherheit und Verteidigung

Sicherheits- und Verteidigungspolitik stehen in einem wechselseitigen Verhältnis zueinander. Sie sind Teil des außenpolitischen Ziel-Mittel-Komplex eines Staates. Handelt es sich in der Sicherheitspolitik in erster Linie um eine Zieldiskussion darüber, wie möglichen von außen kommenden Gefahren, Existenzgefährdungen und Beherrschungsversuchen begegnet werden kann, so geht es in der Verteidigungspolitik vor allem um die Mittel, Aufwendungen und Aktivitäten, die eine Gesellschaft bereitzustellen und zu entfalten in der Lage ist, um ihre Sicherheit zu gewährleisten. Verteidigungspolitik kann insoweit nicht vom Begriff der Sicherheit getrennt werden. Manche Autoren wollen jedoch den Begriff Verteidigung ausschließlich auf die Maßnahmen beschränken, die notwendig sind, um einen Angriff zu begegnen. Was im Einzelfall dazugehört, ist umstritten. Wer nach dem Grundsatz verfährt *Si vis pacem para bellum*, wird Verteidigungspolitik umfassend als Vorbereitung einer Gesellschaft auf alle Eventualitäten äußerer Gefährdung ansehen. Sicherheits- und Verteidigungspolitik sind dann identisch und würden alle

Maßnahmen und Aktivitäten, die im Zusammenhang mit den Streitkräften eines Staates stehen, umfassen, also auch die Rüstungspolitik und den Export von Rüstungsgütern und Waffen. Sicherheitspolitik würde alle diese Aspekte einschließen und gleichzeitig auch Bereiche wie die Abrüstungspolitik umfassen, die der Begriff Verteidigungspolitik nicht abdecken würde.

In der Praxis lassen sich Ziele und Mittel nicht scharf voneinander trennen. Ebenso wie die sicherheitspolitische Zieldiskussion Rückwirkungen auf die Verteidigungspolitik hat, beeinflussen verteidigungspolitische Instrumente und Maßnahmen die sicherheitspolitischen Ziele und das Verhalten der Außenwelt zu der zu schützenden Gesellschaft und umgekehrt. Sicherheitspolitische Ziele und verteidigungspolitische Instrumente sind eng aufeinander bezogen und miteinander verkoppelt. Sie beeinflussen sich gegenseitig und erzeugen Rückwirkungen auf die Umwelt.

Wenn das Verhältnis von Sicherheits- und Verteidigungspolitik als Ziel-Mittel-Komplex beschrieben wird, muss auch das Spannungsverhältnis zwischen Zielen und Mitteln gesehen werden, das auf diesem Gebiet besteht. Es lässt sich extrem formuliert dahingehend beschreiben, dass unter den Bedingungen des Nuklearzeitalters der Einsatz bestimmter Waffen effektiv die Zerstörung der Gesellschaft und ihrer Werte zur Folge haben kann, die es zu schützen gilt. Für die politische Praxis ergeben sich daraus zahlreiche Dilemmata.

Eine begriffliche Unterscheidung, die Sicherheitspolitik primär Außenwirkung zubilligen und die Verteidigungspolitik primär als innenwirksam betrachten würde, könnte nicht greifen. Sicherheits- und Verteidigungspolitik sind zwar unterschiedlich, aber auf vielfältige Weise sowohl innen- als auch außenwirksam. Dies gilt zum Beispiel für das Problem der Rüstungspolitik, wo sich eine sehr enge Verschränkung innen- und außenpolitischer Faktoren zeigt. Als Hauptproblem wird in diesem Zusammenhang vor allem in hochindustrialisierten Gesellschaften der so genannte militärisch-industrielle Komplex angesehen.

4. Sicherheitspolitische Konzeptionen

Fast ein halbes Jahrhundert lang war der Ost-West-Konflikt die entscheidende Determinante sicherheits- und verteidigungspolitischer Planung. Der Grundgedanke dabei war, angesichts hochgradiger politischer und ideologischer Spannungen Konflikte durch Eindämmung in Grenzen zu halten. Das Konzept der Eindämmungspolitik stammt aus der Feder von George F. Kennan und wurde erstmals im Juli 1947 unter dem Titel „The Sources of Soviet Conduct" anonym in der Zeitschrift „Foreign Affairs" (Kennan 1947) veröffentlicht. Kennan schlug damals vor, die zentrale Herausforderung der

Begriffe I. Der Sicherheitsbegriff 17

sowjetischen Ideologie, den Sozialismus und zugleich das eigene Imperium als das siegreiche System in der Auseinandersetzung mit dem westlichen Kapitalismus zu betrachten, mit einer Strategie der Eindämmung expansiver Ziele der sowjetischen Führung zu beantworten. Auch für Kennan war es Ziel westlicher Politik, Tendenzen zu unterstützen, die entweder zum Zusammenbruch oder zu einem Reifeprozess sowjetischer Macht führen würden. Ideologie- und Systemkonkurrenz, Bipolarität und die permanente Möglichkeit oder – je nach Betrachtungsweise – auch Drohung einer nuklearen Konfrontation mit unkalkulierbaren Folgen waren die zentralen Denkfiguren sicherheits- und verteidigungspolitischer Konzeptionen in Ost und West.

Nach dem Ende des Ost-West-Konfliktes alter Prägung, der Auflösung des Warschauer Paktes und dem Zerfall der Sowjetunion ist die Gefahr eines so genannten „größeren Krieges" (major war) unter Einfluss von Nuklearwaffen, so wie er zwischen NATO und Warschauer Pakt einmal befürchtet wurde, nicht mehr gegeben. Zwar ist Russland auch heute noch eine starke Militärmacht, aber die militärischen Instrumente, die das Land in die Lage versetzen würden, einen erfolgreichen militärischen Überraschungsschlag gegen Westeuropa zu führen, sind heute – wenn sie überhaupt jemals wirklich vorhanden waren – aufgegeben worden. Für den rein theoretischen Fall, dass ein solcher Angriff versucht würde, stünde dem Westen heute eine Warnzeit zur Verfügung, die ein solches Unternehmen von vornherein aussichtslos machte. Die neuen sicherheits- und verteidigungspolitischen Probleme in Europa sind anderer Natur.

Wie der Balkankonflikt zeigt, ist die Lage in Europa auch nach dem Ende des Kalten Krieges nicht konfliktfrei. Das Ende der sowjetischen Herrschaft in Osteuropa hat im Gegenteil alte und neue ethnische Nationalitäten- und Minderheitenkonflikte freigesetzt. Autoren wie der amerikanische Politikwissenschaftler Samuel Huntington (Huntington 1996) sprechen in diesem Zusammenhang auch von der zunehmenden Gefahr eines „Kampfes der Zivilisationen". Diese neue (und alte) Konflikttheorie ist äußerst umstritten und wissenschaftlich nicht haltbar, vor allem was ihre Prognosefähigkeit angeht. Im Golf-Krieg z.B. haben islamische Staaten an der Seite des Westens gekämpft, obwohl die Huntington-Thesen die Annahme nahelegen, dass es zu einem Zusammenstoß zwischen dem Islam und dem christlichen Abendland kommen wird. Andere Autoren wiederum stellen auf Ressourcenkonflikte, Umweltkonflikte und zunehmende wirtschaftliche Auseinandersetzungen ab.

Die Sicherheitslage nach dem Ost-West-Konflikt stellt mit Gewissheit erhöhte Anforderungen an ein Konfliktmanagement auf dem Gebiet der Sicherheitspolitik. Aber die entscheidenden Gründe für die Aufrechterhaltung umfangreicher militärischer Einsatzmittel in Europa mit hohem Bereitschaftsgrad und modernster Bewaffnung ist weggefallen.

Anders als vielfach erwartet ist die NATO, obwohl von ihrer Entstehungsgeschichte her auf das engste mit dem Ost-West-Konflikt verbunden, im Gegensatz zum Warschauer Pakt nicht vom Auflösungssyndrom des Ost-West-Konfliktes erfasst worden (vgl. den Beitrag von Wichard Woyke im vorliegenden Band). Diese Tatsache hängt in erster Linie mit der genuin freiwilligen Natur des NATO-Bündnisses zusammen. Aber auch in der NATO ist ein Prozess der Politisierung erkennbar, der sich als Folge der tiefgreifenden Veränderungen im Ost-West-Verhältnis zwangsläufig ergeben hat. Teilweise ist der Fortbestand der NATO trotz der Auflösung des Warschauer Paktes aber auch eine Folge der deutschen Einheit bzw. der Tatsache, dass sich die Machtungleichgewichte in Europa besser im Rahmen eines atlantischen Bündnisses als allein auf europäischer Ebene stabilisieren lassen.

Die bisherige Militärstrategie der NATO, bekannt insbesondere unter dem Namen des zuletzt gültigen militärstrategischen Konzepts der flexiblen Erwiderung (flexible response) ist heute obsolet. Abgestützt auf die „Triade", wonach die Verteidigung des Bündnisses im Falle eines Angriffs auf den vorhandenen konventionellen, taktisch-nuklearen und strategisch-nuklearen Potentialen beruhte, unterschied die Doktrin der flexiblen Erwiderung zwischen drei militärischen Reaktionsarten, die im Eventualfall gleichzeitig, nacheinander oder in beliebiger Reihenfolge angewandt werden konnten: direkte Verteidigung, vorbedachte Eskalation und umfassende nukleare Erwiderung. Mit dieser Doktrin sollte das nukleare Risiko der NATO, das insbesondere in der Doktrin der massiven Vergeltung zum Ausdruck kam, verringert werden. Auf der Grundlage der Strategie der massiven Vergeltung drohte der militärische Handlungsspielraum sich auf die Alternative Selbstvernichtung oder Kapitulation zu verengen. Die grundlegende Antinomie der Abschreckung ließ sich jedoch auch auf der Grundlage der flexiblen Erwiderung und der ihr zur Verfügung stehenden Mittel nicht aufheben. Sie ist darin zu sehen, dass die Fähigkeit zur flexiblen Erwiderung zwar die Verteidigungsfähigkeit glaubwürdiger, das Risiko der Gegenseite aber gleichzeitig kalkulierbarer machte, wodurch die nukleare Abschreckung wiederum geschwächt würde. Die Unfähigkeit zur flexiblen Erwiderung machte zwar das Risiko für die Gegenseite unkalkulierbar, wegen des eigenen Risikos aber gleichzeitig auch die erwünschte Abschreckungswirkung unglaubwürdig.

Die strategische Diskussion hat diese Dilemmata der Abschreckung nicht ausräumen können. Immer stärker entwickelte sich deshalb schon in den siebziger und achtziger Jahren für beide Seiten der Zwang zur Koexistenz und zur militärischen Kooperation, insbesondere auf dem Gebiet der Rüstungskontrolle, trotz politischer und ideologischer Gegensätze.

Schon Ende 1992 hat sich die NATO auch formell auf ein neues gesamtstrategisches Konzept geeinigt. Die neue NATO-Strategie will, wie es schon im Kommuniqué des NATO-Rates vom Juni 1990 hieß, „der Sowjetunion und allen anderen europäischen Staaten die Hand der Freundschaft und Zusammenarbeit reichen". Im Dezember 1991 wurde der Nordatlantische Kooperationsrat gegründet, um sowohl den neuen von der ehemaligen Sow-

Begriffe I. Der Sicherheitsbegriff 19

jetunion unabhängigen Staaten als auch Russland die Zusammenarbeit mit der NATO zu ermöglichen. Die Beziehungen zwischen Russland und der NATO wurden im Jahre 1997 noch enger geknüpft. Mit der NATO-Russland Grundakte entstand der Permanente Gemeinsame Rat (Permanent Joint Council – PJC), der zwar Russland kein Veto-Recht in NATO-Angelegenheiten einräumte, wohl aber gemeinsame Beratungen erlaubte. Auch die Ukraine folgte diesem Beispiel einer Sondervereinbarung mit der NATO.

1994 schufen die Vereinigten Staaten das Partnership for Peace Programm (PFP), um sowohl mit den ehemaligen Mitgliedern des Warschauer Pakts als auch mit den neuen von der Sowjetunion unabhängigen Staaten neue Kooperationsstrukturen zu schaffen.

Zum Teil wird PfP auch als Vorbereitungsstufe für eine eventuelle NATO-Mitgliedschaft angesehen. Polen, Ungarn, und die Tschechische Republik wurden 1999 als Vollmitglieder in die NATO aufgenommen. In einer zweiten Runde der NATO-Erweiterung wurden auf dem NATO-Gipfeltreffen in Prag im November 2002 sieben weitere neue Mitglieder in die NATO aufgenommen: Estland, Lettland, Litauen, Slowenien und die Slowakei sowie Bulgarien und Rumänien

Seit den Terroranschlägen in New York und Washington vom 11. September 2001 ist das Verhältnis Russlands zu den USA und zur NATO noch enger geworden. Im Kampf gegen den internationalen Terrorismus hat sich Russland klar an die Seite der Vereinigten Staaten gestellt und in diesem Zusammenhang auch den Krieg in Afghanistan politisch und logistisch unterstützt. Zwischen Russland und der NATO besteht jetzt ein noch engeres Verhältnis als das auf der Basis der Grundakte. Mit dem NATO-Russland-Rat ist jetzt eine Form der Zusammenarbeit gefunden worden, die Russland praktisch auch an allen NATO-Konsultationen teilnehmen lässt. Russland ist zwar kein Mitglied der NATO, aber im NATO-Russland-Rat, der jetzt nach der zweiten Erweiterung insgesamt 26 NATO-Mitglieder plus Russland umfasst, ist die politische Mitwirkung Russlands im Bündnis sichergestellt.

Statt wie früher den Versuch zu machen, die NATO-Erweiterung zu verhindern, hat Russland sich jetzt zu voller Kooperation mit den USA und mit der NATO entschieden. Das gilt selbst für den sensiblen Bereich der Raketenabwehr. Im Interesse einer möglichst engen Zusammenarbeit mit den USA z.B. auf dem Gebiet der Energiepolitik hat Russland seine ursprünglichen Versuche, den Aufbau eines amerikanischen Raketenabwehrsystems zu verhindern, aufgegeben und selbst die Kündigung des ABM-Vertrages durch die Vereinigten Staaten ohne Retorsions-Maßnahmen hingenommen. Seit Juni 2001 ist Russland auch volles G-8-Mitglied und auf dem besten Wege zu einer WTO-Mitgliedschaft.

Bereits auf dem Londoner NATO-Gipfel 1990 wurde eine umfassende Denuklearisierung der NATO-Strategie beschlossen. Die NATO verpflichtete sich de facto zu einer „no-first-use-Politik". In Zukunft wird die NATO auf alle landgestützten Nuklearwaffen in Europa verzichten. Auch der Umfang der luftgestützten Nuklearwaffen wird drastisch reduziert. Insgesamt wird der Nuklearwaffenbestand der NATO in Europa um 80% reduziert.

Für die sicherheits- und militärpolitische Planung der Zukunft wird es entscheidend darauf ankommen, über die klassischen Ansätze militärischer Planung hinauszugehen und in den Kategorien einer kooperativen Sicherheitspolitik zu denken, zu planen und zu handeln. Das Konzept der kooperativen Sicherheitspolitik, setzt unmittelbar an den Ursachen der Bedrohung an, um bereits die Entstehung einer Bedrohung zu verhindern, und nicht einer bereits vorhandenen Bedrohung durch militärische Mittel entgegenzuwirken. Das Konzept will statt auf militärische Abschreckung mehr Gewicht auf die Unterbindung von Entwicklungen legen, die zur Aggression führen und so das Element der Zerstörung in der bisherigen militärischen Planung reduzieren.

Eine offene Frage ist, wie sich in Zukunft das Verhältnis zwischen NATO, EU, WEU, OSZE und der neuen und verstärkten sicherheitspolitischen Rolle der Vereinten Nationen entwickeln wird. Die Funktionen der Westeuropäischen Union (WEU) als Institution europäischer Zusammenarbeit auf dem Gebiet der Sicherheitspolitik sind im Rahmen der gemeinsamen europäischen Außen- und Sicherheitspolitik im Rahmen der EU weitgehend auf die Europäische Union übergegangen (vgl. den Beitrag von Bernhard Rinke im vorliegenden Band). Der Hohe Repräsentant der EU für Außen- und Sicherheitspolitik, Javier Solana, ist zum Beispiel in Personaleinheit zugleich auch Generalsekretär der WEU. Während die WEU nie über eigene Truppen verfügte und sich militärisch stets auf die NATO stützen musste, ist die EU heute auf dem Wege, ein eigenes Truppenkontingent aufzustellen, um in Krisensituationen auch militärisch handlungsfähig zu sein.

Die auf der Grundlage des KSZE-Schlussakte entstandene Organisation für Sicherheit und Zusammenarbeit in Europa (OSZE) hat demgegenüber keine militärische Funktion im engeren Sinne, sondern beschränkt sich vor allem auf Einsatz diplomatischer Instrumente zur Konfliktverhütung. Die OSZE unterhält zu diesem Zweck eine Reihe von Institutionen zur Verhütung von Konflikten, insbesondere der von der OSZE geschaffene Mechanismus zur friedlichen Beilegung von Streitigkeiten (vgl. den Beitrag von Wolfgang Zellner im vorliegenden Band).

Die bei weitem umfassendste sicherheitspolitische Aufgabe hat jedoch der VN-Sicherheitsrat, dem die Aufgabe zufällt zur Lösung aller Krisen und Konflikte, die den Weltfrieden bedrohen können, beizutragen.

Sowohl die NATO als auch die EU sind gegenwärtig auf dem Weg der Erweiterung. Mit der Entscheidung von Prag im November 2002 und der Aufnahme von sieben weiteren Mitgliedern ist die Erweiterung allerdings noch nicht abgeschlossen. Die NATO umfasst momentan 19 Mitglieder (Stand: Mai 2003); weitere Staaten könnten folgen. Die EU hat 1997 zunächst Estland, Polen, Ungarn, der Tschechischen Republik, Slowenien und Zypern Beitrittsverhandlungen in Aussicht gestellt. Bulgarien, Lettland, Li-

Begriffe I. Der Sicherheitsbegriff 21

tauen, Rumänien und die Slowakei wurden später als Beitrittskandidaten aufgenommen. Seit 1999 ist auch die Türkei offiziell Kandidat für eine EU-Mitgliedschaft. Auf dem EU-Gipfeltreffen in Kopenhagen im Dezember 2002 wurden folgenden Ländern der Beitritt angeboten: den drei baltischen Staaten Estland, Lettland und Litauen, Polen, Ungarn, Tschechien, Slowenien und der Slowakei. Über den Beitritt der Türkei wird im Jahre 2004 mit dem Ziel entschieden, 2005 die Beitrittsverhandlungen aufzunehmen. Der EU-Erweiterungsprozess wird sich als langwieriger und in der Sache schwieriger als der NATO-Erweiterungsprozess erweisen.

Von allen genannten Institutionen hat die NATO die besten militärischen Instrumente für eine aktive sicherheitspolitische Rolle, auch für den militärischen Einsatz im Rahmen eines Mandats der Vereinten Nationen oder der OSZE. Insbesondere auch die Erfahrungen mit multinationalen Verbänden sowie mit den neuen *Rapid Reaction Forces* sowohl der NATO als auch der EU. Die EU wird jedoch schon aus dem Interesse heraus, sich für die Zukunft keine Option zu verschließen, die Möglichkeit einer Europäischen Sicherheits- und Verteidigungsunion (ESVU) einschließlich des entsprechenden militärischen Unterbaus offen halten.

5. Ausblick

Sicherheitspolitik ist ein dynamischer Prozess und bleibt auch in der neuen Weltordnung nach Beendigung des Ost-West-Konfliktes mit der Sorge um die Aufrechterhaltung der Stabilität verbunden. Mehr als vierzig Jahre hatte sich in Europa auf Grundlage einer bipolaren Weltordnung ein prekärer Friede gehalten. Außerhalb Europas hat sich in verschiedenen Fällen gezeigt, dass militärische Gewaltanwendung durchaus auch dem Angreifer Vorteile bringen kann (Indien im Krieg gegen Pakistan; Ägypten und Syrien im Krieg mit Israel; die Türkei im Krieg mit Zypern). Wie der Balkankonflikt zeigt, ist die neue Weltordnung aber auch in Europa keineswegs konfliktfrei.

Die neue Weltordnung wird jedoch in stärkerem Maße von politischen Kräften bestimmt, die aus Demokratie, Religion und Nationalismus gespeist werden. Während die Gefahr eines globalen Nuklearkrieges sehr viel geringer geworden ist, nimmt die Gefahr der Proliferation von Waffen und Vernichtungsmitteln zu.

Auch die Ausweitung der friedlichen Nutzung der Kernenergie erhöht die Proliferationsgefahr. Die Entwicklung der Rüstungstechnologie, die Ausweitung der Waffenproduktion und des Waffenhandels sind weitere Elemente möglicher Destabilisierung des internationalen Systems. Rüstungstransfer und Waffenhandel werden dabei auch nach Beendigung des Ost-West-Konfliktes durch die Doppelwirkung von Exportdruck in den Industrieländern und Machterwerbsstreben in den Entwicklungsländern begünstigt. Zum Teil sucht auch die erhebliche Überrüstung in Europa, insbesondere Osteuropa, nach Exportmärkten in der Dritten Welt. Die sicherheitspolitische Forschung wird sich deshalb unter den gegenwärtigen Bedingungen auch um Fragen der Demobilisierung und der Konversion kümmern und damit in verstärktem Maße Probleme der Verteidigungsökonomie aufgreifen müssen.

Nicht zu unterschätzen ist darüber hinaus die Bedrohung durch den heute möglich gewordenen nuklearen Terrorismus. Dabei kann es sich um kleine Nuklearwaffen, chemische oder biologische Waffen handeln. Eine solche Risiko-Kategorie ist durch Abschreckung allein nicht einzudämmen. Es handelt sich um unabschreckbare Risiken. Sie stellen eine neue Herausforderung für sicherheitspolitisches Krisenmanagement auf internationaler Ebene dar.

Angesichts der Bedrohung durch den internationalen Terrorismus hat sich heute in den Vereinigten Staaten eine neue sicherheitspolitische Konzeption durchgesetzt, die sich in der Konfrontation mit einem zu katastrophalen Zerstörungen fähigen Terrorismus nicht mehr alleine auf die Abschreckung verlassen will, sondern auch militärische Präventivschläge für zulässig und sogar notwendig erachtet (vgl. den Beitrag von Stephan Böckenförde im vorliegenden Band). Die neue Doktrin eines präventiven militärischen Vorgehens gegen den Terrorismus zielt vor allem darauf ab, den Gebrauch von Massenvernichtungswaffen für terroristische Zwecke zu verhindern. Niedergelegt in sicherheitspolitischen Erklärungen des Weißen Hauses vom September und vom Dezember 2002, rücken die Vereinigten Staaten damit von bisher praktizierter Politik der Abschreckung und Verteidigung ab, um mit Hilfe neuer Technologien den möglichen Einsatz von Massenvernichtungswaffen generell zu verhindern.

Der Golfkrieg des Jahres 1991 ist demgegenüber ein Beispiel militärischer Intervention auf der Grundlage des Prinzips der kollektiven Sicherheit. Zwar lag die Durchführung der militärischen Intervention im Irak in diesem Krieg in der Verantwortung einer Mächtekoalition unter Führung der Vereinigten Staaten, aber die Vereinten Nationen unterstützten die Intervention in vollem Umfang. Der UN-Sicherheitsrat – ihm obliegt auf der Grundlage der UN-Charta die Hauptverantwortung für den Weltfrieden – war das entscheidende Gremium multilateraler Diplomatie in diesem Konflikt und ermächtigte die Mitgliedstaaten zum militärischen Eingreifen. Die UN-Generalversammlung trug mit ihrer Unterstützung des militärischen Vorgehens entscheidend zur politischen Legitimation der militärischen Intervention im Irak bei.

Das Eingreifen der Vereinigten Staaten in Somalia Ende 1992 auf Bitten des Generalsekretärs der Vereinten Nationen ist als Beispiel eines neuen Typs militärischer Intervention anzusehen. Es handelt sich im Kern um eine humanitäre Intervention zur Eindämmung einer Hungersnot, d.h. sie ist in ihrem Charakter nach eher eine Polizeiaktion als eine militärische Maßnahme zur Sicherung des Weltfriedens. Ein anderes Beispiel für eine humanitäre Intervention war die Einrichtung einer Schutzzone für Kurden im Irak unmit-

Begriffe I. Der Sicherheitsbegriff

telbar nach dem Golf-Krieg. Das Instrument der humanitären Intervention ist völkerrechtlich umstritten.

Im Falle der Intervention in Somalia verband der Sicherheitsrat der Vereinten Nationen die militärische Intervention der Vereinigten Staaten und mehrerer anderer Staaten, zu der er ermächtigt hatte, gleichzeitig mit einem Folgeeinsatz von UN-Friedenstruppen im Anschluss an die Intervention. Ebenso wie die humanitäre Intervention ist auch der Einsatz von UN-Friedenstruppen in der UN-Charta nicht ausdrücklich niedergelegt. Vielmehr handelt es sich bei den so genannten „Blauhelmen" eigentlich um einen Notbehelf, um die Vereinten Nationen angesichts der gegenseitigen Blockierung der Supermächte im Sicherheitsrat während des Kalten Krieges zumindest ohne Kampfauftrag im Sinne der Friedenserhaltung tätig werden zu lassen. Die Rolle der Vereinten Nationen zur Aufrechterhaltung der internationalen Sicherheit nimmt nach Beendigung des Ost-West-Konfliktes in ganz erheblichem Umfang zu, und nach dem Wegfall der gegenseitigen Blockade der Supermächte im UN-Sicherheitsrat sind die Vereinten Nationen auch heute sehr viel effektiver bei der Sicherung des Weltfriedens.

Literatur

Carter, Ashton B./Perry, William J./Steinbruner, John D. (1992): A New Concept of Co-operative Security – Brookings Occasional Papers. Washington D.C.: The Brookings Institution.
Berkowitz, Morton and Bock, P.G. (eds.), (1965): American National Security. A Reader in Theory and Policy. New York: Free Press [u.a.].
Huntington, Samuel P. (1996): Kampf der Kulturen. Die Neugestaltung der Weltpolitik im 21. Jahrhundert. München: Europaverlag.
Kugler, Richard L. and Frost, Ellen L. (eds.), (2001): The Global Century. Globalization and National Security. Vol. I. und II. Washington DC: Institute for National Strategic Studies. National Defence University.
Lippmann, Walter (1943): US Foreign-Policy. Shield of the Republic. Boston: Little, Brown & Co..
Löwenthal, Richard (1971): Freiheit der Eigenentwicklung. In: Außenpolitische Perspektiven des westdeutschen Staats. Band 1: Das Ende des Provisoriums. Schriften des Forschungsinstituts der Deutschen Gesellschaft für Auswärtige Politik. Band 30/1. S. 11-15. München, Wien: Oldenbourg.
Kennan, George F. (Mr. X), (1947): The Sources of Soviet Conduct. In: Foreign Affairs. 25.1947, 4. S. 566-582.
Adelphi Papers 266 (Winter 1991/92): New Dimensions in International Security. Part II. London: The International Institute for Strategic Studies.
Nerlich, Uwe (Hrsg.), (1966): Krieg und Frieden im industriellen Zeitalter, Gütersloh: Bertelsmann.
Schwarz, Klaus-Dieter (Hrsg.), (1978): Sicherheitspolitik – Analysen zur politischen und militärischen Sicherheit. Bad Honnef: Osang.

von Schubert, Klaus (1992): Von der Abschreckung zur gemeinsamen Sicherheit. Hrsg. von Friedhelm Solms. Baden-Baden: Nomos.

Internet-Adressen

The Brookings Institution: http://www.brookings.edu
The Center for Strategic and International Studies (CSIS): http://www.csis.org
Council on Foreign Relations: http://www.cfr.org/index.php
Deutsche Gesellschaft für Auswärtige Politik: http://www.dgap.org
Stiftung Wissenschaft und Politik (SWP): http://www. swp-berlin.org

Reinhard Meyers

Begriffe II. Der Wandel des Kriegsbildes

1. Einleitung
2. Der Krieg zwischen Staaten: Normalfall des naturzuständlichen internationalen Systems?
3. Der Krieg zwischen Staaten und Privaten: Normalfall der globalisierten Gesellschaftswelt?
4. Zurück ins Mittelalter? Charakteristika der Neuen Kriege
5. Ausblick

1. Einleitung

Nicht erst seit der terroristischen Attacke islamischer Fundamentalisten auf New York und Washington am 11. September 2001, sondern schon seit dem Kosovo-Dilemma 1999 (Albrecht u.a.: 2002) sehen sich politische Entscheidungsträger im Westen mit der ernüchternden Einsicht konfrontiert, dass der klassische Krieg zwischen Staaten zwar im Begriff ist, auszusterben (Konfliktbarometer 2002: S. 3ff), dass aber gleichwohl die Weltpolitik auch weiterhin gekennzeichnet ist durch den Einsatz organisierter militärischer Gewalt zur Durchsetzung politisch, ökonomisch und ideologisch definierter Interessen. Über beinahe 50 Jahre hinweg hatten mögliche Grosskriege zwischen nuklear bewaffneten, zweitschlagsbefähigten Militärblöcken unser Konflikt-Denken ebenso wie die Militärplanung von NATO und Warschauer Pakt mit Beschlag belegt und für andere, ausserhalb des Ost-West-Gegensatzes sich entwickelnde Konfliktformen desensibilisiert. Blockantagonistische Grosskriege sind nach dem Ende des Kalten Krieges obsolet geworden (Mandelbaum 1998). Was bleibt, ist eine Vielzahl regionaler und lokaler Waffengänge. Nur einer der weltweit 13 Kriege wird 2002 zwischen Staaten ausgetragen; sechs internationalen stehen 34 innerstaatliche gewaltsame Auseinandersetzungen gegenüber (Konfliktbarometer 2002: S. 3ff). Mehr noch: drei Viertel aller im letzten Jahrhundert weltweit geführten Kriege waren keine Staaten-, sondern *innerstaatliche* oder *transnationale* Kriege: der klassische Staatenkrieg wird zu einem historischen Auslaufmodell. Seit dem Westfälischen Frieden innerhalb ihres Territoriums Inhaber des Monopols legitimer physischer Gewaltsamkeit, und zumindest dem Anspruch nach Alleinvertreter („*gate-keeper*") ihrer Bürger und deren gesellschaftlicher Zusammenschlüsse gegenüber der Aussenwelt, müssen sich die Staaten in zunehmendem Masse parastaatlicher, gesellschaftlicher, privater Konkurrenz erwehren. Lokale Warlords, Rebellen- und Guerillagruppen, Befreiungsarmeen, internationale Terrornetzwerke und – *last but not least* – internationale Söldnerfirmen betätigen sich je länger desto mehr als Kriegsunternehmer, treiben die Entstaatlichung und Privatisierung des Krieges und die Vergesellschaftung organisierter militärischer Gewalt voran.

Ein Blick zurück in die (eurozentrische) Geschichte der Neuzeit macht allerdings deutlich, dass unter dem Phänomen des Krieges klassischerweise der Krieg *zwischen Staaten bzw. ihren regulären Streitkräften* verstanden wird – im Sinne des Generals v. Clausewitz die Fortsetzung des diplomatischen Verkehrs unter Einmischung anderer Mittel, geführt um der Durchsetzung *staatlicher* Territorial- oder Machtansprüche willen, gestützt durch eine Produzenten und Produktivkräfte mobilisierende, allumfassende Kriegswirtschaft. *Ex negatione* ist der Friede klassischerweise ein völkerrechtlich garantierter Zustand des Nicht-Krieges *zwischen Staaten*. Das Gewaltverbot des Art. 2(4) der UNO-Charta ist eine Fundamentalnorm des Völker- (oder präziser: des zwischen*staatlichen*) Rechts. Dieser Staatenzentrismus hat bis in die Gegenwart das Bild des Krieges – wie auch des Friedens – in Politik, Streitkräften und Öffentlichkeit geprägt und auch die Wissenschaft weitgehend in seinen Bann geschlagen. Allerdings: er verdeckt, dass der Krieg zwischen Staaten weltgeschichtlich gesehen „...nur in einer vergleichsweise kurzen historischen Phase und in einem beschränkten geographischen Raum die vorherrschende Kriegsform war..." (Hoch 2001: 17).

Seit der Auflösung der Kolonialreiche in den fünfziger und sechziger Jahren des 20. Jahrhunderts tritt mehr und mehr an die Stelle des klassischen zwischenstaatlichen Krieges als zeitlich begrenzter Eruption organisierter Gewalt, nach Clausewitz gipfelnd in der Entscheidungsschlacht zur Niederringung des Gegners, der langdauernde Bürgerkrieg in der Form des *low intensity conflict* oder *low intensity warfare*. Aus einem Instrument der Durchsetzung *staatlichen* politischen Willens, der Realisierung *staatlicher* politischer, territorialer, ökonomischer, weltanschaulicher Interessen wird der Krieg zu einer Form *privat*wirtschaftlicher Einkommensaneignung und Vermögensakkumulation, zu einem Mittel klientelistischer Herrschaftssicherung und semi-privater Besetzung und Behauptung von nur unter den besonderen Bedingungen einer spezifischen Kriegsökonomie überlebensfähigen Territorien, Enklaven, Korridoren, Kontrollpunkten. In einer Gemengelage von privaten Bereicherungs- und persönlichen Machtbestrebungen, Interventionen Dritter zur Verteidigung bestimmter Werte, aber auch zur Durchsetzung je eigener Herrschafts- und Ausbeutungsinteressen, der gegenseitigen Durchdringung und Vermischung kriegerischer Gewalt und organisiertem Verbrechen verliert der klassische Staatenkrieg seine überkommenen Konturen (Münkler 2002a: Kap.10). Partisanen- und Guerillaaktionen, Selbstmordattentate, terroristische Gewaltexzesse unterlaufen die Trennung von Schlacht-

Begriffe II. Der Wandel des Kriegsbildes

feld und Hinterland, von zivilen und militärischen Zielen. Die Ausbildung eines „Lumpenmilitariats" („*tagsüber Soldaten, in der Nacht Gangster"* – Ayissi 2003) durchdringt die Trennlinie zwischen Kombattanten und Nichtkombattanten. Das Nacheinander bewaffneter Kämpfe, fragiler Kompromisse und Waffenstillstände, und erneuter bewaffneter Auseinandersetzungen hebt die zeitliche Unterscheidung von Krieg und Nicht-Krieg auf (Ehrke 2002). Das genuin Neue an dieser Welt reprivatisierter Gewaltanwendung ist allerdings nicht so sehr das Aufeinandertreffen staatlicher und nichtstaatlicher, gesellschaftlicher Gewaltakteure im selben Raum- und Zeithorizont. Sondern die Fähigkeit *lokal* agierender Rebellen, Condottiere, Warlords, Kriegsunternehmer, ihr Handeln durch effiziente Nutzung *globalisierter* Relationen und Prozesse zu optimieren und entweder Formhülsen der Staatsgewalt wie moderne Freibeuter zu kapern oder staatsfreie Räume einzurichten und zu behaupten, die einer informellen Ökonomie und der organisierten Kriminalität den zur Finanzierung des Krieges notwendigen Freiraum verschaffen (Stroux 2003). In Abwandlung jenes berühmten Zitats des Generals von Clausewitz: der Krieg ist nicht länger mehr die Fortsetzung des politischen Verkehrs, sondern die Fortsetzung des Beutemachens unter Einmischung anderer Mittel!

Vor diesem Hintergrund stellt sich die Frage nach dem Umgang mit militärischer Gewalt wie der Bearbeitung kriegerischer Konflikte im internationalen System neu. Im Spannungsbogen der klassischen zwischenstaatlichen und der post-nationalstaatlichen, „Neuen" Kriege (Kaldor 2000; Kaldor/ Vashee 1997) entwickelt sich – vor der Kulisse einer auf immer modernere, präzisere und schnellere konventionelle Militärtechnologien rekurrierenden *Revolution in Military Affairs* (Müller/Schörnig 2001) – der hochtechnisierte, computergestützte, gleichsam auf virtuelle Schlachtfelder ausgreifende postmoderne *Cyberwar* (Gray 1997; Freedman 1998) einerseits, der weitgehend in prämodernen Formen verharrende oder zu ihnen zurückkehrende *Kleine Krieg* andererseits (Daase 1999; Hoch 2001). Das klassische Milieu *zwischenstaatlicher* Politik – der nullsummenspielartige anarchische Naturzustand – wird zumindest in schwachen und zerfallenden Staaten gespiegelt durch einen *innerstaatlichen* oder besser: *innergesellschaftlichen* Naturzustand, dessen Akteure in zunehmendem Masse substaatliche und transnational organisierte gesellschaftliche Gruppen sind. Dies hat vor allem Konsequenzen für die Ziele, Motive und das Handlungsumfeld der Konfliktakteure. So wie sich mit fortschreitender Globalisierung, mit der Kommerzialisierung und Übernahme vormals staatlicher Handlungsfelder durch transnationale Unternehmen und nichtgouvernementale Organisationen die Weltpolitik zunehmend entstaatlicht und privatisiert (Brühl u.a. 2001; Czempiel 2002), so entmonopolisiert, dereguliert, privatisiert sich auch die Anwendung militärischer Gewalt. Damit aber wird der Prozess der rechtlichen Einhegung und Verstaatlichung des Krieges, der die Geschichte Europas von der Frühen Neuzeit bis zum Zweiten Weltkrieg (Übersicht: Wolfrum 2003) gekennzeichnet hat, wenigstens teilweise rückgängig gemacht.

Wir wollen im folgenden eher thesenartig einige Überlegungen formulieren, die die Frage nach den Randbedingungen von Krieg, Frieden und Sicherheit auf einen weiteren Rahmen rückbeziehen. Dabei ist es zweifelsohne zu einfach, die Konflikte der Gegenwart zu deuten als blosse Reaktion auf das Ende jener Systemauseinandersetzung zwischen den beiden nuklearen Supermächten, die im Interesse weltpolitischer Eskalationsdominanz latent oder offen vorhandene Konflikte regionaler oder lokaler Akteure gedämpft, gedeckelt, am Austrag gehindert, jedenfalls aber nicht deeskalierend bearbeitet, geschweige denn gelöst haben. Die „Entdeckelung" historisch tief verwurzelter Perzeptions- und Interessen-Antagonismen als Folge der Implosion der östlichen Block-Vormacht ist jedoch nur einer der möglichen Erklärungs-Bausteine weltweiten Konfliktverhaltens. Einen weiteren liefert eine sich an der klassischen Politik-Definition Harold Lasswells (1936) [*Politics: Who Gets What, When, and How*] orientierende, die Akteure des Neuen Krieges in den Blick nehmende Interessenanalyse: Zu identifizieren wären insbesondere jene Führungsschichten, ehemaligen Nomenklatura-Eliten und Ethnokraten (Wolkow 1991), die ökonomische, historische, kulturelle und religiöse Gegebenheiten und Differenzen ebenso wie die Notwendigkeiten der Formulierung, Durchsetzung, Behauptung und des Managements neuer kollektiver Identitäten dazu nutzen, in Situationen des Umbruchs und des Übergangs bestimmte Bevölkerungsteile zu konfliktfähigen Gruppen zusammenzufügen, um unter dem Deckmantel der Verteidigung überkommener Werte, des Schutzes ethnopolitisch begründeter Gebiets- und Herrschaftsansprüche oder der Verteidigung weltanschaulicher Positionen im wesentlichen ihre ureigenen Interessen zu befördern (gute Problemeinführung Wiberg/Scherrer 1999; Beispiel Keen 2003). Einen dritten Erklärungs-Baustein schliesslich liefert die Beobachtung, dass nahezu alle (zwischenstaatlichen wie innergesellschaftlichen) Kriege, die in den letzten beiden Jahrzehnten unsere Aufmerksamkeit mit Beschlag belegt haben, sich an den Rändern und Bruchstellen jener Imperien entwickelten, die bis zum Ersten Weltkrieg die Welt beherrscht und unter sich aufgeteilt hatten (Münkler 2002b: 13ff). In den Zerfallsgebieten der großen Reiche, an der Peripherie der Ersten und der Zweiten Welt, nistet sich der Kleine Krieg (Daase 1999), der Krieg der Partisanen, Rebellen und Milizen seit Jahrzehnten ein, bewirkt eine umfassende Autoritätskrise staatlicher Institutionen und läßt – in Verbindung mit der Machtarroganz von Herrschaftscliquen und dem prädatorischen Griff der militärisch-bürokratischen Staatsklassen nach öffentlichen Einkünften jeglicher Art – Staatsbildungsprozesse scheitern oder versanden. Die Neuen Kriege sind typischerweise Staatenzerfallskriege; sie lassen Gewaltmärkte entstehen, auf denen rechtsförmige Beziehungen und Verfahren nicht gelten, sondern Waffen, wertvolle agrarische Anbauerzeugnisse, mineralische Rohstoffe, „Blutdiamanten", Zwangsabgaben und Schutzgelder als Währungen jenseits des Gesetzes dienen (Debiel 2002). Um die Bedeutung dieser Entwicklungen besser einschätzen zu können, ist es notwendig, das überkommene staatenzentrische Kriegsbild knapp zu skizzieren.

2. Der Krieg zwischen Staaten: Normalfall des naturzuständlichen internationalen Systems?

Eckpunkte der Diskussion – Daß Krieg und Frieden begrifflich als zwei klar voneinander unterscheidbare, sich gegenseitig ausschließende politische Zustände gelten, ist Ergebnis einer spezifisch frühneuzeitlichen Argumentation: Angesichts der Situation des konfessionellen Bürgerkrieges in Europa konstituiert vor allem Thomas Hobbes den Staat als einen öffentliche Ruhe und innere (Rechts-)Sicherheit garantierenden unbedingten Friedensverband, der auf gesellschaftsvertraglicher Grundlage den Naturzustand des *bellum omnium contra omnes* durch Setzung eines rechtlich geordnete Machtverhältnisse im Staatsinnern schützenden Gewaltmonopols aufhebt (Näheres Meyers 1997: 358ff). Gedanklich wird damit der Weg frei, den Krieg auf das Binnenverhältnis der Souveräne, den internationalen Naturzustand, zu beschränken und ihn als rechtlich geregelte Form bewaffneter Konfliktaustragung zwischen Staaten zu begreifen. Zugleich ermöglicht diese Operation die Definition des Friedens als Nicht-Krieg – und liefert damit eine politisch-juristische Konstruktion, mittels derer die Vielfalt sozialer und politischer Konfliktlagen begrifflich eineindeutig bestimmbar scheint.

Allerdings weist die ideengeschichtliche Analyse auf, dass die so gewonnenen Begriffe von Krieg und Frieden mit der Ontologie des klassischen staatenzentrischen Systems internationaler Politik aufs engste verknüpft sind. Veränderungen der realhistorischen Randbedingungen internationaler Politik ziehen Veränderungen im Gebrauch wie im Gehalt der Begriffe von Krieg und Frieden unmittelbar nach sich. Seit der frühen Neuzeit setzt sich in der europäischen Geschichte der Staat als Schutzverband und territorial faßbarer internationaler Akteur vornehmlich deshalb durch, weil er seine Tätigkeit über die erfolgreiche Produktion von Sicherheit legitimiert: von Verkehrswege- und Rechts-, später dann auch wirtschaftlicher und sozialer Sicherheit im Binnenverhältnis, von nationaler Sicherheit im Außenverhältnis zu anderen vergleichbaren Akteuren, von internationaler Sicherheit in der durch die Prozesse von Konkurrenz und Konflikt ebenso wie von Kooperation und Friedensbewahrung strukturierten Staatengesellschaft. In dieser Entwicklung erscheinen Sicherheit und Territorialität als notwendige Korrelate: je mehr sich der frühneuzeitliche Staat territorial verfestigt, seine Herrschaft im Binnenverhältnis unwidersprochen durchsetzen und behaupten kann, desto erfolgreicher vermag er sein Schutzversprechen seinen Bürgern gegenüber im Inneren wie auch in der sich herausbildenden Staatenwelt nach außen einzulösen. Und: begriffsgeschichtliches Ergebnis des sich ausbildenden und intensivierenden Konnexes zwischen staatlicher Herrschaft – Ausübung von Macht durch zentrale politische Institutionen – und Kriegführung war, daß Frieden und Sicherheit über Jahrhunderte hinweg in politisch-militärischen Kategorien bestimmt, vom Staat als ihrem Produzenten und Garanten her gedacht wurden, daß sie sich auf den Schutz des

Individuums ebenso wie auf den Schutz der schützenden Institution bezogen. Schließlich: Sicherheit und Schutzgewährung als Voraussetzung einer erfolgreichen Politik der Herstellung und Bewahrung von Frieden kristallisieren sich in der Verteidigung der Integrität des staatlichen Territoriums ebenso wie in der Behauptung der Freiheit der politisch-gesellschaftlichen Eigenentwicklung. Wir fassen diese Entwicklungen in einer schematischen Übersicht:

Abb. 1 Der neuzeitliche Territorialstaat – Substrat des klassischen Sicherheitsbegriffs

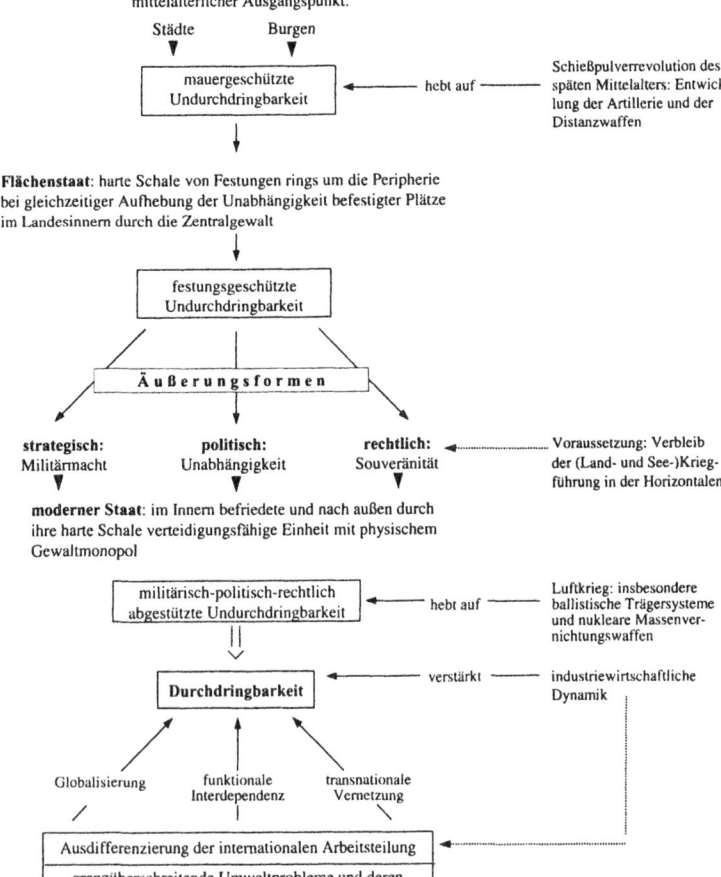

Begriffe II. Der Wandel des Kriegsbildes 31

Von zentraler Bedeutung in diesem Kontext ist die Annahme, dass zum einen die Entwicklung des Kriegsbildes und der Kriegsformen Resultat der Entwicklung der Produktivkräfte und der Destruktionsmittel ist, zum anderen aber auch die Existenz, physisch- territoriale Gestalt, politische Struktur und politisch-gesellschaftliche Funktion des Staates mit der Ausdifferenzierung und dem Wandel der Ziele, Formen und Prozesse der Kriegführung aufs engste verknüpft sind (hierzu als Übersichten van Crefeld 1991; McNeill 1984; Porter 1994; Parker 1995; Townshend 1997). Dabei stellt schon der die Entwicklung der *Destruktionsmittel* antreibende technische Fortschritt das klassische Symbol der erfolgreichen Umsetzung staatlicher Schutzversprechen – nämlich die militärisch-politisch-rechtlich abgestützte Undurchdringbarkeit staatlicher Grenzen für Außeneinflüsse (Herz 1974) – sukzessive in Frage und hebt sie schliesslich auf. Die insbesondere durch die Entwicklung der Luftkriegführung und der ballistischen Trägerwaffen im 20.Jahrhundert bewirkte prinzipielle Durchdringbarkeit der harten Schale des nationalen Akteurs wird intensiviert durch die moderne industriewirtschaftliche Entwicklung und die Folgen einer immer weiter voranschreitenden internationalen Arbeitsteilung (Übersicht Dicken 1998), in deren Konsequenz der nationale Akteur unter Globalisierungsdruck gerät (Übersichten bei Held/McGrew/ Goldblatt/Perraton 1999; Held/McGrew 2000). Die Ressourcen, deren er auch weiterhin nicht nur zur Produktion von Sicherheit, sondern mehr noch angesichts seiner Wandlung vom liberalen Nachtwächterstaat der ersten Hälfte des 19. zum Daseinsvorsorgestaat der zweiten Hälfte des 20. Jahrhunderts zur Erfüllung seiner sozialen Staatsaufgaben bedarf, werden bedroht, geschmälert, in Frage gestellt. Die Entgrenzung der Staatengesellschaft als Folge von Prozessen der Verregelung, Institutionalisierung und formalen Organisation internationaler Beziehungen, der Ausbildung transnationaler Interessenkoalitionen in einer Situation des Regierens ohne Staat (Zürn 1998), der Entwicklung inter- und transgouvernementaler Politikverflechtungen und von Mehrebenensystemen des Regierens in staatenüberwölbenden (Integrations-) Zusammenhängen (Wallace/Wallace 2000) überdecken, unterlaufen oder ignorieren seine überkommenen Handlungsspielräume (Meyers 1999). Der Informalisierung des internationalen Systems korrespondiert die Informalisierung der innerstaatlichen Politik – fallen doch nicht nur die räumlichen und zeitlichen Reichweiten ökonomischer Prozesse und (formeller) politischer Entscheidungen auseinander, sondern gehen auch im Zuge von Globalisierung, Deregulierung und Privatisierung öffentlicher Aufgaben Teilbereiche staatlicher Souveränität an private ökonomische Akteure über (Altvater/Mahnkopf 2002: Kap. 12). Die so vergrößerte Antinomie von ökonomischem Sachzwang und überkommener politischer Legitimität verlangt zu ihrer Lösung nach politisch-ökonomischen Foren, nach informellen Gremien, in deren Schoß Entscheidungen getroffen werden, für die der Nationalstaat vermeintlich zu klein ist, die aber trotz aller Deregulierung für das Funktionieren einer globalisierten Weltwirtschaft unabdingbar sind. Die demokratische Legitimität solcher Entscheidungen ist zumindest fragwürdig – umgesetzt werden müssen sie bei Strafe von Positionsverlusten im Standortwettbewerb, vor der Drohkulisse von Kapitalflucht und Arbeitsplatzabbau gleichwohl. Damit aber wird die Leistungsfähigkeit des Staates als Garant von Daseinsvorsorge wie als Ordnungsmacht gesellschaftlichen Zusammenlebens im binnen- wie im zwischenstaatlichen Handlungsbereich weiter ausgehöhlt. Wir kommen auf diesen Aspekt noch einmal zurück.

3. Der Krieg zwischen Staaten und Privaten: Normalfall der globalisierten Gesellschaftswelt?

Die eben formulierte Einsicht ist – ebenso wie die wissenschaftliche Beschäftigung mit den Neuen Kriegen – Resultat der Auseinandersetzung mit einem umgreifenderen Kontext: dem der Globalisierung. Verstanden als Zunahme und Verdichtung der den ganzen Erdball umspannenden wechselseitigen Verflechtungen politischer, wirtschaftlicher, militärischer und kultureller Art, gestützt auf revolutionäre Fortschritte der Informations- und Kommunikationstechnologie wie der Datenverarbeitung, die gleichsam die Zeit über den Raum siegen lassen, bewirkt sie nicht nur das Zerbröckeln der letzten Bastionen territorialer Autonomie. Ihr immer dichter geknüpftes Netz umhüllt den einzelstaatlichen Akteur wie weiland die Fesseln der Liliputaner den gestrandeten Gulliver. Zusehends untergräbt und überlagert sie das staatliche Gewaltmonopol: Von „oben" durch die bereits mit den Weltkriegen einsetzende, in Verteidigungsbündnissen, Blöcken, Internationalisierung der Rüstungsindustrie wie des Waffenhandels, aber auch Rüstungskontrolle und Verabredung vertrauensbildender Massnahmen greifbare Transnationalisierung des Militärs, die die Fähigkeit von Staaten, einseitig mit Gewalt gegen andere vorzugehen, erheblich einschränkt. Von „unten" durch die Privatisierung der Gewaltanwendung, wie sie die Kleinen oder Neuen Kriege, die Bürgerkriege und *low intensity conflicts* kennzeichnet: Produkte möglicherweise einer Trotz- oder Gegenreaktion, die vor dem Hintergrund der Gleichzeitigkeit von Integration und Fragmentierung, Nivellierung kultureller Unterschiede wie Schärfung des eigenen Profils, weltweiter Verflechtung wie Lokalisierung von Beziehungen dem macdonaldisierten politischen wie sozioökonomischen Einheitsbrei der Globalisierung, der kosmopolitischen Inklusion, dem Universalismus von Liberalität und Menschenrechten, der multikulturalistischen Verschleifung ethnokultureller Differenzen durch eine Politik des gewaltgestützten Identitätenpartikularismus zu entrinnen streben (Kaldor 2000: 14ff.).

An dieser Stelle ist für unsere Argumentation zunächst die Feststellung entscheidend, dass der noch von Max Weber als unhinterfragter alleiniger Inhaber des Monopols legitimer physischer Gewaltanwendung in einem angebbaren Territorium beschriebene nationale Akteur in weiten Teilen der Welt

Begriffe II. Der Wandel des Kriegsbildes 33

bereits zugunsten anderer Gewaltakteure abgedankt hat. In Angola, Somalia, Sierra Leone, Liberia oder dem Kongo ist er den Parteien, Handlangern und Profiteuren des Neuen Krieges, den kleptokratischen Eliten, den Patronen neo-patrimonialer Herrschaftsstrukturen und politischer Netzwerke, den Diamantensuchern und den jeglicher sozialen Bindung entfremdeten Jugendbanden (Keen 2003; Reno 2003) längst zum Opfer gefallen. In Teilen des Balkans und des ehemaligen Sowjetimperiums ist immerhin noch seine Hülle begehrt, weil diese wie ein Theatermantel mafiösen Unternehmungen einen Rest von Legitimität und Respekt zu verschaffen scheint, wenn nicht gar ihre Durchführung mit Blick auf Usurpation und Kontrolle staatlicher Rest-Machtmittel entschieden erleichtert. In beiden Fällen aber wird die klassische neuzeitliche Legitimationsgrundlage staatlicher Existenz und staatlichen Handelns (zur Ableitung Meyers 1997: 348-371) *insgesamt* deutlich in Frage gestellt: Nämlich die, den von Hobbes postulierten vorgesellschaftlichen Naturzustand des *bellum omnium contra omnes* durch Garantie von Sicherheit und Rechtsfrieden im Binnen- wie Schutz vor militärischen Angriffen im Aussenverhältnis zu überwinden. Die herkömmliche Legitimation des Krieges als Ausdruck des Rechtes der Staaten auf Inanspruchnahme des Instituts der Selbsthilfe zur Verteidigung eigener Interessen in einer anarchischen Staatenwelt ruht eben auf der Erfüllung dieses Schutzversprechens: seiner Durchsetzung dienen Monopolisierung der Gewaltanwendung und Verstaatlichung des Krieges. Erst als sich der Staat „...als Kriegsmonopolist durchgesetzt hatte, konnten Kombattanten und Nichtkombattanten, vor allem aber Erwerbsleben und Kriegführung, voneinander getrennt werden. Weil der Staat seine Soldaten nicht mit Plünderung und Beute, sondern aus Steuern finanzierte, konnte er eine ‚Zivilisierung der Krieger' betreiben, die in deren Kasernierung, einer auf regelmäßigem Exerzieren beruhenden Disziplin und der Ausbildung einer militärischen Berufsethik ihren Niederschlag fand ..." (Münkler 2001).

Dass die Entwicklung der Destruktionsmittel (Übersicht McNeill 1983) dieses Schutzversprechen schon zu Beginn des 20. Jahrhunderts vermittels des Luftkrieges ernsthaft hinterfragt, und in der Mitte des 20. Jahrhunderts durch die Entwicklung nuklearer Massenvernichtungswaffen potentiell aufgehoben hat, haben wir bereits ansatzweise erwähnt. Andererseits liesse sich aber auch die Entwicklungsgeschichte von Abschreckungsdoktrin und Nuklearstrategie (Übersicht Freedman 1989) als Versuch interpretieren, die Schutzfunktion des Staates durch Rekurs auf die letztmögliche, auf die in der Tat *ultima ratio* einer Drohung mit Mord und Selbstmord im atomaren Höllenfeuer erneut zu befestigen. Erst die Entwicklung des Neuen Krieges setzt solchem Denken tatsächlich ein Ende. Die charakteristischen Elemente jener Schönen Neuen Welt der privatisierten Gewalt (Mair 2003) – nämlich

- die Verwicklung der Staaten in unkonventionelle Prozesse und Formen der Kriegführung zwischen staatlichen und sub- oder nichtstaatlichen Akteuren,
- die Vergesellschaftung des Gewaltmonopols,
- die Aufhebung der Unterscheidung zwischen Armee und Zivilbevölkerung, die Zivilisten übergangslos zu Kombattanten werden, Wohnviertel und Schlachtfeld in eins fallen lässt,
- die die Brutalität der eingesetzten Mittel steigernde quantitative wie qualitative, zeitliche wie räumliche Entgrenzung eines Konflikts zwischen sich gegenseitig als illegitim bezeichnenden Einheiten,
- schliesslich die Abwanderung all dieser Auseinandersetzungen aus der Zuständigkeit des Völker- oder besser: zwischen*staatlichen* Rechts in die normative Grauzone zwischen *inner*staatlichem und *zwischen*staatlichem Recht

beschwören letztlich die Auflösung des überkommenen staatenzentrischen Kriegsbildes (vgl. Abb.2). Militärische Gewaltanwendung wendet sich aus dem zwischenstaatlichen Bereich in den innergesellschaftlichen, aus der Sphäre *zwischen* den handelnden Subjekten der *internationalen* Politik in die *innergesellschaftliche* Sphäre sich zersetzender und zerfallender staatlicher Handlungseinheiten. Mit diesen Veränderungen in Kriegsbild und Kriegführung aber ist militärische Gewaltanwendung heute von einem überwiegend *zwischenstaatlichen* zu einem überwiegend *innergesellschaftlichen* Problem geworden! Und: der Neue Krieg ist mit den herkömmlichen Kategorien der Sicherheitspolitik nicht zu erfassen: der Versuch, es doch zu tun, endet in der Sackgasse der Fehlperzeptionen („ethnonationaler fundamentalistischer Konflikt") (Ellis 2003: 35ff) oder des schlichten Unverständnisses („Anarchie")[1]. Wir brauchen ein neues begriffliches Instrumentarium, das uns weiterhelfen

---

1 Am Beispiel der Ereignisse in Jugoslawien und in Ruanda hat John Mueller (2001: 97) vor kurzem einleuchtend aufgezeigt, dass das Konzept des ethnonationalistischen Bürgerkrieges in seiner Gesamtheit in die Irre führt: „Specifically, insofar as it is taken to imply a war of all against all and neighbor against neighbor – a condition in which pretty much everyone in one ethnic group becomes the ardent, dedicated, and murderous enemy of everyone in another group – ethnic war essentially does not exist. I argue instead that ethnic warfare more closely resembles nonethnic warfare, because it is waged by small groups of combatants, groups that purport to fight and kill in the name of some larger entity. Often, in fact, ‚ethnic war' is substantially a condition in which a mass of essentially mild, ordinary people can unwillingly and in considerable bewilderment come under vicious and arbitrary control of small groups of armed thugs ... bands of opportunistic marauders recruited by political leaders and operating under their general guidance...". Ellis (2003: 35) verweist in diesem Kontext auf ein weiteres Charakteristikum der Diskussion: „Attribution of the ethnic label is often used both as a description and an explanation simultaneously, as a substitute for more thorough analysis. A cynical observer may think that whenever a politician or diplomat describes a war as ‚ethnic' or ‚rooted in ancient hatreds', it is usually a coded way of signalling an unwillingness to intervene in the situation to any serious extent since it implies that a clash is inevitable."

Begriffe II. Der Wandel des Kriegsbildes

kann, die genannten Phänomene zu klassifizieren, historisch zu verorten und zumindest einer Erklärung zugänglich zu machen.

Abb. 2: Die Auflösung des klassischen Kriegsbildes

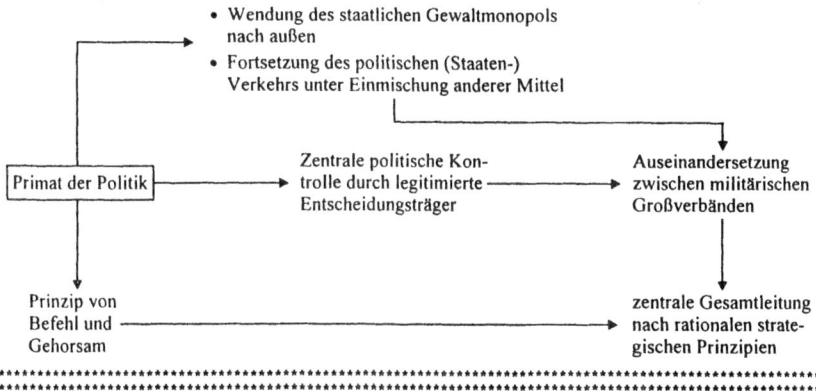
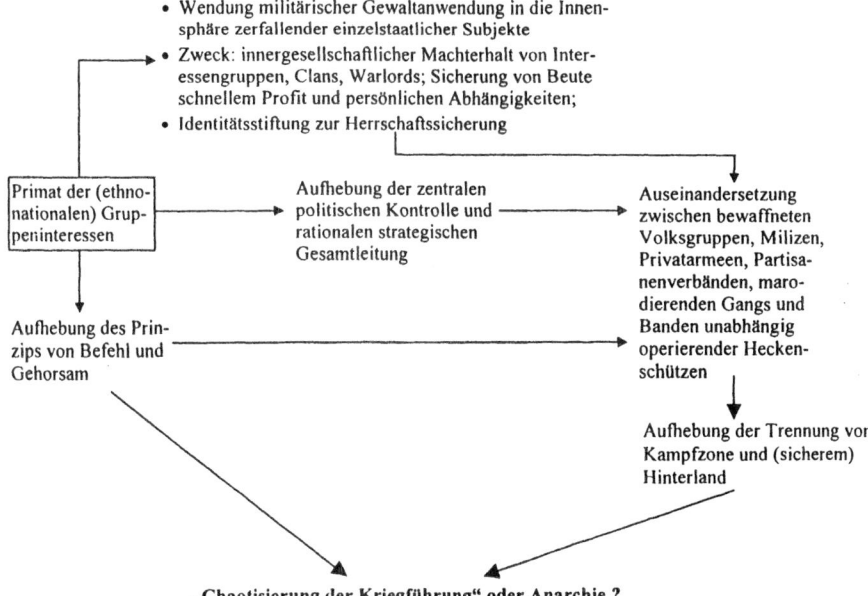

4. Zurück ins Mittelalter? Charakteristika der Neuen Kriege

Mit der Infragestellung des unitarischen nationalen Akteurs als klassischer Kriegführungsmacht – schlimmstenfalls mit seiner Degeneration zum schwachen oder gar gescheiterten Staat (Albrecht u.a. 2002; Didier/Marret 2001) – wird auch der zwischen*staatliche* Krieg als alleinige oder hauptsächliche Austragungsform internationaler Konflikte zum Anachronismus. An die Stelle organisierter zwischenstaatlicher Gewaltanwendung tritt ein *neuer Kriegstyp*, in dem sich Momente des klassischen Krieges, des Guerillakrieges, des bandenmäßig organisierten Verbrechens, des transnationalen Terrorismus und der weitreichenden Verletzung der Menschenrechte miteinander verbinden. Seine *asymmetrische Struktur* zwischen regulären und irregulären Kampfeinheiten impliziert seine sowohl zeitliche als auch räumliche *Entgrenzung*: die Heckenschützen Sarajevos kämpften weder entlang einer zentralen Frontlinie noch innerhalb eines durch Kriegserklärung formal begonnenen und durch Kapitulation oder Friedensvertrag formal geschlossenen Zeitraums. Sie sind aber ein gutes Beispiel für ein weiteres Kennzeichen Neuer Kriege: der sukzessiven Verselbständigung und *Autonomisierung* ehedem militärisch eingebundener Gewaltformen wie Gewaltakteure (Münkler 2002b). Die regulären Armeen verlieren die Kontrolle über das Kriegsgeschehen – sowohl räumlich als auch zeitlich. Während nach Clausewitz im herkömmlichen Krieg zwischen Staaten die Niederwerfung des Gegners in der nach Konzentration der Kräfte angestrebten Entscheidungsschlacht das oberste Ziel der Kriegsparteien ist, besteht die Besonderheit des Neuen Krieges in einer Strategie des sich lang hinziehenden Konflikts, in dem der Gegner vorgeführt, ermüdet, moralisch und physisch zermürbt, durch punktuelle Aktionen räumlich gebunden, schliesslich durch Schnelligkeit und Bewegung ausmanövriert und durch geschickte, gelegentlich durchaus auch eigene Opfer kostende Aktionen in den Augen einer internationalen Öffentlichkeit diskreditiert, moralisch erniedrigt und so bei möglichen Waffenstillstands- oder Friedensverhandlungen unter Vermittlung mächtigerer Dritter ins Unrecht gesetzt und zumindest teilweise um die Früchte seiner Anstrengungen gebracht wird.

Eine solche Veränderung der Kriegsziele zieht notwendigerweise auch eine Veränderung in der Art der Kriegführung nach sich: die großen, statischen Abnutzungsschlachten regulärer Armeen aus der Zeit des Ersten, die schnelle, raumgreifende Bewegung gepanzerter Verbände aus der Zeit des Zweiten Weltkriegs weichen Konfrontationen zwischen kleinen, regulären und/oder irregulären Verbänden, in denen klare Fronten ebenso selten sind wie große Entscheidungsschlachten. Was zählt, ist nicht der militärische Sieg über den Gegner, sondern die Kontrolle über seine Auslandsverbindungen, seine Transportwege, seine Rohstoffvorkommen, über die Moral und Infor-

Begriffe II. Der Wandel des Kriegsbildes 37

mationslage seiner Zivilbevölkerung. Das bevorzugte Mittel der Auseinandersetzung sind Kleinwaffen, automatische Gewehre, Granatwerfer: die effektivsten Kampfmaschinen des Kalaschnikow-Zeitalters (Kongo, Liberia) sind bekiffte, zugedröhnte männliche Jugendliche, die mit einem AK-47 Sturmgewehr ausgestattet werden und außerhalb ihrer als Miliz firmierenden Räuberbande weder die Mittel zum Lebensunterhalt noch gesellschaftliche Anerkennung oder Respekt für ihr Tun erwarten können.

Insofern ginge man auch zu kurz, den Neuen Krieg als einen „blossen" ethnonationalistischen Bürgerkrieg zu begreifen, in dem die Gewaltanwendung zur Durchsetzung von Volksgruppen-Zielen gleichsam privatisiert wird Er ist ein genuin politisches Phänomen, an dem externe und interne, regierungsamtliche wie nichtregierungsamtliche Akteure gleicherweise teilhaben. In ihm geht es weniger um klassische machtpolitische und/oder territoriale Ziele, wie sie etwa die „Kanonenbootpolitik" des 19. Jahrhunderts kennzeichneten, sondern um (auch bewaffneten Zwang als Mittel der Überzeugung oder Verdrängung Andersdenkender einsetzende) *Identitätsstiftung.* In Abwandlung des klassischen Diktums von Carl Schmitt – dass nämlich souverän sei, wer über den Ausnahmezustand bestimme – ist der eigentliche Souverän des Neuen Krieges derjenige, der Konflikte der *Perzeption* des Anderen durch die eigenen Kampfgenossen, der *Interpretation* historischer und politischer Tatsachen auf der innergesellschaftlichen wie internationalen Referenzebene und der *Sinnstiftung* auf der Ebene der Weltanschauung, der Religion oder der Ideologie zu *seinen* Gunsten entscheiden kann.

Vom Totalitätsanspruch der Sinnstiftung ist es in aller Regel nur ein kleiner Schritt zum Totalitätsanspruch der Kriegführung. Die Bezeichnung der Neuen Kriege als *Kleine Kriege* ist ein gutes Stück euphemistischen Orwell'schen *New Speak*: weder in Dauer, Intensität noch Zerstörungskraft sind die *Kleinen Kriege* tatsächlich klein – unter den vom Stockholm International Peace Research Institute im Jahrbuch 2001 für 2000 genannten 23 grösseren Bürgerkriegen waren nur vier (Algerien, Burundi, Kongo, Ruanda) weniger als neun Jahre alt. Was sie prinzipiell kennzeichnet, ist ihre Durchbrechung, wenn nicht gar Ausserkraftsetzung verbindlicher Regeln für die Kriegführung: die Kriegsakteure bestreiten die Geltung des Kriegs*völker*rechts, weil es sich um ein zwischen*staatliches* Rechtssystem handelt, sie sich aber gerade nicht als *staatliche* Akteure begreifen, die den das *ius in bello* kodifizierenden und einhegenden Konventionen unterworfen sind. Am augenfälligsten wird diese Entwicklung in der Aufhebung der Unterscheidung zwischen Kombattanten und Nichtkombattanten: im *Kleinen Krieg* kommen paradoxerweise *alle* Mittel zum Einsatz, so dass er in seiner charakteristischen Brutalität Züge annimmt, die sonst nur mit dem Phänomen des totalen Kriegs in Zusammenhang gebracht werden. „Die Gesamtheit des Gegners, und nicht nur dessen Kombattanten, wird als Feind angesehen und bekämpft. Die Symmetrie, also die Beschränkung des Kampfes auf die Kombattanten, kennzeichnet den großen Krieg; für den kleinen Krieg hingegen ist die bewusst angestrebte Asymmetrie im Kampf gegen die verwundbarste Stelle des Gegners, eben die Nichtkombattanten, charakteristisch. Daher rührt der hohe Anteil von Zivilisten unter den Opfern kleiner Kriege. Auch reguläre Streitkräfte, die in einem kleinen Krieg gegen irreguläre Kräfte eingesetzt werden, tendieren dazu, sich die regellose Kampfesweise des Gegners zu eigen zu machen..." (Hoch 201: 19).

Diese Entwicklungen unterfüttern die Infragestellung der überkommenen Ordnungsfunktionen des Staates, wie sie weiter oben mit Blick auf weltmarktinduzierte Veränderungen der Industriegesellschaften, Globalisierungsdruck und Bildung transnationaler Interessenkoalitionen bereits knapp skizziert worden sind. Das Ignorieren des inneren wie äußeren Gewaltmonopols durch „low-intensity conflicts" (van Crefeld 1999: Kap.6), insbesondere der gewaltträchtige Fragmentierungs- und Zerfallsprozess klassischer nationaler Akteure in Klein- und Mikrostaaten, die Auflösung staatlicher Handlungssubjekte und – Strukturen (Somalia!), damit aber auch die Aufhebung des traditionell nach innen wie nach außen wirksamen Schutzversprechens, das seit Hobbes Existenz, Tätigkeit und Gewaltausübung des Staates gegenüber seinen Bürgern überhaupt erst legitimiert – all diese Phänomene der Gegenwart unterlaufen die trennscharfe Differenzierung der Begriffe von Krieg und Frieden ebenso eklatant wie der abschreckungsgestützte Blockantagonismus von Ost und West sie überwölbt hatte. Zumindest *prima facie* ist die treibende Kraft dieser Entwicklungen die quantitativ starke Zunahme nichtstaatlicher Akteure in den internationalen (Gewalt-)Beziehungen – Befreiungsbewegungen und Guerillaorganisationen (Davis/Pereira 2003), terroristische Gruppierungen (Geyer 2003) und fundamentalistische Vereinigungen, Verbünde der organisierten Kriminalität, privatwirtschaftlich organisierte Söldnerunternehmen und private Sicherheits- und Nachrichtendienste (Shearer 1998; Mandel 2002). Sie alle können – und werden – sowohl im eigenen Interesse wie auch im Interesse von Staaten oder anderen nichtstaatlichen Organisationen tätig werden.

Das im Schoße all dieser Entwicklungen ausgebildete neue Kriegsbild (vgl. insbes. Kaldor 1997, Kaldor 2000 sowie die Beiträge in Kaldor/Vashee 1997) ist mit den überkommenen Kategorien des Generals von Clausewitz nicht länger zu fassen. Wir verweisen insbesondere auf die folgenden Argumente:

Die *Fragmentierung der staatlichen Handlungssubjekte* stellt die These von der politischen Zweckrationalität des Krieges aus der Perspektive einer Vielzahl von Mikro-Ebenen radikal in Frage. Die Ebene der Gewaltanwendung verschiebt sich „nach unten", die über Jahrhunderte erarbeiteten Regeln der zwischenstaatlichen Kriegführung verlieren sich immer mehr zwischen den Fronten nichtstaatlicher Kriegs- oder Konfliktparteien (Daase 1999). In dem Maße, in dem sich Staaten auf gewaltsame Konflikte mit nichtstaatlichen Akteuren einlassen, gar deren irreguläre Kriegführung übernehmen, untergraben sie die Prinzipien ihrer eigenen Staatlichkeit – und damit

Begriffe II. Der Wandel des Kriegsbildes 39

auch die Prinzipien der internationalen Staatengesellschaft. Allerdings: die Krise des Staates als Entwicklungsblockade und hauptsächliche Ursache Neuer Kriege betrachten zu wollen (Debiel 2002: 24ff), und diese im Sinne mancher Dependenztheoretiker allein außenwirtschaftlichen, die Entwicklungsländer weltwirtschaftlich und geopolitisch marginalisierenden, eine Entwicklung der Unterentwicklung beschwörenden Faktoren zuzuschreiben, reduziert die Komplexität notwendiger Erklärungen in schon nicht mehr zulässiger Weise. Denn: die Erosion des staatlichen Gewaltmonopols insbesondere in Teilen Afrikas begann keinesfalls erst mit dem Ende des Kalten Krieges und der Diskreditierung des Sozialismus als Leitidee staatlichen Handelns. Vielmehr läßt sich schon seit den siebziger Jahren das Aufkommen neopatrimonialer Organisation politischer Herrschaft beobachten: zentriert auf einen Patron, der nicht mehr wie im klassischen patrimonialen System über *private* Ressourcen und Land verfügt, um von dieser Basis aus im Netzwerk von Begünstigung und Loyalitätserwartungen reziproke sozioökonomische Austauschbeziehungen zu etablieren, sondern über den Zugriff auf *öffentliche* Ressourcen und *politische* Ämter, die er zur Etablierung klientelistischer Herrschaftsverhältnisse, zur Befriedigung seiner Anhänger und zur persönlichen Bereicherung expropriiert (gute Beispiele in Reno 1999). Der *Staatszerfall als Randbedingung* und Begleiterscheinung des Neuen Krieges, die informelle Raubökonomie, in der der Staat weitgehend privatisiert wird, die immer stärkere Aushöhlung der ohnehin nur noch durch Entwicklungshilfeleistungen aufrecht erhaltenen Fassade eines handlungsfähigen Staates (Paes 2002) ist nicht zuletzt das Ergebnis des Handelns einer kleinen politischen Führungsschicht, die sich selbst bereichern, die eigene Macht festigen will. Der Abbau öffentlicher Güter (ökonomische Stabilität, Entwicklung, politische Partizipation und Legitimität) mag eine Folge mangelnder Ressourcen sein – er kann aber genauso gut als gezielte Strategie zum Machterhalt einer Staatsklasse oder einer raubtierkapitalistischen Herrschaftselite verstanden werden: „Patronagenetzwerke funktionieren dort am besten, wo Sicherheit und Prosperität kein Grundrecht, sondern ein Privileg sind..." (ebd.: 148). Ein Klima der Unsicherheit zwingt den Bürger dazu, staatlichen Schutz beim Patronageherren und seinen Helfershelfern zu suchen – und dafür Gegenleistungen zu erbringen, die entweder materieller oder immaterieller Natur sind.

Freilich – noch wichtiger scheint, dass im Kontext der Neuen Kriege *sich die herkömmlichen*, dem Primat der Politik unterstellten und dem Prinzip von strategischer Rationalität, einheitlicher Führung, Befehl und Gehorsam verpflichteten militärischen *Großverbände* als Hauptträger der Kriegführung *auflösen*. An ihre Stelle treten die Privatarmeen ethnisch-nationaler Gruppen, Partisanenverbände, unabhängig operierende Heckenschützen, marodierende Banden, Mafiagangs: „What are called armies are often horizontal coalitions of local militia, breakaway units from disintegrating states, paramilitary and organized crime groups" (Kaldor 1997: 16). Dabei schwindet nicht nur die klassische Unterscheidung von Kombattanten und Zivilisten – die Schlachtfelder des Neuen Krieges werden bevölkert von Figuren, die Europa seit dem Absolutismus aus der Kriegführung verbannt hatte:

- dem *Warlord*, einem lokalen oder regionalen Kriegsherrn, der seine Anhängerschaft unmittelbar aus dem Krieg, der Kriegsbeute und den Einkünften des von ihm eroberten Territoriums finanziert (Rich 1999; Reno 1999);
- dem *Söldner*, einem Glücksritter, der in möglichst kurzer Zeit mit möglichst geringem Einsatz möglichst viel Geld zu verdienen trachtet;
- dem *Kindersoldaten*, dessen Beeinflussbarkeit und Folgebereitschaft ihn zu einem gefügigen Instrument des bewaffneten Terrors macht.

Genauer: in idealtypischer Sicht wird die Neue Welt der Privatisierten Gewalt (Mair 2003) bevölkert und umgetrieben von vier *Akteursgruppen*, die alle die Bereitschaft teilen, Gewalt zur Erreichung ihrer Ziele einzusetzen, jedoch differieren in ihren Zielen, Zielgruppen, in der geographischen Ausdehnung ihrer Aktivitäten und in ihren Beziehungen zu staatlichen Gewaltmonopolisten – nämlich *Warlords, Rebellen, Terroristen* und *Kriminellen.* Warlords und Kriminelle werden eher von ökonomischen (Raub-)Motiven getrieben, Rebellen und Terroristen von politischen; die hauptsächlichen Zielgruppen gewaltsamer Akte, die von Rebellen und Kriminellen verübt werden, sind eher andere bewaffnete Großgruppen (Polizei, Militär, konkurrierende Gangs und Banden), während Warlords und Terroristen ihre Gewaltakte eher gegen unbewaffnete Zivilisten richten; der geographische Bezug der Aktionen von Warlords und Rebellen ist eher beschränkt, richtet sich in aller Regel auf die Kontrolle eines bestimmten Territoriums, während das transnationale Verbrechen und der internationale Terrorismus weltweit agieren; Warlords und Rebellen schliesslich streben danach, das staatliche Gewaltmonopol durch ihr eigenes abzulösen, während Terroristen und Kriminelle des staatlichen Gewaltmonopols ähnlich wie im Hegel'schen Gleichnis von Herr und Knecht nachgeradezu bedürfen: den einen ginge sonst das Bezugsobjekt ihres politischen Kampfes verloren, den anderen – systemkonformen Parasiten der Weltwirtschaft – der Ordnungsrahmen, der die Verwertbarkeit ihrer illegal gewonnenen Güter überhaupt erst garantiert.

Freilich läßt sich diese reinlich-idealtypische Unterscheidung international operierender nichtstaatlicher Gewaltakteure in der Realität nur selten durchhalten: bestehen zwischen ihnen doch intensive Kooperationsbeziehungen, wenn sie nicht gar selbst kontextabhängig von der einen Rolle in die andere schlüpfen (v.a. Warlord/Mafiaboß und Rebell/Terrorist). Insbesondere hat das Ende des Kalten Krieges die Refinanzierungsmöglichkeiten mancher als Partei von Stellvertreterkriegen agierenden Rebellengruppe bei ihrer jeweiligen Blockvormacht empfindlich beschnitten und sie so zur Aufrechterhaltung ihrer Logistiknetze wie zur Finanzierung von Waffenkäufen in die Kriminalität gedrängt. Andererseits ist es überhaupt nichts Ungewöhnliches,

Begriffe II. Der Wandel des Kriegsbildes 41

dass Warlords und Mafiabosse ihre höchst persönlichen Machtgelüste und Bereicherungsinteressen politisch, ideologisch oder weltanschaulich zu tarnen versuchen. Wie Dr. Jekyll und Mr. Hyde zeichnen sich die Akteure der Neuen Kriege durch multiple Persönlichkeiten aus – und je länger die Konflikte dauern, in die sie verwickelt sind, desto mehr wird diese Eigenschaft auch auf die regulären Streitkräfte übertragen, die sie bekämpfen. Denn: mit dem Ausbleiben externer Unterstützung sind alle Kriegsparteien darauf angewiesen, ihren Kampf durch die Ausbeutung und Plünderung von Rohstoffen – Gold, Diamanten, Tropenhölzer, Erdöl – zu finanzieren; damit aber verwischen sich die Grenzen zwischen solchen Kriegsherren wie Charles Taylor, Jonas Savimbi oder Samuel Doe und den Offizieren solcher Eingreiftruppen wie etwa der ECOMOG, die eigentlich von der internationalen Gemeinschaft beauftragt worden sind, Sicherheit und Ordnung in Neuen Kriegs-Zonen wieder herzustellen.

Angesichts der so faßbaren *Entgrenzung der Kriegsakteure* – verstanden nicht nur als die Verwischung der Differenz von Regularität und Irregularität, sondern auch als Wandel von ehedem regional oder national verankerten Akteuren zu transnationalen Einheiten – die etwa in einem Staat kämpfen, aber in einem benachbarten ihre Rückzugs- und Ruheräume (teils auch gegen Widerstreben der dortigen Autoritäten) besetzen – wundert es nicht, dass militärische Gewalt sich immer seltener nach *außen* richtet, in den Bereich *zwischen* den Staaten. Vielmehr kehrt sich ihre Stoßrichtung um, in die *Innensphäre* der zerfallenden einzelstaatlichen Subjekte hinein. Ihr übergeordneter Zweck ist nicht mehr die Fortsetzung des politischen Verkehrs unter Einmischung anderer Mittel, sondern die Sicherung des innergesellschaftlichen Machterhalts von Interessengruppen, Clans, Warlords, Kriminellen; die Garantie von Beute und schnellem Profit; die Erzwingung und Erhaltung von klientelistischen und persönlichen Abhängigkeiten, die Etablierung und der Ausbau von Formen quasi-privatwirtschaftlich organisierter Einkommenserzielung. Schon wird der *low intensity conflict* als Fortsetzung der Ökonomie mit anderen Mitteln bezeichnet (Keen 1998): eher als im zwischenstaatlichen Krieg geht es in ihm um handfeste materielle Interessen, um die Verteilung wirtschaftlicher Ressourcen und Chancen, in welcher ethnischen, religiösen oder ideologischen Verkleidung die Konfliktparteien auch auftreten. Damit einher geht die Auflösung der Unterscheidung von Erwerbsleben und Gewaltanwendung, der fortschreitende Verlust von Zukunftsvertrauen, die Abwertung friedlich-ziviler Kompetenzen und Fähigkeiten, während die Fähigkeiten und Fertigkeiten zur Gewaltanwendung an Bedeutung gewinnen. Die Schichten, die am Frieden interessiert sind, werden an den Rand gedrängt, gesellschaftlich marginalisiert, „...während jene in Friedenszeiten an die Ränder der Gesellschaft verbannten gewaltbereiten Gruppen an Macht und Bedeutung gewinnen und mit der international organisierten Kriminalität, den Waffen-, Drogen- und Menschenhändlern eine untrennbare Verbindung eingehen. Sie haben kein substantielles Interesse am Frieden, denn ihre

Macht und ihr neuer Wohlstand hängen an der Fortdauer des Krieges. Wer in Bürgerkriege interveniert, muß daher wissen, daß er dabei nicht nur auf Menschen trifft, die nichts sehnlicher wünschen als den Frieden, sondern auch auf jene, denen das Ende des Bürgerkrieges ungelegen käme..." (Münkler 2001). Es sind – frei nach Karl Marx – materielles Sein und materielle Interessen, die das Bewusstsein des *war lords*, des Milizionärs, des Kämpfers für diese oder jene Partei bestimmen. Für den, der vom Kriege lebt, ist die ethisch-moralische oder politisch-wertmässige Rechtfertigung seiner Taten allenfalls ein Sekundärmoment, wie der künstlich erzeugte Gegensatz zwischen Christen und Moslems in Bosnien-Herzegowina vorgeschoben, um hinter diesem Schleier der Bereicherung, dem Profitgier oder der Mordlust umso ungehinderter nachgehen zu können.

Damit aber verändert sich auch die *Ökonomie des Krieges*: rekurrierte der klassische Staatenkrieg noch auf die Ressourcenmobilisierung durch den Staat (Steuern, Anleihen, Subsidien, totale Kriegswirtschaft), passte er die Wirtschaft als Kriegswirtschaft an den *Ausnahmezustand* an, ordnete er das, was sonst dem Markt überlassen blieb, planwirtschaftlich den Anforderungen des Krieges und der Kriegsziele unter (hierzu ausführlich Ehrke 2002), so finanzieren sich die Guerrilla- und low intensity-warfare- Konflikte der Gegenwart aus Kriegsökonomien, die durch die Gleichzeitigkeit von (nationaler) Dezentralisierung und globaler Verflechtung gekennzeichnet sind. Offizielle Machthaber, Interventionsarmeen, Kriegsherren, Warlords und Rebellen organisieren von einander getrennte Wirtschaftsräume, die aber mit den Wirtschaften anderer Staaten und/oder der globalen Weltwirtschaft vernetzt sind. Die nationale Ökonomie *informalisiert* sich. Die Ökonomien des Bürgerkrieges, des Neuen Krieges sind Ökonomien ohne staatliches Gewaltmonopol, Ökonomien mit ungeschützten Märkten, die ihre Akteure vor andere Handlungsnotwendigkeiten stellen als jene, in denen der sich ausbildende Zentralstaat Rechtssicherheit und Verkehrswegesicherheit ebenso garantiert wie Eigentum und Besitzverhältnisse. In einer solcherart dezentralisierten Wirtschaft haben die illegale Aneignung von Gold und Edelsteinen, der Menschen- und Rauschgifthandel, der Zigaretten- und Treibstoffschmuggel Hochkonjunktur (Jean/Rufin 1999) – und das nicht nur während der Phase militärischer Auseinandersetzungen, sondern gerade auch in den Zwischenzeiten, in denen Fronten begradigt, Kräfte gesammelt, Waffenarsenale neu aufgefüllt werden. Trennende Kulturen und Religionen liefern in der Ökonomie des Neuen Krieges allenfalls den Vorhang, hinter dem Akteure mit klaren wirtschaftlichen Interessen zu erkennen sind – die Kriegsherren, die auf den sich entwickelnden Gewaltmärkten Gewalt als effektives und effizientes Mittel wirtschaftlichen Erwerbsstrebens einsetzen. Die politische Ökonomie dieser Konflikte ist nicht mehr staatszentriert: – die Staaten werden zu Schatten ihrer selbst, während die Kriegsökonomien in regionale und globale, sich der staatlichen Kontrolle entziehende Transaktionsnetze eingebunden werden. Die sich ausbildende parasitäre, über Verbindungen zu vergleichbaren Akteu-

Begriffe II. Der Wandel des Kriegsbildes 43

ren der organisierten Kriminalität gar sich globalisierende Mafiaökonomie des Bürger-, Neuen oder Kleinen Krieges demobilisiert rechtmässige Wirtschaftsaktivitäten, bringt die Produktion zum Erliegen, expropriiert humanitäre Hilfe, beschädigt nicht nur die eigene Kriegszone, sondern auch die Volkswirtschaften benachbarter Regionen. „Bürgerkriegsökonomien sind wie schwärende Wunden an den weichen Stellen von Friedensökonomien, die sie mit illegalen Gütern, wie Rauschgift und zur Prostitution gezwungenen Frauen, aber auch durch erzwungene Fluchtbewegungen infiltrieren und zur Finanzierungsquelle des Bürgerkriegs machen..." (Münkler 2001). Das die (Bürger-) Kriegsökonomie kennzeichnende Moment ist das der *Deinvestitionsspirale*: je länger die Kampfhandlungen dauern, desto mehr schrumpft die Zukunftsperspektive, desto eher verliert die zivile Wirtschaftsweise an Bedeutung, desto schneller gerät die Deinvestitionsspirale in Abwärtsdrehung: „Die unmittelbar verfügbaren Ressourcen werden hemmungslos ausgeplündert, und Investitionen kommen nicht mehr zustande. Am Ende ist im Grunde jeder Einzelne auf Gewaltanwendung angewiesen, um Nahrung und Wohnung zu sichern..." (Münkler 2001). Diese Art Ökonomien hinterlassen schließlich eine räuberische Gesellschaft, die sich von der des Hobbes'schen Naturzustandes nur noch wenig unterscheidet.

Schließlich: wie erfolgreiche transnationale Konzerne geben die Akteure des Neuen Krieges in ihrer *Organisationsstruktur* das herkömmliche Prinzip einer pyramidal-vertikalen Kommandohierarchie auf, nähern sich den komplexen horizontalen Netzwerken und flachen Hierarchien, die die Führungsstrukturen moderner Wirtschaftsunternehmen kennzeichnen. Zu einem Gutteil ist selbst ihre Kriegführung transnational: sie werden finanziert durch Spenden oder „Abgaben" in der Diaspora lebender Volksangehöriger oder ihren Zielen geneigter Drittstaaten (Tanter 1999); sie greifen logistisch auf einen globalisierten Waffenmarkt zu; sie rekrutieren ihre Kämpfer aus Angehörigen (fundamentalistisch-) weltanschaulich gleichgerichteter Drittgesellschaften; sie nutzen die Dienste weltweit operierender kommerzieller Anbieter militärischer Beratungs-, Trainings- und Kampfleistungen (Shearer 1998); und sie beschränken ihre Aktionen nicht auf das angestammte Territorium oder regionale Kriegsschauplätze, sondern tragen ihren Kampf mittels spektakulär-terroristischer Akte an solche Orte, an denen ihnen die Aufmerksamkeit einer multimedial rund um den Globus vernetzten Weltöffentlichkeit sicher sein kann.

Über Zeit führen diese – allenfalls aus mangelnder Einsicht in die realen Triebkräfte und Bewegungsgründe der Konfliktakteure gern als „ethnopolitisch" bezeichneten – Auseinandersetzungen zur Auflösung staatlicher Handlungssubjekte, zum Niedergang traditioneller Ordnungs-Strukturen und zur Delegitimierung jeglicher im Namen usurpierter staatlicher Autorität umgesetzten Politik. Der wichtigste Unterschied zwischen klassischen und Neuen Kriegen betrifft die überkommene begriffliche wie faktische Trennung von Krieg und Frieden: im Neuen Krieg werden Krieg und Frieden zu nur noch relativen gesellschaftlichen Zuständen. Der Neue Krieg wird nicht erklärt, und nicht beendet: vielmehr wechseln in ihm Phasen intensiver und weniger intensiver Kampfhandlungen, in denen Sieger und Besiegte nicht leicht ausgemacht werden können. Entscheidungsschlachten werden nicht mehr geschlagen; vielmehr diffundiert die (bewaffnete) Gewalt in alle gesellschaftlichen Bereiche

5. Ausblick

Mit den geschilderten Entwicklungen verbinden sich aus der Sicht der Lehre von den Internationalen Beziehungen wenigstens zwei bedeutsame Konsequenzen:

1) Die Aufhebung der klassischen analytischen Trennung von Innen und Außen, von Sicherheits-, Entwicklungs- und internationaler Wirtschaftspolitik

Subsystemische gesellschaftliche Akteure werden auf der systemaren Ebene unmittelbar handlungsrelevant, externe Konflikte/Konfliktgründe werden internalisiert, nationale gesellschaftliche Akteure externalisieren sich und/oder treten in Interessenkoalitionen mit vergleichbaren Akteuren in anderen Gesellschaften. Das überkommene state-as-gatekeeper-Prinzip (demzufolge die legitime Vermittlung von politischen und/oder gesellschaftlichen Beziehungen zwischen Angehörigen unterschiedlicher Akteure dem Außenvertretungsmonopol des Staates unterliegt) wird ausgehebelt; der einzelstaatliche Rückfall in den Naturzustand unterfüttert und durchdringt die internationale Anarchie.

2) Die Aufhebung des klassischen Interventionsverbots

Der Schutz der Souveränität der Akteure durch das Prinzip der Nichteinmischung in die inneren Angelegenheiten war eine existenznotwendige Bedingung des naturzuständlichen Staatensystems; seine Ausserkraftsetzung durch das Prinzip der humanitären Intervention ebenso wie durch ethnopolitisch motivierte Unterstützung von Volks- oder Glaubensgenossen bedeutet einen erheblichen Schritt vorwärts in Richtung auf weltgesellschaftliche Organisationsformen internationaler Beziehungen. Im Gegensatz zum durch das klassische Völkerrecht geschützten und geordneten Bereich des zwischenstaatlichen Verkehrs besitzen die Staaten und internationalen gouvernementalen Organisationen in den sich ausbildenden weltgesellschaftlichen Kontexten

Begriffe II. Der Wandel des Kriegsbildes 45

keine unmittelbaren Eingriffsrechte, werden aber gleichwohl von den Handlungen weltgesellschaftlicher (auch regionaler und lokaler) Akteure mittelbar oder unmittelbar betroffen. Sie suchen sich deshalb für ihr Handeln in Konfliktsituationen eine neue Legitimationsgrundlage – das humanitäre Völkerrecht, dessen jüngere Entwicklungen die Frage zulassen, ob es dabei ist, sich zu einem humanitären Völkerinterventionsrecht zu wandeln.

Die eben beschriebenen Entwicklungen sind noch lange nicht abgeschlossen: die weitere Ausdifferenzierung des Phänomens der Neuen Kriege dürfte noch manche Überraschung erwarten lassen. Eines aber läßt sich bereits festhalten: die bekannte Auffassung des Generals von Clausewitz vom Kriege als eines genuin politischen Instruments, als „...Fortsetzung des politischen Verkehrs, ein Durchführen desselben mit anderen Mitteln..." (v. Clausewitz 1973: 210) stellt die *rationalen* Momente politischen Handelns in den Mittelpunkt der Betrachtung militärischer Gewaltanwendung, bettet den Krieg in den Zweckrationalismus der auf Durchsetzung eigener Interessen gerichteten politischen Handlungssphäre ein. Wo aber – wie in den Neuen oder Kleinen Kriegen – Gewaltausübung zur Lebens- und Erwerbsform wird, wo Konfliktparteien zur Findung, Befestigung oder zum blossen Ausdruck ihrer *Identität* Krieg führen, wo Vertreter partikularistischer Identitäten eine Furcht- und Hass-Spirale in Gang setzen, Andersdenkende unterdrücken und physisch vernichten, um multikulturelle und zivilgesellschaftliche Werte aufzuheben und auszulöschen (Kaldor 2000: Kap. 4) – da verliert der Zweckrationalismus des Generals von Clausewitz seine Erklärungsmächtigkeit.

Welche analytischen Konsequenzen haben wir zu ziehen, wenn Konfliktakteure die Auseinandersetzungen, in die sie sich und andere verwickeln, für ihre eigenen *persönlichen* (Gewinn-, Ausbeutungs-, Herrschafts- und Macht-) Interessen instrumentalisieren, demgemäß einer auf rationalen Prinzipien fussenden Konfliktbearbeitung, dem Dialog und der Kooperation nicht zugänglich sind und an der Beendigung des Konflikts keinerlei Interesse haben – etwa, weil der Friedensprozess die mafiöse Kriegswirtschaft bedroht, aus der sie ihre Ressourcen ziehen, und der Wegfall der Verfügung über diese Ressourcen zugleich auch den Wegfall ihrer Herrschafts-, Macht- oder Einflussbasis bedeuten würde? Für den Umgang mit Akteuren, die prototypenhaft durch die Karadzics, Milosevics und Mladics – oder auch die Chilubas, Mobutus, Taylors oder Kabilas – dieser Welt repräsentiert werden, reichen die Konzepte und Handlungsanleitungen der traditionellen Friedenswissenschaft nicht aus. Denn: diese Konzepte, Empfehlungen, Perspektiven stehen in guter analytisch-philosophischer Tradition unter Rationalitätsvorbehalt, verkörpern aber eine Rationalität, die von den nicht an einer gleichsam kantischen Vernunft, sondern an der Hab-Gier orientierten Akteuren des Neuen Krieges nicht länger geteilt wird, wenn sie sie denn je teilten.

Unser Problem scheint derzeit darin zu bestehen, dass sich die Neuen Kriege, die Bürgerkriege, die *low intensity conflicts* einem rational nachvollziehbaren global- oder regionalstrategischem Kalkül ebenso entziehen wie einer politisch-sozialen, fortschrittlichen oder gar sozialrevolutionären Interpretation. Statt dessen dominieren irrationale ethnische und religiöse Antagonismen, atavistischer Hass verdrängt die kalkulierbare Geopolitik. Politische und militärische Gewalt wird und wirkt blindwütig, irrational und unerklärbar, produziert diffuse, vielgestaltige, letztlich aber doch eindeutige Bedrohungen. Mit Blick auf den Neuen Krieg, die Kleinen Konflikte, die *Vergesellschaftung militärischer Gewaltanwendung* (in mehr als einer Hinsicht!) kommt es folglich darauf an, ein analytisches und handlungsanleitendes Konzept zu entwickeln, das den Prozess der Innenwendung militärischer Gewalt in all seinen Verästelungen und Motivationen als politischen Prozess begreift, ihn nicht auf wenige Erklärungsfaktoren reduziert und damit beim Versuch seiner Überwindung zu kurz ansetzt. Die Aussichten auf ein Gelingen dieses Unternehmens sind nicht die Besten: es aber nicht zu versuchen, hieße, die Zukunft den Warlords und Ethnokraten, den Mafiabossen und falschen Religionspropheten zu überlassen.

Literatur

Albrecht, Ulrich, u.a. (Hrsg.) (2002): Das Kosovo-Dilemma. Schwache Staaten und Neue Kriege als Herausforderung des 21. Jahrhunderts. Münster: Westfälisches Dampfboot.
Altvater, Elmar/Mahnkopf, Birgit (2002): Globalisierung der Unsicherheit. Arbeit im Schatten, Schmutziges Geld und informelle Politik. Münster: Westfälisches Dampfboot.
Ayissi, Anatole (2003): Der Aufstieg des Lumpenmilitariats. Militärmacht und politische Ohnmacht in Afrika, in: Le Monde Diplomatique, Januar 2003, S. 18ff.
Brühl, Tanja, u.a. (Hrsg.) (2001): Die Privatisierung der Weltpolitik. Entstaatlichung und Kommerzialisierung im Globalisierungsprozess. Bonn: Dietz.
Clausewitz, Carl von (1973): Hinterlassenes Werk vom Kriege. 18. Aufl., Hrsg. Hahlweg, Werner. Bonn: Dümmler.
Czempiel, Ernst-Otto (2002): Weltpolitik im Umbruch. Die Pax Americana, der Terrorismus und die Zukunft der internationalen Beziehungen. München. Beck.
Daase, Christopher (1999): Kleine Kriege – Große Wirkung. Wie unkonventionelle Kriegführung die internationale Politik verändert. Baden-Baden: Nomos.
Davis, Diane E./Pereira, Anthony W. (Hrsg.) (2003): Irregular Armed Forces and their Role in Politics and State Formation. Cambridge: Cambridge Univeristy Press.
Debiel, Tobias (Hrsg.) (2002): Der zerbrechliche Frieden. Krisenregionen zwischen Staatsversagen, Gewalt und Entwicklung. Bonn: Dietz.
Dicken, Peter (^{3}1998): Global Shift. Transforming the World Economy. London: Chapman.
Didier, Anne-Line/Marret, Jean-Luc (2001): Etats „échoués" et Mégapoles anarchiques. Paris: Presses Univ. de France.
Ehrke, Michael (2002): Zur politischen Ökonomie post-nationalstaatlicher Konflikte, in: Internationale Politik und Gesellschaft 3/2002, S. 135-163.

Begriffe II. Der Wandel des Kriegsbildes 47

Ellis, Stephen: The Old Roots of Africa's New Wars, in: Internationale Politik und Gesellschaft 2/2003, S. 29-43.
Freedman, Lawrence (²1989): The Evolution of Nuclear Strategy. London: MacMillan.
Freedman, Lawrence (1998): The Changing Forms of Military Conflict. In: Survival 40 (1998), S. 39-56.
Freedman, Lawrence (1998): The Revolution in Strategic Affairs (Adelphi Paper 318). London.
Geyer, Michael (Hrsg.) (2002): War and Terror in Historical and Contemporary Perspective. American Institute for Contemporary German Studies, Washington, D.C. www.aicgs.org/publications/PDF/warandterror.pdf
Gray, Christian Hables (1997): Postmodern War. The New Politics of Conflict. London: Routledge.
Held, David/McGrew, Anthony/Goldblatt, David/Perraton, Jonathan (1999): Global Transformations. Politics, Economics, and Culture. Cambridge: Polity Press.
Held, David/McGrew, Anthony (Hrsg.) (2000): The Global Transformations Reader. An Introduction to the Globalization Debate. Cambridge: Polity Press.
Herz, John H. (1974): Staatenwelt und Weltpolitik. Aufsätze zur internationalen Politik im Nuklearzeitalter. Hamburg: Hoffmann und Campe.
Hoch, Martin (2001): Krieg und Politik im 21. Jahrhundert, in: Aus Politik und Zeitgeschichte. B 20/2001, S. 17-25.
Jean, Francois/Rufin, Jean-Christophe (Hrsg.) (1999): Ökonomie der Bürgerkriege. Hamburg: Hamburger Ed.
Kaldor, Mary (1997): New and Old Wars. Organized Violence in a Global Era. Cambridge: Polity Press.
Kaldor, Mary (1997): Introduction. In: Kaldor, Mary/Vashii, Basker (hrsg.) (1997): Restructuring the Global Military Sector. Bd. I: New Wars. London: Pinter Pub Ltd. S. 3-33.
Kaldor, Mary (2000): Neue und alte Kriege. Organisierte Gewalt im Zeitalter der Globalisierung. Frankfurt am Main: Suhrkamp.
Keen, David (1998): The Economic Functions of Violence in Civil Wars. Adelphi Papers 320. Oxford.
Keen, David (2003): Greedy Elites, Dwindling Resources, Alienated Youths. The Anatomy of Protracted Violence in Sierra Leone. In: Internationale Politik und Gesellschaft 2/2003, S. 67-94.
Konfliktbarometer 2002. Krisen, Kriege, Putsche, Verhandlungen, Vermittlungen, Friedensschlüsse. Hrsg. Heidelberger Institut für Internationale Konfliktforschung e.V. Heidelberg 2002.
Mair, Stefan (2003): The New World of Privatized Violence. In: Internationale Politik und Gesellschaft. 2/2003. S. 11-28.
Mandel, Robert (2002): Armies without States. The Privatization of Security. Boulder, Colorado: Lynne Rienner Publishers.
Mandelbaum, Michael (1998): Is Major War Obsolete. In: Survival 40 (1998), S. 20-38.
McNeill, William N. (1984): Krieg und Macht. Militär, Wirtschaft und Gesellschaft vom Altertum bis heute. München: Beck.
Meyers, Reinhard (1995): Von der Globalisierung zur Fragmentierung? Skizzen zum Wandel des Sicherheitsbegriffs und des Kriegsbildes in der Weltübergangsgesell-

schaft. In: Kevenhörster, Paul/Woyke, Wichard (Hrsg.) (1995): Internationale Politik nach dem Ost-West-Konflikt. Globale und regionale Herausforderungen. Münster: Agenda-Verlag. S. 33-82.

Meyers, Reinhard (1997): Grundbegriffe und theoretische Perspektiven der Internationalen Beziehungen. In: Bundeszentrale für politische Bildung (Hrsg.) (^{3}1997): Grundwissen Politik. Bonn: S. 313-434.

Meyers, Reinhard (1999): Internationale Organisationen und *global governance* – eine Antwort auf die internationalen Herausforderungen am Ausgang des Jahrhunderts? In: Politische Bildung 32/1999. S. 8-28.

Mueller, John (2001): The Banality of „Ethnic War". In: Michael E.Brown u.a. (Hrsg.) (2001): Nationalism and Ethnic Conflict. Rev. ed. Cambridge, Mass. S. 97-125.

Müller, Harald/Schörnig, Niklas (2001): „Revolution in Military Affairs". Abgesang kooperativer Sicherheitspolitik der Demokratien? HSFK-Report 8/2001. Frankfurt am Main.

Münkler, Herfried (2001): Schwärende Wunden. Humanitäre Interventionen können die Spirale der Gewalt blockieren, doch Frieden können sie nicht schaffen. In: Frankfurter Allgemeine Zeitung No. 201. 30.08.2001. S. 10.

Münkler, Herfried (2002a): Über den Krieg. Stationen der Kriegsgeschichte im Spiegel ihrer theoretischen Reflexionen. Weilerswist: Velbrück Wiss.

Münkler, Herfried (2002b): Die neuen Kriege. Reinbek bei Hamburg: Rowohlt.

Paes, Wolf-Christian (2002): „Neue Kriege" und ihre Ökonomien. In: medico international (Hrsg.): Ungeheuer ist nur das Normale. Zur Ökonomie der „neuen" Kriege. (medico-Report 24). Frankfurt am Main 2002. S.146-163.

Porter, Bruce D. (1994): War und the Rise of the State. The Military Foundations of Modern Politics. New York: Free Press.

Reno, William (1999): Warlord Politics and African States. Boulder, Colorado: Lynne Rienner Publishers.

Reno, William (2003): Political Networks in a Failing State. The Roots and Future of Violent Conflict in Sierra Leone. In: Internationale Politik und Gesellschaft 2/2003, S. 44-66.

Rich, Paul B.(Hrsg.) (1999): Warlords in International Relations. Basingstoke: Macmillan.

Shearer, David (1998): Private Armies and Military Intervention. Adelphi Paper 316. London.

Stroux, Daniel (2003): Rohstoffe, Ressentiments und staatsfreie Räume. Die Strukturen des Krieges in Afrikas Mitte. In: Internationale Politik und Gesellschaft 2/2003, S. 95-111.

Tanter, Raymond (1999): Rogue Regimes. Terrorism and Proliferation. Basingstoke: Macmillan.

Van Crefeld, Martin (1999): Technology and War. From 2000 B.C. to the Present. New York: Macmillan.

Van Crefeld, Martin (1999): The Rise and Decline of the State. Cambridge: Cambridge University Press.

Wallace, Helen/Wallace, William (Hrsg.) (2000): Policy-Making in the European Union. 4.Aufl. Oxford: Oxford University Press.

Wiberg,Hakan/Scherrer, Christian P.(Hrsg.) (1999): Ethnicity and Intra-State Conflict. Types, causes and peace strategies. Aldershot: Ashgate.

Begriffe II. Der Wandel des Kriegsbildes

Wolfrum, Edgar (2003): Krieg und Frieden in der Neuzeit. Vom Westfälischen Frieden bis zum Zweiten Weltkrieg. Darmstadt: Wissenschaftliche Buchgesellschaft.
Wolkow, Wladimir W. (1999): Ethnokratie – ein verhängnisvolles Erbe in der postkommunistischen Welt. In: Aus Politik und Zeitgeschichte B 52-53/1991, S. 35-43.
Zürn, Michael (1998): Regieren jenseits des Nationalstaates. Globalisierung und Denationalisierung als Chance. Frankfurt am Main: Suhrkamp.

Internet-Adresse

Internetportal der Zeitschrift „Internationale Politik und Gesellschaft:
http://www.fed.de/ipg

Martin Kahl
Risiken I. Proliferation, Rüstung, Rüstungskontrolle

1. Einleitung
2. Rüstungskontrolle als kooperative Rüstungssteuerung
3. Kooperative Rüstungssteuerung im Bereich der Nuklearwaffen
4. Konventionelle Rüstungskontrolle in Europa
5. Multilaterale Nichtrüstungs- und Nonproliferationsabkommen
6. Exportkontrollen – eine Form antagonistischer Rüstungskontrolle
7. Ausblick

1. Einleitung

Der Golfkrieg zu Beginn der 90er Jahre, die Kriege im ehemaligen Jugoslawien und in Tschetschenien, die Bürgerkriege in Ruanda und Burundi, die Terroranschläge vom 11. September 2001 sowie nicht zuletzt der Irak-Krieg des Jahres 2003 haben deutlich werden lassen, dass nach dem Ende des Ost-West-Konflikts kein neues friedliches Zeitalter angebrochen ist. Das Bedrohungsbild einer globalen militärischen Konfrontation zwischen zwei hochgerüsteten Militärblöcken (die unter Umständen mit Nuklearwaffen hätte ausgetragen werden können), ist durch komplexere, gleichzeitig weniger konkrete Konfliktszenarien ersetzt worden: „asymmetrische" Angriffe durch „Schurkenstaaten" und Terroristen, lokale Auseinandersetzungen und Bürgerkriege vor allem in Afrika und Asien sowie eine Reihe nicht-militärischer Bedrohungen und Stabilitätsgefahren, die aber eine Sicherheitsdimension beinhalten können: Flüchtlingsströme, illegale Migration, organisierte Kriminalität oder ökologische Schäden. Das den Ost-West-Konflikt prägende System der nuklearen Abschreckung erscheint manchem Beobachter angesichts nur schwer zu kalkulierender neuer Risiken und insbesondere der industriegesellschaftlichen Verwundbarkeit gegenüber neuen Formen des Terrorismus sogar wie ein goldenes Zeitalter der Stabilität.

Bereits vor dem 11. September 2001 waren die Weltmilitärausgaben wieder angestiegen, nachdem sie als Folge der Beendigung der Rüstungskonkurrenz zwischen der NATO und dem Warschauer Pakt bis 1998 zunächst deutlich gesunken waren. Im Jahr 2001 betrugen sie nach einem Anstieg von 7% seit 1998 rund 840 Mrd. US-Dollar (USD), das waren 2.6% des Weltbruttosozialprodukts. Steigende Rüstungsausgaben sind vor allem in Nordamerika, im Mittleren Osten, in Osteuropa und Ostasien zu verzeichnen gewesen.

Während die Militärausgaben in Westeuropa nur leicht gestiegen sind, hatte Russland 2001 den größten Zuwachs zu verzeichnen. Im Jahr 2001 ist Russland zudem zum größten Waffenexporteur geworden, seine Exporte haben 2001 gegenüber dem Jahr zuvor um 24% zugenommen (vgl. SIPRI 2002). Nach dem 11. September zeichnet sich die Trendumkehr bei den Weltmilitärausgaben noch deutlicher ab, vor allem die USA haben als Folge der Terroranschläge ihren Rüstungshaushalt erheblich erhöht – er soll bis zum Jahr 2007 auf 450 Mrd. USD ansteigen.

Mit den seit dem Ende des Ost-West-Konflikts sich abzeichnenden Veränderungen haben sich auch die Rahmenbedinungen für Rüstungskontrolle erheblich gewandelt. Zunächst sollte jedoch festgehalten werden, dass der Begriff Rüstungskontrolle eine weite Spanne sehr unterschiedlicher Maßnahmen umfasst und dass der Verzicht auf bestimmte Verfahrensweisen nicht gleichbedeutend mit der Beendigung von Rüstungskontrolle überhaupt ist. So bezieht sich Rüstungskontrolle nicht nur (1) auf die quantitative und qualitative Begrenzung von Rüstungen, auf Abrüstungsmaßnahmen, Umrüstung und Rüstungsverbote[1], sondern auch (2) auf Maßnahmen zur Verhinderung der Weiterverbreitung (Proliferation) von Rüstungsgütern bzw. zur Herstellung von Waffen verwendbarer Materialien sowie Exportkontrollen, und (3) Vertrauens- und Sicherheitsbildende Maßnahmen (VSBM), wozu auch die Begrenzung von Manövern, Kommunikations- und Konsultationsmaßnahmen, Verzichtserklärungen und Inspektionen gehören. Rüstungskontrollpolitische Maßnahmen können zudem unilateraler Natur sein, sie können bi-, oder multilateral verhandelt, mit oder ohne Abkommen durchgeführt werden. Sie können globale oder regionale Gültigkeit besitzen, allen Staaten offen stehen oder bestimmte Ausschlüsse vorsehen, also diskriminierend wirken.

Zu den geänderten Rahmenbedingungen ist zum einen zu rechnen, dass die weltweite Verteilung der Fähigkeiten zum Gewalteinsatz nunmehr durch eine doppelte Asymmetrie gekennzeichnet ist: Auf der einen Seite besitzen vor allem die USA durch ihre überlegene Rüstung einen asymmetrischen Vorteil im Hinblick auf die Führung von begrenzten konventionellen Kriegen. Fortschritte im Bereich der offensiven Militärtechnologien haben den Vereinigten Staaten die Entwicklung präziser Zielsuchwaffen ermöglicht, durch die nun auch über große Entfernungen hinweg solche militärischen „missions" ausgeführt werden können, die zuvor nur unter Einkalkulierung hoher Opfer auf der eigenen Seite, hoher „Kollateralschäden" beim Gegner (etwa durch die Zerstörung verbunkerter Anlagen in einem städtischen Umfeld) oder mittels Nuklearwaffen wirkungsvoll zu erreichen waren. Qualitative Sprünge sind auch bei der Aufklärung, der Nachrichtenbeschaffung, der

---

1 Auch Beschränkungen, die sich aus dem humanitären Kriegsvölkerrecht ergeben (etwa das Genfer Protokoll von 1925, das die Verwendung von erstickenden, giftigen oder ähnlichen Gasen sowie von bakteriologischen Mitteln im Kriege verbietet) können unter den Begriff der Rüstungskontrolle gefaßt werden.

Risiken I. Proliferation, Rüstung, Rüstungskontrolle 53

Datenübertragung, der Navigation, bei Stealth-Techniken, der Raketenverteidigung, bei Computersimulationen und selbst bei der Ausrüstung des einzelnen Soldaten, etwa den von ihm mitgeführten Feuerwaffen, erreicht worden. Erst durch das Zusammenspiel der stark verbesserten Aufklärungstechnologien, die eine umfassende Einschätzung der Lage nahezu in „Echtzeit" gestatten und modernen Präzisionswaffen, ist die enorme Erhöhung militärischer Effizienz möglich geworden. Flexible Interventionsstreitkräfte, die rasch an jedem Ort der Welt ein weites Spektrum begrenzter militärischer Schläge ausführen können, auf modernste Militärtechnologie bauende „stand-off, precision-strike forces", bilden heute die Voraussetzungen für eine amerikanische Strategie, die nicht mehr nur die Abwehr eines Angriffs zum Ziel hat, die auch nicht mehr als Aufrechterhaltung einer amerikanischen militärischen Überlegenheit im hergebrachten Sinne zu deuten ist, sondern als eine Strategie der vollständigen Beherrschung („full spectrum dominance") des Gegners in jeder denkbaren Konfliktsituation.

Angesichts dieser kaum einholbaren amerikanischen Überlegenheit bei den militärischen Mitteln liegen für potentielle Gegner Strategien nahe, die eine Asymmetrie der Wirkungen ausnutzen, d.h. auf spezifische Verwundbarkeiten zielen und/oder Waffen bzw. Terrormittel mit besonders großem Schadenspotential einsetzen. Durch sie könnte das Kernland etwa der USA selbst bedroht (terroristische Anschläge, selektive Angriffe mit biologischen oder chemischen Waffen, Umweltsabotage), der Zugang zu überseeischen Einrichtungen und strategischen Ressourcen verhindert (Verminung, die Unterbrechung von Nachrichtenverbindungen) sowie die Einsatzfähigkeit der amerikanischen Streitkräfte generell vermindert werden (etwa durch „Information Warfare"). Die USA und die westlichen Staaten müssen angesichts dieses Umstandes besonders daran interessiert sein, die Proliferation[2] von „asymmetrietauglichen" Waffen und waffenfähigen Materialien, darunter insbesondere auch Massenvernichtungswaffen, in die Hände ihrer potentiellen Gegner zu verhindern.

Die Rüstungspolitik des Irak, des Iran und Nordkoreas (die sogenannten „Schurkenstaaten" oder „Terrorstaaten") im Bereich der nuklearen, biologischen und chemischen Waffen, sowie die von ihnen angestrebte Beschaffung weitreichender Trägermittel, ihre Rüstungsexporte und/oder ihre mögliche Unterstützung des internationalen Terrorismus, sind von den Vereinigten Staaten als direkte Herausforderungen ihrer Interessen interpretiert worden (Central Intelligence Agency 2002). Diese Gefährdung wird nach Dafürhalten sicherheitspolitischer Entscheidungsträger und Militäranalytiker durch eine nur noch schwer zu kontrollierende Proliferation (etwa Schmuggel nuklearen Materials aus Russland) und eine kaum noch einzudämmende Technolo-

---

2 Proliferation hat stets den Beiklang einer unerwünschten Verbreitung von Waffen oder waffentauglichen Gütern, während eigene Rüstungsexporte an befreundete Staaten als unbedenklich angesehen werden.

giediffusion verstärkt, mittels derer sich auch weniger entwickelte Staaten Grundstoffe für Massenvernichtungswaffen und Komponenten für Trägermittel beschaffen und sich mit modernen konventionellen Waffen zur asymmetrischen Kriegführung (etwa Cruise Missiles, Anti-Helikopter-Minen, Satellitentechnologien, Informationswaffen) ausrüsten können (Joint Chief of Staff 1996, 2000, United States Commission on National Security/21st Century 1999, Department of Defense 2002).

Neben staatlichen sind in den Gefahrenanalysen darüber hinaus bereits vor dem 11. September verstärkt auch transnationale Akteure (Terroristen, militante Sekten, Extremisten, ethnische und religiöse Fanatiker) als bedeutsame sicherheitspolitische Herausforderung dargestellt worden (siehe etwa The White House 1999, Department of Defense 2000). Die von ihnen ausgehende Bedrohung hat sich diesen Einschätzungen gemäß insbesondere dadurch erhöht, dass auch solche nichtstaatlichen Akteure über technologisch ausgereiftere, wesentlich effektivere Waffen oder Terrormittel verfügen können als noch einige Jahre zuvor. Mögliche Angreifer sind dabei als überaus motiviert und hohe Opferzahlen einkalkulierend beschrieben worden – insbesondere wird dies in ausdifferenzierten Netzwerken operierenden internationalen Terroristen zugetraut, zumal wenn sie religiös motiviert sind (siehe Federal Bureau of Investigations 1999).

Eine zunehmende Zahl feindlicher Akteure gilt diesen Analysen zufolge aufgrund ihrer Motivlage als nicht mehr abschreckbar, sie lassen sich zudem nicht in Rüstungskontrollabkommen einbinden – bei transnationalen Akteuren wie terroristischen Gruppierungen tritt dieser Umstand am deutlichsten zu Tage. Angesichts der gewandelten Bedrohungen, bzw. geänderter Bedrohungswahrnehmungen in den USA sind gegenwärtig bedeutsame Veränderungen bei der amerikanischen Sicherheitspolitik zu beobachten (vgl. den Beitrag von Stephan Böckenförde im vorliegenden Band). Als Antwort auf die gewandelten Rahmenbedingungen haben die Vereinigten Staaten damit begonnen, offensive diplomatische und militärische Strategien („counterproliferation") gegen die Verbreitung von Massenvernichtungswaffen und ihrer Trägermittel zu entwickeln. Für die Bush-Regierung gilt nun darüber hinaus, dass der Besitz von Massenvernichtungswaffen durch autoritäre, den USA feindlich gesonnene bzw. hinsichtlich ihrer Motivlage schwer einzuschätzende Staaten eine Bedrohung darstellt, gegen die die Vereinigten Staaten sich unter Umständen auch präventiv zur Wehr setzen müssen (The White House 2002).[3] Gegen Angriffe mit biologischen oder chemischen Waffen behalten sie sich zudem nukleare Gegenschläge vor (The White House 2002a). Die USA setzen zusätzlich auf den Ausbau von Abwehrtechnologien und striktere Exportkontrollen für bestimmte Waffen und Rüstungsgüter bzw. ihre Vor-

---

3 In der Nationalen Sicherheitsstrategie vom September 2002 ist deshalb gefordert worden, das Rechtsverständnis von der „unmittelbaren Gefahr", die zu einem Präventivschlag berechtigt, weiterzuentwickeln.

Risiken I. Proliferation, Rüstung, Rüstungskontrolle 55

produkte. Multilaterale Rüstungskontrollabkommen werden nur noch dann befürwortet, wenn durch sie ein deutlicher und nachvollziehbarer Sicherheitsgewinn für die Vereinigten Staaten erzielt werden kann. Insgesamt deutet sich eine Gewichtsverlagerung von „kooperativer" zu „antagonistischer" Rüstungskontrolle an.

2. Rüstungskontrolle als kooperative Rüstungssteuerung

Der Erfolg kooperativer Rüstungskontrolle ist stets vom Zusammenwirken mehrerer Faktoren abhängig gewesen. Damit Staaten überhaupt in eine Sicherheitskooperation eintraten, mußten zunächst zwei Voraussetzungen erfüllt sein: (1) die Perzeption, dass die Aufrechterhaltung oder Verbesserung der eigenen Sicherheitslage von einem gewissen Punkt an abhängig war von dem Verhalten des potentiellen Gegners, (2) die Einsicht, dass unilaterale Maßnahmen nicht mehr ausreichten, adäquat mit einer bestimmten Sicherheitsbedrohung umzugehen, sei es, weil sie zu riskant oder weil sie zu kostspielig wurden (George 1988). Rüstungskontrolle ist so an die Wahrscheinlichkeit eines konfrontativen militärischen Verhältnisses gebunden gewesen, aber auch an gemeinsame Interessen und den Willen zur Kooperation.

Im Verhältnis zwischen den USA und der UdSSR bestand ein solches gemeinsames Interesse fraglos in der Aufrechterhaltung des Abschreckungssystems, der Vermeidung eines Nuklearkrieges aus Versehen und – nach dem Erreichen der nuklearen Parität durch die Sowjetunion – dem Einfrieren der Nuklearrüstungen auf gleichem Niveau aus Gründen der Kostenersparnis. Trotz aller ideologischen und politischen Gegensätze existierten also gemeinsame Interessen, an die ein sicherheitspolitisches Kooperationskonzept anknüpfen konnte.[4]

Das Auffinden solcher gemeinsamer Interessen hat sich jedoch erst als Folge von Lernprozessen ergeben, insbesondere die Kuba-Krise von 1962 hat in dieser Beziehung als Katalysator gewirkt. Bei den Vereinten Nationen, auch bei der 1954 geschaffenen Abrüstungskommission, hatte zunächst eine Reihe umfassender – konventionelle wie nukleare Rüstungen gleichermaßen betreffende – Abrüstungspläne die Verhandlungen beherrscht. Die Forderungen nach einer allgemeinen und vollständigen Abrüstung waren in dieser Zeit Teil eines ideologisch-psychologischen Wettbewerbs zwischen Ost und West gewesen und keine echten Bemühungen um praktikable Wege zur Reduzie-

---

4   Über diese gemeinsame Ausgangslage hinaus haben allerdings auch außermilitärische Überlegungen ein Motiv gebildet, in Rüstungskontrollverhandlungen einzutreten. So hat sich etwa die Sowjetunion von einem verbesserten Klima zwischen Ost und West und von der Aufnahme von Rüstungskontrollverhandlungen im Gegenzug langfristig auch wirtschaftliche Vorteile, etwa durch einen erleichterten Zugang zu westlicher Technologie versprochen.

rung der Rüstungen. Sie haben zu keinen Ergebnissen geführt, insgesamt waren im Rahmen der Vereinten Nationen während des Ost-West-Konflikts lediglich einige Teilerfolge, wie der Begrenzte Teststoppvertrag[5] von 1963 und der Vertrag über die Nichtverbreitung von Kernwaffen (NVV) von 1968 zu verzeichnen. Der formal von den Vereinten Nationen unabhängigen, faktisch jedoch eng mit diesen verbundenen Genfer Abrüstungskonferenz, dem einzigen ständigen und weltweit repräsentativen Verhandlungsforum für Fragen der Abrüstung, Rüstungskontrolle und Nichtverbreitung, gelangen erst nach Ende des Kalten Krieges bedeutsame Verhandlungserfolge. 1992 wurden mit dem Chemiewaffenübereinkommen (CWÜ) die Verhandlungen über die umfassende und weltweite Ächtung chemischer Waffen, 1996 die Verhandlungen über ein weltweites und umfassendes Verbot von Atomtests (CTBT) erfolgreich abgeschlossen.

Rüstungskontrolle („arms control") als neues Konzept im Sinne kooperativer Rüstungssteuerung ist zu Beginn der 60er Jahre in den USA entwickelt worden, als die Verwundbarkeit des amerikanischen Kernlandes durch sowjetische Kernwaffen deutlich geworden war („Sputnik-Schock"). Das Konzept sollte nicht länger dem kaum noch als realistisch empfundenen Versuch dienen, die vorhandenen Rüstungen einfach zu beseitigen, vielmehr sollte ihr Gebrauch unwahrscheinlicher gemacht, Schaden im Kriegsfalle begrenzt und durch Beschränkungen der Rüstungsanstrengungen Kosten gesenkt werden (siehe hierzu Brennan 1962, Forndran 1970). Rüstungskontrolle in dieser neuen Form ist als Ergänzung zur Strategie der nuklearen Abschreckung zwischen den militärischen Blöcken konzipiert worden, sie sollte als Instrument zur Stabilisierung, zur berechenbaren Steuerung der weiterhin beibehaltenen atomaren Rüstungen dienen. Es ging nun also nicht mehr um eine allgemeine Abrüstung als vielmehr die Herstellung strategischer Stabilität durch die kooperative Steuerung der Rüstungsprozesse und die Ausbalancierung der Militärpotentiale. Solche Rüstungssteuerung kann zwar den Einsatz militärischer Gewalt, wenn er bewußt herbeigeführt wird, nicht verhindern, die durch sie vorgenommenen Beschränkungen können aber bestimmte offensive Optionen eliminieren und damit Hürden für einen potentiellen Angreifer errichten, sie können Vorwarnzeiten verlängern und durch Schaffung von Transparenz Mißtrauen und Mißverständnissen vorbeugen.

---

5 Die Texte sämtlicher erwähnter Rüstungskontrollverträge finden sich im Volltext unter http://www.armscontrol.org/treaties/

Risiken I. Proliferation, Rüstung, Rüstungskontrolle

3. Kooperative Rüstungssteuerung im Bereich der Nuklearwaffen

Über lange Jahre haben bilaterale Verhandlungen und Abkommen, die sich auf das strategisch-nukleare Abschreckungssystem zwischen den Vereinigten Staaten und der Sowjetunion bezogen, die Rüstungskontrollagenda dominiert. Der erste Vertrag allerdings, der auf die Nuklearwaffen abzielte, war der multilaterale Begrenzte Teststoppvertrag von 1963. Er verbot nukleare Testexplosionen in der Atmosphäre, im Weltraum und unter Wasser, nicht aber solche, die unter der Erde vorgenommen wurden. Den Vertragsparteien ging es hierbei weniger um die Verlangsamung der Entwicklung von Nuklearwaffen oder die Stabilisierung der nuklearen Abschreckung, als vielmehr die Reduzierung des mit überirdischen Nuklearexplosionen verbundenen radioaktiven Fallouts – nicht zuletzt angesichts immer lautstärker werdenden öffentlichen Protesten. Unterirdische Nukleartests wurden von den Kernwaffenstaaten als ausreichend gesehen, ihre atomaren Waffen weiter zu verbessern. Der von den USA und der UdSSR bilateral ausgehandelte Testschwellenvertrag von 1974 und der Vertrag über unterirdische Kernexplosionen zu friedlichen Zwecken von 1976 haben zusätzlich bestimmte Obergrenzen für die Größe (150 Kilotonnen) und Durchführung von zulässigen Kernexplosionen festgeschrieben. Auch diese zusätzlichen Einschränkungen haben die Weiterentwicklung von Nuklearwaffen, so wie sie von den USA und der UdSSR geplant waren, nicht behindert. Über einen Vertrag zum umfassenden Verbot von Nuklearversuchen (CTBT), der die Durchführung aller Nuklearexplosionen verbieten würde, ist auch nach dem Ende des Ost-West-Konflikts noch lange Jahre (multilateral) verhandelt worden. Seit dem September 1996 schließlich liegt ein solcher Vertrag bei den Vereinten Nationen zur Unterzeichnung aus. 166 Staaten haben diesen Vertrag unterzeichnet, 97 haben ihn ratifiziert. Die Nuklearmächte Indien und Pakistan zählen nicht zu den Unterzeichnerstaaten, die USA gehören zu den Signatarstaaten, allerdings hat der amerikanische Senat im Oktober 1999 eine Ratifizierung abgelehnt, China und Israel haben ebenfalls noch nicht ratifiziert.[6]

Direkt auf das nukleare Abschreckungssystem bezogen war der im Rahmen der 1969 von den USA und der UdSSR aufgenommenen Strategic Arms Limitation Talks (SALT I) ausgehandelte ABM-Vertrag von 1972.[7] Er verbot den USA und der UdSSR Raketenabwehrsysteme zur Verteidigung des eigenen Landes zu stationieren, außer für je zwei Regionen, die jeweils mit bis zu

---

6 Da eine Reihe von Staaten, deren Ratifikation nach Artikel XIV Abs. 1 CTBT Voraussetzung für das Inkrafttreten des CTBT ist, noch nicht ratifiziert haben, ist er noch nicht in Kraft getreten.
7 Der Vertrag ist im Dezember 2001 von den USA gekündigt worden.

100 Abfang-Flugkörpersystemen geschützt werden durften.[8] Durch den Vertrag sollte eine „gegenseitige gesicherte Verwundbarkeit" durch die Nuklearwaffen des Gegners aufrechterhalten werden, was den Anreiz zu Erstschlägen vermindern und einen Rüstungswettlauf zwischen offensiven und defensiven Systemen verhindern sollte.

Das ebenfalls zu SALT I gehörende Interims-Abkommen aus dem gleichen Jahr zielte im wesentlichen auf ein Einfrieren der Zahl der strategischen Nuklearrüstungen (Startgeräte für Interkontinentalraketen, auf Unterseebooten stationierte Raketen-Startgeräte für weitreichende ballistische Raketen) auf den damaligen Stand (ca. 2350 solcher Systeme auf sowjetischer und 1700 auf amerikanischer Seite). Als einziges qualitatives Element enthielt er ein Umrüstungsverbot für ältere Startvorrichtungen für Interkontinentalraketen (ICBM). Der weitgehende Verzicht auf qualitative Beschränkungen hat zur Folge gehabt, dass beide Seiten ihre Rüstungsanstrengungen in diesen Bereich verlegten und nun hier ihre Vorteile suchten. Dies hat, wie die Entwicklung der Mehrfachsprengköpfe für ballistische Interkontinentalraketen gezeigt hat, durchaus destabilisierende Folgen gehabt.

SALT II von 1979 (dem amerikanischen Senat von Präsident Carter aufgrund mangelnder Erfolgsaussichten nicht vorgelegt und von daher von den USA nicht ratifiziert) enthielt wiederum eine Reihe von quantitativen Beschränkungen: so wurden gleiche Höchstgrenzen für die Gesamtzahl von Trägersystemen (2400, abzusenken bis 1981 auf 2250) errichtet. Startgeräte für ballistische Raketen mit Mehrfachsprengköpfen, schwere Bomber mit weitreichenden Marschflugkörpern und Abschußvorrichtungen für unterseebootgestützte Raketen (SLBM) unterlagen weiteren spezifischen Höchstgrenzen. Hinzu kamen nun – als Folge der als mangelhaft empfundenen Steuerungsleistung lediglich quantitativer Limitierungen in SALT I – verschiedene qualitative Beschränkungen: so ein Verbot von mobilen Startgeräten für schwere ICBMs, ein Verbot neuer Startgeräte für schwere SLBMs und ASBMs (ballistische Luft-Boden-Raketen), ein Verbot von Flugtests und die Stationierung neuer ICBM-Typen (Ausnahme von einem neuen Typ pro Seite), ein Verbot der Erhöhung der Anzahl von Sprengköpfen auf ICBMs, SLBMs und ASBMs, ein Verbot, leichte ICBMs in schwere umzubauen, ein Verbot bestimmter neuer Offensivsysteme und neuer Stationierungsarten, etwa auf dem Meeresboden oder in Binnengewässern. Modernisierungen der erlaubten Waffensysteme blieben weiterhin möglich, auch wenn sie – wie die Verbesserung der Treffgenauigkeit von Raketen – destabilisierend wirken konnten.

Die Erfahrungen von SALT II haben gezeigt, dass Verträge über Nuklearwaffen während des Ost-West-Konflikts dazu tendierten, aufgrund der erhöhten Steuerungsansprüche immer umfassender und komplexer zu werden.

---

8 Durch ein 1974 geschlossenes Zusatzübereinkommen ist die Anzahl der durch ein Abwehrsystem zu schützenen Regionen auf eine reduziert worden.

Risiken I. Proliferation, Rüstung, Rüstungskontrolle 59

Die Regelungen wurden zudem in den USA von konservativer Seite heftig kritisiert, da die UdSSR aufgrund ihrer Rüstungsstruktur weiterhin mehr Sprengköpfe auf landgestützten Interkontinentalraketen stationieren konnte als die USA. Die Kritiker sahen hierdurch das strategische Gleichgewicht gefährdet und warnten, dass sich ein „Fenster der Verwundbarkeit" für einen sowjetischen Überraschungsangriff öffne.

Unter der Regierung Reagan, die 1981 ihr Amt antrat, wurden die bilateralen Verhandlungen über strategische Nuklearwaffen in START (Strategic Arms Reduction Talks) umbenannt, um deutlich zu machen, dass es in der Zukunft um die Reduzierung von strategischen Nuklearwaffen gehen müsse, insbesondere aber bei den schweren landgestützten Interkontinentalraketen, bei denen die UdSSR ein Übergewicht besaß. Reagan befürwortete zudem die Entwicklung eines Raketenabwehrsystems, das die gesamten Vereinigten Staaten vor einem sowjetischen Raketenangriff schützen sollte. Die amerikanische Regierung versuchte deshalb den ABM-Vertrag durch eine „weite Auslegung", wonach Abwehrsysteme, die auf neuen Technologien beruhen, nicht unter dessen Bestimmungen fallen würden, zu modifizieren

Erst im Zuge der Verbesserungen der amerikanisch-sowjetischen Beziehungen nach dem Amtsantritt des neuen sowjetischen Generalsekretärs Gorbatschow gelangen weitreichende Fortschritte bei der Kontrolle und Reduzierung von Nuklearwaffen. So wurde 1987 zunächst durch den INF-Vertrag, der ein Verbot von nuklearen Mittelstreckenraketen und Marschflugkörpern mit einer Reichweite zwischen 500 und 5.500 Kilometern (einschließlich Startgeräten) vorsah, zum ersten Mal eine ganze Kategorie von Waffensystemen vollständig abgerüstet.[9]

Der START I-Vertrag schließlich, 1991 unterschrieben und 1994 in Kraft getreten, enthielt deutliche Einschnitte auch in die Bestände strategischer Waffen durch die Festlegung von Obergrenzen (1600) für Trägersysteme (land- und seegestützte ICBMs, schwere Bomber), sowie für die Anzahl der Sprengköpfe (6000, davon höchstens 4900 auf ICBM und SLBM), die jede Seite besitzen durfte. Auf schweren ICBM (de facto die sowjetische SS-18) durften höchstens 1540 Sprengköpfe stationiert werden (was eine Reduzierung der SS-18-Sprengköpfe um die Hälfte bedeutete), auf mobilen ICBM 1100 Sprengköpfe. Ergänzt wurden diese quantitativen Reduzierungen durch eine Reihe von Produktions-, Test- und Stationierungsverboten und ein umfangreiches Verifikationsregime. Zum ersten Mal konnten sich beide Seiten bei den strategischen Waffen auf Vor-Ort-Inspektionen einigen. START II (1993 unterzeichnet) enthielt eine nochmalige Reduzierung der Obergrenzen für

---

9   Im September kündigten die Vereinigten Staaten darüber hinaus die Beseitigung aller bodengestützten taktischen Nuklearwaffen mit einer Reichweite bis 500 km und den Abzug von auf Schiffen stationierten taktischen Nuklearwaffen an. Die Sowjetunion erklärte sich im Gegenzug ebenfalls zu einer umfassenden Reduzierung ihrer Nuklearwaffen kurzer Reichweite bereit.

Sprengköpfe auf 3000 bis 3500 bis zum Jahr 2007 („Deaktivierung" der abzurüstenden Waffensysteme bereits bis Ende 2003), ein Verbot von Mehrfachsprengköpfen auf ICBMs, womit nun das destabilisierendste Waffensystem aus den Arsenalen zu verbannen war, sowie ein Verbot von schweren ICBM. Im März 1997 kamen der amerikanische Präsident Clinton und der russische Präsident Jelzin überein, die strategischen Kernwaffen im Rahmen eines START III-Abkommens noch weiter – auf 2.000 bis 2.500 Sprengköpfe pro Seite – zu reduzieren. Diese Übereinkunft wurde jedoch nicht verwirklicht, da der amerikanische Senat der Regierung Clinton untersagte, Reduzierungen unter das START II-Niveau bis zum Inkrafttreten dieses Vertrages vorzunehmen.

Die Geschichte der Verhandlungen über die strategischen Nuklearwaffen zeigt einen Trend von rein quantitativen Beschränkungen hin auch zu qualitativen Beschränkungen, wobei die Fortschritte in diesem Bereich bis zum Beginn der 90er Jahre gering waren und beiden Seiten viel Spielraum für Waffenmodernisierungen verblieb. Dies galt insbesondere für die Verbesserung solcher Waffensysteme, mittels derer das landgestützte Nukleararsenal der Gegenseite treffgenau bezielt werden konnte (sogenannte „counterforce"-Waffen) und entsprach den Vorgaben der Militärstrategien auf beiden Seiten. Im Falle des Versagens der Abschreckung sollte ein Nuklearkrieg gegen Städte vermieden werden, statt dessen die Militäranlagen des Gegners zerstört, damit seine Kriegsführungsfähigkeit herabgesetzt und der Krieg auf diese Weise begrenzt werden.

Eines der Dilemmata der Rüstungskontrolle während des Ost-West-Konflikts bestand mithin darin, dass nuklearstrategische Optionen in einem stets als prekär empfundenen nuklearen Abscheckungssystem so wenig wie möglich eingeschränkt werden sollten. Auf der einen Seite sollte das Abschreckungssystem stabilisiert werden, auf der anderen aber – im Falle des Versagens der Abschreckung – eine begrenzte nukleare Kriegsführung möglich bleiben. Die Entwicklung immer weiter abgestufter, verfeinerter, selektiv einsetzbarer Nuklearpotentiale sollte das Grunddilemma nuklearer Massenvernichtungsmittel überwinden: den von ihnen ausgehenden Selbstabschreckungseffekt. Diesen militärstrategischen Vorgaben hatte sich Rüstungskontrolle unterzuordnen. Die Rüstungskontrollverhandlungen haben unter diesen Umständen während des Ost-West-Konflikts zwar zu einer zahlenmäßigen Begrenzung der Nuklearwaffenarsenale geführt, technologisch aussichtsreiche Entwicklungen, die zur Verbesserung der counterforce-Fähigkeiten beitragen konnten, sollten jedoch nicht eingeschränkt werden. Erhebliches Misstrauen gegenüber der jeweils anderen Seite hat zudem viele effektive Verifikationsmaßnahmen (insbesondere Vor-Ort-Inspektionen) verhindert, da Spionage der Gegenseite befürchtet wurde. In der Regel waren zur Inspektion nur „nationale technische Mittel" (Satellitenüberwachung) erlaubt, was bei der Festschreibung von Rüstungskontrollmaßnahmen stets berücksichtigt werden musste.

Sind die Verhandlungen über Nuklearwaffen bis zum Ende des Ost-West-Konflikts stets sehr langwierig gewesen und ist über jedes Detail ge-

Risiken I. Proliferation, Rüstung, Rüstungskontrolle 61

stritten worden, so verloren die späteren Verträge zunehmend an Komplexität, sahen immer umfangreichere Reduzierungen vor, konnten relativ rasch verhandelt werden und legten weniger Gewicht auf lückenlose Verifikation. Dies war eine Folge des stetig verbesserten Klimas zwischen den USA und der UdSSR bzw. Russland. Der Fortfall des ideologischen Gegensatzes zwischen West und Ost und des damit verbundenen Misstrauens ließ auch die alten nuklearen „Duellkalküle" (Dieter Senghaas) weitgehend obsolet werden. Der Aufrechterhaltung eines fein austarierten nuklearstrategischen Gleichgewichts wurde angesichts dessen keine größere Bedeutung mehr beigemessen. Die USA hatten seit Mitte der 80er Jahre ohnehin begonnen, ihre Militärstrategie zu konventionalisieren, um so ihre Vorteile bei modernen konventionellen Waffentechnologien ausnutzen zu können. Wie wenig wichtig ein genau austariertes Gleichgewicht bei den Nuklearwaffen für die USA geworden ist, hat sich auch daran gezeigt, dass die amerikanische Regierung 2002 bei den zwischen dem amerikanischen Präsidenten Bush und dem russischen Präsidenten Putin verhandelten (nur wenige Zeilen Text umfassenden) Strategic Offensive Reductions (auf 1700 bis 2000 Sprengköpfe) sogar auf einen formellen Vertrag verzichten wollte.[10]

Die Erfolge der Rüstungskontrollverhandlungen sind somit stark von dem allgemeinen politischen Klima zwischen Ost und West abhängig gewesen. Wenn Rüstungskontrolle unter Stabilitätsgesichtspunkten am nötigsten gewesen ist, d.h. in konfliktreichen Phasen, in denen auch die umfassendsten Rüstungsschübe stattgefunden haben, gestalteten sich die Verhandlungen stets am schwierigsten, in Zeiten der Entspannung, wenn das Misstrauen ohnehin gering war, waren die größten Fortschritte möglich. Am deutlichsten ist dies mit dem Ende des Ost-West-Konflikts geworden, als die USA und die Sowjetunion/Russland zu weitreichenden Reduzierungen bereit waren – bei Rüstungen nun allerdings, durch die sie sich gegenseitig kaum noch bedroht sahen. Es bleibt dennoch festzuhalten, dass ein gemeinsames Interesse an der Verhinderung eines Nuklearkrieges während der gesamten Phase des Ost-West-Konflikts vorhanden war, beide Seiten sich in diesem Sinne als rational und berechenbar perzipiert haben.

4. Konventionelle Rüstungskontrolle in Europa

Auch im Bereich der konventionellen Rüstungen in Europa waren die Bemühungen um kooperative Rüstungssteuerung während des Ost-West-Konflikts ohne nennenswerte Fortschritte geblieben. Ein wesentlicher Grund hierfür lag darin, dass die quantitativ-konventionell überlegenen Warschauer Pakt-Staa-

---

10 Russland bestand allerdings auf einem formellen Vertrag, ebenso der amerikanische Kongress.

ten nur zu gleichen Reduzierungen, nicht aber zu Reduzierungen auf gleiche Obergrenzen bereit waren, wie dies von den westlichen Staaten gefordert worden war. Unter diesen Ausgangsbedingungen gelang es lediglich, zwei Abkommen zu „Vertrauensbildenden Maßnahmen" (VBM) bzw. „Vertrauens- und Sicherheitsbildenden Maßnahmen" (VSBM) zur Unterzeichnung zu bringen: das Dokument der Schlussakte von Helsinki über Vertrauensbildung 1975 und das Stockholmer Dokument der Konferenz über Vertrauens- und Sicherheitsbildende Maßnahmen und Abrüstung in Europa 1986, durch das erstmals Inspektionen sowie Einladungspflichten bei militärischen Großübungen als Mittel zur Verifikation vereinbart wurden.

Erst nach 1990 konnten angesichts der Entspannung zwischen Ost und West und einem neuen Verhandlungsansatz der Sowjetunion rasch weitere Abkommen ausgehandelt werden: die Wiener Dokumente von 1990, 1992 und 1994 über Vertrauens- und Sicherheitsbildende Maßnahmen, die im wesentlichen Regeln für die Größe, Ankündigung, Beobachtung und Durchführung von Manövern enthalten[11], der Vertrag über den „Offenen Himmel", der 1992 unterzeichnet wurde und Luftbeobachtungen „von Vancouver bis Wladiwostok" erlaubt, die Abschließende Akte der Verhandlungen über Personalstärken der Konventionellen Streitkräfte in Europa (KSE IA) von 1992, welche nationale Deklarationen hinsichtlich der Personalobergrenzen enthält sowie Informationen über Stationierungsorte, und der 1990 unterzeichnete und 1992 in Kraft getretene Vertrag über Konventionelle Streitkräfte in Europa (KSE I). Der Vertrag, noch ganz der Blocklogik des Ost-West-Konflikts verhaftet, legte für die beiden Gruppen von Vertragsstaaten (NATO- und Warschauer Pakt-Staaten) gleiche, kollektive Obergrenzen in fünf Kategorien von Hauptwaffensystemen (Panzer, Schützenpanzer, schwere Artillerie, Kampfflugzeuge und Helikopter) fest. Durch diese Obergrenzen sollte die Fähigkeit zu überraschenden und raumgreifenden Angriffen beseitigt werden. Im Mittelpunkt nachfolgender Verhandlungen zum KSE-Vertrag standen die Ersetzung des blockgebundenen Gruppenansatzes durch ein System nationaler und territorialer Obergrenzen, die Absenkung dieser neuen (aggregierten) Obergrenzen unter die bisherigen Gruppenobergrenzen und die Erweiterung des Vertrags auf neue Teilnehmerstaaten. Der an die neuen Verhältnisse angepasste KSE-Vertrag ist im November 1999 unterzeichnet worden.

Durch die Verträge zur konventionellen Rüstungskontrolle in Europa ist nach dem Ende des Ost-West-Konflikts eine deutliche Reduzierung der of-

---

11 Ein neues Wiener Dokument 1999, das seit dem 1. Januar 2000 in Kraft ist, stärkt zusätzlich die Rolle der OSZE im Bereich des Krisenmanagements und enthält außerdem einen detaillierten Katalog für regionale Vertrauenbildende Maßnahmen, u.a. einen jährlichen Austausch militärischer Informationen über die jeweiligen Streitkräfte bzw. Daten über und Planungen zur Indienststellung von Hauptwaffensystemen und Großgerät sowie zur Verteidigungsplanung (einschließlich Haushaltsplanung), sowie die vorherige Ankündigung und Beobachtung von bestimmten militärischen Aktivitäten, bei denen bestimmte Größenordnungen überschritten werden.

Risiken I. Proliferation, Rüstung, Rüstungskontrolle 63

fensiv einsetzbaren Großwaffensysteme gelungen, die Vorwarnzeit für Angriffe erheblich erhöht worden. Allerdings wird eine Reihe von Waffensystemen (Seestreitkräfte, russische Streitkräfte östlich des Urals) von den Verträgen nicht erfasst. Da sie sich zudem allein auf die quantitative Beschränkung von konventionellen Rüstungen beziehen, können darüber hinaus qualitative Verbesserungen bei den erfassten Waffensystemen uneingeschränkt vorgenommen werden. Angesichts der Auflösung der Blockkonfrontation und der Tatsache, dass sich die Staaten in Europa nicht mehr als Feinde betrachten, ist dies unter Stabilitätsgesichtspunkten jedoch nur noch von nachgeordneter Bedeutung.

Konventionelle Rüstungskontrolle bleibt jedoch weiterhin bedeutsam, wie die Abkommen über Vertrauensbildung, Rüstungskontrolle und Abrüstung im ehemaligen Jugoslawien zeigen. Hier sind unter anderem Abkommen über Waffen- und Personalbegrenzungen (Festschreibung von Höchstgrenzen für die fünf Waffenkategorien des KSE-Vertrages, Höchstgrenzen für militärisches Personal, umfassender Informationsaustausch, ein strenges Verifikationsregime und relativ kurze Reduzierungsphasen) zwischen Bosnien und Herzegowina (Zentralregierung, Föderation Bosnien und Herzegowina, Republika Srpska), der Bundesrepublik Jugoslawien (Serbien-Montenegro) und Kroatien geschlossen worden. Diese Abkommen haben wesentlich zur Stabilisierung dieser Region beigetragen.

5. Multilaterale Nichtrüstungs- und Nonproliferationsabkommen

Im Rückblick kann unterschieden werden in Formen der Rüstungskontrolle, die eng an den Ost-West-Konflikt geknüpft und die von den Blockführungsmächten in Form und Inhalt wesentlich bestimmt waren und solche, die relativ unabhängig von der Entwicklung dieses Konflikts betrieben worden sind. Zur ersten Kategorie gehören die beschriebenen Verhandlungen und Abkommen, die sich auf die Nuklearrüstungen der USA und der UdSSR, auf Abwehrsysteme gegen Raketen sowie auf die konventionellen Rüstungen in Europa bezogen. Wie sehr deren Erfolge vom aktuellen Stand der Beziehungen zwischen den Bockführungsmächten abhängig waren, zeigt sich darin, dass hier nach dem Ende des Ost-West-Konflikts erhebliche Fortschritte gemacht worden sind. Nach einem gewissen Höhepunkt zu Beginn der 90er Jahre sind diese Formen der Rüstungskontrolle zugleich weitgehend zu einem Abschluss gekommen bzw. haben aufgrund des Wegfalls der mit der Blockkonfrontation verbundenen Spannungen für die Sicherheitspolitik der beteiligten Staaten zumeist deutlich an unmittelbarer Bedeutung verloren. Sie bilden aber weiterhin einen wichtigen Stabilitätsrahmen. Zur zweiten Kategorie gehören in der Hauptsache Abkommen, durch die Staaten auf bestimmte

Rüstungen verzichten, an deren Besitz sie (aus unterschiedlichen Gründen) kein Interesse (mehr) haben: sei es, dass sie sich durch den Besitz solcher Waffen keinen militärischen Vorteil erwarten, dass sie ihre Rüstungspolitik durch diesen Verzicht kanalisieren bzw. konzentrieren wollen, oder seien es normative Erwägungen.

Mögen die bilateralen Verhandlungen über die strategischen Nuklearwaffen (und für eine kurze Zeit die Verhandlungen über nukleare Mittelstreckenwaffen) die rüstungskontrollpolitische Agenda seit den 60er Jahren dominiert haben, so sind neben den bereits erwähnten Teststopp- bzw. Testschwellenabkommen weltweit eine Reihe weiterer multilateraler Rüstungskontrollabkommen geschlossen worden, die sich auf nukleare und auf konventionelle Waffen bezogen und im wesentlichen regionale Stationierungsverbote beinhalteten. Zu solchen Verträgen gehören der Antarktis-Vertrag (1959), der die Nutzung der Antarktis ausschließlich zu friedlichen Zwecken vorsieht, der Weltraum-Vertrag (1967 – friedliche Nutzung des Weltraums)[12], der Vertrag von Tlatelolco (1967 – Verbot von Kernwaffen in Lateinamerika und in der Karibik), der Meeresboden-Vertrag (1971 – Stationierungsverbot von Massenvernichtungswaffen auf dem Meeresgrund außerhalb nationaler Gewässer), der Mond-Vertrag (1979 – Regelungen über die Nutzung des Mondes und der eventuellen Ausbeutung seiner Naturschätze)[13], der Vertrag von Rarotonga (1985 – Kernwaffenfreie Zone im Südpazifik), der Vertrag von Bangkok (1995 – Kernwaffenfreie Zone in Südostasien) und der Vertrag von Pelindaba (1996 – Kernwaffenfreie Zone in Afrika).

Durch diese Verträge haben diejenigen Staaten, die keine Absicht hatten, in bestimmten Waffenkategorien oder Regionen zu rüsten, versucht, ihre Nachbarn zu verpflichten, ebenfalls auf solche Rüstungen zu verzichten. Auf diese Weise sollten regionale/sektorale Rüstungswettläufe von vornherein verhindert werden. Die Verträge sehen allerdings kaum wirksame Verifikationsmaßnahmen und keine direkten Sanktionsmechanismen vor, weshalb sie im Grunde nicht mehr als Absichtserklärungen darstellen. Ihre normative Bindungskraft hat sich jedoch als hoch erwiesen.

Bei Übereinkünften, die der Verbreitung bestimmter Waffen oder Güter zur Waffenherstellung entgegenwirken, bzw. ihren Besitz verbieten sollen, ist in solche zu unterscheiden, durch die alle Mitgliedsstaaten auf die Verfügung über solches Material verzichten bzw. sich Beschränkungen unterziehen (wie

---

12 Die friedliche Nutzung gilt nach Art. IV des Vertrags für den Mond und die anderen Himmelskörper umfassend (es dürfen keine Stützpunkte errichtet, keine Waffen stationiert und keine militärischen Übungen durchgeführt werden), im übrigen Weltraum dürfen hingegen nur keine Kern- oder Massenvernichtungswaffen stationiert werden. Waffensysteme, die den Weltraum nur zeitweilig nutzen, um zu ihrem Ziel zu gelangen (ballistische Raketen mit Nuklearsprengkörpern oder militärische Aufklärungssatelliten) unterliegen keinen Beschränkungen.

13 Da wegen umstrittener Regelungen nur 10 Staaten diesen Vertrag ratifiziert haben, ist er praktisch bedeutungslos.

Risiken I. Proliferation, Rüstung, Rüstungskontrolle

das BWÜ und das CWÜ) und solche, durch die in Besitzer und Nichtbesitzer differenziert, d.h. eine „Diskriminierung" vorgenommen wird. Die letztgenannten müssen die unterschiedlichen Interessen der „ungleichen" Mitgliedsstaaten zu einem Ausgleich bringen. Der Nichtverbreitungsvertrag (NVV) von 1970, ein Beispiel für die zweite Kategorie, hat zum Ziel, die Ausbreitung nuklearer Waffen zu verhindern oder zumindest zu verlangsamen.[14] Er unterscheidet zwischen Nuklearwaffenstaaten und Nichtnuklearwaffenstaaten und verbietet den erstgenannten, Nuklearwaffen weiterzugeben und Nichtnuklearwaffenstaaten bei der Herstellung, beim Erwerb oder der Erlangung von Verfügungsgewalt über Nuklearwaffen behilflich zu sein. Den Nichtnuklearwaffenstaaten werden Herstellung, Erwerb und Erlangung von Verfügungsgewalt über Nuklearwaffen verboten, die friedliche Nutzung der Kernenergie bleibt dagegen unveräußerliches Recht aller Vertragsstaaten. Zur Nachprüfbarkeit des Nuklearwaffenverzichts verpflichten sich die Nichtnuklearstaaten, Sicherungsmaßnahmen (in der Hauptsache Inspektionen) durch die Internationale Atomenergieorganisation (IAEO) zuzulassen. Die Nuklearwaffenstaaten, die den IAEO-Kontrollen nicht unterliegen, haben sich als Gegenleistung verpflichtet, ihre nuklearen Rüstungen einschneidend zu reduzieren und die Nichtnuklearstaaten bei der zivilen Nutzung der Kernenergie zu unterstützen.

Dem NVV gehören inzwischen 187 Staaten an, als Nichtnuklearstaaten sind ihm auch die einstigen Kernwaffen-Schwellenländer Argentinien und Brasilien beigetreten sowie der frühere Kernwaffenstaat Südafrika, außerdem die Ukraine, Weißrussland und Kasachstan, die zeitweilig im Besitz von Kernwaffen der ehemaligen Sowjetunion waren. Keine Mitglieder des Vertrags sind jedoch die Kernwaffenstaaten Indien, Pakistan und Israel. Der NVV ist im April 1995 unbefristet verlängert worden, worauf insbesondere die USA hingearbeitet hatten. Hier spiegelte sich deutlich die amerikanische Interessenlage, angesichts der Gefahren durch terroristische Gruppen und „rogue states" die weitere Ausbreitung von Nuklearwaffen zu verhindern.

Die Motive der Mitgliedsstaaten in Bezug auf den Vertrag sind kaum auf einen Nenner zu bringen. Für die „etablierten" Nuklearwaffenstaaten wie die USA, Großbritannien, Frankreich oder Russland lag es in ihrem unmittelbaren Interesse, andere Staaten von der Erlangung solcher Waffen abzuhalten. Vielen Staaten, die keine Nuklearwaffen besaßen und auch keine Absicht (und/oder keine Mittel) hatten, sich solche zu beschaffen, ist der Beitritt zum Nichtverbreitungsvertrag – trotz einiger diskriminierender Vertragsbestimmungen – relativ leicht gefallen: eine Unterzeichnung demonstriert den Nachbarn friedliche Absichten und erhöht so die eigene Sicherheit. Die Vorbildfunktion einer Unterzeichnung mag zudem andere Staaten ebenfalls zu einem Vertragsbeitritt anhalten und als ein erster Schritt zu einer – von vielen

---

14 Zum aktuellen Stand nuklearer Proliferation siehe http://www.armscontrol.org/factsheets/statefct.asp

Staaten auch aus normativen Erwägungen heraus angestrebten – atomwaffenfreien Welt angesehen werden. Ein Beitritt zum Nichtverbreitungsvertrag mag von diesen Staaten, insofern er die Zugehörigkeit zu einer friedlichen Gemeinschaft signalisiert, durchaus als prestigeträchtig eingeschätzt werden. Auf der anderen Seite haben sich bestimmte Staaten allerdings gerade durch die Erlangung von Kernwaffen einen Prestigegewinn und eine Aufwertung als regionale Vormacht versprochen. Im Fall Indiens und Pakistans dürften sowohl Prestigeüberlegungen als auch gegenseitiges Misstrauen zur Entwicklung von eigenen Kernwaffen beigetragen haben. Angesichts der amerikanischen konventionellen militärischen Überlegenheit mag zudem für Staaten wie Nordkorea oder Iran[15] die Überlegung eine Rolle spielen, durch die Verfügung über Nuklearwaffen (bzw. andere Massenvernichtungswaffen) Interventionen durch die USA abschrecken zu können.

Nicht nur auf den Besitz von Nuklearwaffen, sondern auch von anderen Massenvernichtungswaffen haben eine weite Reihe von Staaten – aus Motiven, die dem Beitritt zum NVV ähnlich sein dürften – vertraglich verzichtet. Das „Übereinkommen über das Verbot der Entwicklung, Herstellung und Lagerung bakteriologischer (biologischer) Waffen und von Toxinwaffen sowie über die Vernichtung" (BWÜ) von 1972 mit inzwischen 144 Unterzeichnerstaaten verbietet die Entwicklung, Produktion und Lagerung biologischer bzw. toxischer Agenzien. Die Forschung an solchen Stoffen unterliegt allerdings keiner Beschränkung. Staaten, die solche Forschung unternehmen, begründen dies in der Regel mit der notwendigen Erforschung von Gegenmitteln. Durch den Vertrag soll zudem die friedliche (ökonomische) Nutzung von bakteriologischen und toxischen Agenzien nicht behindert, sie soll laut Vertragstext sogar erleichtert werden. Möglichkeiten zur Überprüfung der Vertragseinhaltung sind darüber hinaus kaum vorhanden, eine Reihe von Staaten hat ein intensives Verifikationsregime aus Furcht vor Wirtschaftsspionage stets abgelehnt. Es herrscht daher große Ungewissheit darüber, welche Staaten welche biologischen Kampfstoffe, bzw. Vorprodukte für diese herstellen oder besitzen.[16]

Das Chemiewaffenübereinkommen (1993), welches Chemiewaffen mitsamt der dazugehörigen Produktionsanlagen verbietet, ist das erste weltumspannende Übereinkommen (es hatte im Oktober 2002 147 Mitglieder), das eine ganze Waffenkategorie abschafft sowie einen wirkungsvollen Überprüfungsmechanismus vorsieht. Die Verifikation des CWÜ (einschließlich Vor-Ort-Inspektionen) obliegt der Organisation für das Verbot Chemischer Waffen (OVCW) mit Sitz in Den Haag. Ein Problem bleibt, dass eine Reihe von

---

15 Dass der Iran gegenwärtig an einem Nuklearwaffenprogrammen arbeitet, konnte ihm bisher nicht eindeutig nachgewiesen werden.
16 Für eine Liste von Staaten, die mutmaßlich Bio- und Chemiewaffenprogramme unterhalten, siehe http://www.armscontrol.org/factsheets/cbwprolif.asp

Risiken I. Proliferation, Rüstung, Rüstungskontrolle 67

Schlüsselstaaten diesem Abkommen bisher nicht beigetreten ist, so der Irak unter Saddam Hussein, Nordkorea, Libyen und Syrien. Zur Verbesserung von Sicherungsmassnahmen und der physischen Sicherheit von Materialien und Technologien der früheren Sowjetunion, die „Schurkenstaaten" oder Terroristen zur Herstellung von Massenvernichtungswaffen verwenden könnten, unterhalten eine Reihe von Ländern Kooperationsprogramme mit Staaten auf dem Gebiet der ehemaligen UdSSR; so haben die USA seit Anfang der 90er Jahre zusammen mit Russland, der Ukraine, Weißrussland und Kasachstan solche auf nukleare und chemische Materialen bezogenen Programme im Rahmen der „Cooperative Threat Reduction" durchgeführt.[17]

6. Exportkontrollen – eine Form antagonistischer Rüstungskontrolle

Exportkontrollen sollen ebenso wie Nonproliferationsabkommen die Verbreitung von bestimmten Technologien und Waffen verhindern oder zumindest erschweren. Anders als diese versuchen sie jedoch nicht, potentielle Anbieter und Nachfrager in gemeinsame Abkommen einzubinden, sondern zielen darauf ab, durch koordinierte Maßnahmen möglichst aller Anbieter unerwünschte Rezipienten vom Erwerb oder der sonstigen Erlangung der in Frage stehenden Rüstungsgüter bzw. militärisch verwendbaren Technologien auszuschließen. Bei Exportkontrollen stellt sich jedoch stets die Frage des Ausgleichs zwischen sicherheitspolitischen Belangen und ökonomischen Interessen der Anbieter. Die doppelte Verwendbarkeit vieler Technologien erschwert diese Aufgabe zusätzlich. Dies hat sich auf den ersten Blick selbst bei der Koordination der Nuklearexportpolitik der westlichen Staaten gezeigt. Bereits seit den 70er Jahren hat es Bemühungen der Lieferländer zur Festlegung gemeinsamer Standards für den Export von nuklearem Material und relevanten Ausrüstungen in Nichtnuklearwaffenstaaten gegeben. Das Komitee der Nuklearexporteure der IAEO (Zangger-Ausschuss) erstellt seit 1974 Listen, in denen spaltbares Material und Güter zur Produktion oder Verarbeitung spaltbaren Materials erfasst werden. Der Export der fraglichen Materialen bzw. Güter sollte an die friedliche Nutzung der Kernenergie und an Kontrollen des exportierten Materials durch die IAEO in den Lieferländern gebunden werden. Dem Zangger-Ausschuss gehören inzwischen 35 Staaten an. Nach dem indischen Nukleartest im Jahr 1974 und dem Beginn von Nuklearprogrammen in einigen Staaten der Dritten Welt vereinbarten die wich-

---

17 Die G-8-Staaten haben beschlossen, in den nächsten zehn Jahren 20 Mrd. USD aufzubringen, um nukleares Material besser zu sichern, russisches Plutonium zu entsorgen und Grenzkontrollen zur Unterbindung von Proliferation zu stärken.

tigsten nuklearen Lieferländer (Nuclear Suppliers' Group – NSG) 1976 zudem gemeinsame Richtlinien für Nuklearexporte, gemäß denen jeder Mitgliedstaat die Ausfuhr von Gütern, die zur Herstellung von Nuklearwaffen potentiell verwendbar sind, über seine Exportkontrollgesetzgebung eigenverantwortlich kontrollieren sollte.

Während der Gründung der NSG war rasch deutlich geworden, dass Staaten (in den 70er Jahren Deutschland und Frankreich), die Anreicherungs- und Wiederaufarbeitungsausrüstungen in Länder der Dritte Welt ausführen wollten, zu vermeiden trachteten, dass der Export auch dieser Güter die Empfängerstaaten zur Überwachung sämtlicher Nuklearanlagen durch die IAEO verpflichten sollte. Dieser Interessenkonflikt führte schließlich dazu, dass solche „full-scope safeguards" generell keine Vorbedingung für den Export von Nukleargütern darstellen sollten, es wurde jedoch eine Liste mit solchen Materialen – nukleare Spaltmaterialen und sensitive Anlagen des Brennstoffkreislaufs („trigger list exports") – erarbeitet, die nur dann geliefert werden durften, wenn das Empfängerland „full-scope safeguards" zuließ. Diese Richtlinien gingen weiter als die Bestimmungen der Zangger-Liste, da durch sie der Export nuklearrelevanter Güter von der Kontrolle des gesamten Spaltstoff-Flusses im Empfängerland abhängig gemacht wurde. Nach dem zweiten Golfkrieg wurde 1992 beschlossen, in die Ausfuhrliste 65 Dual-Use-Gegenstände zusätzlich aufzunehmen und verschärfte Richtlinien für ihren Export zu erlassen. 1993 wurde die Liste um weitere Güter (Uran, Konversionsanlagen und Ausrüstungsgegenstände) erweitert (Neuneck/Mutz 2000: 360-361, Kubbig/Müller 1993: 28-29, 102-103).[18]

Bis heute ist es immer wieder zu Meinungsverschiedenheiten zwischen Staaten darüber gekommen, ob der Export nuklearrelevanter Güter an bestimmte Empfängerländer eine Sicherheitsgefährdung darstellt oder nicht. So befürchten gegenwärtig etwa die USA, dass die russische Unterstützung für den Iran bei der Errichtung von Kernkraftwerken diesem den Bau von Nuklearwaffen erleichtern könnte. Russland dagegen hat stets darauf hingewiesen, dass der Iran seine Nuklearanlagen durch die IAEO überwachen lässt.

Neben solchen für Nukleargüter existiert eine Reihe weiterer Exportkontrollregime, die sich auf unterschiedliche waffentaugliche Materialien und Technologien beziehen. 1985 wurde unter dem Eindruck des Einsatzes von chemischen Waffen im Krieg zwischen dem Iran und dem Irak und der Bemühungen weiterer Staaten zur Erlangung von Chemiewaffen (Syrien, Libyen) auf Initiative der australischen Regierung die Australische Gruppe (AG) mit dem Ziel gegründet, die nationalen Exportkontrollen bei Dual-Use-Chemikalien zu verbessern. Zu diesem Zweck wurde eine Warnliste mit (inzwischen 54) sowohl zivil als auch militärisch verwendbaren chemischen Stoffen erstellt. Die Tätigkeit der gegenwärtig aus 33 Mitgliedern bestehenden AG umfasst Beratungen über exportkontrollpolitische Maßnahmen zur Eindäm-

---

18 Für die gegenwärtig gültigen Richtlinien siehe http://www.nsg-online.org/guide.htm.

Risiken I. Proliferation, Rüstung, Rüstungskontrolle 69

mung der Verbreitung chemischer und (seit 1990 auch) biologischer Waffen, die Fortschreibung von Kontrolllisten über Stoffe und Anlagen, die für die chemische und biologische Kriegführung verwendet werden können, die Angleichung nationaler Kontrolllisten, den Austausch von Informationen über Beschaffungsmethoden proliferationsrelevanter Staaten und den Austausch von Mitteilungen über abgelehnte Ausfuhranträge. Seit Juni 2002 beschäftigt die AG sich auch mit dem Problem der Proliferation von chemischen und biologischen Waffen in die Hände von nichtstaatlichen Akteuren (Terroristen).

Das 1987 von Frankreich, Deutschland, Italien, Großbritannien, Kanada, Japan und den USA gegründete Missile Technology Control Regime (MTCR) hat zum Ziel, den Export von Raketentechnologie und dazugehöriger Ausrüstung einzuschränken.[19] Das inzwischen 33 Mitglieder umfassende Regime soll insbesondere die Verbreitung von Trägersystemen für Massenvernichtungswaffen (ballistische Raketen und Cruise Missiles) verhindern und enthält gemeinsame (allerdings nicht verbindliche) Richtlinien zur Beschränkung des Exports von für die Raketenherstellung potentiell verwendbaren Gütern (Produktionstechnologien, Komponenten und Ausrüstungsgegenstände).

Ein weiteres Regime zur Kontrolle konventioneller Rüstungsgüter stellt das im Juli 1996 gegründete „Wassenaar Arrangement on Export Controls for Conventional Arms and Dual-Use Goods and Technologies" dar.[20] Gegenstand der Übereinkunft ist der freiwillige Informationsaustausch über Transfers konventioneller Waffen und Dual-Use-Güter, für die die derzeit 33 Mitgliedsstaaten „verantwortlich" Exportkontrollen durchführen sollen. Das Kontrollregime ist nicht gegen bestimmte Länder gerichtet, es sollen vielmehr durch erhöhte Transparenz und Verantwortlichkeit regional destabilisierende Anhäufungen von konventionellen Waffen und Dual-Use-Technologien verhindert werden.

Über solche Regime mit weltweiter Mitgliedschaft hinaus gibt es noch einige regionale Übereinkommen zur Exportkontrolle. So hat die Europäische Union mit ihrer Verordnung über den Export von Gütern mit doppeltem Verwendungszweck von 1994 (in Verbindung mit dem Änderungsbeschluss des Europäischen Rates vom Juni 2000) versucht, eine Harmonisierung der Exportkontrollpraxis der EU-Mitglieder zu erreichen. Darüber hinaus hat sie

---

19 Zum Stand der gegenwärtigen Verbreitung von Raketentechnologien siehe http://www.armscontrol.org/pdf/missiles.pdf
20 Das Wassenaar Arrangement ist eine Nachfolgeorganisation des bereits 1949 gegründeten Coordinating Committee for Multilateral Export Controls (CoCom), das den Transfer von militärisch nutzbaren Technologien in kommunistische Länder, insbesondere denen des Ostblocks, unterbinden sollte. Zum CoCom gehörten alle NATO-Staaten (außer Island), Australien und Japan. Es bezog sich auf Dual-Use-Güter (einschließlich nuklearrelevanter Güter) für die Nuklearwaffenentwicklung und für Nukleartests sowie konventionelle Waffen. Nach der Auflösung der Sowjetunion wurde beschlossen, das CoCom auslaufen zu lassen und durch ein Arrangement mit globaler Ausrichtung zu ersetzen.

mit dem Verhaltenskodex für Waffenausfuhren eine politische Regelung geschaffen, die als Kriterien für die Entscheidung über Waffenausfuhren die Achtung der Menschenrechte im Endbestimmungsland, die innere Situation im Empfängerland im Hinblick auf Spannungen oder bewaffnete Konflikte, den Erhalt von Frieden, Sicherheit und Stabilität in der Region und das Risiko der Weitergabe der gelieferten Güter im Käuferland (z.b. an terroristische Gruppen) oder des Re-Exports in Krisengebiete festgelegt hat.

Es hat sich in der Vergangenheit gezeigt, dass auch diejenigen Staaten, die in der Regel strikte Exportkontrollen befürworteten, bisweilen von ihrem Kurs abgewichen sind, wenn es ihnen politisch oder ökonomisch opportun schien. Eine globale Koordination von Exportkontrollen bleibt schwierig, weil sich in der Regel stets Exportstaaten finden, die „befreundeten" Staaten nahezu jede waffentaugliche Technologie zu liefern bereit sind oder aus ökonomischen Interessen heraus etwaige Bedenken hintanstellen. Exportkontrollen haben zudem verstärkt mit dem Problem zu kämpfen, dass die Trennlinie zwischen „zivilen" und „militärischen" Technologien immer schwerer zu ziehen ist. Eingriffe und Beschränkungen bei bestimmten zivil, jedoch auch militärisch verwendbaren Technologien drohen sehr schnell in Widerspruch zu geraten mit der zivilen, ökonomischen und wissenschaftlichen Nutzung dieser Technologien. Eine Reihe von betroffenen Staaten hat eingewandt, dass Exportkontrollen unter Umständen ihre zivile technologische Entwicklung behindern können. So ist etwa gegen die von der Australischen Gruppe vorgesehenen Kontrollen im Bereich biologischer Agenzien vorgebracht worden, sie stünden im Widerspruch zu dem im BWÜ festgeschriebenen „fullest possible technical exchange" zu friedlichen wissenschaftlichen Zwecken.

7. Ausblick

Nicht mehr die Ausbalancierung und Stabilisierung der Rüstungen zwischen zwei Militärblöcken steht nach dem Ende des Ost-West-Konflikts im Vordergrund von Rüstungskontrollbestrebungen, die USA und ihre Verbündeten versuchen vielmehr einer Vielzahl von Akteuren, mit denen kaum noch gemeinsame Interessen zur Rüstungssteuerung gefunden werden können, die Verfügung über bestimmte Rüstungsgüter, insbesondere Massenvernichtungswaffen und militärisch verwendbare Hochtechnologie zu erschweren.

Seit Beginn der neunziger Jahre hat sich wiederholt gezeigt, wie schwierig es ist, Proliferation mittels multilateraler kooperativer Rüstungskontrollabkommen zu verhindern. So hatte im Irak Saddam Hussein trotz der Inspektionen der internationalen Atomenergieorganisation heimlich ein Kernwaffenprogramm verfolgt, sowie chemische und biologische Waffen hergestellt. Er hatte hierzu offenbar auch auf Lieferungen von Dual-Use-Gütern

Risiken I. Proliferation, Rüstung, Rüstungskontrolle 71

durch eine ganze Reihe (auch westlicher) Staaten zurückgreifen können. Auch die Sowjetunion hatte während des Ost-West-Konflikts in großem Umfang gegen das BWÜ verstoßen. Der Eindruck einer nur schwer aufzuhaltenden Proliferation von Massenvernichtungswaffen vertiefte sich weiter, als 1995 in der japanischen Hauptstadt Tokio Mitglieder der Aum-Sekte den Nervenkampfstoff Sarin in der U-Bahn ausbrachten, was zum Tode von zwölf Menschen und Hunderten von Verletzen führte. In der Folge entwickelte sich vor allem in den USA unter großer öffentlicher Aufmerksamkeit eine Diskussion über Massenvernichtungswaffen in den Händen von Terroristen. Angesichts der Sicherheitsgefährdungen durch neue nichtstaatliche Akteure wurde die Wirksamkeit kooperativer Rüstungskontrollabkommen nochmals in Frage gestellt, da es sich bei ihnen ausschließlich um zwischenstaatliche Vereinbarungen handelte. Diese Ereignisse zusammengenommen haben in amerikanischen Augen zu einer deutlichen Diskreditierung der „klassischen" (multilateralen) Rüstungskontrolle als Instrument der Nichtverbreitungspolitik beigetragen (vgl. Thränert 2003).

Die Regierung Bush hatte bereits vor den Anschlägen vom 11. September immer wieder darauf hingewiesen, dass Stabilitätsvorstellungen, die während des Ost-West-Konflikts Gültigkeit besaßen, nicht mehr als Leitfaden für die amerikanische Sicherheitspolitik dienen konnten. Dies trifft insbesondere für das Denken in Gleichgewichtskategorien (mit Russland) und die der beiderseitigen Abschreckung zugrundeliegende Strategie der „gegenseitigen gesicherten Zerstörung" zu. Rüstungskontrollpolitische Konzepte und Praktiken, die ausschließlich das nukleare Abschreckungssystem zwischen den USA und Russland stabilisieren sollten, einschließlich des Verzichts auf ein Raketenabwehrsystem, sind ihrer Ansicht nach nun obsolet, da Russland und die USA keine Gegner mehr sind. Auch der einseitige Aufbau eines Raketenabwehrsystems durch die USA hat demnach keine destabilisierende Wirkung mehr und führt auch nicht zu einem Rüstungswettlauf mit Russland. Da auf der anderen Seite mit der Verbreitung nuklearer, chemischer und biologischer Waffen sowie weitreichender Trägermittel neue Gefahren für die Sicherheit der Vereinigten Staaten drohen, die durch Abwehrsysteme vermindert werden können, ist der ABM-Vertrag in den Augen der Regierung Bush nicht nur überholt, sondern schädlich gewesen. Eine Kündigung des Vertrages durch die USA war die logische Folge dieser Überlegungen. Auf der anderen Seite konnten weitreichende beiderseitige Reduzierungen bei den Offensivwaffen angestrebt werden, da nun ein Nuklearwaffenarsenal als ausreichend angesehen wird, das China und einige wenige potentiell feindliche Nuklearstaaten von Angriffen auf die USA abschrecken kann.

Für die Regierung Bush gilt, dass sich jedes Rüstungskontrollabkommen strikt an dem praktischen Sicherheitsgewinn, den es für die USA erbringt, messen lassen muss. Sie ist nun gewillt, als nachteilig für die amerikanische Sicherheit perzipierte Abkommen aufzukündigen, sich an ihnen nicht zu beteiligen, oder wenn die USA bereits Mitglied sind und bleiben wollen, die entsprechenden Verträge bzw. ihre Verifikationsinstrumente so umzugestalten, dass sie den amerikanischen Anforderungen entsprechen.

Dies hat sich auch bei den Verhandlungen für ein Zusatzprotokoll zur Biowaffenübereinkunft, durch das ihre Verifikation verbessert werden sollte, gezeigt. Biologische Waffen galten lange Zeit zwar als äußerst gefährlich, aufgrund ihrer kaum vorhersehbaren Wirkungen wurden sie jedoch für herkömmliche Kriegszwecke und selbst für Terroristen mit traditionellen politischen Zielen als kaum geeignet angesehen. Trotz des Einstellungswandels, der sich hinsichtlich der Wahrscheinlichkeit des Einsatzes von biologischen Waffen durch Terroristen und „Terrorstaaten" vollzogen hat, haben die USA bei den Verhandlungen über das Zusatzprotokoll zum BWÜ keine Vorreiterrolle übernommen.[21] Einem Entwurf für das Zusatzprotokoll, der im Sommer 2001 nach langen Verhandlungen vorlag und dem zufolge die Mitgliedsstaaten sich verpflichten sollten, ihre biologische Forschung (Hochsicherheitslabore, Arbeit mit B-Waffen-Erregern, Abwehrforschung) detailliert zu deklarieren und durch Inspektionen vor Ort kontrollieren zu lassen, stand die Bush-Regierung von Anfang an skeptisch gegenüber. Sie befürchtete, dass Terroristen oder feindliche Regierungen durch mehr Transparenz die Gelegenheit erhalten könnten, die Schwachstellen des amerikanischen Biowaffenschutzes aufzudecken. Sie wies zudem auf die Gefahr von Schäden durch Spionage für die in diesem Bereich weltweit führende amerikanische Industrie hin. Ein ebenso bedeutsamer Grund dürfte aber sein, dass sie angesichts der doppelten Verwendbarkeit biologischer Forschung für zivile oder defensive Zwecke einerseits und offensive militärische Zwecke andererseits jedes Biowaffenübereinkommen für unverifizierbar hält.

Anstatt den auch von ihren Verbündeten geforderten multilateral-kooperativen Ansatz weiterzuverfolgen, schlug die Regierung Bush zur Durchsetzung des BWÜ und zur Biowaffenabwehr eine Reihe von Maßnahmen vor, die antagonistische, unilaterale und multilaterale Elemente enthielten. Dazu gehörten vor allem verschärfte Exportkontrollen, verbesserte nationale Gesetzgebungen der Vertragsstaaten, um den Gefahren des Bio-Terrorismus begegnen zu können, ein verbesserter Schutz gegen Biowaffen, neue Verfahren zur Entdeckung des Ausbruchs ungewöhnlicher Krankheiten und ein intensivierter Dialog über die Nichtverbreitung von Biowaffen. Der UN-Generalsekretär sollte zudem im Falle eines konkreten Verdachts auf Vertragsverstöße Inspektionen vornehmen dürfen (Bolton 2002). In einem vertraulichen Schreiben hat die Regierung Bush den westlichen Verbündeten im September 2002 schließlich mitgeteilt, dass sie bis zum Jahr 2006 keine weiteren Verhandlungen über eine Stärkung der Biowaffen-Konvention akzeptiert.[22]

---

21 Dies lag nicht zuletzt an Meinungsverschiedenheiten bereits innerhalb der Clinton-Administration. Pentagon und Handelsministerium fürchteten die Aufdeckung militärischer Geheimnisse bzw. Industriespionage durch Vor-Ort-Inspektionen in den USA.
22 Das Papier ist zugänglich auf den Seiten von http://www.sunshine-project.de/

Risiken I. Proliferation, Rüstung, Rüstungskontrolle 73

Die USA selbst sind, das haben nicht nur die Verhandlungen über die Stärkung des Biowaffen-Protokolls gezeigt, sondern auch Vorbehalte bei der Verifikation des Chemiewaffenabkommens, nicht immer bereit, sich multilateral ausgehandelten Kontrollen zu unterwerfen. So beanspruchen sie bei den Inspektionsmaßnahmen für das CWÜ eine Reihe von Ausnahmeregeln. Der amerikanische Senat hat erreichen können, dass der amerikanische Präsident Verdachtsinspektionen in den USA mit Hinweis auf die nationale Sicherheit ablehnen kann und chemische Proben, die von Inspekteuren genommen werden, nicht von der OVCW in Den Haag untersucht werden dürfen, sondern nur in den USA selbst. Die Bush-Regierung hat auf der anderen Seite zur Überprüfung des CWÜ verstärkte Verdachtskontrollen in bestimmten Staaten gefordert. Solche Kontrollen stellen in den Augen der Bush-Regierung das geeignete Mittel dar, um einen Verdacht auf Vertragsverletzung aufzuklären, sie sollen gleichzeitig als Warnung verstanden werden, dass vertragswidriges Verhalten nicht folgenlos bleibt (Bolton 2002).

Die USA haben zwar Interesse daran, Massenvernichtungswaffen und moderne Waffentechnologien nicht in die Hände von Terroristen und „Schurken-" oder „Terrorstaaten" gelangen zu lassen, gleichzeitig wollen sie sich selbst ein Höchstmaß an militärischen Optionen offen halten. So haben sie den umfassenden nuklearen Teststoppvertrag, der die Weiterentwicklung und Modernisierung (Miniaturisierung) des amerikanischen Nuklearwaffenarsenals erschwert, zwar unterzeichnet, die Bush-Regierung hält jedoch daran fest, dem Senat das Abkommen nicht zur Ratifikation vorzulegen. Das eigentliche Rüstungsinteresse der USA liegt jedoch im Bereich der konventionellen Waffen. Die konventionellen Rüstungen und die zu ihrer Produktion notwendige Hochtechnologie, bei der sie eine uneingeschränkte Überlegenheit besitzen, sollen keinen vertraglichen Beschränkungen unterworfen werden. Durch Technologiediffusion entstehenden Verwundbarkeiten und technologieinduzierten Bedrohungen versuchen die USA unilateral durch mehr Technologieeinsatz und modernere Technologien zu begegnen. Dies zeigt sich deutlich etwa bei der Weltraumrüstung oder den Informationstechnologien.

Das bevorzugte Mittel der Rüstungskontrolle stellen für Bush-Regierung striktere Exportkontrollen und „counterproliferation" dar, da in ihren Augen angesichts des Wirkens netzwerkartig organisierter Terrorgruppen, der Rüstungspolitik der „Terrorstaaten" und der Verbreitung von Massenvernichtungsmitteln durch vielerlei Akteure herkömmliche Mittel der kooperativen Rüstungskontrolle nicht mehr greifen. Da zudem trotz aller politischen Bemühungen und allen militärischen Aufwands nicht ausgeschlossen werden kann, dass terroristische Gruppen weitere Anschläge vorbereiten und möglicherweise auch nicht alle „Schurkenstaaten"-Regime entmachtet werden können, legt die Bush-Administration komplementär zur „counterproliferation" großes Gewicht auf die „Abschirmung" der USA – auf defensive Maßnahmen (Homeland Defense, Raketenabwehr).

Die europäischen Verbündeten der USA orientieren sich indes an den Errungenschaften der kooperativen Rüstungskontrolle in den letzten Jahrzehnten, versuchen multilaterale Ansätze zu stärken und die Verifikationsregime bestehender Abkommen auszubauen. Soweit die Vereinigten Staaten sich hier allerdings den Bemühungen der Europäer entgegenstellen, sind kaum Fortschritte zu erwarten. Intensiv versuchen europäische Staaten darüber hinaus mit Unterstützung der Vereinten Nationen, der OSZE und anderen regionalen Organisationen (etwa der Economic Community of West African States, ECOWAS, oder der Organization of American States, OAS) einige spezifische Waffen wie etwa Kleinwaffen und Landminen Rüstungskontrollregimen zu unterwerfen. Dies geschieht vorrangig aus normativen bzw. humanitären Motiven heraus – sie selbst sind von diesen Waffen nicht oder kaum bedroht. Ein Beispiel hierfür ist das Übereinkommen von 1997 über das Verbot des Einsatzes, der Lagerung, der Herstellung und der Weitergabe von Antipersonenminen und über deren Vernichtung (Vertrag von Ottawa).

Weitere Bemühungen in dieser Hinsicht stellen die Fortschreibung des Übereinkommens von 1980 über das Verbot oder die Beschränkung des Einsatzes bestimmter konventioneller Waffen dar, die übermäßiges Leiden verursachen oder unterschiedslos wirken können: so das revidierte Protokoll II von 1996 über das Verbot und die Beschränkung des Einsatzes von Minen, Sprengfallen und anderen Vorrichtungen, das Protokoll (III) über das Verbot oder die Beschränkung des Einsatzes von Brandwaffen und das Laser-Blendwaffenprotokoll von 1995, welches verbietet, solche Laserwaffen einzusetzen und weiterzugeben, die dazu entwickelt worden sind, eine dauerhafte Erblindung zu verursachen. Auf der konzeptionellen Ebene versuchen die Europäer zudem wesentlich intensiver als die USA, neue Ansätze kooperativer Rüstungskontrolle zu entwickeln und die Möglichkeiten präventiver Rüstungskontrolle zu evaluieren. Durch letztere sollen Beschränkungen von militärrelevanter Forschung, Entwicklung und Erprobung erreicht und in der Zukunft mögliche militärische Optionen be- oder verhindert werden (Neuneck/Mutz 2000: 105).

Literatur

Bolton, John R. (2002): Beyond the Axis of Evil: Additional Threats from Weapons of Mass Destruction, Remarks to the Heritage Foundation, Washington D.C., May 6, 2002 (http://www.state.gov/t/us/rm/9962.htm).
Brennan, Donald G. (Hrsg.) (1962): Strategie der Abrüstung. Gütersloh: C. Bertelsmann Verlag.
Central Intelligence Agency (2002): Unclassified Report to Congress on the Acquisition of Technology Relating to Weapons of Mass Destruction and Advanced Conventional Munitions, 1 January Through 30 June 2001 (http://www.cia.gov/cia/publications/ bian/bian_jan_2002.htm).

Risiken I. Proliferation, Rüstung, Rüstungskontrolle 75

Department of Defense (2000): Report to the President and the Congress, Washington D.C. (GPO) 2000.
Department of Defense (2002): Report to the President and the Congress, Washington D.C. (GPO) 2002.
Federal Bureau of Investigations (1999): Terrorism in the United States 1999, Washington D.C. (http://www.fbi.gov/publications/terror/terror99.pdf).
Forndran, Erhard (1970): Rüstungskontrolle. Friedenssicherung zwischen Abschreckung und Abrüstung. Düsseldorf: Bertelsmann Universitätsverlag.
George, Alexander (1998): Incentives for U.S.-Soviet Security Cooperation and Mutual Adjustment. In: ders./Farley, Philip J./Dallin, Alexander (eds.): U.S.-Soviet Security Cooperation. Achievements, Failures, Lessons. New York/Oxford: Oxford University Press. S. 641-654.
Neuneck, Götz/Mutz, Reinhard (2000): Präventive Rüstungskontrolle. Baden-Baden: Nomos.
Joint Chiefs of Staff (1996): Joint Vision 2010, Washington D.C. (GPO) 1996.
Joint Chiefs of Staff (2000): Joint Vision 2020, Washington D.C. (GPO) 2000.
Kubbig, Bernd W./Müller, Harald (1993): Nuklearexport und Aufrüstung. Frankfurt/M.: Fischer Taschenbuch Verlag.
SIPRI (2002): Armaments, Disarmament and International Security, SIPRI Yearbook 2002. Oxford: Oxford University Press.
The White House (1999): A National Security Strategy for a New Century, Washington D.C., December 1999, (http://www.dtic.mil/doctrine/jel/other_pubs/nssr99.pdf).
The White House (2002): The National Security Strategy of the United States, Washington D.C., September 2002 (http://www.whitehouse.gov/nsc/nss.pdf).
The White House (2002a): National Strategy to Combat Weapons of Mass Destruction, Washington D.C., December 2002, (http://www.whitehouse.gov/news/releases/2002/12/WMDStrategy.pdf).
Thränert, Oliver (2003): Die USA und die Zukunft der Rüstungskontrolle. In: Kremp, Werner/Wilzewski, Jürgen (Hg.): Weltmacht vor neuer Bedrohung. Die Bush-Administration und die US-Außenpolitik nach dem Angriff auf Amerika, Trier: Wissenschaftlicher Verlag Trier 2003, S. 125-156.
United States Commission on National Security/21st Century (1999): New World Coming, American Security in the 21st Century, Supporting Research and Analysis, Phase I Report on the Emerging Global Security Environment for the First Quarter of the 21st Century, 15.09.1999, (http://www.nssg.gov/Reports/New_World_Coming/new_world_coming.htm).

Weiterführende Literatur

Cirincione, Joseph/Wolfsthal, Jon B./Rajkumar, Miriam (eds.), (2002): Deadly Arsenals: Tracking Weapons of Mass Destruction: Carnegie Endowment for International Peace.
Forsberg, Randall (ed.) (1995): Nonproliferation Primer: Preventing the Spread of Nuclear, Chemical, and Biological Weapons. Cambridge, Mass.: MIT Press.
Goldblat, Jozef (2002): The New Guide to Negotiations and Agreements, London (SAGE Publications) 2002.

Larsen, Jeffrey A. (ed.) (2002): Arms Control: Cooperative Security in a Changing Environment. London: Lynne Rienner Publishers.
SIPRI (2002): Armaments, Disarmament and International Security, SIPRI Yearbook 2002, Oxford: Oxford University Press.

Internet-Adressen

Arms Control Association: http://www.armscontrol.org
Council for a Livable World: http://www.clw.org/pub/clw/
Henry L. Stimson Center: http://www.stimson.org
Center for Nonproliferation Studies: http://cns.miis.edu/
UN Department for Disarmament: http://disarmament.un.org/

Kai Hirschmann

Risiken II. Internationaler Terrorismus als sicherheitspolitische Herausforderung

1. Eine neue sicherheitspolitische Herausforderung
1.1 Neue Konfliktkonstellationen
1.2 Fließende Übergänge
2. Was ist ‚Internationaler Terrorismus'?
3. ‚Internationaler Terrorismus' gestern und heute: Sieben Veränderungen
3.1 Die Internationalisierung des Terrorismus
3.2 Die veränderten Begründungen
3.3 Die Nutzung der Medien
3.4 Neue Durchführungsmöglichkeiten
3.5 Neue Organisationsstrukturen: Das Beispiel ‚Al-Qaida'
3.6 Die Zielauswahl
3.7 Die Querverbindungen
4. Fazit

1. Eine neue sicherheitspolitische Herausforderung

Wenn man den 11. September 2001 als ein Schlüsseldatum der Weltgeschichte versteht (zum Ablauf *Aust/Schnibben*, 2002), so bedeutet das nicht, dass sich von da an die Bedingungen und Gegebenheiten schlagartig und unwiderruflich verändert hätten. Mit den Anschlägen in den USA sind vielmehr Prozesse sichtbar geworden, die schon länger in Entwicklung befindlich waren (*Müller*, 2002; *Thamm*, 2002; *Dietl*, 2002). Im neuen Jahrtausend erleben die Menschen ‚vor ihrer Haustür' die Gewalt einer global operieren ‚organisierten Netzwerk-Idee' namens ‚Al-Qaida', die sich seit längerem weltweit strukturiert. Unter deren Ideologie und Ausbildung werden seit 1993 Terroranschläge ausgeführt (*Hirschmann*, 2001a,b; *Tophoven*, 2002a,b).

1.1 Neue Konfliktkonstellationen

Notwendig ist die Einpassung des Phänomens ‚Internationaler Terrorismus' in einen globale Entwicklungszusammenhang: Das Weltbild während der Zeit des Kalten Krieges war dualistisch. Die beiden konkurrierenden Großmächte besaßen Ordnungsmacht und Interessen, die weit über ihre eigenen Territorien hinausreichten. Die Bipolarität überlagerte regionale Probleme, führte zu einer Disziplinierung der Konfliktparteien und somit zur Stabilisierung des Weltsystems. Nachdem sie auf Grund des Zusammenbruchs des Ostblocks nun aber durch eine Multipolarität abgelöst wurde, ist die Disziplinierungsmacht größtenteils verloren gegangen. Damit einher ging eine Vervielfachung der relevanten Akteure, die nunmehr nicht nur Staaten, sondern auch gesellschaftliche und ethnische Gruppen umfasst. Somit wird es immer schwieriger, alle Akteure und deren verschiedene Interessen zu koordinieren und zu einem Konsens zu führen.

Tab. 1: Ebenen der Internationalisierung

Ebene	Ausprägung	Organisationen
Politische Internationalisierung	Kooperation u. Integration zwischen Nationalstaaten	VN, EU, NATO, OSZE, OECD, Europarat etc.
Wirtschaftliche Internationalisierung	Globalisierung, interregionaler Handel von Waren und Dienstleistungen, internationale Finanzmärkte	*zwischen Staaten:* WTO, IWF, Weltbank *privatwirtschaftlich:* World Economic Forum
Gesellschaftliche Internationalisierung	Grenzüberschreitende Einflussgruppen zu gesellschaftlichen Sach- und Streitfragen	Amnesty Intern., Greenpeace, WWF, Hilfsorganisationen *negativ:* Al-Qaida, Organisierte Kriminalität

(Quelle: *Hirschmann*, 2003b)

Politische, wirtschaftliche und gesellschaftliche Entwicklungen stellen nationalstaatliche Handlungsfähigkeit in Frage; es entstehen neue Akteure neben den Nationalstaaten sowie grenzüberschreitende Ströme und Abhängigkeiten, die das Prinzip nationalstaatlicher Souveränität unterlaufen. So entstehen z.B. transnationale Wirtschaftszonen, aber eben auch identitätsstiftende Kulturräumen jenseits nationaler Staatlichkeit. Es bilden sich neue Identitäten und Loyalitäten z.B. über Religionsgemeinschaften aus, bei denen grenzüberschreitende Zugehörigkeiten dominieren (*Hirschmann*, 2003a). Es muss allerdings noch weiter gedacht werden (Tab. 1). Politisch und strukturell hat man bisher hauptsächlich zwei Phänomene wahrgenommen und versucht, sich darauf einzustellen: *Erstens* die Internationalisierung staatlicher Politik durch Kooperation und Integration; und *zweitens* die wirtschaftliche Internationalisierung durch die Globalisierung. Eine dritte Internationalisierung ist bisher wenig bewusst: Die gesellschaftliche Internationalisierung. Ein Fehler, wie sich heute herausstellt. Private, substaatliche Akteure organisieren sich zunehmend überregional oder global, darunter auch terroristische Organisationsformen.

Damit kommt es zu einem neuen Blick auf die Beziehungen zwischen Staaten. Das bekannteste Denkmodell geht davon aus, dass die sicherheitspolitischen Beziehungen durch die Machtrivalitäten zwischen den großen Mächten bestimmt werden; aus deren Kräfteverhältnissen ergeben sich Allianzen, die sich wechselseitig die Balance halten. Spätestens seit dem Terrorismus des ‚Al-Qaida'-Netzwerkes ist etwas geschehen, das außerhalb dieses Denkmodells liegt (*Müller*, 2002): Als zentrales Sicherheitsproblem aller großer Mächte der Welt stellt sich ein nichtstaatliches Phänomen heraus. Ein von einer radikalen Ideologie motivierter globaler Terrorismus, der kein staatliches Territorium kontrolliert und auf keine Schutzmacht angewiesen ist, insofern also auf der politischen Weltkarte nicht lokalisierbar ist. Alle werden gleichermaßen bedroht. Damit ergibt sich eine in der Weltgeschichte völlig neue Lage: Die USA, Russland, China, Indien, Japan, die Europäische Union und Australien sehen sich der gleichen Bedrohung, dem gleichen Feind gegenüber. ‚Al-Qaida' vereinigt Kämpfer und Gesinnungsgenossen unter einem zur messianischen Zerstörungsideologie verfälschten Glauben. Sie ist im Grunde eine Endzeitsekte, die sich die Fertigbauteile ihres wahnhaften Weltbildes aus einer mit Verschwörungstheorien gesättigten Atmosphäre mühelos beschaffen konnte (*Reuter*, 2002, S. 28).

Diese Entwicklungen stellen neue Konfliktkonstellationen (Tab. 2) dar, wofür im wissenschaftlichen Schrifttum eine Reihe von Begriffen existieren: *Van Crefeld* spricht von ‚*low intensity wars*', *Daase* von ‚*kleinen Kriegen*', andere von ‚*privatized or informal conflicts*' oder ‚*new wars*' (*van Crefeld*, 1998; *Daase*, 1999; Zusammenfassung bei *Thamm*, 2002, S. 43ff.).

Allen neuen Begriffen gemein ist die Sicht, dass sich als Gegner heute kaum noch Staaten gegenüber stehen, sondern dass an deren Stelle eine Vielzahl privater und öffentlicher Akteure getreten ist. Der Staat verliert sein Gewaltmonopol. Die traditionelle Trennung von Regierung, Armee und Volk, von öffentlicher und privater Sphäre, von Innen und Außen des Staates, löst sich immer mehr auf. Zu den neuen am Krieg beteiligten Organisationen gehören z.B. reguläre Streitkräfte oder ihre Fragmente, paramilitärische Gruppen, Selbstverteidigungseinheiten, Banditen, Terroristen, ausländische Söldner, private Sicherheitsfirmen und reguläre ausländische Streitkräfte unter internationaler Aufsicht, internationale Regierungs- und Nichtregierungsorganisationen (*Braun/Ganske/Struss*, 2001, S. 16).

Die politische und rechtliche Einstufung als ‚Krieg' findet jenseits der Begrifflichkeiten allerdings insbesondere im neuen Fall des multinationalideologischen Terrorismus der ‚Al-Qaida' nicht statt. Dabei passt die Definition der ‚Hamburger Arbeitsgemeinschaft Kriegsursachenforschung' (AKUF) von Krieg als ‚gewaltsamen Massenkonflikt' durchaus auch auf die islamistischen Terroristen. Die Strategie der ‚Al-Qaida' findet sich allerdings in der Definition der Kriegstypen nicht wieder (AKUF-Definition und –Kriegstypen in *Thamm*, 2002, S. 32). Hier wird unterteilt in ‚Anti-Regime-Kriege', ‚Autonomie- und Sezessionskriege', ‚zwischenstaatliche Kriege', ‚Dekolonisationskriege' und ‚sonstige innerstaatliche Kriege'. Die Definitionen verharren im Konzept des Nationalstaates und seiner Region, können aber kein internationales gesellschaftliches Phänomen (Ideologie) integrieren. Hinzufügen wäre der Typus ‚überregionaler Weltanschauungskrieg'.

Tab. 2: Gegenwärtige internationale Konfliktkonstellationen

Form	Lösungsstrukturen (rechtlich/politisch)	Tendenz
1. *Staat vs. Staat* (oder Staatengemeinschaft vs. Staatengemeinschaft)		
kriegerische oder gewalttätige Auseinandersetzung zwischenstaatlich	entwickelt und z.B. durch internationale Organisationen vorhanden	stark abnehmend
2. *Innerstaatlicher Konflikt* (Krisenmanagement durch Staatengemeinschaft)		
Ethnische- Verteilungs- und Autonomiekonflikte, Separatismus, ethno-nationaler Terrorismus	Entwicklung schreitet fort (durch aktuelle Konflikte), Learning-by-doing (Balkan)	steigend, z.B. auch durch ‚Nation-building' nach Ost-West-Konflikt
3. *Staaten vs. internationale gesellschaftliche Bewegung* (private Organisation)		
terroristische oder kriminelle Gewalt eines weltweit operierenden Akteurs gegen gesellschaftliche Strukturen des Gegners	sowohl im internationalen Recht als auch in aktuellen politischen Strukturen praktisch kaum problemadäquat vorhanden	steigend, Gefährdungslage durch multinationale Netzwerke wie ‚Al-Qaida' nimmt zu

(Quelle: *Hirschmann*, 2003b)

Der ‚Krieg gegen den Terrorismus', den die ‚Anti-Terror-Koalition' nach den Worten des US-Präsidenten *Bush* führt, ist politisch und juristisch eher eine internationale Jagd auf Kriminelle und Mörder, da ‚Al-Qaida' der Status einer Kriegspartei gerade nicht zuerkannt wird. Diese Haltung aus der traditionellen Sicht des Terrorismus bleibt heute nicht ohne Widerspruch. *Carr* kritisiert, dass Politiker den internationalen Terrorismus gewöhnlich als eine Sonderform des Verbrechens identifizieren (*Carr*, 2002, S. 12). Die politischen Führungen seien der Ansicht, dass man Terroristen nicht anders als Schmuggler, Drogenhändler oder allenfalls wie politische Mafiosi behandeln sollte, statt sie als das anzusehen, was sie in Wirklichkeit wären: Organisierte, bestens ausgebildete und extrem destruktive paramilitärische Einheiten, die gezielte Angriffe gegen Staaten und Gesellschaftssysteme führen. Tatsächlich sei internationaler Terrorismus schon immer eine Form der Kriegsführung gewesen (*Carr*, 2002, S. 12).

Heute spielt mithin die klassische sicherheitspolitische Konstellation ‚Staat gegen Staat' kaum noch eine Rolle (*Münkler*, 2002). In den 1990er Jahren sind zunächst *innerstaatliche Konflikte* zur bedeutensten sicherheitspolitischen Herausforderung geworden (Tab. 2). Tatsächlich haben solche Konflikte in den letzten Jahren weltweit deutlich zugenommen. Sie haben ihre Ursachen in ethnischen oder religiösen Spannungen oder deren politischer Instrumentalisierung, in Verteilungskämpfen um knappe Ressourcen oder auch in extremer wirtschaftlicher und sozialer Ungleichheit. Tragischerweise tendieren diese innerstaatlichen Auseinandersetzungen dazu, noch grausamer zu sein als die zwischenstaatlichen. Zudem legitimieren Terroristen gern ihr Tun mit solchen Auseinandersetzungen.

Risiken II. Internationaler Terrorismus 81

Eine zweite bedeutende sicherheitspolitische Konstellation ist seit Mitte der 1990er Jahre hinzu getreten (Tab. 2): *Staat (oder Staatengemeinschaft) gegen internationale private Organisation*. Dabei war für die stets auf nationalstaatlicher Ebene denkenden und handelnden Länder nur langsam und schwer zu begreifen, dass sie durch eine weltweit operierende ideologisch-gesellschaftliche Gruppe mit kluger Kombination von Organisationselementen ernsthaft in ihrer Sicherheit bedroht werden könnte. Aus Sicht der Terroristen der ‚Al-Qaida' ging die Rechnung indes immer mehr auf: Flexible, anonymisierte Kleingruppen gegen politische und militärische Macht der Nationalstaaten. Es ist ein neuer, sehr ernst zu nehmender Gegner entstanden, und zwar ein anderer, als man sich das nach Ende des Ost-West-Konfliktes vorgestellt hat: Nicht mehr die regionale Terrorgruppe mit ethno-nationalen Forderungen, bei der die Drohungen und Wirkungen trotz aller Morde beschränkt blieben. Sondern eine abstrakt-ideologische ‚islamistische Internationale', die als Blaupause für andere international handelnde, gewaltbereite gesellschaftliche Gruppierungen dienen kann und wird.

Aber auch die nächste Grundkonstellation als sicherheitspolitische Herausforderung ist bereits deutlich am Horizont zu erkennen: *private Organisation gegen private Organisation auf internationaler Ebene*. Vorstellbar sind hier z.B. gewaltbereite Protestgruppen gegen multinationale Konzerne wie *McDonalds* und *Microsoft*. Bei dieser Konstellation ‚Wirtschaft vs. Gesellschaft' wäre der Bedeutungsverlust des Nationalstaates am deutlichsten zu erkennen. Er müsste versuchen, Sicherheit in seinem Hoheitsgebiet zu gewährleisten als ‚Kurieren an Symptomen'. Auf die Ursachen der Auseinandersetzung hingegen hätte er praktisch keinen direkten Einfluss mehr.

Zusammenfassend ist festzustellen, dass die Staaten auch in ihren Strukturen im Grunde nicht an die neuen Krisenkonstellationen angepasst sind. Nicht von der Hand zu weisen ist auch, dass sich sichtbar durch die Reaktion auf den internationalen Terrorismus moderner Prägung Anpassungsschwierigkeiten an neue sicherheitspolitische Herausforderungen offenbaren. Anpassung und Neujustierung ist notwendig, denn dieser Herausforderung ist mit traditionellem Denken und Handeln in den alten Strukturen nicht zu begegnen. Die militärischen Machtmittel des Staates, seine Streitkräfte, können diese Form des internationalen Terrorismus nicht bekämpfen, weil sich bei der Organisationsstruktur ‚Al-Qaidas' mit Ausnahme eventueller Ausbildungslager keine vernünftigen militärischen Ziele bieten. ‚Al-Qaida' hat ihren internationalen Aufbau, zu dem eine gemeinsame Grundausbildung in Afghanistan notwendig war, abgeschlossen. Ihr Credo ist es gerade, jenseits nationalstaatlicher Unterstützung zu agieren.

Die strukturelle Dilemmasituation manifestiert sich besonders in der Politik der Vereinten Nationen. Hier entwerfen Nationalstaaten Programme der Terrorismusbekämpfung, was gerade dann absurd anmutet, wenn man bedenkt, dass viele Staaten überhaupt keine Kontrolle über ihr gesamtes Staatsterritorium ausüben. Es sind aber gerade diese ‚Stammesgebiete' (Tribal Areas) weltweit, die Terroristen ein entsprechendes Umfeld und Deckung bieten. So sollen sich die meisten ‚Al-Qaida'-Führer in solche Stammesgebiete z.b. in Jemen, Pakistan und Indonesien zurückgezogen haben. Man versucht immer noch häufig, neue Herausforderungen den traditionellen Strukturen anzupassen, und nicht umgekehrt. Insofern wird eine strukturelle Reform international unumgänglich sein.

1.2 Fließende Übergänge

Die drei Konfliktkonstellationen stehen nicht unbedingt immer getrennt nebeneinander, sondern können auch ineinander übergehen. Ein Beispiel hierfür ist Afghanistan vom Kampf gegen die Rote Armee über den Bürgerkrieg nach deren Abzug bis hin zur Förderung der ‚Al-Qaida' durch das ‚Taliban-Regime'. Aber auch der Irak scheint auf diesem Weg. Die USA führten einen Krieg gegen den Irak (Regime *Saddam Husseins*) und haben diesen (mehr oder weniger) gewonnen. Es handelte sich hier um die ‚klassische Konstellation' ‚Staat vs. Staat'. Es sollen wie immer, wenn eine Demokratie gegen eine Diktatur Krieg führt und gewinnt, in der Nachkriegsordnung alle Volksgruppen mit gleichen Rechten an der Staatsmacht und den Ressourcen partizipieren. Es gibt also im Gegensatz zur alten Situation etwas zu verteilen.

Da es um zukünftige politische und wirtschaftliche Machtkonstellationen geht und alle ethnischen Gruppen möglichst viel davon haben wollen, was ihnen seit Jahrzehnten vorenthalten wurde, sind (Verteilungs-) Konflikte nicht unwahrscheinlich (‚Innerstaatlicher Konflikt'). Solche Konflikte waren es, die z.B. den Bürgerkrieg im Libanon (1975-1990) anheizten. Erschwerend kommt hinzu, dass die Ressourcen und damit das Entwicklungspotential nicht nur tribal zwischen den großen Ethnien (Schiiten, Kurden, sunnitische Araber), sondern vor allem regional im Irak ungleich verteilt sind: Die Erdölvorkommen liegen im kurdischen Norden (Region Kirkuk) und im schiitischen Süden (Region Basra). Die sunnitischen Araber ‚in der Mitte' haben wenig und wären bei einer Provinz-Bildung entlang ethnischer Grenzen auf einen Finanzausgleich angewiesen.

Die internationalen Erfahrungen zeigen, dass nur in wenigen Fällen die Erwartungen in Bezug auf die Etablierung demokratischer Strukturen und eines Aufbaus von Zivilgesellschaften tatsächlich erfüllt wurden. In den meisten Fällen kommt es zu schweren inneren Machtkämpfen zwischen rivalisierenden Parteien und zu blutigen Auseinandersetzungen zwischen den verschiedenen Gruppen innerhalb des Staatsgebildes (*Ferdowski/Matthies*, 2003, S. 22f.). Wie sich immer mehr abzeichnet, ist auch im Irak nicht unbedingt davon auszugehen, dass konkurrierenden Interessen mit diplomatischen Mitteln in Übereinstimmung gebracht werden. Dann läge die zweite Konstellation ‚Innerstaatlicher Konflikt' vor.

Parallel dazu schlägt nach der Konstellation ‚Staat gegen Staat' nun die Stunde gewaltbereiter ideologischer Netzwerke, die bei der Verteilung von Macht auch eine Rolle spielen wollen. Die Islamisten und die ‚Al-Qaida' werden diese Rolle nicht offen spielen können, sondern versuchen, politische Einflussgruppen und ‚Brüder im Geiste' zu infiltrieren und zu steuern, um so auch bei Regionalstrukturen mitzureden. Für westliche Augen werden in der Praxis gewaltbereite Islamisten kaum als solche identifizierbar sein. Darin ist das Netzwerk ‚Al-Qaida' professionell und erfahren. Nicht zuletzt hat die ‚Al-Qaida' in solchen Regionen umfangreiche Strukturen aufbauen können, in denen das staatliche Gewaltmonopol ganz oder teilweise zusammengebrochen war, z.B. Afghanistan, Sudan, Somalia, Indonesien, Tschetschenien und Bosnien-Herzegowina.

Diese Aktivisten wenden sich nun nicht nur gegen den (schwachen) Staat und die Herrschenden wie in so vielen muslimischen Staaten, sondern auch gegen das Feindbild ‚Juden und Kreuzfahrer', an der Spitze die USA. Durch die Proteste gegen die ‚Besatzung' (Hass-Predigten) und einem angeheizten ‚Anti-Amerikanismus' finden sie einen besseren Nährboden in der Gesellschaft als zuvor. Die Gewalt richtet sich zunehmend gegen die USA und ihre Verbündeten. Die Islamisten haben einen neuen Regionalkonflikt, den sie instrumentalisieren können. Damit liegt auch die Konfliktkonstellation ‚Staat gegen internationale private Organisation' vor. Die Entwicklungen im Irak bestätigen die fließenden Übergänge der Konfliktkonstellationen.

2. Was ist ‚Internationaler Terrorismus'?

Kaum ein anderer Begriff wird variantenreicher und kontroverser definiert als ‚Terrorismus'. Häufig hängt die Sichtweise vom politischen Standpunkt des Betrachters ab. So wundert es nicht, dass eine international einheitliche Definition des Begriffs noch nicht gefunden werden konnte. Damit eine entschlossene Bekämpfung des Terrorismus aber nicht bereits an der Abgrenzung scheitert, lassen sich Kernelemente bestimmen, die das Wesen terroristischer Handlungen ausmachen.

Zunächst ist es sinnvoll, die Begriffe ‚Terror' und ‚Terrorismus' voneinander abzugrenzen. Unter ‚Terror' wird generell staatliche Schreckensherrschaften (‚Terror von oben') gegen seine Bürger oder bestimmte Bürgergruppen verstanden. Im Gegensatz dazu fallen gezielte Angriffe gegen die Machtausübenden (‚Terrorismus von unten', z.B. gegen staatliche Autoritäten) unter die Kategorie ‚Terrorismus'.

Waldmann definiert Terrorismus als planmäßig vorbereitete, schockierende Gewaltanschläge gegen eine politische Ordnung aus dem Untergrund, die allgemeine Unsicherheit und Schrecken, daneben aber auch Sympathie und Unterstützungsbereitschaft erzeugen sollen (*Waldmann*, 1998). *Hoffman* rückt die bewusste Erzeugung von Angst in den Mittelpunkt und definiert Terrorismus als bewusste Erzeugung und Ausbeutung von Angst durch Gewalt oder die Drohung von Gewalt zum Zweck der Erreichung politischer Veränderungen (*Hoffman*, 2001, S. 56). *Laqueur* sieht Terrorismus als die Anwendung oder Androhung von Gewalt, um Panik in einer Gesellschaft zu verbreiten und die Regierenden zu einer politischen Verhaltensänderung zu zwingen (*Laqueur*, 1996, S. 24).

Die Terrorismus-Forschung umschreibt ihren Untersuchungsgegenstand inzwischen mehrheitlich als eine besondere Form der Gewalt mit im weitesten Sinne politischer Zielsetzung. Terroristische Gewalt wird demnach von Staaten oder substaatlichen Akteuren ausgeübt und besitzt darüber hinaus folgende Charakteristika: Erstens ist sie vorsätzlich, systematisch geplant und zielt auf extreme Emotionen, wie z.B. Angst und Verunsicherung in der Bevölkerung. Zweitens verfolgt sie eine psychologische Wirkung und richtet sich deshalb an eine breite Öffentlichkeit. Drittens verübt sie Angriffe auf willkürlich gewählte symbolische Ziele – auch Personen. Viertens bricht der terroristische Gewaltakt soziale Normen, wird folglich als Gräueltat wahrgenommen und zielt fünftens auf eine Beeinflussung des (politischen) Verhaltens des Gegners (*Hirschmann*, 2001a, S. 454).

Von ‚Internationalem Terrorismus' kann dann gesprochen werden, wenn (*Hirschmann*, 2002a, S. 33):

– sich die Ziele nicht auf eine begrenzte Region beziehen, sondern überregional bzw. global angelegt sind; und/oder
– der Aktionsraum der Terroristen nicht auf eine bestimmte Region beschränkt ist, sondern sie überregional bzw. global operieren; und/oder.
– die Mitglieder der Terrorgruppe aus unterschiedlichen Ländern stammen, so dass mit der Ausweitung ihrer Aktivitäten in dieses Umfeld gerechnet werden muss.

Besonders umstritten ist die begriffliche Abgrenzung des ‚Terrorismus' zum ‚Guerilla- und Freiheitskampf'. Angesichts der Aktivitäten einiger Bewegungen erwies sich eine Trennlinie zwischen ‚Terror' und ‚Selbstbestimmungskampf' in der politischen Bewertung selten als konsensfähig. Eine internationale Definition scheiterte bis heute nicht zuletzt daran, dass bestimmte Staaten den *„legitimen Kampf für Selbstbestimmung"* nicht als terroristische Gewalt eingestuft sehen wollen, auch wenn terroristische Methoden angewendet werden.

Allgemein schätzen sich Terroristen anders ein, als die Bevölkerung und Gesellschaft das tut. Terroristen halten sich grundsätzlich für Freiheitskämpfer oder Kämpfer für die Rechte der Unterdrückten. Diese Sichtweise ist generell abzulehnen. Terroristen sind keine Guerilla- oder Freiheitskämpfer. Insofern stimmt der Satz *„Des Einen Terrorist ist des Anderen Freiheitskämpfer"* nicht. Einzelne fließende Übergänge zwischen beiden irregulären

Risiken II. Internationaler Terrorismus 85

Kampfmethoden dürfen nicht darüber hinweg täuschen, dass es sich um verschiedene Vorgehensweisen handelt (*Hirschmann*, 2003a, auch *Waldmann*, 1998 und *Hoffman*, 2001).: Guerillakampf ist eine militärische Strategie, die auf die Belästigung, Einkreisung und letztlich Vernichtung des Gegners zielt. Im Gegensatz dazu stellt Terrorismus eher eine Kommunikationsstrategie dar, wobei Gewalt nicht primär wegen ihres Zerstörungseffektes, sondern als ‚Signal' verwendet wird, um eine psychologische Öffentlichkeitswirkung zu erzielen. Guerilleros wollen den Raum, Terroristen das Denken besetzen und sind primär an der Herstellung von ‚Öffentlichkeit' (Publicity) interessiert. Daher ist eine entscheidende Komponente im terroristischen Kalkül die Reaktionsverbundenheit und symbiotische Beziehung zu den Medien, die benötigt werden, um ein großes Publikum zu erreichen und maximale Hebelwirkung zu erzielen. Guerillakämpfer respektieren zudem in der Regel die Trennlinie zwischen Kombattanten und Zivilisten, während Terroristen zunehmend auch beliebige ‚Unbeteiligte' zu ihren Opfern machen. Relativ unproblematisch ist die Einordnung einer Organisation, wenn sie sich nur einer der beiden Kampfmethoden bedient (z.B. einerseits nahöstliche Terrorgruppen, andererseits afrikanische Rebellenverbände). Schwierig ist eine klare Einordnung, wenn eine Gruppe beide Methoden kombiniert anwendet (wie z.B. die Kämpfer in Tschetschenien).

Zusammenfassend ist festzustellen (*Hirschmann*, 2003a): In der Realität heutiger Konflikte kann nicht davon ausgegangen werden, dass die fortgesetzte Gewaltanwendung anhand des Vorliegens klare Abgrenzungskriterien exakt zugeordnet werden kann. Nur in seltenen Fällen sind terroristische Aktionen das einzige Betätigungsfeld staatlicher oder nicht-staatlicher Organisationen. Aktionsbereiche können insbesondere auch die Organisierte Kriminalität und andere kriminelle Handlungen, aber zunehmend auch legale Geschäftsaktivitäten zur Finanzierung oder Beiträge zur sozialen Sicherung der Gesellschaft zwecks Sympathiegewinnung umfassen. Auch der Kampf gegen Unterdrückung und Benachteiligung und für mehr Rechte einer Volksgruppe können terroristische Handlungen einschließen. Letztlich ist es eine politische Entscheidung, ob eine Gruppe als Terrororganisation oder als Freiheitskämpfer mit terroristischem Handlungsanteil eingestuft wird. Zudem handelt es sich beim ‚Terrorismus' als Strategie um ein dynamisches Phänomen im jeweiligen regional- und weltpolitischen Kontext, so dass Einstufungskriterien ergänzt und fortgeschrieben werden müssen. Das heißt aber auch, dass es eine allgemeinverbindliche weltweite Definition von Terrorismus nie geben kann und wird.

3. Internationaler Terrorismus gestern und heute: Sieben Veränderungen

Attentate und Überfälle von Einzeltätern oder lose organisierten Gruppen auf politische Machthaber oder politische Gegner spielen nur noch Nebenrollen. Anschläge, Organisationen und Strukturen sind deutlich komplexer und damit professioneller geworden. Die terroristische Einzelaktion als unmittelbare Reaktion auf eine politische Handlung ist zugunsten von politischen Langfriststrategien des Terrorismus in den Hintergrund getreten. In den letzten 30 Jahren haben *sieben wichtige Veränderungen* im terroristischen Bereich stattgefunden: die Internationalisierung des Terrorismus, Veränderungen in den Tatbegründungen, die Nutzung moderner Massenmedien, neue Durchführungsmöglichkeiten und – Organisationsstrukturen, die Zielauswahl sowie deutlich ausgeprägte Querverbindungen in den legalen politischen und wirtschaftlichen Bereich.

3.1 Die Internationalisierung des Terrorismus

Die *Internationalisierung* des Terrorismus hat sich deutlich erhöht. Terrorgruppen, die nur auf ein Land oder eine eng begrenzte Region beschränkt sind, werden zunehmend von überregional und global operierendem Organisationen abgelöst, was nicht unwesentlich zur Internationalisierung auch von Konflikten beiträgt. Netzwerke wie ‚Al-Qaida' sind sogar komplett multinational strukturiert.

Das spektakulärste ‚Auftaktereignis' für die überregionale Ausrichtung des Terrorismus der jüngeren Vergangenheit lieferte die Entführung und Ermordung von 11 israelischen Sportlern während einer terroristischen Aktion der Palästinensergruppe ‚Schwarzer September' im Verlauf der Olympischen Spiele in München am 05.09.1972. Der ‚Schwarze September' war keine Organisation, sondern ein Geheimbund ohne zentrale Führung, aber dafür mit internationaler Ausrichtung. Sein Kampf beschränkte sich nicht mehr auf den Nahen Osten. Auch in Europa, Nordafrika und den USA wurden geheime Stützpunkte eingerichtet, die als Ausgangspunkt weltweiter Terroranschläge dienten.

So hat München 1972 gerade relativ zu Beginn eines ethno-nationalistischen Linksterrorismus Maßstäbe für die Entwicklung zum heutigen Terrorismus, d.h. dem zunehmend überregionalen Ansatz und Aktionsfeld, gesetzt: Zum ersten Mal fand eine umfangreiche terroristische Aktion komplett außerhalb der Region statt, um die es eigentlich ging. Die Palästinenser der PLO waren Pioniere beim Aufbau von Netzwerken im internationalen Terrorismus. Gemeinsame Ausbildung, Austausch und Kooperation mit westeuropäischen Gruppen des revolutionär-ideologischen Linksterrorismus (z.B. RAF) sicherten eine internationale Operationsbasis. Die PLO als damaliger

Risiken II. Internationaler Terrorismus 87

Tutor des internationalen Terrorismus unterhielt Ausbildungslager in Jordanien, Libanon und Jemen, in denen bis Anfang der 1980er Jahre vermutlich mindestens 40 verschiedene Terrorgruppen aus Asien, Afrika, Nordamerika und Europa ausgebildet worden sind.

Die Grundlagen der Internationalisierung des Terrorismus, auf die später Terroristen bis hin zur Al-Qaida' immer wieder aufbauten, wurden Anfang der 1970er Jahre gelegt.

3.2 Die veränderten Begründungen

Die *Begründungen* für Terrorismus sind vielfältiger geworden und Begründungsebenen werden zunehmend miteinander vermischt. In allen terroristischen Handlungen der letzten Jahrzehnte sind *drei Grundmotive* zu erkennen, die in Reinform, additiv oder substitutiv auftreten können: eine sozialrevolutionäre, ethno-nationalistische und/oder religiös-weltanschauliche Motivation.

Der Ausgangspunkt des *ideologisch und sozialrevolutionär motivierter Terrorismus* waren Wünsche nach einer ideologischen Neuausrichtung der Gesellschaft, wie sie das linksextreme Spektrum der ‚Post-1968-Bewegungen' vertrat (zum ideologischen Linksterrorismus siehe *Dietl*, 2002, S. 29ff.). Er existierte seit 1968, hatte seine Hochphase in den 1970er Jahren (z.B. die RAF) und klang am Ende der 1980er/Anfang der 1990er Jahre mit der Selbstauflösung oder Zerschlagung der meisten Terrorgruppen aus. Hierzu hat beigetragen, dass diese Terrorgruppen mit Ausnahme eines begrenzten Personenkreises im linksrevolutionären Spektrum praktisch keine gesellschaftliche Verankerung und Unterstützung besaßen.

Parallel zum vorwiegend ideologischen, sozialrevolutionären Terrorismus entwickelte sich seit Ende der 1960er Jahre ein *ethnisch-nationalistischer Terrorismus*. Beispiele hierfür sind (mit unterschiedlichem ‚Kampfbeginn') die *PLO* in Palästina, die *IRA* in Nordirland, die *PKK* in der Türkei und die *ETA* in Spanien. Bei dieser Form des Terrorismus handelt es sich um das mit Gewalt geäußerte Bedürfnis ethnischer oder politischer Gruppen nach Unabhängigkeit, Autonomie oder gewissen Mitbestimmungsrechten. Der ethnisch-nationalistischer Terrorismus trat seit Anfang der 1970er Jahre zunächst aus taktischen Gründen häufig versetzt mit ideologischer, linksextremer Rhetorik auf. Er stellt bis heute die überwiegende Mehrheit bei den Begründungen für Terrorismus. Dabei stießen allerdings die Gruppen der 1970er Jahre mit ihren ideologisch-sozialrevolutionären Versatzstücken immer wieder auf erhebliches Befremden bzw. Grenzen; ihr Solidarisierungspotenzial in der Gesellschaft war nicht sehr hoch. Daher trat im Bereich des ethnisch-nationalistischen Terrorismus mit der Zeit und neuen Gruppen die linksideologische Komponente seit Beginn der 1980er Jahre immer weiter in den Hintergrund zugunsten einer neu entdeckten religiösen Rhetorik, die in der gesellschaftlichen Akzeptanz der Terroranschläge eine breitere Zustimmung versprach.

Dieser Wandel hängt im muslimischen Raum eng zusammen mit einem Schlüsselereignissen des Jahres 1979. Es hatte zum ersten Mal eine Revolution Erfolg, die sich nicht auf die politischen Konzeptionen des Sozialismus oder der marktwirtschaftlichen Demokratie, sondern auf eine Religion berief. Die ‚Islamische Revolution' im Iran unter *Ajatollah Chomeini* führte fortan auch im muslimischen Raum zu der Idee des gewaltsamen Exports einer ‚Glaubensrevolution' auf andere Regionen, insbesondere Palästina. Anderseits sahen gewaltbereite Gruppen, dass eine derartige Revolution auch gegen den Westen bzw. westliche Einstellungen ein Erfolg sein kann; sie diente fortan als Muster eines ‚Dritten Weges' und der Rückbesinnung auf eigene Werte. Anfang bis Mitte der 1980er Jahre gründeten sich im muslimischen Raum zahlreiche Terrorgruppen, die religiöse Elemente als Begründung für ihre Aktivitäten benutzen, darunter z.B. die *HAMAS*, der ‚*Palästinensische Islamische Dschihad*' und die *Hisbollah* (‚Hisb Allah', Partei Gottes). Es darf aber nicht übersehen werden, dass es sich auch bei solchen Gruppen um Organisationen mit ethnisch-nationalistischen Zielsetzungen handelt, die religiöse Elemente nur als rechtfertigendes Beiwerk einsetzen. Keine einzige ihrer Forderungen ist wirklich religiöser Natur. Es handelt sich überwiegend um politische Ziele, ergänzt um solche, die der individuellen politischen Interpretation des Glaubens entstammen (zum religiösen Bezug siehe *Heine*, 2001). Dies gilt auch für die ‚Al-Qaida' als neue Organisationsform (organisierte Gesellschaftsideologie mit Sektencharakter).

Im Kalkül Glauben bzw. Weltanschauung missbräuchlich als Legitimationselement einzusetzen, ist allerdings eine allgemeine terroristische Tendenz, die sich bei den großen Buchreligionen ebenso wie bei Glaubensgemeinschaften und Sekten findet. Es werden persönliche politische Interpretationen, die immer auf Selektion aus einer Gesamtlehre beruhen, als religiös bestimmt und vorgegeben verkauft. Überall auf der Welt geriet auch das Christentum immer wieder in Geiselhaft fanatischer Krimineller mit politischen Anliegen, die den Glauben pervertierten und selektierten. Ausgesucht wurden Stellen aus den jeweils Heiligen Schriften, die passten, um die eigene Gewaltanwendung zu rechtfertigen. Die Botschaft der Religion war dies in keinem Fall. Beispiele hierfür sind der Nordirland-Konflikt (Protestanten vs. Katholiken) und amerikanische Rechtsextremisten/-terroristen wie der Golfkriegsveteran *Timothy McVeigh*, der 1995 mit einer Autobombe ein Bundesgebäude in Oklahoma-City/USA in die Luft sprengte (168 Tote). Als Mitglied der ‚Christian Patriots' wollte er im Auftrag Gottes der arischen Rasse in einem Kampf ‚Gut gegen Böse' zum Sieg verhelfen.

Das zunehmende ‚spirituelle Element' im Terrorismus beschränkt sich nicht auf klassische Formen der Religion allein. Seit Mitte der 1980er Jahre, insbesondere aber in den 1990er Jahren und auf der Basis einer sich wandelnden Gesellschaft betraten zunehmend pseudo-religiöse Sekten und Kulte

Risiken II. Internationaler Terrorismus 89

die Szene, deren Aktionsfeld terroristische Aktivitäten einschließen kann oder ab einem bestimmten Punkt wahrscheinlich macht. Erinnert werden kann an den verheerenden Anschlag der *AUM*-Sekte in Tokio 1995 mit dem chemischen Kampfstoff Sarin. Zwar handelt es sich bei Weltanschauungsbewegungen nicht vornehmlich um Terroristen, aber der bewusste Aufruf an ihre Mitglieder zu terroristischen Aktivitäten und die Gewaltbereitschaft der Mitglieder solcher totalitär strukturierter Bewegungen hat sich in den letzten Jahren deutlich erhöht.

Aber warum wird häufig auf Glauben Bezug genommen? Der Glaube gibt den Menschen Antworten auf Fragen, wirkt verhaltenssteuernd, identitätskonstituierend und vermittelt einen sozialen Bezugsrahmen. Glaube ist der Halt in der Not, definiert sich oft auch als Opposition zum herrschenden politischen System und geht zudem tief in die Sozialisationsstruktur von Menschen. Religionen und Weltanschauungen polarisieren zudem zwischen ‚Wir' und ‚Die Anderen' und schaffen damit ein Abgrenzungskriterium, das überall in der Gesellschaft unabhängig von Bildung und Lebensumständen verstanden wird. Daher eignet sich der Hinweis auf religiöse Motivation besonders für Terroristen, die wenigstens zum Teil auf Sympathie und Unterstützung angewiesen sind, indem sie die Schuld an Fehlentwicklungen ‚Den Anderen' zuweisen.

Es ist festzustellen, dass sich die Charakteristika von Sekten und Glaubensgemeinschaften kaum von denen unterscheiden, die in Gruppen mit christlich oder muslimisch inspirierten Begründungen anzutreffen sind, weil die Einbeziehung von Glaubenselementen in den Terrorismus bestimmte Charakteristika impliziert. So funktionieren alle diesbezüglichen Terrorgruppen, auch die ‚Al-Qaida', im Prinzip nach folgendem Schema:

- Extremistische oder apokalyptische Überzeugungen.
- Dualismus: Der Glaube, dass die Welt in ‚Gut' und ‚Böse' aufgeteilt ist, wobei man selbst das ‚Gute' repräsentiert.
- Verfolgte Auserwählte: Man sieht sich selbst als auserwählte Elite (Propheten), die von tyrannischen Mächten verfolgt wird.
- Determinismus: Die Bewegungen glauben, nur sie können der ultimative Gewinner des gewaltsamen ‚letzten Kampfes' sein.
- Rettung durch Konflikt: Eine (Seelen-)Rettung hängt von der Teilnahme am Kampf ab, dessen Ziel die Vernichtung des Gegners ist.
- Mitgliederkontrolle/totalitäre Strukturen: Die Bewegung kontrolliert jeden Lebensbereich ihrer Mitglieder und ist totalitär strukturiert.
- Fehlende Hemmschwellen: Da die gesellschaftlichen Normen und Regeln ‚des Feindes Werk' sind, können sie beliebig missachtet werden.

3.3 Die Nutzung der Medien

In operativer Hinsicht war der Anschlag auf israelische Sportler während der Olympischen Spiele 1972 in München ein Reinfall. Keines der Ziele der Terroristen wurde erreicht. Der Olympia-Überfall lieferte allerdings die Erkenntnis, dass ein Anschlag auch in anderer Hinsicht erfolgreich sein konnte, nämlich dann, wenn er durch seine Dramatik und seine Zielauswahl die Aufmerksamkeit der Medien auf sich zog. Die Tat von München stellte durch die Berichterstattung einen spektakulären Publizitätserfolg dar. Das Anliegen der Palästinenser wurde in die Mitte der politischen Weltbühne geschossen. Das Ereignis und seine Hintergründe, von ca. 1 Milliarde Menschen in über 100 Ländern intensiv verfolgt, konnte politisch nicht ignoriert werden. Seither wissen Terroristen um die Bedeutung internationaler Medien, deren Möglichkeiten und Entwicklung sie fortan perfekt für ihre Absichten einer globalen Berichterstattung nutzten (*Hirschmann*, 2003a).

Terrorismus wurde daher zunehmend *Kommunikationsstrategie* über die Medien (*Waldmann*, 1998 und *Hoffman*, 2001). Zum Einen wenden sich Terroristen an potenzielle Unterstützer, die zur Fortsetzung des Kampfes aufgerufen oder ermutigt werden, dem aktiven Kampf beizutreten, da er den Gegner in der Tat trifft. Die zweite Zielgruppe sind über die Wahl der Opfer alle, die aus Sicht der Attentäter die gleichen Merkmale wie diese haben. Unter dieser Zielgruppe soll Angst ausgelöst werden, beim nächsten Anschlag selbst zu den Opfern zu gehören (*Kuhlmann/Agüera*, 2002, S. 44f.) Durch den mittels Angst und Verunsicherung erzeugten gesellschaftlichen Druck soll die nationale und internationale Politik in eine bestimmte Richtung gelenkt werden.

Die Botschaft muss transportiert werden auf eine Weise, die praktisch alle erreicht. Benötigt wird also eine Strategie, die die wirtschaftlichen Gesetze des Medienmarktes geschickt zum eigenen Vorteil ausnutzt. Vier Faktoren spielen hierbei eine wichtige Rolle: Der Faktor ‚Zeit', die Konkurrenzsituation auf dem Medienmarkt und die Ausweitung des Informationsangebots sowie die Aufbereitung von Ereignissen (*Hirschmann*, 2003a).

Die Frequenz der Nachrichten hat sich zunehmend erhöht. In die Medienlandschaft sind weltweit Nachrichtenkanäle getreten, die rund um die Uhr jeden Winkel der Erde mit aktuellen Nachrichten versorgen und die gefüllt werden wollen. Oft können die Fernsehsender nur durch Live-Übertragungen mit den Ereignissen Schritt halten, womit kaum Zeit zum Abschätzen der Lage bleibt. Die Redaktionen müssen Neuigkeiten schnell publizieren, um nicht von den Ereignissen überrollt zu werden.

Die Konkurrenzsituation hat sich national und international ebenfalls dramatisch erhöht. Medien sind Wirtschaftsunternehmen, Informationen Geld, ausgedrückt in Marktanteilen. Nachrichten werden zielgruppengerecht in schnellen, dramatischen Bildern verpackt, um dem Konsumenten ein Thema anzubieten, dessen Komplexität sich ihm rasch erschließt. Damit sind auch für Terroristen die Möglichkeiten gestiegen, Nachrichten und Bilder in die Medien zu bekommen, die hinreichend viel ‚Action', Dramatik und schrille Themen bieten.

Ein Problem liegt auch in der Aufbereitung terroristischer Ereignisse. Es hat ein Trend eingesetzt, ‚Geschichten hinter der Geschichte' zu suchen. So kam es auch zu einer ‚Personalisierung des Terrorismus', bei der Terroristen herausgehoben werden. Mit der Zeit haben es *Osama bin Laden* und andere ‚Führerfiguren' zu einer Art ‚Pop-Star-Status' mit einer Mischung aus Bewunderung (Anhänger) und fasziniertem Abscheu (Gegner) gebracht. Sie sind Gesichter, die immer wieder neu vermarktet und mit persönlichen Geschichten präsent gehalten werden. Aber auch die Opferseite ist von diesem Trend betroffen. Die Dramatik eines Ereignisses mit vielen Toten wird dadurch gesteigert, dass Geschichten aus dem Leben der Opfer angeboten werden, um das Ereignis durch Personalisierung des Leids und des Schreckens plastischer darstellen zu können.

Das terroristische Kalkül passt sich den Entwicklungen im Medienbereich an. Terrorgruppen haben heute Pressesprecher und Medienstrategien. Ihre Selbstinszenierung ist professionell und geplant. Den Marktgesetzen gehorchend müssen die Anschläge in der Tendenz immer spektakulärer verlaufen, um das gleiche Maß an intensiver Berichterstattung zu erreichen, dass kleine Ereignisse früher schufen.

3.4 Neue Durchführungsmöglichkeiten

In der Vergangenheit mussten die operierenden Terrorgruppen als sehr risikoaversiv eingestuft werden; die Durchführungsform variierte kaum und war vorhersehbar. Es handelte sich entweder um die Benutzung von Schusswaffen z.B. bei Entführungen von Menschen und Verkehrsmitteln oder um Bomben gegen mobile (z.B. Autobomben) oder immobile Ziele (z.B. Gebäude). Die eingesetzte Technik war überschaubar. Die Mehrzahl der Terroranschläge wird heute immer noch im Bereich des ‚konventionellen Terrorismus ausgeführt. Terroristen verlassen sich häufig auf die Waffen, die sie beherrschen und die sich als wirkungsvoll erwiesen haben. Darüber hinaus sind die Wirkungen von Bomben und Schusswaffen genau kalkulier- und begrenzbar. Das ‚klassische Repertoire' von Terroristen im konventionellen Bereich ist allerdings im Laufe der Zeit waffentechnisch, operativ und logistisch anspruchsvoller geworden; Terroristen haben sich die Entwicklungen im technologischen und strategisch-taktischen Bereich nutzbar gemacht. Den vorläufigen Höhepunkt im Bereich des konventionellen Terrorismus stellt der 11.09.2001 dar, wo Passagierflugzeuge als Bomben gegen Gebäude gerichtet wurden.

Allerdings bleibt die Entwicklung dort nicht stehen. Seit Mitte der 1990er Jahre sind mit dem ‚NBC-Terrorismus' (nuklear, biologisch, chemisch) sowie dem ‚Cyberterrorismus' (gegen Computernetze und -infrastruktur) zwei neue Durchführungsformen hinzu gekommen, die terroristische Aktionen mit neuen Waffen möglich machen.

Seit den Anschlägen der *Aum*-Sekte in Japan mit dem chemischen Kampfstoff Sarin 1995 hat das Thema ‚NBC-Terrorismus' in der Öffentlichkeit breite Beachtung gefunden. Doch nicht alles Denkbare ist auch wahrscheinlich. Bisher gibt es keine Anhaltspunkte dafür, dass größere (ausreichende) Mengen spaltbaren Materials von Terrororganisationen beschafft werden konnten. Aber selbst wenn man das Material hätte und eine Bombe bauen könnte, müsste diese unbemerkt zum gewünschten Anschlagsort sowie zuverlässig und kontrollierbar zur Detonation gebracht werden können, was eher unwahrscheinlich ist, aber dennoch nicht völlig ausgeschlossen werden kann (siehe hierzu *Kelle/Schaper*, 2001). Wahrscheinlicher hingegen erscheint eine Art ‚öffentlichkeitswirksamer Umweltverschmutzung' (Kontaminierung) mittels einer ‚Schmutzigen Bombe', bei der hochradioaktives Material durch eine konventionelle Explosion zerstreut werden kann, es aber nicht zu einer Kettenreaktion kommt (*Kelle/Schaper*). Für solche Bomben genügen geringere Mengen hochradioaktiven Materials oder radioaktive Substanzen, wie sie z.B. in der Medizintechnik eingesetzt werden. Ihre Wirkung ist räumlich begrenzt und eher mit dem Einsatz von chemischen Waffen (CW) zu vergleichen. Solche Waffen wären geeignet, Schäden an Gesundheit, Eigentum und Umwelt durch Kontaminierung hervorzurufen. Andererseits wären sie relativ einfach zu konstruieren sowie in ihrer Wirkung steuer- und berechenbar.

Biologische Agenzien und chemische Substanzen sind leichter zu beschaffen, weil sie entweder aus medizinischen Gründen gehandelt werden (biologische Agenzien) oder legal erworben werden können (chemische Substanzen). Das Wissen, wie mit solchen Agenzien und Substanzen umzugehen ist, ist öffentlich verfügbar (*Purver*, 1995). Doch die meisten Krankheitserreger oder Toxine sind zu flüchtig oder instabil, um wirkungsvoll in einem Aerosol ausgebracht zu werden. Sie sind zudem anfällig gegenüber Umweltbedingungen. Daher ist auf absehbare Zeit eine großflächige ‚Outdoor-Kontaminierung' durch Terroranschläge unwahrscheinlich. Für Terroristen dürfte es näher liegen, biologische oder chemische Kampfstoffe ‚indoor' in weitgehend geschlossenen Räumen wie Büroetagen, Veranstaltungshallen oder U-Bahn-Stationen auszubringen, denn einerseits werden dafür nur kleinere Mengen an Kampfstoff benötigt, andererseits wäre der Einfluss von Umweltbedingungen begrenzt (*Thränert*, 2002). Solche Anschläge sind realistisch, wie die Beispiele der *Aum*-Sekte in Tokyo (1995) und der ‚Milzbrand-Briefe' im Oktober 2001 in den USA zeigen (siehe detailliert *Kelle/Schaper*, 2001).

Cyberterrorismus als zweite ‚neue' Durchführungsform bezieht sich auf eine Konvergenz von Cyberspace und Terrorismus und umfasst *politisch motivierte* Hackeroperationen mit und gegen Computersysteme und -netze, die zu Verlusten an Menschenleben oder schwerem ökonomischen Schäden

Risiken II. Internationaler Terrorismus

führen können (*Pollit*, 1997, S. 285 und *Hutter*, 2002). Cyberterrorismus kann aus großer Entfernung anonym erfolgen, ist relativ kostengünstig, verlangt nicht den Umgang mit Spreng- und Kampfstoffen und erhält große Aufmerksamkeit in der Öffentlichkeit. Die technologische neueste Ausstattung kann im Supermarkt um die Ecke erworben werden. Entsprechende Programmierfähigkeiten und Fertigkeiten sind weltweit bestens dokumentiert und abrufbar. Die Möglichkeiten für Hacker, Chaos zu erzeugen, sind beinahe unbegrenzt (*Denning*, 1999). Die meisten, zum Teil lebenswichtigen Infrastrukturen, ob Schienen-, Straßen-, Luftverkehr oder Datennetze, Versorgungsdienste, Güterproduktion, Energie- und Wasserversorgung, Banken oder Industrie sind heute ohne Informationstechnik und Vernetzung nicht mehr funktionsfähig. In vielen Bereichen sind bereits hochgradig automatisierte IT- Systeme im Einsatz. Die damit verbundenen Risiken werden immer unüberschaubarer. Die Zahl der Versuche von Cyberterrorismus steigt weltweit, so dass diese Form des Terrorismus in Zukunft eine größere Rolle spielen dürfte (*Denning*, 2002).

3.5 Neue Organisationsstrukturen: Das Beispiel ‚Al-Qaida'

Die *Organisationsstrukturen* von Terrorgruppen sind variantenreicher als zuvor. Neben die klassische, hierarchisch strukturierte Terrorgruppe, die isoliert von Wirtschaft und Gesellschaft agiert, sind linear strukturierte Gruppen bis hin zu einem Terror-Dachverband (‚Al-Qaida') getreten, der für Mitgliedsorganisationen als Plattformen bestimmte Funktionen bereitstellt (siehe *Schneckener*, 2002, *Roth*, 2001 und *Hirschmann*, 2003a). Die Organisation alter Gruppen ist bestimmbar, die Organisationsform hierarchisch. Man hat(te) es mit relativ homogenen Gruppen zu tun, die zwar auf Sympathisanten spekulieren, sich aber gegenüber ihrer Umwelt als kompakte Organisation exklusiv verhalten. Die Mitgliedschaft in einer traditionellen Terrorgruppe umfasst Individuen, die in ihren terroristischen Aktivitäten ausschließlich für diese Gruppe aktiv sind. Die Struktur ist regional bzw. national angelegt und die Operationsqualität mäßig anspruchsvoll.

Den Gegensatz bildet ‚Al-Qaida'. Oft wird ‚Al-Qaida' als eine kompakte Terrorgruppe mit festen Mitgliedschaften gesehen. Das trifft aber nicht zu. Es handelt sich um eine politisch-religiöse Ideologie. Das heißt, es ist ein Netzwerk von Personen, die eine Grundüberzeugung teilen, aber ansonsten völlig innerhalb ihrer jeweiligen Gesellschaft etabliert sind. Ein Vergleich mit einem Fußballverein macht dies deutlich (*Hirschmann*, 2003c): Jugendliche mit verschiedener Ausbildung und Hintergrund werden von Bekannten dazu überredet, doch einmal zum Training in den Verein zu kommen, da sie sich mit diesem Sport identifizieren. Hier finden sie Spielgerät, einen Trainingsplatz und einen Trainer, der sie als Mannschaft mit Hilfe von Büchern trainiert. Nach dem Schwitzen auf dem Platz verbleiben sie kurz im Vereinsheim und gehen dann nach Hause in ihre jeweilige Welt. Am Sonntag beim Spiel wenden sie das Erlernte an. Der Vorstand des Vereins kümmert sich nur um dessen reibungsloses Funktionieren und organisiert Spiele, mischt sich aber ansonsten nicht in das Leben der Spieler ein.

Nach diesem Gedanken funktionierte ‚Al-Qaida' bis 2001. Nicht im Glauben gefestigte Muslime wurden von professionellen Anwerbern in über 60 Ländern weltweit angeworben, um im ‚Dschihad-Verein' in Afghanistan das Handwerk des Terroristen zu erlernen (siehe auch *Ulfkotte* 2001 und 2003). Dies zog sie an, weil ihnen – oft erst nach einer Gehirnwäsche – der Kampf gegen westliche Werte und Verhaltensmuster in muslimischen Staaten sowie ‚gegen Juden und Kreuzfahrer' weltweit notwendig und geboten erschien. In Afghanistan wurden Unterkünfte, Waffen, Sprengstoff und Trainingsgelände zur Verfügung gestellt. Experten des Todes bildeten die ‚Rekruten' anhand eines ‚Terror-Trainingshandbuches' aus. Nach der ‚Grundausbildung' von rund drei bis sechs Monaten kehrten die Ausgebildeten in ihre Heimatstaaten und ihr gewohntes Leben zurück. Hier stehen sie als ausgebildete Terroristen bereit, um ihre Fertigkeiten jederzeit gemeinsam mit anderen anwenden (*Tophoven*, 2002b und 2003). Die Führung der ‚Al-Qaida' kümmerte sich indes um das reibungslose Funktionieren des ‚Terror-Vereins' und die Ideologie, also um das Netzwerk der ‚Brüder im Geiste', die nicht exklusiv gebunden sind. 20.000 bis 30.000 Kämpfer sollen von 1991 bis 2001 so ausgebildet worden sein. Nach der Zerstörung der Trainingslager in Afghanistan im Oktober/November 2001 und der Vertreibung der ‚Al-Qaida' war die Idee nicht besiegt. Die Organisation musste ihre Strukturen verändern. Einige aus der Führungsebene wurden verhaftet, der Rest musste sich verstecken und ist bis heute kaum kommunikationsfähig. Es gibt also kein organisatorisches Terror-Dach alter Prägung mehr. Die beschriebenen Verfahren waren so nicht mehr möglich.

Wie schon zuvor griff die ‚Al-Qaida' auf betriebswirtschaftliche Organisationsmodelle zurück (*Hirschmann*, 2003c). War es zuvor das ‚Management by Delegation' und ‚Management by Objectives' (durch Zielvereinbarung), verlegte sich die Gruppe jetzt auf ein ‚Franchising-System'. Das bedeutete: Terrorismus im Lizenzverfahren. Idee, Produkt und Vermarktung sind weltweit gleich. Gesetzt wird auf die gemeinsame Ideologie als ‚Corporate Identity'. Da ‚Al-Qaida' aber die Leute nicht mehr an einem Ort zusammenziehen und ausbilden konnte, erhalten nun ausgewählte frühere ‚Rekruten' das Recht, selbstständig in ihren Heimatstaaten neue Terrorkader anzuwerben und dort unter der gemeinsamen Fahne auszubilden. Die Anschläge 2003 etwa in Riad, Casablanca und Grosny funktionierten nach diesem Prinzip.

Osama bin Laden größte Stärke war und ist die Konsolidierung von unterschiedlichen Interessen, Geld und Ideologie zu einer kritischen Masse (*Tophoven*, 2002a). Aber *bin Laden* ist kein ‚begabter' Erfinder, sondern ‚begabter' Konstrukteur und Kombinierer, der aus teilweise vorhandenen Elementen und Erfahrungen etwas Neues und Gefährlicheres schafft. Ge-

Risiken II. Internationaler Terrorismus 95

stützt auf seine Business-Erfahrung und sein Wissen um islamische Traditionen führt er unter anderem westliche Management-Prinzipien, frühislamische Kooperationstechniken (autonome Kampfzellen) und die Erfahrungen des palästinensischen Terrorismus der 1970er Jahre (nicht-hierachischer Aufbaus und internationale Ausbildungsplattform) zusammen.

Osama bin Laden ist Ideengeber einer ‚Islamististischen Internationalen' und nicht der klassische Chef einer hierachischen, kompakten Terrorgruppe, bei dessen Ausschaltung die Befehlsstränge und Handlungsfähigkeiten der Organisation schwer beschädigt werden (wie z.b. im Fall *Öcalan*/PKK). Die politische Idee/Ideologie *bin Ladens* lautet: Blutiger Kampf gegen den Export westlicher Werte, Vorstellungen und Verhaltensmuster in den muslimischen Raum. Der dem *bin Laden*-Netzwerk zurechenbare Terror beginnt 1993 mit dem ersten Anschlag auf das WTC durch eine ägyptische Terrorgruppe und hat sich seit dem 11.09.2001 weltweit sogar noch verstärkt. Deutlich wird, dass es sich um eine Terrororganisation neuer Qualität handelt, quasi um eine Blaupause für weltweiten Terrorismus mit einer extremistisch-gesellschaftlichen Ideologie.

3.6 Die Zielauswahl

Die *Zielauswahl* bei Terroranschlägen hat sich ebenfalls fundamental verändert. Beim Terrorismus heutiger Prägung geht es immer seltener um die Beseitigung bestimmter individueller Gegner wie z.b. Machthaber oder Repräsentanten einer politischen, wirtschaftlichen oder gesellschaftlichen Ordnung. Es werden symbolische Ziele angegriffen, um etwas zu treffen, dass die Werte, Systeme und Einstellungen des Gegner repräsentiert und für dessen Bevölkerungen eine hohe Bedeutung hat. Oft existieren in der Bevölkerung zu Unrecht Zweifel über die (geistige) Urheberschaft der ‚Al-Qaida'. Das Netzwerk islamistischer Glaubenskrieger ist weiterhin weltweit verteilt und aktiv, kann jederzeit regional nicht eingrenzbar zuschlagen. Es existiert ein Terroristen-Handbuch (über 150 Seiten) der ‚Al-Qaida', in dem alles aufgeführt ist, was die Kämpfer während der Ausbildung und besonders danach wissen müssen. Darunter sind auch detailliert die anzugreifenden Ziele aufgeführt: Ziele mit Symbolcharakter unter Inkaufnahme hoher Opferzahlen. Sie wollen ihr Feindbild (‚Juden und Kreuzfahrer') an empfindlichen Stellen treffen: politische und wirtschaftliche Strukturen, Versorgung, Freizeitgestaltung und Gesundheit. Die Absicht: Ständige Angst und Verunsicherung zu verbreiten. Die Aktionen sind innovativ, regional gestreut, überraschend und vermeiden Wiederholungen.

Damit wird deutlich, dass die Zahl möglicher Ziele so groß ist, dass ein Schutz kaum möglich ist. Anzusetzen ist daher an der Täterbekämpfung.

3.7 Die Querverbindungen

Die Querverbindungen alter Terrorgruppen in andere Bereiche, insbesondere in den legalen Geschäftssektor, waren sehr gering ausgeprägt. Dies ist bei *Osama bin Laden* völlig anders (*Bergen*, 2002). Er fährt konsequent zweigleisig. Einerseits ist er Chefideologe und Integrationsfigur des islamistischen Terrorismus, andererseits ist er Geschäftsmann, der über Mittelsmänner ein Geflecht an Firmen, Unternehmensbeteiligung, Investitionen und Finanzmarktaktivitäten kontrolliert. Die legalen Geschäftstätigkeiten der ‚Al-Qaida' der Finanzierung und Durchführung terroristischer Aktivitäten. ‚Al-Qaida' soll über ein Vermögen von ca. 300-500 Mio. US-$ verfügen. Dementsprechend sind sie im Gegensatz zu traditionellen Gruppen nicht auf Banküberfälle, Schutzgelderpressung und andere Straftaten aus dem Bereich der Organisierten Kriminalität angewiesen.

Darüber hinaus haben islamistische Terroristen schon frühzeitig Querverbindungen in ein entsprechendes politisch-extremistisches Umfeld aufgebaut. Hierbei kam ihnen ihre Gesellschaftsideologie mit Querverweisen auf den fundamentalistischen Islam zugute. Das Umfeld bietet Deckung, Schutz und Sympathisanten, die bereit sind, kleinere Netzwerktätigkeiten und ‚persönliche Gefallen' zu übernehmen. Die islamistischen Grüppchen, Bruderschaften und Vereinigungen an der Schnittstelle von Extremismus und Terrorismus sind kein ‚unbekannte Größe' in Europa und Deutschland. Die Anhänger arabisch-islamistischer Organisationen sind oft als politische Flüchtlinge gekommen und versuchen nun, ihre Kampfesbrüder in den Herkunftsländern zu unterstützen. Sie betreiben Schleuserringe, die im Heimatland gefährdete Mitglieder nach Deutschland bringen und ihnen neue Identitäten verschaffen. Gefährlicher sind aber die in Afghanistan in ‚Al-Qaida'-Lagern ausgebildeten ‚unverbundenen Kämpfer' (Non-Aligned Mudschahidin), denen das Spendensammeln und die verbale Radikalität nicht mehr ausreicht, sondern die den Kampf für die vermeintliche Sache Allahs auch in ihren Gastländern führen wollen. Ein besonderes Problem sind dabei einige hiesige Gotteshäuser. Sie scheinen der Punkt zu sein, an dem sich alle Strömungen des extremistischen Fundamentalismus treffen. Hier wird durch feurige Hasspredigten jene Temperatur erreicht, die einen tiefgläubigen Muslim zu einem militanten ‚Gotteskrieger' entflammen lässt. In wenigen, oft wechselnden Moscheen tauchen in unregelmäßigen Abständen fanatisierte Wanderprediger und geifernde Redner aus muslimischen Ländern, aber auch Einpeitscher aus den hiesigen islamistischen Zirkeln auf, die den Boden für die Saat der Gewalt bereiten. Im diesem Milieu wird eine Grundströmung genährt, auf der zu Gewalt neigende Islamisten schwimmen (*Frankfurter Allgemeine Sonntagszeitung*, 18.08. 2002, S. 4 und *Ulfkotte*, 2003).

Insgesamt ist die Vernetzung der gewaltbereiten Islamisten mit ihrem gesellschaftlichen Umfeld durch den Missbrauch der Religion deutlich stärker als bei allen hierarchisch strukturierten ideologischen und ethno-nationalistischen Terrorgruppen zuvor.

4. Fazit

Mit der neuen Herausforderung durch den ‚Internationalen Terrorismus' sind die Veränderungen in den sicherheitspolitischen Grundkonstellationen noch einmal deutlich geworden. Die klassische sicherheitspolitische Konstellation ‚Staat gegen Staat' spielt heute kaum noch eine Rolle. In den 1990er Jahren sind innerstaatliche Konflikte zur bedeutensten sicherheitspolitischen Herausforderung geworden. Die sicherheitspolitischen Herausforderungen der Gegenwart ergeben sich zusätzlich durch die Konfliktkonstellationen ‚Innerstaatlicher Konflikt' und ‚Staat vs. international organisierten substaatlichen Akteur'.

Im Bereich des Terrorismus haben signifikante Veränderungen und Entwicklungen stattgefunden. Terroristische Strukturen, Ziele und Methoden sind heute nur noch bedingt mit denen der Vergangenheit vergleichbar. Das terroristische Kalkül setzt auf eine publikumswirksame Masseninszenierung und Emotionalität durch missbrauchten Glauben. So hat sich das Phänomen ‚Terrorismus' zunehmend weg von einer rein politischer Ausrichtung in den Bereich der gesellschaftlichen Strömungen und Ideen ausgedehnt.

Die terroristischen Möglichkeiten haben sich den allgemeinen politischen, wirtschaftlichen und gesellschaftlichen Entwicklungen angepasst. Analog zu vielen anderen Bereichen sind auch hier erhebliche Internationalisierungsprozesse zu beobachten. Daher greifen herkömmliche Definitionen von innerer und äußerer Sicherheit bei den heutigen Formen von Terrorismus kaum noch. Innere und äußere Sicherheit wachsen zusammen; es bedarf eines ganzheitlichen sicherheitspolitischen Ansatzes, wie er in der institutionellen Zusammenführung unterschiedlicher Politikbereiche zum Ausdruck kommen würde. Die wesentliche Empfehlung an die Politik und die Wissenschaft ist die Einrichtung interdisziplinärer, ressortübergreifender Arbeitsgruppen, um sich der veränderten Sicherheitslage zu stellen.

Internationaler Terrorismus bleibt auch in Zukunft eine nachhaltige Herausforderung für die internationale Politik. Bis auf weiteres stellt der islamistische Netzwerkterrorismus die Hauptbedrohung dar. Die von *Osama bin Laden* gegründete Terror-Plattform ist eine Art Blaupause für terroristische Organisationen der Zukunft. Der ‚Al-Qaida' gehören in über 60 Ländern mehrere zehntausend ausgebildete Terroristen an, sie unterhält in 80 Staaten einschließlich den USA geheime Unterschlüpfe und verfügt über modernste Waffen. Die ‚Al-Qaida' setzt als einigendes Element auf eine transnationale Ideologie, die es ermöglicht, Kämpfer und Attentäter mit unterschiedlichem nationalem, ethnischem und kulturellem Hintergrund zu einer handlungsfähigen spirituellen Gemeinschaft zu machen.

Das Profil des internationalisierten Netzwerk-Terrorismus erschwert in mehrfacher Hinsicht die nationale und internationale Terrorbekämpfung und stellt Erfahrungen der Vergangenheit in Frage. Die neuen Herausforderungen bestehen darin, auf ein verändertes Tat- und Täterprofil, auf dezentrale Netzwerkstrukturen, auf eine Diversität an Finanzquellen und auf besondere taktischen Fähigkeiten zu reagieren. Erforderlich sind Maßnahmen der *operativen* wie auch der *strukturellen* Terrorbekämpfung. Erstere setzen auf die repressive Bekämpfung bestehender, manifester Terrorgruppen und die Verhinderung von Anschlägen, letztere auf die Bekämpfung von Ursachen und begünstigenden Rahmenbedingungen (*Schneckener*, 2002).

Literatur

Aust, St./C. Schnibben, Hrsg. (2002): 11. September 2001 – Geschichte eines Terrorangriffs, Stuttgart: dva.
Bergen, P.L. (2001): Heiliger Krieg Inc. – Osama bin Ladens Terrornetzwerk, Berlin: Berlin-Verlag, deutsche Broschur 2003.
Braun, M.M./Chr. Ganske/B. Struss (2001): Neue Kriege; in: Segbers, K./C. Beyer, Hrsg. (2001): Global Risks – Eine Bestandaufnahme, Arbeitspapiere des Osteuropa-Instituts der FU Berlin, Nr. 35/2001.
Bundesakademie für Sicherheitspolitik, Hrsg. (2001): Sicherheitspolitik in neuen Dimensionen – Kompendium zum erweiterten Sicherheitsbegriff, Hamburg: Mittler.
Bundesamt für Verfassungsschutz (2002): Verfassungsschutzbericht 2001, Köln, sowie lfd. Jg.
Carr, C. (2002): Terrorismus, die sinnlose Gewalt – Historische Wurzeln und Möglichkeiten der Bekämpfung, München: Heyne.
Crefeld, M. van (1998): Die Zukunft des Krieges. München: Gerling Akademie Verlag.
Daase, Chr. (1999): Kleine Kriege – Große Wirkung. Wie unkonventionelle Kriege die internationale Politik verändern, Baden-Baden: Nomos.
Denning, D.E. (1999): Activism, Hacktivism and Cyberterrorism: The Internet as a Tool for Influencing Foreign Policy, Georgetown University, Discussion Paper.
Denning, D.E. (2002): After Sept. 11 – Is Cyber Terror next?, Social Science Research Council, Discussion Paper.
Dietl, W. (2002): Terrorismus gestern und heute; in: Politische Studien Nr. 381, Hanns-Seidel-Stiftung, S. 23-41.
Ferdowski, M.A./V. Matthies (2003): Kriege, Kriegsbeendigung und Friedenskonsolidierung; in: Ferdowski, M.A./V. Matthies, Hrsg. (2003): Den Frieden gewinnen – Zur Konsolidierung von Friedensprozessen in Nachkriegsgesellschaften, Bonn, S. 14-40.
Frank, H./K. Hirschmann, Hrsg. (2002): Die weltweite Gefahr – Terrorismus als internationale Herausforderung, Berlin: Berliner Wissenschafts-Verlag.
Heine, P. (2001): Terror in Allahs Namen – Extremistische Kräfte im Islam, Freiburg i.Br.: Herder.
Hirschmann, K. (2001a): Das Phänomen ‚Terrorismus': Entwicklungen und neue Herausforderungen; in: Bundesakademie für Sicherheitspolitik, Hrsg. (2001), S. 453-482.

Risiken II. Internationaler Terrorismus

Hirschmann, K. (2001b): Terrorismus in neuen Dimensionen: Hintergründe und Schlussfolgerungen, in: Aus Politik und Zeitgeschichte, B 51/01, S. 7-15.
Hirschmann, K. (2002a): Terrorismus gestern und heute: Entwicklung, Charakteristika und Strukturen; in: Frank, H./K. Hirschmann, Hrsg. (2002), S. 27-66.
Hirschmann, K. (2002b): Internationaler Terrorismus; in: Bundesministerium der Verteidigung, Hrsg.: Reader Sicherheitspolitik, Die Bundeswehr vor neuen Aufgaben, Ergänzungslieferung 4/02, S. 1-16.
Hirschmann, K. (2003a): Terrorismus, Reihe eva-Wissen 3000, Hamburg: Europäische Verlagsanstalt.
Hirschmann, K. (2003b): Die Agenda der Zukunft: Die Folgen des Irak-Krieges, neue Konfliktkonstellationen und islamistische Strukturen in Deutschland; in: Hirschmann, K./Chr. Leggemann, Hrsg. (2003), S. 363-403.
Hirschmann, K. (2003c): Logistik des Schreckens; in: Y. – Magazin der Bundeswehr, August 2003, S. 66-67.
Hirschmann, K./ P. Gerhard, Hrsg. (2000): Terrorismus als weltweites Phänomen, Berlin: Berliner Wissenschafts-Verlag.
Hirschmann, K./ Chr. Leggemann, Hrsg. (2003): Der Kampf gegen den Terrorismus – Strategien und Handlungserfordernisse in Deutschland, Berlin: Berliner Wissenschafts-Verlag.
Hoffman, B. (2001): Terrorismus – Der unerklärte Krieg. Neue Gefahren politischer Gewalt, 2. aktualisierte Auflage, Frankfurt a.M.: Fischer (Taschenbuch).
Hutter, R. (2002): ‚Cyber Terror' – Risiken im Informationszeitalter; in: Aus Politik und Zeitgeschichte, B 10-11/2002, S. 31-39.
Jacquard, R. (2001): Die Akte ‚Osama bin Laden', München: List.
Kelle, A./ A. Schaper (2001): Bio- und Nuklearterrorismus: Eine kritische Analyse der Risiken nach dem 11.09.2001, HSFK-Report 10/01, Frankfurt.
Kuhlmann, A./ M. Agüera (2002): Die Hydra ‚Terrorismus'; in: Politische Studien Nr. 381, Hanns-Seidel-Stiftung, S. 42-55.
Laqueur, W. (1996): Postmodern Terrorism; in: Foreign Affairs, September/October 1996, S. 24-36.
Meier-Walser, R.C./R. Glagow, Hrsg. (2002): Die islamische Herausforderung, Aktuelle Analysen 26, Hanns-Seidel-Stiftung, München.
Müller, H. (2002): Nach dem 11. September – Weltpolitische Konsequenzen, HSFK-Papiere, Aktuelle Debatten, Frankfurt.
Münkler, H. (2002): Die neuen Kriege, Reinbek b. Hamburg: Rowohlt.
Palm, G./ F. Rötzer, Hrsg. (2002): MedienTerrorKrieg – Zum neuen Kriegsparadigma des 21. Jahrhunderts, Heidelberg: Heise.
Pohly, M./K. Duran (2001): Osama bin Laden und der internationale Terrorismus, München: Ullstein Taschenbuch Verlag.
Pollit, M.M. (1997): Cyberterrorism: Fact or Fancy?; Proceedings of the 20th National Information Systems Security Conference, October 1997, S. 285-289.
Purver, R. (1995): Chemical and Biological Terrorism: The Threat according to Open Literature, Canadian Security Intelligence Service, 1995.
Reuter, Chr. (2002): Mein Leben ist eine Waffe – Selbstmordattentäter: Psychogramm eines Phänomens, München: Bertelsmann Verlag.
Roth, J. (2001): Netzwerke des Terrors, Hamburg: Europa-Verlag.
Schneckener, U. (2002): Netzwerke des Terrors: Charakter und Strukturen des transnationalen Terrorismus, SWP-Studie 42/2002, Berlin.

Thamm, B.G. (2002): Terrorismus – Ein Handbuch über Täter und Opfer, Hilden: Verlag deutsche Polizeiliteratur.
Thränert, O. (2002): Terrorismus mit biologischen Waffen – Eine reale Gefahr?, SWP-Aktuell Nr. 16, Oktober 2001.
Tibi, B. (2001): Die neue Weltunordnung – Westliche Dominanz und islamischer Fundamentalismus, München: Econ Taschenbuch, 2. Auflage.
Tophoven, R. (2002a): Neue terroristische Strukturen: Osama bin Laden und die ‚Al-Qaida'; in: Frank, H./ K. Hirschmann (2002), S. 245-261.
Tophoven, R. (2002b): Elite gegen Elite – Die Terror-‚Elite' der Al-Qaida und unsere Antwort; in: Universitas – Forum der Eberhart von Kuenheim-Stiftung, 10/2002.
Tophoven, R. (2003): Islamistische Netzwerkstrukturen in Deutschland; in: Hirschmann, K./Chr. Leggemann, Hrsg. (2003), S. 101-114.
Ulfkotte, U. (2001): Propheten des Terrors – Das geheime Netzwerk der Islamisten, München: Goldmann.
Ulfkotte, U. (2003): Der Krieg in unseren Städten – Wie radikale Islamisten Deutschland unterwandern, Frankfurt aM.: Eichborn.
Waldmann, P. (1998): Terrorismus – Provokation der Macht, München: Gerling Akademie Verlag.

Internet-Adressen

Institut Terrorismusforschung und Sicherheitspolitik: http://www.iftus.de/
Linkliste der Deutschen Gesellschaft für Auswärtige Politik mit Analysen, Quellentips und Literaturangaben zum Thema Terrorismus: http://www.weltpolitik.net/sachgebiete/zukunft/article/590.html
Linkliste zum Thema Terrorismus der Suchmaschine „yahoo": http://de.dir.yahoo.com/Gesellschaft_und_Politik/kriminalitaet/Terrorismus/
Linkliste zum 11.09.2001 der Bundeszentrale für politische Bildung: http://www.bpb.de/wissen/EMH9Q8,,0,Linkliste_zum_11_9_2001.html
Linkliste zum 11.09.2001 der Suchmaschine „google": http://directory.google.com/Top/Society/Issues/Terrorism/Incidents/September_11_2001/

Jörg Waldmann

Risiken III. Umweltzerstörung, Ressourcenknappheit, Bevölkerungswachstum und Migration

1. Einleitung
2. Der erweiterte Sicherheitsbegriff
3. Bestandsaufnahmen
3.1 Umweltzerstörung und Ressourcenknappheit
3.2 Bevölkerungswachstum und Migration
4. Ökologische Sicherheit
4.1 Klassifizierung sicherheitsrelevanter Probleme
4.2 Konfliktwahrscheinlichkeit und Konfliktverläufe
4.3 Sicherheitspolitische Handlungsanforderungen
5. Ausblick

1. Einleitung

Bei der Betrachtung der in diesem Beitrag zu erörternden Problemkomplexe ist es augenscheinlich, dass diese eng miteinander verwoben sind und folglich erhebliche Interdependenzen aufweisen: Umweltzerstörung kann Migrationsbewegungen verursachen, Bevölkerungswachstum ist eine Ursache für knapper werdende natürliche Ressourcen, deren Ausbeutung wiederum zu Umweltverschmutzung und Umweltzerstörung führt. Es ließe sich also anhand dieser Begriffe ein Teufelskreis entwickeln, in dem sich die Probleme gegenseitig bedingen und verschärfen. Die derart abgeleitete Zusammenhangsdynamik impliziert jedoch noch keinerlei Aussagen über mögliche Lösungsoptionen. Das Ergebnis eines solchen Vorgehens wäre lediglich ein recht düsteres Zukunftsszenario, das zudem die irreführende Vermutung nahe legte, es handele sich in erster Linie um Probleme der so genannten Dritten Welt.

Allerdings ist die Aufgabenstellung dieses Beitrags eine gänzlich andere, wenngleich kaum optimistischer stimmende: die genannten Probleme sind als Risiken in sicherheitspolitische Kategorien einzuordnen, oder anders formuliert: als neue sicherheitspolitische Herausforderungen zu betrachten. Angesichts des klassischerweise durch eine militärpolitische Sichtweise geprägten Bereichs der Sicherheitspolitik ist diese Zuordnung jedoch nicht ganz unproblematisch und wird gedanklich erst konkreter, wenn Sicherheitspolitik im Sinne einer erweiterten Sicherheit verstanden wird.[1]

2. Der erweiterte Sicherheitsbegriff

Der staatlich geprägte Sicherheitsbegriff wird aus westlich-europäischer Perspektive in der Regel in die Bereiche innere Sicherheit, soziale Sicherheit und äußere bzw. nationale Sicherheit unterteilt, wobei letzterer in das Geflecht internationaler Sicherheit einzubeziehen ist. Befassen wir uns zunächst nur mit dem drittgenanten, so impliziert Sicherheit stets die objektiv gegebene oder subjektiv empfundene Abwesenheit einer militärischen Bedrohung und damit zugleich den Schutz eines Staates vor einem exogen verursachten Angriff oder Umsturz. Entsprechend ließe sich Sicherheitspolitik wie folgt definieren:

„Verhindert werden sollen Aktivitäten, die von außen unter Androhung oder Anwendung insbesondere militärischer Gewalt die Entschlussfähigkeit der Regierung, die Entscheidungsfreiheit des Parlaments, die eigenständige Entwicklung der Gesellschaft oder die Existenz des Staates und der ihm angehörigen Menschen gefährden. Gewahrt bleiben soll die politische Unabhängigkeit, die territoriale Integrität, die Lebensfähigkeit des Landes sowie die Existenz und Existenzentfaltung seiner Bürger" (Lutz 1995: 670).

Historisch war die Sicherheitspolitik nach 1945 durch die den Ost-West-Gegensatz prägenden Parallelstrukturen des kollektiven Sicherheitssystems der Vereinten Nationen und der kollektiven Verteidigungsbündnisse NATO und Warschauer Vertragsorganisation (WVO) determiniert, wobei den zweitgenannten Systemen der kollektiven Verteidigung eindeutig Vorrang eingeräumt wurde. Die Folge war – geprägt von einem jeweils konkreten Feindbild – das Wechselspiel von abschreckungs- und entspannungspolitischen Phasen, das als Resultat des Sicherheitsdilemmas auf der einen Seite zum konventionellen und nuklearen Wettrüsten führte, auf der anderen Seite jedoch Kriege und Konflikte jenseits des Ost-West-Gegensatzes nicht wahrnahm bzw. diese Geschehnisse in das eben durch diesen Gegensatz etablierte Freund-Feind-Schema einsortierte.

Mit dem Ende des Ost-West-Gegensatzes seit 1989 veränderte sich die sicherheitspolitische Lage schlagartig. Dem Westen war der große, als zumindest militärisch-zerstörerisch ebenbürtig wahrgenommene Feind abhanden gekommen, zugleich aber gerieten neue, nicht ausschließlich sicherheitspolitische Themen stärker in den Vordergrund, da zu Beginn der 1990er Jahre die Gefahr eines globalen Nuklearkrieges oder eines mit konventionellen Mitteln ausgetragenen, die internationale Ordnung bedrohenden zwischenstaatlichen Krieges als wenig wahrscheinlich betrachtet wurde. Als solche neue Gefahren zu nennen sind:

---

[1] Zu den Abgrenzungen und Überschneidungen der Begriffe Sicherheit, Sicherheitspolitik und Verteidigungspolitik vgl. den Beitrag von Dieter Dettke im vorliegenden Band.

- die weltweite Proliferation von Massenvernichtungswaffen; das damit verbundene, international organisierte Verbrechen sowie der internationale Terrorismus;
- die Zunahme vorwiegend innerstaatlicher Konflikte und Kriege (ethnopolitisch motiviert, Macht- und Verteilungskämpfe, Separationsbestrebungen) mit massiven Menschenrechtsverletzungen und/oder regional destabilisierender Wirkung;
- die prognostizierte Zunahme der Bedeutung ökonomischer, sozialer und vor allem ökologischer Risikopotenziale mit einem diffusen Ursachengeflecht.

Die Folge war eine veränderte Perzeption von Sicherheit und damit auch Sicherheitspolitik, die sich zum einen in der Neustrukturierung der europäischen Sicherheitspolitik bzw. Sicherheitsarchitektur äußerte, zum anderen aber eine mehrdimensionale Erweiterung des Sicherheitsdenkens unter Berücksichtigung der genannten Risiken bedeutete.

Abbildung: Der erweitertert Sicherheitsbegriff

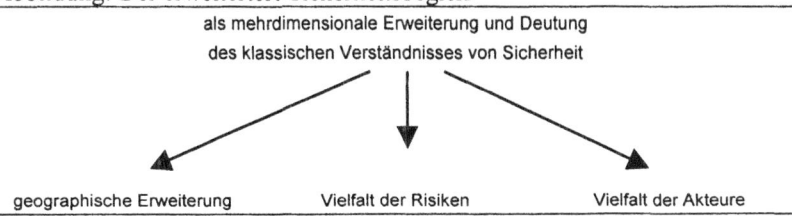

```
           als mehrdimensionale Erweiterung und Deutung
           des klassischen Verständnisses von Sicherheit
          /                    |                    \
         ▼                     ▼                     ▼
geographische Erweiterung   Vielfalt der Risiken   Vielfalt der Akteure
```

Aus dieser Erweiterung folgt zunächst, dass sich die eingangs angeführte Dreiteilung in innere, soziale und äußere/nationale Sicherheit nicht länger aufrecht halten lässt. Äußere Geschehnisse können – ohne dass mit ihnen ein klar definierbares Feindbild verbunden wäre – Auswirkungen auf die soziale Sicherheit und damit Stabilität einer Gesellschaft haben (Bsp. Asienkrise 1997). Zugleich wirkt, so wird unterstellt, der transnational operierende, internationale Terrorismus unmittelbar auf die innere Sicherheit von politischen Systemen und stellen ökologische Probleme die Existenzgrundlagen von Gesellschaften und Staaten in Frage, ohne dass diesen im Rahmen nationaler Politik ausreichende Mittel gegeben wären, auf derartige Bedrohungen adäquat reagieren zu können. Die Vereinten Nationen definierten die heutigen wie auch zukünftigen Anforderungen an den erweiterten Sicherheitsbegriff Mitte der 1990er Jahre wie folgt:

„In the altered context of today's world, the definition of security is no longer limited to questions of land and weapons. It now includes economic well-being, environmental sustainability and the protection of human rights; the relationship between international peace and security and development has become undeniable" (United Nations 1994, para 4).

Wir sehen uns demnach mit der zunehmenden sicherheitspolitischen Relevanz zunächst sachfremd anmutender Themen konfrontiert, deren deutlich gestiegene Wahrnehmung sich auf vielfältige Weise belegen lässt. So sprach die *Weltkommission für Umwelt und Entwicklung* bereits vor dem Ende des Ost-West-Gegensatzes die Empfehlung aus, den Sicherheitsbegriff umzudeuten und die Umwelt als primäre Konfliktursache oder aber katalysatorisch wirkende Sekundärursache einzubeziehen (vgl. Hauff 1987). Ähnlich argumentierte die Palme-Kommission (1990), die unter dem umfassenden Sicherheitsbegriff Themen wie soziale Gerechtigkeit, ökonomische Entwicklung und ökologische Verantwortung subsumierte. Aus sicherheitspolitischer Perspektive als bedeutsamer eingestuft werden muss jedoch das bereits 1969 von der NATO eingesetzte *Committee on the Challenges of Modern Society (CCMS)*, welches mit den 1995 gestarteten Arbeiten zu der Studie *Umwelt und Sicherheit im internationalen Kontext* den Brückenschlag zwischen den Bereichen Sicherheitspolitik und Umweltpolitik unternimmt und die Möglichkeiten der zivilen Kooperation der Mitgliedstaaten hinsichtlich ökologischer Probleme analysiert (vgl. Lietzmann 1998)[2]. Einen weiteren Beleg für die gestiegene Relevanz nichtmilitärischer Dimensionen des Sicherheitsbegriffs liefern die USA, die außerhalb ihres Territoriums zu verortende Umwelt- und Ressourcenprobleme als maßgeblichen Aspekt ihrer *National Security* begreifen, und – initiiert durch den damaligen Vizepräsidenten Gore – seit 1997 einen jährlich vom State Department verantworteten Bericht mit dem Titel *Environmental Diplomacy* erstellen. In seinem Geleitbrief zum ersten Bericht umschrieb Al Gore die Problemlage aus exklusiver Sicht der USA folgendermaßen:

„Environmental problems such as global climate change, ozone depletion, ocean and air pollution, and resource degradation – compounded by an expanding world population – respect no border and threaten the health, prosperity, and jobs of all Americans. All the missiles and artillery in our arsenal will not be able to protect our people from rising sea levels, poisoned air, or food laced with pesticides. Our efforts to promote democracy, free trade, and stability in the world will fall short unless people have a livable environment" (Al Gore in: U.S. State Department 1997).

---

2 Des weiteren verfügt die NATO bereits seit 1957 über ein *Science Committee*, das sich u.a. mit der Forschung im Bereich der ökologischen Sicherheit befasst. Insofern trifft der Vorwurf, die NATO bemühe sich lediglich zur Legitimation ihres Fortbestehens nach dem Ende des Ost-West-Gegensatzes um diese ‚neuen' Themen sicherlich nicht ganz zu (vgl. Wöhlcke 1997: 25f.). Gleichwohl hat die NATO ihre diesbezüglichen Aktivitäten seit 1990 deutlich verstärkt und es stimmt zumindest bedenklich, wenn ein sich selbst als Wertegemeinschaft wahrnehmendes Verteidigungs- und Militärbündnis sich dieser Problembereiche, die letztlich durch Knappheit bedingte Verteilungskonflikte bedeuten, annimmt.

Risiken III

3. Bestandsaufnahmen

Die Liste mit Belegen über die gestiegene Bedeutung nichtmilitärischer Bedrohungen ließe sich beliebig fortsetzen. Maßgeblicher ist jedoch der Blick auf die genannten Problembereiche und das mit diesen Problemen verbundene Konfliktpotenzial. Dieses wird in weiten Teilen der Literatur als zunehmend charakterisiert, wenngleich festzustellen ist, dass bislang noch kein Konflikt monokausal beispielsweise auf die Konfliktursache Umwelt zurückzuführen ist. Jedoch zeigt sich, dass insbesondere der Zugang zu und die Verfügbarkeit von Süßwasser bei zahlreichen Konflikten eine mitbestimmende, u.U. konfliktverschärfende Komponente darstellt, wie dies auch das Konfliktbarometer des Heidelberger Instituts für Konfliktforschung deutlich macht (vgl. HIIK 2002). Im Folgenden sollen daher die einzelnen Problembereiche umschrieben und der Versuch unternommen werden, das jeweilige Konfliktpotenzial zu identifizieren.

3.1 Umweltzerstörung und Ressourcenknappheit

Der *Wissenschaftliche Beirat der Bundesregierung Globale Umweltveränderungen* (WBGU) hat in seinem 2000er Jahresgutachten *Die Welt im Wandel* die größten ökologischen Gefahren mit globaler oder internationaler Dimension wie folgt benannt (vgl. WBGU 2001: 21ff.):

1. der Klimawandel;
2. die globalen Umweltwirkungen von Chemikalien, der stratosphärische Ozonabbau und persistente organische Schadstoffe;
3. die Gefährdung der Weltmeere;
4. der Verlust biologischer Vielfalt und die Entwaldung;
5. die Bodendegradation (Übernutzung, Desertifikation), sowie
6. die Süßwasserverknappung und -verschmutzung.

Allerdings belässt es der WBGU nicht bei einer einfachen Auflistung dieser Gefahren, sondern stellt als Analyse- und Erklärungsansatz für diese Umweltgefahren die Syndrom-Gruppen Nutzung, Entwicklung und Senken vor, welche die anthropogenen Ursachen – „also die Interaktionen zwischen Zivilisation und Umwelt in vielen Regionen der Welt" (WBGU 2001: 21) – dieser Gefahren deutlich machen und auf diese Weise den unmittelbaren Bezug zur menschlichen Entwicklung herstellen[3].

---

3   Insgesamt identifiziert der Beirat 16 unterschiedliche Syndrome, die jeweils spezielle Formen der Umweltnutzung und -degradation oder Entwicklung umschreiben. Erforderlich ist nach Meinung des WBGU eine sämtliche Interaktionen berücksichtigende, interdisziplinäre

Die wesentlichen Probleme bei der Bearbeitung dieser Gefahren ergeben sich dadurch, dass die Beeinträchtigungen der Umwelt über lange Zeitläufe stattfinden und vielfältige Ursachen haben. Rechtzeitige Anpassungsmaßnahmen unterbleiben daher und unterliegen zudem noch dem Prozessmuster, dass sie, solange der (ökonomische) Nutzen einer Handlung höher als der wahrgenommene ökologische Schaden ist, vernachlässigt werden. Noch deutlicher wird dies, wenn die „Hauptverursacher der globalen Umweltkrise [...] nicht zugleich deren Hauptopfer" sind (Wöhlcke 1997: 35), wie es beispielsweise im Nord-Süd-Verhältnis der Fall ist, da der Norden aufgrund seiner zum Teil 250-jährigen Industrialisierungsvergangenheit und weltwirtschaftlichen Dominanz sehr viel mehr zur globalen Umweltkrise beigetragen hat. Erst wenn ein als politisch wahrgenommenes Problem zu einem spürbar physischem wird, steigt die Bereitschaft zur Durchführung von Gegenmaßnahmen. Jedoch – und dies ist eine der sicherheitspolitischen Befürchtungen – entzieht sich das faktische Problem zu diesem Zeitpunkt womöglich bereits einer konstruktiven Bearbeitung (vgl. Wöhlcke 1997: 36). Diese Befürchtung ist keineswegs neu, sondern wurde bereits in dem 1980 veröffentlichten Bericht an den US-Präsidenten (*Global 2000*) geäußert:

„Wenn die Grundlagen heutiger Politik unverändert bleiben – das muss betont werden –, wird die Welt der Zukunft auch infolge verpasster Gelegenheiten eine andere sein" (Kaiser 1980: 90).

Daraus folgt, dass die ökologische Krise letztlich eine Konsequenz aus den defizitären, zu wenig Vorsorge betreibenden Umweltpolitiken einzelner Staaten und der Staatengemeinschaft insgesamt ist. Die Beeinträchtigung und Vernichtung der natürlichen Umwelt wird in Kauf genommen, Umweltprobleme werden exportiert und der Gemeinschaft zugemutet. Ökologische Interdependenz steht somit im Konflikt mit nationalen Interessen und nationalstaatlicher Souveränität (vgl. Wöhlcke 1997: 37f.). Das Ergebnis ist ein *Business as usual*, das letztlich zu substantiellen Problemverschärfungen mit sicherheitspolitischer Bedeutung führen kann.

Der anthropogene Klimawandel stellt die global größte Gefahr und Herausforderung dar. Die auf die menschliche Entwicklung der letzten 200 Jahre zurückzuführende Emission von Treibhausgasen hat zu einer Erderwärmung geführt, wie sie in den vergangenen 10.000 Jahren nicht aufgetreten ist. Der Konzentrationsanstieg dieser Gase in der Atmosphäre ging einher mit der zunehmenden Industrialisierung und damit verbundenen Nutzung fossiler Brennstoffe wie auch der Rodung tropischer Wälder. Offensichtliche Folgen dieser Erwärmung sind die dünner werdenden Eisdecken in arktischen Regionen wie auch die sich zurückziehenden Gletscher in den Hochgebirgen. Trotz aller auch wissenschaftlich geäußerten Skepsis bezüglich des menschenverursachten An-

---

und integrierende Betrachtung dieser „systemischen Wechselwirkungen", um die globalen Umweltprobleme sachgerecht analysieren zu können (WBGU 2001: 22f.).

teils an dieser Erwärmung und den Schwierigkeiten der Berechnung komplexer klimatologischer Ereignisse geht das *Intergovernmental Panel on Climate Change* (IPCC) davon aus, dass die durchschnittliche Erdtemperatur in den nächsten einhundert Jahren – je nach zugrunde liegendem Modellszenario – um 1,4° bis 5,8° Celsius ansteigen wird (IPCC 2001: 13). Mit dieser Erwärmung, die regional höchst unterschiedlich ausfallen kann, sind weitreichende ökologische, gesundheitliche und auch wirtschaftliche Konsequenzen verbunden. Derzeitige Berechnungen gehen aufgrund der Eisabschmelzungen an den Polen und in den Hochgebirgen von einem Anstieg des Meeresspiegels um bis zu 88 cm aus (IPCC 2001: 16). Dieser Umstand wird dann brisant, wenn man bedenkt, dass rund die Hälfte der Weltbevölkerung unmittelbar an Küsten oder in küstennahen Gebieten lebt und diese Regionen mitunter künftig nicht mehr als Lebensräume zur Verfügung stehen, da sie von Überschwemmungen bedroht sind oder die Böden durch Meerwasserversalzung unfruchtbar werden. Eine global veränderte Niederschlagsverteilung wird in allen Regionen der Welt zu Veränderungen der Agrar- und Waldökosysteme führen, wobei sich insgesamt die extremen Wetterlagen vervielfachen werden. Aufgrund dieser veränderten Niederschlagsverteilung werden sich die Probleme in bereits heute von Wassermangel betroffenen Gebieten zusätzlich verschärfen. Aber auch Gebiete wie die europäische Alpenregion, die im Sommerhalbjahr vom Schmelzwasser der Gletscher abhängig ist, werden mittelfristig von Wassermangel betroffen sein.

Ohne die Auswirkungen des anthropogenen Klimawandels an dieser Stelle bis ins Detail darstellen zu können, lässt sich anhand der beschriebenen Effekte erkennen, dass es mittelfristig zu drastischen Veränderungen kommen wird, die entsprechenden Einfluss auf das menschliche Zusammenleben haben werden. Das Ansteigen des Meeresspiegels in Kombination mit der prognostizierten Zunahme von großflächigen Überschwemmungen lässt, verbunden mit großem sozialen Elend, folgenschwere Migrationsbewegungen erwarten, die, sofern sie sich in kurzen Zeitläufen ereignen, regional destabilisierend wirken werden. Eine gegenläufige Tendenz des Klimawandels ist die voranschreitende Desertifikation, die Lebensräume beschränkt und wertvolles Acker- und Weideland vernichten wird. Beide Auswirkungen werden einem erheblichen Teil der Weltbevölkerung die Existenzgrundlage rauben und im globalen Maßstab die Ernährungssituation weiter verschlechtern. Leidtragende dieser Prozesse sind aufgrund ihrer klimatisch-geographischen Lage und ihres geringeren sozio-politischen Handlungsspielraums zahlreiche Entwicklungsländer. Doch auch die Industrienationen des Nordens werden die klimatischen Veränderungen spüren, wenn sich wie erwartet das Niederschlagsverhalten ändert oder gar ein Ausläufer des Golfstroms versiegen sollte, was zur Folge hätte, dass sich Westeuropa klimatisch der sibirischen Tundra annähert (vgl. u.a. WBGU 2001: 25).

Die Frage der sicherheitspolitischen Konsequenzen verführt zu vielerlei Spekulationen und Vermutungen. Jedwede Prognose ist abhängig von der Frage, ob sich der Klimawandel stetig und ohne global spürbare Katastrophen ereignet, oder ob es zu einem Wandel mit großen Brüchen kommt, auf den die Natur wie auch die Menschheit in sehr viel geringerem Umfang reagieren könnte. Die Folge eines zügigen, durch Katastrophen geprägten Wandels könnten durchaus gewaltsam ausgetragene, regionale Verteilungskonflikte sein, die ebenfalls Nord-Süd-Dimension gewinnen können. Sicher hingegen ist nur, dass die Ursachen des Klimawandels nicht mit sicherheitspolitisch-militärischen Mitteln bekämpft werden können. Allenfalls ließen sich die Folgen, also knappe Ressourcen, geringere Nutzungsmöglichkeiten von Umweltmedien und Migration, militärisch reglementieren, was jedoch einer drastischen Verschärfung dieses Schreckensszenarios gleichkäme.

Einher mit dem Klimawandel gehen weitere ökologische Gefahren, die mitunter dramatische Folgewirkungen haben werden. Die Gefährdung der Weltmeere durch industrielle und agrarwirtschaftliche Verschmutzung und Überfischung, vorwiegend durch industrielle Fangmethoden, beeinträchtigt nicht nur die Überlebensfähigkeit eines noch längst nicht vollständig erforschten Ökosystems, sondern bedroht zugleich die wirtschaftliche und soziale Existenz großer Teile der Weltbevölkerung. Insgesamt sind rund 60% der weltweiten Fischbestände bedroht, mehr als die Hälfte hiervon wird bereits deutlich überfischt, so dass zahlreiche Fischbestände sehr stark rückläufig sind (vgl. FAO 1997). Zugleich ist weltweit die Existenz von 300-500 Mio. Menschen direkt oder indirekt vom Fischfang abhängig und Fisch ein wesentlicher Bestandteil der Ernährung insbesondere in den Entwicklungsländern, weil er häufig die einzig preiswerte und damit verfügbare Form proteinhaltiger Nahrung darstellt (vgl. WBGU 2001: 32). Insofern wird sich, wenn rasches und umfangreiches Gegensteuern ausbleibt, die Ernährungssituation für einen erheblichen Teil der Weltbevölkerung weiter verschlechtern.

Ähnlich verhält es sich mit dem Problem der Bodendegradation durch landwirtschaftliche und industrielle Übernutzung, Versiegelung, Überdüngung etc. nicht nur in den Trockengebieten der Erde, wo Bodendegradation in der Regel in Form voranschreitender Wüstenbildung stattfindet, von der gemeinsam mit Dürren weltweit rund 1,2 Mrd. Menschen gefährdet sind (vgl. WBGU 2001: 42f.). Auch in diesem Fall wird für einen großen Teil der Weltbevölkerung die Existenzgrundlage schwinden.

Greifbarer werden ökologisch begründete oder mitbegründete Konflikte im Falle der Verknappung und Verschmutzung von Süßwasser. Bereits heute leben 1,2 Mrd. Menschen ohne Zugang zu sauberem Trinkwasser und herrscht in rund 50 Ländern Wasserknappheit. Nach Ansicht des WBGU wird sich die Süßwasserkrise in Zukunft weiter verschärfen, was zwangsläufig große Risiken mit sich brächte, schließlich ist Wasser „der wichtigste limitierende Faktor für die Nahrungsmittelproduktion, 70% des globalen Wasserverbrauchs werden schon jetzt in der Landwirtschaft genutzt" (WBGU 2001: 46). Als Region, in der Wasser bereits heute eine mitbestimmende Konfliktursache ist, weist das Konfliktbarometer 2001 den Vorderen und Mittleren Orient aus, wenngleich nur einer dieser Konflikte als *ernste Krise* kategorisiert wird (Israel – Libanon) und die stete Gewaltanwendung in erster Linie aus dem Konflikt zwischen Israel und der schiitischen Hisbollah resultiert (vgl. HIIK 2001: 30ff., Robert 2000).

Gleichwohl wird deutlich, dass die ökologische Krise durchaus Gefahren in sich birgt, die von sicherheitspolitischer Brisanz sind bzw. diese Brisanz in näherer Zukunft erlangen können. Jedoch sind Konflikte in der Regel nicht monokausal erklärbar. Auch verfügt die Friedens- und Konfliktforschung noch nicht über hinreichende Methoden und Instrumente, um verlässliche Aussagen über bevorstehende ökologisch motivierte Konflikte und deren Verlauf machen zu können (vgl. Rohloff 1998; ausführlicher hierzu: Abschnitt 3). Umweltprobleme führen in der Regel zu knapper werdenden erneuerbaren wie nichterneuerbaren Ressourcen und geringeren Nutzungskapazitäten hinsichtlich der Umweltmedien. Es handelt sich folglich um ein Verteilungsproblem, dass nur bedingt ökonomischen Allokationsmustern unterliegt, da die Umwelt bzw. die Umweltnutzung ohne flächendeckende, regionale oder globale politische Reglementierung den Charakter eines öffentlichen Gutes besitzt, dessen Schutz oder Bereitstellung nicht durch Märkte gewährleistet werden kann. Insofern müssen die entsprechenden Rahmensetzungen durch politische Entscheidungen herbeigeführt werden (vgl. Kaul et al. 1999). Bleiben diese politischen Lösungen in näherer Zukunft aus, verringert sich der Handlungsspielraum zusehends. Eine Bearbeitung der ökologischen Krise durch effizientere Nutzungsformen mittels technologischem Fortschritt ist nur in Ansätzen zu erkennen. Die anlässlich der zahlreichen Weltkonferenzen der 1990er Jahre verabschiedeten Erklärungen und Berichte (Rio-Deklaration, Agenda 21 etc.) beschreiben Ausmaß und Ursachen der ökologischen Krise eindringlich. Gleichwohl folgten diesen Erkenntnissen häufig nur unverbindliche Absichtserklärungen. Die wenigen verbindlichen Gegenmaßnahmen, wie beispielsweise die Klimarahmenkonvention, können allenfalls als Einstieg in die Problemlösung verstanden werden und besitzen noch nicht die Reichweite, um den Problemursachen effektiv entgegenzuwirken.

Die sich verknappenden Ressourcen lassen allerdings eine weitere Lesart zu, die berücksichtigt, dass die ökonomisch gut gestellten, politisch mächtigen und militärisch überlegenen Staaten sich mit versiegenden Ressourcenströmen konfrontiert sehen, wobei sowohl ihre Wirtschaft wie auch die soziale und politische Ordnung von der Verfügbarkeit dieser Ressourcen, in erster Linie fossiler Energierohstoffe, abhängig sind. Schätzungen gehen davon aus, dass zwischen den Jahren 2002 und 2008 der Scheitelpunkt der Erdölförderung erreicht wird, also die Hälfte der weltweiten Erdölvorkommen ausgeschöpft sein werden. Die Erdölindustrie beziffert die Reserven mit 143 Mrd. Tonnen, die bei einem durchschnittlichen Jahresverbrauch von 3,5 Mrd. Tonnen für die kommenden 40 Jahre ausreichten (vgl. *BP Statistical Review of World Energy* 2001 und 2002). Bei einer weltweit steigenden Nachfrage von durchschnittlich zwei Prozent – die Nachfrage der Industrienationen stagniert, die der Schwellen- und Entwicklungsregionen nimmt zu – werden sich die verbleibenden Vorräte jedoch deutlich schneller reduzieren als bislang angenommen, so dass diese durchaus vor Ablauf der nächsten 40 Jahre erschöpft sein könnten. Hinzu kommt, dass die Angaben über die weltweiten Erdölreserven nicht wissenschaftlich analysiert werden, sondern die Summe der von den erdölproduzierenenden Ländern veröffentlichten Reservekontingente darstellen und mit unterschiedlicher Wahrscheinlichkeit bezüglich ihrer wirtschaftlichen Nutzbarkeit geschätzt werden (vgl. Diefenbacher 1999: 202f.). Die gegenwärtigen Ölpreise geben die absolute Knappheit der Ressource allerdings nicht wieder, sondern orientieren sich lediglich am durch die Jahresfördermenge festgelegten Angebot und der Nachfrage auf den Weltmärkten. Die starken Schwankungen bei zu geringer Fördermenge lassen das Szenario erahnen, das sich einstellen könnte, wenn die absolute Knappheit künftig den Preis bestimmen sollte. Hinzu kommt, dass die größten verbliebenen Reserven in politisch unstabilen Regionen lagern, rund zwei Drittel der Weltölreserven alleine im Mittleren Osten.

Die USA begreifen den Zugang zu den Ölreserven des Persischen Golfs als maßgeblichen Aspekt ihrer *National Security* und verfügen seit über 50 Jahren über besondere Beziehungen zu Saudi-Arabien, dass mit rund 25% der weltweit verbliebenen Ölreserven das ölreichste Land der Region wie auch weltweit ist. Die geopolitische Konsequenz dieser Konstellation nährte in der Vergangenheit und nährt wohl auch mittelfristig die Bereitschaft, für eine gesicherte Versorgung mit Öl aus dem Mittleren Osten auch unter Nutzung militärischer Mittel einzustehen. Diese Bereitschaft haben die USA in der Vergangenheit deutlich geäußert und dokumentiert (vgl. Wöhlcke 1997: 82), und werden diese strategische Orientierung ungeachtet anders lautender völkerrechtlicher Normen ganz offensichtlich auch in absehbarer Zukunft nicht aufgeben. Die umfangreichen Erdölvorkommen im Irak bzw. die Sicherstellung ihrer Verfügbarkeit für die Weltwirtschaft war nur einer von zahlreichen Gründen der USA, das Regime im Irak mit kriegerischen Mitteln zu stürzen. Es darf jedoch nicht übersehen werden, dass gerade diese Ölvorkommen des Irak wie auch die der Region einen erheblichen Anteil an der geopolitisch hervorgehobenen Position des Mittleren Ostens haben und dass diese Ressource zugleich den Kriegsparteien zur Refinanzierung der Kriegskosten dient. Gleichwohl, monokausalen Argumentationen hält das Beispiel Irak-Krieg nicht stand.

Nicht stattgefunden hat bislang die Bearbeitung des Themenfeldes Erdölversorgung unter der Prämisse einer absolut endlichen Ressource. Obwohl durchaus Erfolge einer technologischen Effizienzsteigerung konstatierbar sind, haben die Industrienationen die Möglichkeiten, die beispielsweise die Klimapolitik böte, nicht genutzt, um durch eine innovative Energiepolitik die Abhängigkeit von fossilen Energieträgern zu verringern. Fraglich ist jedoch, ob eine Neubewertung der Ressourcenpolitik mittelfristig die Minderung der Abhängigkeit von den Ölreserven zur Zielgröße erklärte, oder aber ob sich dadurch die Bereitschaft zur militärischen Sicherstellung dieser und auch anderer Ressourcen erhöhte, einschließlich notwendiger natürlicher Senken

Risiken III

(Erhalt der Regenwälder und der Meere), denen dann mitunter eine geostrategisch vergleichbare Bedeutung zukäme.

3.2 Bevölkerungswachstum und Migration

Das Wachstum der Weltbevölkerung wird gemeinhin ebenfalls zu den bedrohlichen Zukunftsszenarien gezählt, versinnbildlicht durch Begriffe wie ‚Bevölkerungsexplosion' oder ‚Bevölkerungsbombe'. Allerdings lassen sich anhand der schlichten Zahlen der Bevölkerungsentwicklung noch keine fundierten Aussagen zur Bewertung dieses Phänomens machen. Erst die „Gegenüberstellung von Bevölkerungszunahme und der Verfügbarkeit von lebensnotwendigen Ressourcen lässt Aussagen über zukünftige Belastungen und Lebensbedingungen zu" (Spelten 1994/95: 79), so dass neben den unten aufgeführten Zahlen die Verteilung der verfügbaren Ressourcen die mitbestimmende Komponente ist.

Die *UN Population Division* geht unter Verwendung des mittleren Berechnungsszenarios davon aus, dass die Weltbevölkerung bis zur Mitte des 21. Jahrhunderts auf 9,3 Mrd. Menschen ansteigen wird, was einer Zunahme von einem Drittel ab dem Jahr 2000 entspricht (vgl. Tabelle). Allerdings verläuft diese Zunahme in den einzelnen Teilen der Welt höchst divergent. In den Industrieländern fällt das Wachstum nur gering aus bzw. ist in vielen Ländern sogar rückläufig, so dass für diese Ländergruppe insgesamt ein leichter Bevölkerungsrückgang erwartet wird. Entgegengesetzt verlaufen dagegen die Wachstumsberechnungen für die Entwicklungsregionen. In den *weniger entwickelten Regionen* wird ein Anstieg von 50% prognostiziert, der eine Zunahme der Weltbevölkerung von 2,1 Mrd. Menschen bedeutet und den größten absoluten Wachstumsanteil darstellt. Dramatischer zeigt sich die Entwicklung in den *am wenigsten entwickelten Ländern*, deren Bevölkerung um mehr als 1,15 Mrd. Menschen zunehmen wird, was einem Anstieg von 178% entspricht. Es muss also festgestellt werden, dass es nicht nur Divergenzen hinsichtlich der Einteilung in Industrie- und Entwicklungsregionen gibt, sondern dass es zugleich deutlich größere Unterschiede innerhalb der Gruppe der Entwicklungsländer gibt. Diese Unterschiede betreffen zugleich auch die unterschiedlichen Gesellschaftsschichten innerhalb der Länder, so dass keineswegs von einheitlichen Verläufen gesprochen werden kann (vgl. Fleisch 2001: 97f.).

Im begrenzten Ökosystem Erde, mit begrenzten Ressourcen und natürlichen Belastungsgrenzen der Umweltmedien kann die Variable Bevölkerung nicht unendlich zunehmen, ohne das Ökosystem zu überlasten. Dabei ist die Frage nach der noch tragfähigen Bevölkerungszahl unmittelbar mit dem menschlichen Umgang mit den natürlichen Ressourcen verknüpft. Entsprechend existiert ein deutlich erkennbarer Nord-Süd-Konflikt hinsichtlich der Bewertung dieser Konstellation: der Norden sorgt sich eher über die Zunahme der Bevölkerung, der Süden hingegen kritisiert den verschwenderischen

Umgang des Nordens mit den natürlichen Ressourcen und führt diesen zugleich als eine der Ursachen für die prekäre soziale Situation des Südens an, aus dem sich auch eine Mitverantwortung des Nordens für das Bevölkerungswachstum ableiten ließe.

Tabelle: Weltbevölkerungsentwicklung 2000-2050

World Population (thousands) Medium variant 2000-2050		More developed regions Population (thousands) Medium variant 2000-2050		Less developed regions, excluding least developed countries Population (thousands) Medium variant 2000-2050	
Year	Population	Year	Population	Year	Population
2000	6 056 715	2000	1 191 429	2000	4 207 094
2005	6 441 001	2005	1 201 109	2005	4 493 244
2010	6 825 736	2010	1 208 405	2010	4 773 126
2015	7 207 361	2015	1 213 857	2015	5 043 818
2020	7 579 278	2020	1 217 737	2020	5 297 214
2025	7 936 741	2025	1 218 834	2025	5 531 633
2030	8 270 064	2030	1 216 513	2030	5 739 986
2035	8 575 855	2035	1 210 849	2035	5 920 027
2040	8 854 658	2040	1 202 423	2040	6 074 426
2045	9 104 771	2045	1 192 271	2045	6 204 973
2050	9 322 251	2050	1 181 108	2050	6 311 602
Least developed countries Population (thousands) Medium variant 2000-2050		World Percentage urban (thousands) Medium variant 2000-2030			
Year	Population	Year	Percentage urban		
2000	658 192	2000	47.0		
2005	746 649	2005	49.3		
2010	844 205	2010	51.5		
2015	949 686	2015	53.7		
2020	1 064 327	2020	55.9		
2025	1 186 274	2025	58.1		
2030	1 313 565	2030	60.2		
2035	1 444 979				
2040	1 577 809				
2045	1 707 527				
2050	1 829 542				

Quelle: Population Division of the Department of Economic and Social Affairs of the United Nations Secretariat, World Population Prospects: The 2000 Revision and World Urbanization Prospects: The 2001 Revision, http: //esa.un. org/unpp [04.02.2003; 13.21 Uhr]

Wie man die jeweilige Verantwortung auch bewerten mag, offensichtlich ist, dass eine konfrontative Haltung der Problemlösung entgegenstünde und die Auswirkungen lediglich verschärfen hielfe. Unter dem Bevölkerungswachstum leiden die Entwicklungsregionen schon heute, und auch dem Norden muss an einer gemeinsamen Lösung des Problems gelegen sein, da die Begrenztheit der natürlichen Ressourcen dieses verlangt. Deutlich wird aber auch, dass man die Verteilung dieser Ressourcen nicht außerhalb einer gemeinsamen Strategie zur Minderung des Bevölkerungswachstums diskutieren können wird.

In der Folge des gegenwärtigen Bevölkerungswachstums verringert sich bereits die durchschnittliche Verfügbarkeit von Lebensgrundlagen wie Akkerflächen oder Wasser drastisch. Zugleich werden diese überlebenswichtigen Ressourcen deutlich überbeansprucht, so dass neben dem quantitativen Schwund auch eine qualitative Beeinträchtigung zu verzeichnen ist. Einher mit dieser Tendenz geht in sehr vielen Ländern die Aneignung marginaler Lebensräume, die eine weitere Zunahme des Umweltverbrauchs bedeutet. Die Kultivierung eigentlich nicht für die Landwirtschaft geeigneter Bergregionen oder die Rodung tropischer Wälder bedeuten weiter voranschreitende Vernichtung von Umwelträumen durch Degradation und Verödung. Ein extremes Beispiel für die Besiedelung nicht geeigneter Gebiete ist Bangladesch, wo sich viele Menschen angesichts mangelnder Alternativen in Küstenregionen niedergelassen haben, die durch Zyklone und damit verbundenen Überschwemmungen bedroht sind. Die Ursache hierfür ist die sehr hohe Bevölkerungsdichte, die seit 1950 von 290 auf 954 Einwohner pro km^2 im Jahr 2000 anstieg und nach der mittleren Berechnungsvariante der Vereinten Nationen bis zum Jahr 2025 die Zahl von 1464 Einwohnern pro km^2 erreicht haben wird. Die Armen in den Entwicklungsregionen haben, nicht zuletzt auch aufgrund unzureichender politischer Umverteilungspolitik, keine Alternativen und müssen zur Existenzsicherung die Flächen nutzbar machen, die noch verfügbar sind, auch wenn diese Lebensräume wenig geeignet sind und dabei zum Beispiel letzte Baumbestände als Brennholz eingesetzt werden. Die unmittelbare existentielle Not erlaubt in der Regel keine mittel- oder gar langfristige Perspektive. Der WBGU bezeichnet Bodendegradation als globales Problem und führt an, dass bereits 15% der eisfreien Erdoberfläche von Degradation betroffen sind. Insbesondere Asien (39%) und Afrika (25%) weisen hohe Degradationsanteile auf. Schwierig ist hingegen die Bewertung der Degradationsdynamik, da ein Teil der über Jahre messbaren Zunahme „Ergebnis der besseren Datenlage und der höheren Auflösung" sei (WBGU 2001: 42).

Die Zunahme der Weltbevölkerung verursacht demnach Umweltbelastungen, die für große Teile der Weltbevölkerung eine Gefährdung sämtlicher Lebensgrundlagen darstellen. Verbunden mit den zuvor beschriebenen Umwelt- und Ressourcengefahren ergeben sich hieraus sehr wohl Konsequenzen, die von globaler Bedeutung sind und entsprechende Lösungsansätze verlangen. Die bisherigen institutionellen und konzeptionellen Ansätze scheinen wenig geeignet, um spürbar problemmindernd oder gar -lösend zu wirken. So ist beispielsweise keine internationale Organisation in Sicht, die das Management der globalen Ressourcen übernehmen könnte, um globale Verteilungskonflikte zumindest bearbeiten zu können. Auch verkommt das Konzept der nachhaltigen Entwicklung immer mehr zu einer Leerformel (vgl. Meyers/Waldmann 1998), die je nach individuellem Bestreben auf geradezu groteske Weise reduziert wird, beispielsweise durch alleinige Akzentuierung der Strategie eines global nachhaltigen Wirtschaftswachstums. Eine solche Reduzierung ist zugleich auch ein politischer Reflex, da es in den westlichen politischen Systemen üblich ist, Verteilungskonflikte durch die Umverteilung von Zuwächsen aufgrund gestiegener Wirtschaftsleistung zu regulieren. Diese Option scheidet angesichts der natürlichen Limitationen auf Dauer jedoch aus, so dass die globale Umwelt- und Entwicklungskrise zugleich Gradmesser der politischen Konzeptionslosigkeit ist. Der westliche Entwicklungsweg und das damit verbundene Wohlstandsmodell gelten noch immer als erstrebenswerte Zielgrößen für den großen Rest der Weltbevölkerung. Übertragen auf die zunehmende Weltbevölkerung bedeutete dieser Entwicklungspfad aber mit Sicherheit den globalen Kollaps.

Die Frage nach den sicherheitspolitischen Konsequenzen des soeben Geschilderten verlangt eine differenzierte Betrachtung. Von den größten Umwälzungen sind zunächst die Entwicklungsländer betroffen. Sämtliche, durchaus kritisch zu reflektierende, weil die Menschenrechte betreffenden bevölkerungspolitischen Maßnahmen zur Verlangsamung des Wachstums oder Umkehrung des Trends wirken dabei erst mittelfristig in 13 bis 20 Jahren.[4] Die weitere Zunahme der Weltbevölkerung bedeutet dabei allerdings im Wesentlichen eine Zunahme der Armut und sozialen Verelendung, und damit verbunden auch einen ungewollt zerstörerischen Umgang mit den natürlichen Ressourcen. Insofern muss für die Zwischenzeit eine Politik zur Abfederung der sozialen Not greifen, deren Lasten die Entwicklungsländer alleine nicht schultern können. Mit dieser Hilfe ist jedoch angesichts weltweit rückläufiger Entwicklungsfinanzierung nicht zu rechnen, so dass Konflikte zu erwarten sind, die unter Wirkung auch ethnischer Motive national und regional, politisch wie auch gesellschaftlich destabilisierend wirken können (vgl. die Bürgerkriege in Somalia und Ruanda). Die internationale Ordnung werden solche Konflikte nur bedingt destabilisieren können, beispielsweise im Bereich der Klimapolitik und des Schutzes der global bedeutsamen Senken. Bedrohlich hingegen, so die Wahrnehmung des Nordens, sind die zu erwartenden

---

4 Auf die vielfältigen sozialen, kulturellen und sonstigen Ursachen von zunächst Kinderreichtum und in der Folge Bevölkerungswachstum kann an dieser Stelle nicht ausführlich eingegangen werden. Neben dem Verweis auf einschlägige Studien von UNDP, UNFPA (*UN Population Fund*) und anderen Organisationen sei deshalb nur angemerkt, dass erfolgreiche Bevölkerungspolitik eng mit der Stärkung der Rechte der Frauen verbunden ist, da die gesellschaftliche Stellung von Frauen, ihr Bildungsgrad etc. entscheidenden Einfluss auf die Höhe der Kinderzahl und damit die Fertilitätsrate hat (vgl. Spelten 1994/95: 89ff.).

,Migrationsströme'. Auch wenn die Hauptlast einer prognostizierten Zunahme von so genannten Umweltflüchtlingen bzw. von Flüchtlingen, die wegen eines auch umweltinduzierten Konflikts ihre Heimat verlassen, von den Entwicklungsländern getragen werden wird, gehen Berechnungen davon aus, dass rund 10% dieser Migration eine internationale und zugleich interkontinentale Dimension annehmen und die Industrienationen zum Ziel haben wird. Verlässliche Daten über die Anzahl von Umweltflüchtlingen gibt es nicht. Schätzungen gehen davon aus, dass um das Jahr 2000 rund 25 Mio. Menschen aufgrund ökologischer Krisenszenarien oder durch menschliches Verhalten in ihrem Ausmaß verstärkter Naturkatastrophen auf der Flucht waren und sich diese Zahl bis zum Jahr 2010 verdoppeln wird (vgl. Chojnakki/Eberwein 2001: 365f.). Ruft man sich allerdings die unvorstellbaren Zahlen von Toten und obdachlos Gewordenen in Bangladesch (Zyklone, Überschwemmungen), Indien (Zyklone, Bophal), China (Überschwemmungen) oder Mittelamerika (Hurrikan *Mitch*) ins Gedächtnis, liegt die Vermutung nahe, dass die tatsächliche Zahl sehr viel höher ist.

Der Norden bereitet sich zum einen durch eine restriktivere Ausländer- und Asylpolitik auf diese Umstände vor und verschafft sich zum anderen mildernde Puffer an den Übergängen von so genanter Erster zu längst nicht mehr homogener Dritter Welt. Als solche Ansätze verstehen zumindest einige Autoren die Politik Nordamerikas in Zusammenarbeit mit Mexiko oder aber die durch den Barcelona-Prozess neugeordnete Mittelmeer-Politik der Europäischen Union, da die größten ‚Immigrantenströme' in Richtung Europa auch künftig aus den Maghreb-Ländern erwartet werden (vgl. Tuschl 1997).

Jedoch steht nicht zu erwarten, dass zukünftig der gesamte Bereich der Nord-Süd-Beziehungen aus dem Blickwinkel der Sicherheitspolitik betrachtet werden wird. Dieses käme einer Militarisierung gleich, die kooperativen entwicklungspolitischen Konzepten entgegenstünde und zur Folge hätte, dass das neue Feindbild die Menschen im Süden wären – eine unheilvolle Vorstellung. Doch überall dort, wo westliche oder globale Belange betroffen sind, also bei der Versorgung mit Rohstoffen, global bedeutsamen Umweltgefährdungen und schließlich der Migration, wird auch die Frage nach der inneren wie äußeren und internationalen Sicherheit eine zentrale, und damit handlungsleitende Rolle spielen.

4. Ökologische Sicherheit

Seit den 1970er Jahren wird Umwelt auch unter dem Gesichtspunkt ökologischer Sicherheit thematisiert (vgl. Brown 1977) und seit Ende der 1980er Jahre auf politischer wie auch auf wissenschaftlicher Ebene heftig diskutiert. Die Grundpositionen variieren dabei von einer deutlichen Ablehnung des Begriffs aus der Furcht vor einer Militarisierung der Umweltpolitik bis hin zur nicht mehr aktuellen Forderung nach der Einrichtung eines Weltumweltrates in Analogie zum Weltsicherheitsrat, der die Kompetenz zu ökologisch begründeten Interventionen und zur Entsendung von *Grünhelmen* hätte.[5] Ökologische Sicherheit stellt eine Teilmenge der erweiterten Sicherheit dar und fußt entsprechend auf der These, dass nicht nur militärische Bedrohungen von sicherheitspolitischer Bedeutung sind, sondern ebenso ökologische und in der Folge auch soziale Überlegungen das Sicherheitsdenken prägen. Damit kommt es zu einer Verschmelzung von sozialer, innerer und äußerer Sicherheit, die letztlich eine unüberschaubare Vielzahl von Sachverhalten als sicherheitspolitisch bedeutsam einstuft, dadurch zugleich aber Unschärfen produziert und es zumindest fraglich erscheinen lässt, ob mit dem Ansatz der ökologischen Sicherheit politische Orientierung und daraus folgende Handlungsempfehlungen gegeben werden können. Diese Unschärfe ist ein weiterer Grund für die Skepsis gegenüber dem Ansatz, ebenso wie die noch fehlenden Erkenntnisse über die Zusammenhänge von Umwelt und Konflikt, die nur durch umfangreiche und systematische Forschung unter Verknüpfung von Sicherheitspolitik und Konfliktforschung mit umwelt- und entwicklungspolitischen Ansätzen erbracht werden können.

Einige wichtige Fragen sollen zur Strukturierung dieses komplexen Themenfeldes beitragen. Erstens: wie lassen sich Umweltprobleme zur sachgerechten Einschätzung klassifizieren? Zweitens: welche Aussagen über Konfliktwahrscheinlichkeit und mögliche Konfliktverläufe können gemacht werden? Drittens: welche politischen Konsequenzen und praktischen Handlungsempfehlungen ergeben sich aus den Überlegungen zur ökologischen Sicherheit?

4.1 Klassifizierung sicherheitsrelevanter Umweltprobleme

Zur verbesserten Übersicht können die aus sicherheitspolitischer Perspektive relevanten Umweltprobleme in zwei Gruppen zusammengefasst werden, da sie jeweils unterschiedliche Gefahren implizieren und entsprechend angepasste Strategien zur Bearbeitung benötigen:

Umweltzerstörung durch Krieg und militärische Nutzung:
Kriege haben stets zerstörerische Auswirkungen auf die Umwelt, etwa durch die Vernichtung von Naturräumen oder Beschädigung landwirtschaftlicher

---

5 Die Idee, Grünhelme zum Schutz des global bedeutsamen ökologischen Habitats zu entsenden, wurde vom früheren Bundesumweltminister und jetzigen UNEP-Direktor Klaus Töpfer in die Debatte eingebracht. Einen Weltumweltrat forderte noch 1995 der damalige Bundeskanzler Helmut Kohl, revidierte seine Meinung aber später. Mögliche Einsatzszenarien für derartige Interventionen beschrieb Roger Martin 1990 in einem Artikel für den *Boston Globe* (vgl. Wöhlcke 1997: 23; Tuschl 1997: 14). Ein knapper Überblick der wissenschaftlichen Debatte über ökologische Sicherheit findet sich bei Brock 1998: 40f.

Flächen. Auch in Friedenszeiten gehen von militärischen Manövern Umweltbeeinträchtigungen aus, oder aber sind in der Folge militärischer Nutzung Böden und Grundwasser kontaminiert, wie es sich beispielsweise nach den Truppenabzügen in Zusammenhang mit der deutschen Wiedervereinigung zeigte.

Eine besondere Form von Umweltbeeinträchtigung stellt die gezielte Instrumentalisierung der Umwelt zur Erreichung von Kriegszielen dar. Als Beispiele können der Einsatz von *agent orange* zur Entlaubung von Wäldern durch die USA im Vietnamkrieg oder das Inbrandsetzen von Ölfeldern zum Zwecke der Nutzungsverhinderung durch den Irak im zweiten Golfkrieg angeführt werden.

Diese umweltschädigenden Kriegspraktiken werden seit Jahrzehnten diskutiert und durch entsprechende internationale Vereinbarungen (Zusatzprotokolle zu den Genfer Konventionen von 1977), die die Umweltkriegsführung verbieten, reglementiert. Jedoch ist die Befolgung dieser Vereinbarungen in Kriegssituationen von nachgeordneter Priorität. Ökologische Sensibilität und daraus folgend umweltschonendes Verhalten kann zwar in Friedenszeiten zukünftig Abhilfe schaffen, in kriegerischen Auseinandersetzungen ist Rücksichtnahme auf die Belange der Umwelt allerdings nicht zu erwarten. Insofern kommt in diesem Kontext nur erfolgreiche Friedenspolitik der Umwelt zugute und bewahrt die jeweilige Bevölkerung vor der Beeinträchtigung oder gar Vernichtung von Lebensräumen. Deshalb leiten sich hieraus, abgesehen von verbindlichen Regelungen zur Behandlung militärischer Altlasten, keine neuen, originär ökologisch begründeten Aufgaben für die Sicherheitspolitik ab. Die Ächtung des Einsatzes biologischer, chemischer und nuklearer Waffen ist hingegen eine generelle sicherheitspolitische Aufgabe und bedarf sicherlich keiner vorrangig ökologischen Begründung.

Umweltdegradation und Ressourcenschwund:
Unter diese Rubrik sind die bereits in Abschnitt 2 ausführlich erläuterten ökologischen Krisenszenarien zu subsumieren. Im Gegensatz zur Umweltbeeinträchtigung durch Kriegshandlungen sind hier die Umweltgefahren nicht Folge, sondern Ursache von Konflikten. Es handelt sich folglich um umweltinduzierte Konflikte, wobei mit dieser Feststellung keineswegs impliziert ist, dass die genannten Umweltveränderungen zwangsläufig zu gewaltsam ausgetragenen Konflikten führen (vgl. Carius/Imbusch 1998: 18f.). Vielmehr bewirken die ökologischen Krisen zunächst Versorgungsengpässe, die wiederum zu Verteilungskonflikten führen. Die jeweiligen Kontextvariablen eines solchen Verteilungskonfliktes sind dabei von entscheidender Bedeutung. Betrifft der Verteilungskonflikt eine politisch wie sozial gefestigte Umgebung, so ist die Wahrscheinlichkeit hoch, dass dieser inner- oder auch zwischenstaatliche Konflikt jenseits der Gewaltanwendung bearbeitet werden kann, in dem Lösungen entworfen oder Lasten gerecht verteilt werden. Wenn hingegen politische, soziale, kulturelle oder ethno-politische Spannungen bereits

existieren, wirkt der aus der Umweltkrise resultierende Konflikt mitunter katalysatorisch bzw. konfliktverschärfend als Auslöser für die Transformation eines Konfliktes in den gewaltsamen Konfliktaustragungsmodus, oder wird von einer Akteursgruppe bewußt instrumentalisiert. Damit bleiben machtpolitische Überlegungen weiterhin ein wesentlicher Bestandteil sicherheitspolitischer Analyse. Dies gilt insbesondere im Hinblick auf die Fähigkeit oder Notwendigkeit eines Staates, seine Versorgung mit den erforderlichen bzw. für erforderlich erachteten Ressourcen sicher zu stellen. Ressourcenkonflikte stellen somit sowohl alte als auch neue Konfliktformen dar, da zukünftig einkalkuliert werden muss, dass die begehrten Ressourcen einerseits endlich bzw. in ihrer Qualität beeinträchtigt sind und andererseits die Zahl der Konkurrenten um diese Ressourcen angestiegen ist.

Die hieraus entstehenden neuen Herausforderungen für die Sicherheitspolitik bestehen zum einen in der zu erwartenden Zunahme solcher Konflikte und der Notwendigkeit, Handlungsoptionen zu entwickeln, die präventiv wirken und somit einen gewaltsamen Konfliktaustrag verhindern können. Zum anderen müssen zukünftig sehr viel stärker die Zusammenhänge von Sicherheit und Umweltzerstörung in die Risikoanalyse einbezogen werden.

4.2 Konfliktwahrscheinlichkeit und Konfliktverläufe

Die Wahrscheinlichkeit der Zunahme umweltinduzierter Konflikte ist angesichts des beschriebenen ökologischen Krisenpotenzials und des bislang unzureichenden Krisenmanagements auf internationaler Ebene als sehr hoch einzuschätzen.

Allerdings fehlen der Konfliktforschung bislang verlässliche Instrumente und Methoden, um mögliche Konfliktverläufe bestimmen und den Übergang umweltinduzierter Konflikte zum gewaltsamen Konfliktaustrag vorherzusagen zu können. Eine Möglichkeit zur verbesserten Risikoanalyse des Verhältnisses Umwelt und menschlicher Entwicklung bietet der bereits angeführte Syndrom-Ansatz des WBGU (vgl. Bächler 1998: 123ff.). Insgesamt geht die Forschung davon aus, dass ökologischer Stress in erster Linie innerstaatliche bzw. innergesellschaftliche Konflikte bewirken wird und lediglich in grenznahen Bereichen mit zwischenstaatlichen Konfliktverläufen zu rechnen ist. Internationale Konflikte werden die Ausnahme bleiben. Mitunter besteht sogar die Möglichkeit, durch die im ökologischen Bereich zur Bearbeitung des Konfliktgegenstandes erforderliche Kooperation Vertrauen zu schaffen, wodurch bereits bestehende Streitgegenstände ebenfalls einer friedfertigen Behandlung zuführbar wären (vgl Carius/Imbusch 1998: 13).

4.3 Sicherheitspolitische Handlungsanforderungen

Die sich aufgrund umweltinduzierter Konflikte ergebenden Herausforderungen für die Sicherheitspolitik können nur zu einem geringen Teil mit den klassischen militärischen Instrumenten wie Abschreckung, Bedrohung oder Gewaltanwendung bearbeitet werden – die Konfliktursachen werden auf diese Weise nicht ausgeräumt. Zu denken ist hierbei an die Sicherung der Ressourcenversorgung oder die restriktive Reglementierung internationaler Migration.

Alle anderen Probleme bedürfen entwicklungs- und umweltpolitischer Konzepte im Sinne von nachhaltiger Entwicklung und entwicklungspolitisch gestützter Krisenprävention (vgl. den Beitrag von Martina Fischer im vorliegenden Band). Die Sicherheitspolitik kann hier Methoden und Instrumente der Risikoanalyse und Frühwarnung bereitstellen, vor allem aber einen Beitrag dazu leisten, dass dem der Sicherheits- wie auch Umweltpolitik immanenten Vorsorgeprinzip mehr Bedeutung beigemessen wird.

Die Frage nach den Handlungsanforderungen macht zugleich deutlich, wie wenig konkret die mit der Verknüpfung von Umwelt- und Sicherheitspolitik verbundenen Absichten bislang geblieben sind. Soll ein an Nachhaltigkeitskriterien orientiertes Umweltniveau sichergestellt werden oder sind die Möglichkeiten der reinen Gefahrenabwehr das unmittelbare Erkenntnisinteresse von ökologischer Sicherheit? Zudem stehen die grundsätzlichen Unterschiede von Umwelt- und Sicherheitspolitik der Formulierung konstruktiver Handlungsanleitungen entgegen. Die besondere Bedeutung der Sicherheitspolitik entspringt zunächst ihrer Definition als Aufgabe zur Wahrung der nationalen Sicherheit, die zugleich Exklusivität schafft und politische, ökonomische und soziale Besitzstände garantieren möchte. Der Einbezug globalen, sozial und ökologisch motivierten Sicherheitsdenkens folgt jedoch dem Prinzip der Inklusivität, führt zu einer thematischen Überfrachtung unter Berücksichtigung zahlreicher, unterschiedlicher Akteure, und die Ziele einer nachhaltigen globalen Entwicklung widersprechen mitunter den Zielen der nationalen Sicherheit (vgl. Brock 1998: 42).

Des weiteren geht die Sicherheitspolitik in der Regel von worst-case-Szenarien aus, indem das maximal denkbare Bedrohungspotenzial kalkuliert wird, wohingegen die nationale und internationale Umweltpolitik mit sehr viel optimistischeren Einschätzungen arbeitet. Entsprechend folgt die Politik nur unzureichend dem ökologischen Vorsorgeprinzip und geht statt dessen von der trügerischen, weil kaum kalkulierbaren Annahme aus, dass die wahrgenommenen Probleme zu gegebener Zeit technologisch abwendbar sein werden (vgl. Eberwein/Chojnacki 2001: 10f.).

Insofern ist es wenig verwunderlich, dass als Ergebnis der Untersuchungen zur ökologischen Sicherheit den unterschiedlichen Politikbereichen getrennte Aufgaben anstelle einer kohärenten Konzeption zugewiesen werden. Für den Bereich der Umweltpolitik werden vertiefte Strategien der internationalen Kooperation und Regimebildung empfohlen und soll die Ökologie verstärkt in entwicklungs-, außen- und sicherheitspolitische Überlegungen einfließen. Die Entwicklungspolitik hat die Aufgaben der wirtschaftlichen Zusammenarbeit, der Demokratieförderung und Vermittlung konsensorientierter Streitschlichtungsmechanismen zu übernehmen, während die Sicherheitspolitik ihre Beobachtungs- und Analyseinstrumente in enger Kooperation mit den anderen Politikfeldern bereit stellt (vgl. Carius/Imbusch 1998: 26f.).

Mit dieser getrennten Zuweisung von Aufgaben wird der Vorwurf umgangen, ökologische Sicherheit habe letztlich eine Militarisierung der Umweltpolitik zur Folge. Zugleich liegt aufgrund dieser Trennung der Aufgaben jedoch der Schluss nahe, dass eine wirkliche Aufwertung der Bedeutung präventiver Umweltpolitik durch den Ansatz der ökologischen Sicherheit nicht gelingen kann. Wie (und wann) der Übergang von Umwelt- und Entwicklungspolitik in eine andere Bedeutungshierarchie tatsächlich gelingen soll, bleibt letztlich ungeklärt.

5. Ausblick

Die Analyse der hier betrachteten nichtmilitärischen Problembereiche von regionaler und globaler Dimension hat deutlich gezeigt, dass zukünftig durchaus mit Konflikten neues Zuschnitts zu rechnen ist. Damit wird zugleich die Verwendung des erweiterten Sicherheitsbegriffs gerechtfertigt, auch wenn auf diese Weise höchst komplexe und interdependente Prozesse in die Analyse von Bedrohungsszenarien einfließen, die mitunter mehr Fragen als Antworten aufwerfen. Jedoch bleibt der Nutzen des neuen Sicherheitsdenkens auf die Bereiche der Beobachtung komplexer Zusammenhänge und der eventuellen Frühwarnung bei sich andeutenden Konflikten beschränkt, da mit erweiterter Sicherheit nur bedingt neue, der klassischen Sicherheitspolitik zuzuweisende Handlungsoptionen verbunden sind. Die Ursachen dieser Konflikte sind mit dem herkömmlichen Instrumentarium der Sicherheitspolitik nicht zu bewältigen. Vielmehr ist eine Vorsorge treibende, kooperative Politik erforderlich, deren Zuständigkeiten in die Bereiche der internationalen Umweltpolitik und der Entwicklungszusammenarbeit fallen. Der wesentliche Beitrag der Sicherheitspolitik bestünde demnach darin, diese Politikfelder aus dem Bereich der *low politics* in den der *high politics* zu transferieren. Dieses ist aber auch durch konzeptionelle Ansätze wie ökologische Sicherheit bislang nicht geschehen. Zwar entsprechen Begriffe wie *Entwicklungspolitik als globale Strukturpolitik* und *Entwicklungspolitik als Krisenpräventionspolitik* durchaus der Diktion eines solchen Ansatzes, sie führen bislang allerdings weder zu substantiellen Veränderungen hinsichtlich der finanziellen Ausstattung noch zu gestiegener Relevanz innerhalb nationaler Regierungshierarchien. Nimmt man die beiden in diesem Zusammenhang wichtigen Konferenzen des letzten Jahres (Nachhaltige Entwicklung – Johannesburg 2002; Entwicklungsfinanzierung – Monterrey 2002) zum Maßstab für die Bedeutung dieser Politikfelder, besteht wenig Anlass zu Optimismus, da es nicht gelungen ist, den ermatteten Prozessen zur Umsetzung von nachhaltiger Entwicklung neue Impulse zu verleihen. Stattdessen dominieren auch weiterhin kurzfristige ‚nationale' Interessen die internationale Umwelt- und Entwicklungspolitik, und ist von kooperativer Vorsorgepolitik im Sinne gemeinsamer Überlebensinteressen nur wenig zu spüren.

Angesichts der Dynamik von Umweltdegradation und Ressourcenverbrauch schwindet zusehends der politische Gestaltungsspielraum. Ob die internationale Gemeinschaft mittelfristig genügend Anpassungsfähigkeiten entwickeln kann, um den beschriebenen Herausforderungen zu begegnen, erscheint mehr als fragwürdig. Die momentanen Signale widersprechen jedenfalls einer solchen Erwartung, so dass sich gegenwärtig mit Eberwein/ Chojnacki (2001: 31) nur das Fazit formulieren lässt: „Die Zeiten stehen auf Sturm!"

Literatur

Bächler, Günther (1998): Umweltzerstörung im Süden als Ursache bewaffneter Konflikte. In: Carius/Lietzmann (Hrsg.), (1998), S. 111-135.
Brock, Lothar (1998): Umwelt und Konflikt im internationalen Forschungskontext. In: Carius/Lietzmann (Hrsg.), (1998), S. 39-56.
Brown, Lester R. (1977): Redefining Security. Worldwatch Paper No. 14. Washington D.C.: Worldwatch Institute.
Carius, Alexander/Imbusch, Kerstin (1998): Umwelt und Sicherheit in der internationalen Politik – eine Einführung. In: Carius/Lietzmann(Hrsg.), (1998), S. 7-31.
Carius, Alexander/Lietzmann, Kurt M. (Hrsg.), (1998): Umwelt und Sicherheit. Herausforderungen für die internationale Politik. Berlin, Heidelberg: Springer.
Chojnacki, Sven/Eberwein, Wolf-Dieter (2001): Umweltkonflikt und Umweltsicherheit. In: Hauchler, Ingomar/Messner, Dirk/Nuscheler, Franz (Hrsg.), (2002): Globale Trends 2002. Fakten, Analysen, Prognosen. Frankfurt/Main: Fischer Taschenbuch Verlag. S. 357-375.
Eberwein, Wolf-Dieter/Chojnacki, Sven (2001): Stürmische Zeiten? Umwelt, Sicherheit und Konflikt. Discussion Paper der Arbeitsgruppe Internationale Politik des WZ Berlin. P 01-303, Juli 2001 [Internet: http: //skylla.wz-berlin.de/pdf/2001/p01-303.pdf (4.12.2002; 12.20 Uhr)].
FAO – Food and Agriculture Organization (Hrsg.), (1997): The State of World Fisheries and Aquaculture 1996. Rome.
Fleisch, Hans (2001): Weltbevölkerung und Verstädterung. In: Hauchler, Ingomar/ Messner, Dirk/Nuscheler, Franz (Hrsg.), (2002): Globale Trends 2002. Fakten, Analysen, Prognosen. Frankfurt/Main: Fischer Taschenbuch Verlag. S. 90-111.
Hauff, Volker (Hrsg.), (1987): Unsere gemeinsame Zukunft. Der Brundtland-Bericht der Weltkommission für Umwelt und Entwicklung. Greven: Eggenkamp.

HIIK (2001): Konfliktbarometer 2001. Krisen, Kriege, Putsche, Verhandlungen, Vermittlung, Friedenschlüsse. 10. Jährliche Konfliktanalyse des Heidelberger Instituts für Konfliktforschung (HIIK) [Internet: http://www.hiik.de/Konfliktbarometer/ barometer_ 2001.pdf (4.12.2002; 12.15 Uhr)].

IPCC (2001): Summary for Policymakers. A Report of Working Group I of the Intergovernmental Panel on Climate Change (January 2001) [Internet: http://www. ipcc.ch/pub/spm22-01.pdf (15.01.2003; 15.00 Uhr)].

Kaul, Inge/Grunberg, Isabelle/Stern, Marc (Hrsg.), (1999): Global Public Goods. Cooperation in the 21st Century. New York: Oxford University Press.

Kaiser, Reinhard (Hrsg. der dt. Übersetzung), (1980): Global 2000 – Der Bericht an den Präsidenten. Frankfurt/Main: Zweitausendeins.

Lietzmann, Kurt M. (1998): Umwelt und Sicherheit im internationalen Zusammenhang des NATO/CCMS. In: Carius/Lietzmann (Hrsg.) (1998). S. 33-38.

Lutz, Dieter S. (1995): Stichwort *Sicherheit/Internationale Sicherheitspolitik*. In: Nohlen, Dieter (Hrsg.), (1995): Wörterbuch Staat und Politik. Bonn: Bundeszentrale für politische Bildung. S. 670-675.

Meyers, Reinhard/Waldmann, Jörg (1998): Der Begriff ‚Sustainable Development'. Seine Tauglichkeit als Leitfigur zukünftiger Entwicklung. In: Karl Engelhard (Hrsg.), (1998): Umwelt und nachhaltige Entwicklung. Ein Beitrag zur Lokalen Agenda 21. Münster, New York u.a.: Waxmann. S. 287-306.

Robert, Rüdiger (2000): Stichwort *Nahostkonflikt*. In: Woyke, Wichard (Hrsg.), (2000): Handwörterbuch Internationale Politik. 8. Aufl. Opladen: Leske + Budrich. S. 307-316.

Rohloff, Christoph (1998): Konfliktforschung und Umweltkonflikte: Methodische Probleme. In: Carius/Lietzmann (Hrsg.), (1998). S. 155-177.

Spelten, Angelika (1994/95): Bevölkerungswachstum als globales Problem. In: Bahr, Egon/Lutz, Dieter S. (Hrsg.), (1994/95): Unsere Gemeinsame Zukunft – Globale Herausforderungen. Baden-Baden: Nomos. S. 79-93.

Tuschl, Ronald H. (1997): Mare Nostrum Limes. Der Umgang europäischer Sicherheitsinstitutionen mit peripheren Konfliktformationen. ASPR Working Papers 3/1997 [Internet: http: //www.aspr.ac.at/wp3_97.pdf (14.11.2002; 20.30 Uhr)].

UNDP – United Nations Development Programme (2002): Bericht über die menschliche Entwicklung 2002. Stärkung der Demokratie in einer fragmentierten Welt. Bonn: UNO-Verlag.

United Nations (1994): Report of the Secretary General on the Work of the Organization, A/49/1, 2.09.1994. New York.

U.S. State Department (1997): Environmental Diplomacy: The Environment and the U.S. Foreign Policy. Washington D.C. [Internet: http: //www.pln.gov/ces/earth/ earthtop.htm (22.01.2003; 16.30 Uhr)].

WBGU – Wissenschaftlicher Beirat der Bundesregierung Globale Umweltveränderungen (2001): Welt im Wandel: Neue Strukturen globaler Umweltpolitik (= Jahresgutachten 2000). Berlin, Heidelberg: Springer.

Wöhlcke, Manfred (1997): Ökologische Sicherheit – Neue Agenda für die Umweltpolitik? Baden-Baden: Nomos.

Internet-Adressen

United Nations Population Division: http://www.un.org/esa/population/
International Organization for Migration (IMO): http://www.iom.int/
Intergovernmental Panel on Climate Change (IPCC): http://www.ipcc.ch/
NATO – Committee on the Challenges of Modern Society (CCMS): http://www.nato.int/ccms/
United Nations Environment Programme (UNEP) – Global Environment Outlook (GEO): http://www.unep.org/geo/portal.htm

Wibke Hansen

Konfliktregelung und Friedenssicherung I.
Die Vereinten Nationen

1. Einleitung
2. Das System kollektiver Sicherheit der Vereinten Nationen
2.1 Verpflichtung zur Beilegung von Streitigkeiten mit friedlichen Mitteln
2.2 Gewaltverbot
2.3 Kollektive Zwangsmaßnahmen
2.4 Probleme des kollektiven Sicherheitssystems der VN
3. Kollektive Sicherheit während des Ost-West Konflikts
3.1 Handlungsunfähigkeit des Sicherheitsrats
3.2 Suche nach Alternativen: Uniting for Peace und Peacekeeping
3.3 Peacekeeping-Missionen der ersten Generation
4. Die Friedenssicherung der Vereinten Nationen im 21. Jahrhundert
4.1 Militärische Intervention in innerstaatliche Konflikte
4.2 Sanktionen: Ein wiederentdecktes Instrument
4.3 Die Entwicklung vom Peacekeeping zu komplexen Friedenseinsätzen
4.4 Reform der friedlichen Konfliktbearbeitung: Die Agenda für den Frieden
5. Herausforderungen und Probleme der VN-Friedenssicherung im 21. Jahrhundert
5.1 Konzept und Umsetzung von Friedenseinsätzen: neue Risiken, neue Chancen
5.2 Erfolgsfaktor Nummer Eins: Die Unterstützung der Mitgliedstaaten
5.3 Multilaterale Friedenssicherung in der Krise
6. Ausblick

1. Einleitung[1]

„Die Friedenssicherung der Vereinten Nationen befindet sich in einer Krise." Diese Feststellung ist seit Gründung der Vereinten Nationen (VN) regelmäßig in wissenschaftlichen Publikationen zu diesem Thema zu finden. Auch gegenwärtig scheint sie zuzutreffen. Der kontinuierlich unilaterale Kurs der Vereinigten Staaten, der zuletzt in die Irak-Intervention und den Sturz des Regimes von Saddam Hussein mündete, wirft Fragen über die zukünftige Rolle der VN-Friedenssicherung auf. Kontroversen über Konfliktregelung und Friedenssicherung durch die VN sind jedoch nicht Neues. Es gibt wohl keine internationale Organisation, die sich ein ähnliches Maß an Kritik gefallen lassen muss. Im Laufe ihrer Geschichte sind die VN als zahnloser Papiertiger, ineffektive Bürokratie oder Versager bezeichnet worden, ein Phänomen, das zur eigenen Wortschöpfung des „UN-bashing" führte. Gleichzeitig ist die Organisation zweimal seit ihrer Gründung für ihre Verdienste um den Weltfrieden mit dem Friedensnobelpreis ausgezeichnet worden: Die Friedenstruppen der Vereinten Nationen erhielten 1988, die VN und ihr Generalsekretär Kofi Annan 2001 den Preis. In den Jahren 1957 und 1961 würdigte das Nobelpreiskomitee darüber hinaus Lester B. Pearson und, posthum, Dag Hammarskjøld, die auch als „Erfinder" des Peacekeeping bezeichnet werden. Weniger erstaunlich erscheinen diese kontroversen Beurteilungen, wenn man bedenkt, dass die VN einerseits nicht mehr sind als ein Zusammenschluss souveräner Staaten, andererseits nicht weniger als die internationale Organisation, die mit der Zuständigkeit für den Weltfrieden betraut ist.

Die Charta der Vereinten Nationen verdeutlicht schon im ersten Satz der Präambel Hauptaufgabe sowie Gründungskontext der Organisation:

„Wir, die Völker der Vereinten Nationen – fest entschlossen, künftige Geschlechter vor der Geißel des Krieges zu bewahren, die zweimal zu unseren Lebzeiten unsagbares Leid über die Menschheit gebracht hat, ..."[2]

Vor dem Hintergrund zweier Weltkriege war es Anliegen der Gründungsmitglieder, nunmehr eine tragfähige Weltfriedensordnung für die Nachkriegszeit zu etablieren. Konfliktregelung und Friedenssicherung machten sie zur wichtigsten Aufgabe der zu diesem Zweck geschaffenen Organisation. Als erstes Ziel wird in Art. 1 der Charta daher auch genannt:

„den Weltfrieden und die internationale Sicherheit zu wahren und zu diesem Zweck wirksame Kollektivmaßnahmen zu treffen, um Bedrohungen des Friedens zu verhüten und zu

---

1 Der Begriff Friedenssicherung wird im deutschen Sprachgebrauch uneinheitlich verwendet und gelegentlich, so auch in der unten dargestellten Agenda für den Frieden, als Übersetzung der hier beibehaltenen englischen Bezeichnung „Peacekeeping" gebraucht. In dem vorliegenden Beitrag wird „Friedenssicherung" jedoch als Überbegriff für das gesamte Aufgabenfeld verwendet.
2 Alle Zitate aus der Charta der Vereinten Nationen sind der amtlich gültigen Fassung der Bundesrepublik Deutschland entnommen.

beseitigen, Angriffshandlungen und andere Friedensbrüche zu unterdrücken und internationale Streitigkeiten oder Situationen, die zu einem Friedensbruch führen könnten, durch friedliche Mittel nach den Grundsätzen der Gerechtigkeit und des Völkerrechts zu bereinigen oder beizulegen;"

Neben der Wahrung des Weltfriedens – zur Zeit der Gründung wurde dies auf den Frieden zwischen Staaten bezogen – werden in Art. 1 die Schaffung freundschaftlicher Beziehungen zwischen Staaten sowie die internationale Zusammenarbeit in wirtschaftlichen, sozialen, kulturellen und humanitären Fragen als zentrale Aufgaben genannt. Diese Zielsetzungen lassen erkennen, dass das Friedensverständnis der Gründer mehr umfasste, als lediglich die Abwesenheit militärischer Gewalt zwischen Staaten. Aus den festgelegten Zielen spricht die Einsicht, dass Weltfrieden ohne eine wirtschaftliche und soziale Stabilisierung innerstaatlicher Strukturen nicht möglich ist (vgl. Gareis und Varwick 2002: 39f.). Der Aufgabenkatalog der VN und ihrer Sonderorganisationen kann heute in den Kategorien Frieden und Sicherheit, Menschenrechtsschutz, Wirtschaft, Umwelt und Entwicklung zusammengefasst werden.

Während im Sinne eines erweiterten Sicherheitsbegriffs in jedem dieser Arbeitsfelder ein Beitrag zum Weltfrieden geleistet werden kann, ist Gegenstand des vorliegenden Beitrags die Friedenssicherung der Vereinten Nationen im engeren Sinne, das heißt, die Bearbeitung gewaltsam ausgetragener oder potentiell gewaltsamer Konflikte. Maßnahmen zur Herstellung struktureller Stabilität, der strukturorientierten Prävention sowie der generellen Abrüstung, so bedeutend deren Beitrag zum Erhalt des Weltfriedens auch ist, werden an dieser Stelle also nicht berücksichtigt. Ziel des Beitrages ist eine praxisorientierte Darstellung der Instrumente, Handlungsmöglichkeiten und Probleme der VN im Bereich der Konfliktregelung und Friedenssicherung.

2. Das System kollektiver Sicherheit der Vereinten Nationen

Als Kern der Friedenssicherung durch die VN ist in der Charta ein System kollektiver Sicherheit vorgesehen. Damit folgen die VN der Idee des Völkerbundes, welcher den ersten Versuch der Verkörperung eines solchen universellen Systems darstellte. Kollektive Sicherheit wird häufig als idealistischer Gegenentwurf zum realistischen Konzept der Friedenswahrung durch „Balance of Power" bezeichnet. Die drei Pfeiler kollektiver Sicherheit, das Gewaltverbot, die Verpflichtung zur friedlichen Streitbeilegung und die Möglichkeit, mit kollektiven Zwangsmaßnahmen gegen Friedensbrecher vorzugehen, sind in der Charta der Vereinten Nationen festgelegt.

Box 1: Definition Kollektive Sicherheit

„Kollektive Sicherheit bedeutet ein von einer universellen oder regionalen Staatengemeinschaft begründetes System, in welchem 1. die Androhung oder Anwendung individueller (militärischer) Gewalt grundsätzlich untersagt ist, 2. dementsprechend alle Staaten dieser Gemeinschaft zur friedlichen Streitbeilegung verpflichtet sind und 3. zur Abwehr etwaiger verbotener Gewaltakte von Staaten innerhalb und außerhalb dieses Systems durch eine gemeinsame Aktion bestimmte Mechanismen vorgesehen sind."

(Quelle: Beyerlin 2001: 220)

2.1 Verpflichtung zur Beilegung von Streitigkeiten mit friedlichen Mitteln

Mit der Ratifizierung der Charta verpflichten sich Staaten, ihre internationalen Streitigkeiten durch friedliche Mittel beizulegen (Art. 2, Ziff. 3). Näher ausgeführt wird dieser Grundsatz in Kapitel VI, das die friedliche Beilegung von Streitigkeiten behandelt. Dieses Kapitel greift zunächst die Selbstverpflichtung der Staaten auf, ihre Streitigkeiten auf friedlichem Wege zu regeln. Als exemplarische Mittel hierzu werden Untersuchung, Vermittlung, Vergleich, Schiedsspruch, gerichtliche Entscheidung und die Inanspruchnahme regionaler Einrichtungen oder Abmachungen genannt. Gelingt eine friedliche Beilegung der Streitigkeiten nicht, so ist die Angelegenheit dem Sicherheitsrat vorzulegen. Dieser kann sich jedoch auch ohne Vorlage durch die Konfliktparteien mit Streitigkeiten befassen. Einzelne Mitgliedstaaten sowie die Generalversammlung können zudem die Aufmerksamkeit des Sicherheitsrates auf Streitigkeiten lenken. Der Sicherheitsrat kann die Angelegenheit untersuchen, einschätzen, ob sie den Weltfrieden gefährden könnte, und geeignete Maßnahmen der friedlichen Konfliktbeilegung empfehlen. Für die Beilegung von Rechtsstreitigkeiten ist die Anrufung des Internationalen Gerichtshofes vorgesehen.

Die Empfehlungen des Sicherheitsrates nach Kapitel VI haben keinen rechtlich bindenden Charakter. Eine Einigung mit friedlichen Mitteln kann nicht erzwungen oder gegen den Willen der Konfliktparteien durchgesetzt werden. Der Erfolg von Maßnahmen nach Kapitel VI basiert vorwiegend auf dem Willen der Konfliktparteien, ihre Streitigkeiten friedlich beizulegen. Die Rolle der VN ist nach diesen Maßgaben eher empfehlend, beratend und vermittelnd.

2.2 Gewaltverbot

Alle Mitgliedstaaten haben sich zudem verpflichtet, auf die Androhung und Anwendung von Gewalt gegenüber anderen Staaten zu verzichten (Art. 2, Ziff. 4). Ausgenommen von dem Gewaltverbot ist lediglich die individuelle oder kollektive Selbstverteidigung (Art. 51). Das Recht auf Selbstverteidigung besteht in einem Konfliktfall allerdings nur, bis der Sicherheitsrat sich

Konfliktregelung und Friedenssicherung I 129

mit der Krise befasst und Maßnahmen beschlossen hat. Bei der Verletzung des Gewaltverbots können durch die VN Maßnahmen bis hin zu militärischen Zwangmaßnahmen ergriffen werden.

Während das Kriegsverbot schon vor der Gründung der VN Bestandteil des Völkerrechts war, wurde das generelle Gewaltverbot erst durch die VN-Charta in das Völkerrecht eingeführt. Das Gewaltverbot gilt heute als Völkerrecht auf gewohnheitsrechtlicher Grundlage (vgl. Kimminich und Hobe 2000: 252).

2.3 Kollektive Zwangsmaßnahmen

Nach den Bestimmungen des Kapitel VII kann der Sicherheitsrat zunächst die Konfliktparteien auffordern, Maßnahmen zu ergreifen, die einer Verschärfung der Lage vorbeugen können (Art. 40). Diese Aufforderungen sind nicht rechtlich bindend, kommen die Konfliktparteien ihnen jedoch nicht nach, kann der Sicherheitsrat weitere Schritte nach Art. 41 und 42 einleiten. Hierzu muss er zunächst verbindlich feststellen, ob eine Bedrohung oder ein Bruch des Weltfriedens vorliegt (Art. 39). Ist dies der Fall, kann der Sicherheitsrat nicht-militärische Zwangsmaßnahmen verhängen, zum Beispiel die „Unterbrechung der Wirtschaftsbeziehungen, des Eisenbahn-, See- und Luftverkehrs, der Post, Telegraphen- und Funkverbindungen sowie sonstiger Verkehrsmöglichkeiten und den Abbruch der diplomatischen Beziehungen" (Art. 41). Weiterhin kann der Sicherheitsrat militärische Zwangsmaßnahmen zur Wahrung und Wiederherstellung des Weltfriedens unter Einsatz von „Luft-, See- oder Landstreitkräften" (Art. 42) anordnen. Die Maßnahmen der Artikel 41 und 42 sind rechtlich verbindlich.

An der Durchführung militärischer Zwangsmaßnahmen müssen sich nur diejenigen Staaten beteiligen, die mit den Vereinten Nationen entsprechende Sonderabkommen über die Bereitstellung von Streitkräften geschlossen haben (Art. 43). Bislang hat kein Mitgliedstaat dies getan. Der Sicherheitsrat kann jedoch auch einen oder mehrere Mitgliedstaaten mit der Durchführung von Zwangsmaßnahmen beauftragen (Art. 48 und 49) oder hierzu regionale Abmachungen in Anspruch nehmen (Art. 53).

Im Sinne des Völkerrechts stellen gegenwärtig also nur die individuelle oder kollektive Selbstverteidigung sowie vom Sicherheitsrat mandatierte Zwangsmaßnahmen legitime Formen der Gewaltanwendung im internationalen System dar. Hinsichtlich der Bestimmungen des Kapitel VII wird daher auch vom Gewaltmonopol des Sicherheitsrates gesprochen, dem die Hauptverantwortung bei der Friedenssicherung obliegt. Nur er kann entscheiden, ob ein Streitfall eine Gefährdung oder einen Bruch des Weltfriedens konstituiert. Dabei hat er ein hohes Maß an definitorischer Freiheit. Bei Abstimmungen im Sicherheitsrat ist für Verfahrensfragen die Zustimmung von neun Mitgliedern, bei allen anderen Fragen die Zustimmung von neun Mitgliedern einschließlich aller ständigen Mitglieder notwendig (Kapitel V Art. 27). Aus dieser Bestimmung ergibt sich das exklusive Vetorecht der ständigen Sicherheitsratsmitglieder.

Box 2: Grundsätze der Vereinten Nationen nach Art. 2 ChVN

1. Die Organisation beruht auf dem Grundsatz der souveränen Gleichheit aller ihrer Mitglieder.
2. Alle Mitglieder erfüllen, um ihnen allen die aus der Mitgliedschaft erwachsenden Rechte und Vorteile zu sichern, nach Treu und Glauben die Verpflichtungen, die sie mit dieser Charta übernehmen.
3. Alle Mitglieder legen ihre internationalen Streitigkeiten durch friedliche Mittel so bei, dass der Weltfriede, die internationale Sicherheit und die Gerechtigkeit nicht gefährdet werden.
4. Alle Mitglieder unterlassen in ihren internationalen Beziehungen jede gegen die territoriale Unversehrtheit oder die politische Unabhängigkeit eines Staates gerichtete oder sonst mit den Zielen der Vereinten Nationen unvereinbare Androhung oder Anwendung von Gewalt.
5. Alle Mitglieder leisten den Vereinten Nationen jeglichen Beistand bei jeder Maßnahme, welche die Organisation im Einklang mit dieser Charta ergreift; sie leisten einem Staat, gegen den die Organisation Vorbeugungs- oder Zwangsmaßnahmen ergreift, keinen Beistand.
6. Die Organisation trägt dafür Sorge, dass Staaten, die nicht Mitglieder der Vereinten Nationen sind, insoweit nach diesen Grundsätzen handeln, als dies zur Wahrung des Weltfriedens und der internationalen Sicherheit erforderlich ist.
7. Aus dieser Charta kann eine Befugnis der Vereinten Nationen zum Eingreifen in Angelegenheiten, die ihrem Wesen nach zur inneren Zuständigkeit eines Staates gehören, oder eine Verpflichtung der Mitglieder, solche Angelegenheiten einer Regelung auf Grund dieser Charta zu unterwerfen, nicht abgeleitet werden; die Anwendung von Zwangsmaßnahmen nach Kapitel VII wird durch diesen Grundsatz nicht berührt.

(Quelle: Charta der Vereinten Nationen, amtliche Fassung der Bundesrepublik Deutschland)

2.4 Probleme des kollektiven Sicherheitssystems der VN

Die Ausführungen der Charta beinhalten einige systemimmanente Einschränkungen des kollektiven Sicherheitssystems der VN. Die gravierendste betrifft die Fähigkeit der zentralen Entscheidungsinstanz, Zwangsmaßnahmen zu beschließen. Aufgrund des Vetorechts der ständigen Sicherheitsratsmitglieder können Maßnahmen nur bei einem Konsens dieser Staaten beschlossen werden. Eine Einschränkung des Systems kollektiver Sicherheit stellt dies dahingehend dar, dass kein Schutz vor Aggression durch eines der ständigen Mitglieder des Sicherheitsrates besteht. Militärische Zwangsmaßnahmen gegen eine der damaligen Großmächte wurde bei Gründung der VN von vornherein ausgeschlossen; damit war das System nur auf „relatively minor disturbers of peace" (Claude 1962: 159) und somit auf begrenzte Reichweite angelegt. Die Etablierung des Vetorechts ließ zudem erwarten, dass nicht nur Zwangsmaßnahmen gegen ständige Ratsmitglieder, sondern jegliche Beschlüsse, die den Interessen einer dieser Staaten entgegenstehen, blockiert werden würden (Opitz 2002: 59-60).

Die kontinuierliche Verwendung der Begriffe „internationale Sicherheit" sowie „Weltfrieden" in der Charta weist auf eine Begrenzung des vorgesehenen Handlungsbereichs der VN-Friedenssicherung auf zwischenstaatliche Konflikte hin. Konkretisiert wird diese Begrenzung in Art. 2 Ziff.7, welcher das Prinzip der Nichteinmischung in die inneren Angelegenheiten eines Staates enthält. Von diesem Interventionsverbot ausgenommen sind lediglich kollektive Zwangsmaßnahmen nach Kapitel VII der Charta, die wiederum eine Bedrohung oder einen Bruch des *Weltfriedens* voraussetzen. „Innerstaatliche Konflikte und schwere Menschenrechtsverletzungen wurden damit von den Architekten der Charta der Zuständigkeit der Vereinten Nationen von Anfang an entzogen" (Opitz 2002: 61).

Schließlich stellt der Mangel an Kapazitäten zur Durchsetzung von Zwangsmaßnahmen ein Defizit dar. Artikel 43 sieht vor, wie oben dargestellt, dass Staaten „nach Maßgabe eines oder mehrer Sonderabkommen dem Sicherheitsrat auf sein Ersuchen Streitkräfte zur Verfügung stellen". Da kein Mitgliedstaat bisher ein solches Sonderabkommen geschlossen hat, sind die VN im Einzelfall auf die Bereitschaft von Mitgliedstaaten oder regionalen Abmachungen, Zwangsmaßnahmen durchzuführen, angewiesen. Damit büßen sie erheblich an „Schlagkraft" sowie Abschreckungspotential ein.

3. Kollektive Sicherheit während des Ost-West Konflikts

3.1 Handlungsunfähigkeit des Sicherheitsrats

Während des Ost-West Konflikts behinderten die Blockmächte wechselseitig durch Nutzung des Vetorechts Entscheidungen des Sicherheitsrats. Zwischen 1946 und 1989 wurde in 232 Fällen das Veto verwendet, davon 115 Mal von der Sowjetunion und 67 Mal von den USA (Löwe 2000: 608). Zwangsmaßnahmen nach Kapitel VII wurden in dieser Zeit nur in drei Konfliktfällen beschlossen.

Den ersten Fall stellt der Angriff Nordkoreas auf Südkorea am 25. Juni 1950 dar. Noch am Tag des Angriffs verabschiedete der Sicherheitsrat eine Resolution, in der ein Bruch des Weltfriedens festgestellt wurde. Am 7. Juli 1950 wurde eine Koalition von Mitgliedstaaten unter amerikanischem Kommando nach Art. 42 autorisiert, militärische Zwangsmaßnahmen gegen Nordkorea durchzuführen. Die Resolutionen und das schnelle Handeln des Sicherheitsrates in diesem ersten Einsatz kollektiver Sicherheit waren allerdings nur möglich geworden, da die UdSSR, die Nordkorea unterstützte, zu diesem Zeitpunkt den Sicherheitsrat boykottierte. Die UdSSR nahm ihre Teilnahme am Sicherheitsrat im August 1950 wieder auf, danach konnten im Sicherheitsrat keine weiteren Resolutionen zum Korea-Konflikt verabschiedet werden.

Gegen Rhodesien (1966) und Südafrika (1977) wurden nicht-militärische Zwangsmaßnahmen nach Art. 41 in Form von Waffenembargos verhängt. In Bezug auf Rhodesien wurde außerdem Großbritannien autorisiert, das zusätzlich bestehende Ölembargo wenn nötig mit Waffengewalt durchzusetzen Obwohl die Apartheidssysteme dieser beiden Staaten den „inneren Angelegenheiten" zuzuschreiben sind, waren sie Anlass für den Rückgriff auf Maßnahmen nach Kapitel VII. Hier ist ein erster Zusammenhang zwischen Menschenrechtsverletzungen und Feststellung einer Bedrohung des Weltfriedens erkennbar. In beiden Fällen wurden Zwangsmaßnahmen jedoch erst beschlossen, als die Konflikte eine internationale Dimension erreicht hatten. In Rhodesien hatte die weiße Minderheitsregierung einseitig die Unabhängigkeit von Großbritannien erklärt. In Südafrika wurde die Apartheidspolitik nach Angriffen auf Nachbarstaaten zu einer Bedrohung des Weltfriedens erklärt (Kimminich und Hobe 2000: 269).

3.2 Suche nach Alternativen: Uniting for Peace und Peacekeeping

Aufgrund der Handlungsunfähigkeit des Sicherheitsrates und der gleichzeitigen Notwendigkeit, eine weitere Konfrontation der Blockmächte durch die Eskalation regionaler Konflikte zu vermeiden, wurden Versuche unternommen, alternative Verfahren der Friedenssicherung zu etablieren. Dazu gehörte die Uniting for Peace Resolution.

Box 3: Uniting for Peace-Resolution

Am 3. November 1950 nahm die Generalversammlung die „Uniting for Peace Resolution" mit 52 zu 5 Stimmen bei 2 Enthaltungen an. Der Resolutionsvorschlag wurde vom damaligen US-Außenminister Dean Acheson vorgelegt und ist daher auch unter dem Namen „Acheson Plan" bekannt. Kern der Resolution war, dass die Generalversammlung bei einer Gefährdung des Weltfriedens und gleichzeitiger Blockade des Sicherheitsrats sich unmittelbar, falls nötig durch die Einberufung einer Notstandssondersitzung, mit dem Konflikt befassen und Kollektivmaßnahmen empfehlen kann. Bei einem Bruch des Weltfriedens oder einer Angriffshandlung, so sieht die Resolution vor, kann auch der Einsatz von Streitkräften empfohlen werden. Diese Maßnahmen haben zwar keinen rechtlich bindenden Charakter, dennoch stellt die Resolution eine erhebliche Aufwertung der Kompetenz der Generalversammlung dar.

(Quelle: eigene Darstellung)

Die Resolution ebnete den Weg für Schaffung des neuen Instrumentes der Peacekeeping-Missionen, auch friedenserhaltende Maßnahmen oder Blauhelmeinsätze genannt. Dieses wohl bekannteste Instrument der VN-Friedenssicherung ist in der Charta nicht vorgesehen, sondern aus der Praxis heraus entwickelt worden.

Zum ersten militärischen Einsatz, der explizit als Peacekeeping bezeichnet wurde, kam es im Zuge der Suez Krise.[3] Im November 1956 trat unter

---

3 Im Nachhinein deklarierten die Vereinten Nationen zwei Beobachtermissionen, die seit 1948 im Einsatz sind, als erste Peacekeeping-Missionen: UNTSO (United Nations Truce Supervision Organisation in Palestine) und UNMOGIP (United Nations Military Observer

Konfliktregelung und Friedenssicherung I 133

Verwendung der Uniting for Peace-Resolution die erste Notstandssondersitzung der Generalversammlung zusammen, die als Ergebnis die Entsendung der United Nations Emergency Force (UNEF I) hatte. Der Beschluss von UNEF durch die Generalversammlung war möglich, da die militärische Präsenz mit Einverständnis der Konfliktparteien entsandt wurde und so kein Mandat nach Kapitel VII notwendig war. Aufgabe dieser leicht bewaffneten Truppe war es, den Waffenstillstand zwischen Ägypten und Israel sowie den Rückzug französischer, israelischer und britischer Truppen von ägyptischem Territorium zu überwachen und eine Pufferzone zwischen ägyptischen und israelischen Truppen einzurichten.

3.3 Peacekeeping-Missionen der ersten Generation

UNEF I war ein Präzedenzfall für konsens-basiertes Konfliktmanagement durch Militärtruppen. Die vom damaligen VN-Generalsekretär Dag Hammarskjøld für den Einsatz aufgestellten Grundsätze wurden zu den konzeptionellen Grundpfeilern von Peacekeeping-Missionen. Die drei wichtigsten sind das *Einverständnis der Konfliktparteien* (*consens*), die *Unparteilichkeit* der Peacekeeping-Truppen (*impartiality*) sowie die *Beschränkung der Gewaltanwendung auf Selbstverteidigung* (*non-use of force*).

Bis zum Ende des Ost-West-Konflikts wurden zwölf weitere Peacekeeping Missionen etabliert. Die Einsätze folgten in der Regel einem einheitlichen Muster. Sie setzen sich aus leicht bewaffneten Truppen oder unbewaffneten Militärbeobachtern zusammen und wurden in zwischenstaatlichen Konflikten eingesetzt. Typische Aufgaben der Blauhelme bestanden in der Etablierung von Pufferzonen zwischen Konfliktparteien, der Beobachtung von Grenzen, und der Überwachung und Verifikation von Waffenstillständen zwischen den Konfliktparteien. Das Ziel dieser Einsätze war auf die Eindämmung gewaltsamen Konfliktaustrags beschränkt, während eine Konfliktlösung auf dem Verhandlungsweg angestrebt wurde. Diese Einsatzform wird heute auch als Peacekeeping der *ersten Generation* oder traditionelles Peacekeeping bezeichnet. Als typisches Beispiel gilt die United Nations Force in Cyprus (UNFICYP) die 1964 eingesetzt wurden um ein Wiederaufflammen bewaffneter Auseinandersetzungen zwischen griechischen und türkischen Zyprioten zu verhindern, und die bis heute aktiv ist.

Eine Abweichung vom Konzept des traditionellen Peacekeeping stellte in mehrfacher Hinsicht 1960 der Friedenseinsatz im Kongo (ONUC) dar. Nach der Unabhängigkeit des Kongo war das Land durch innere Unruhen und Sezessionsbestrebungen der Katanga-Provinz bedroht. Mandat der VN-Mission, welches durch mehrere Sicherheitsratsresolutionen erweitert wurde, war, den

---

Group in India and Pakistan). UNEF I wird jedoch allgemein als Geburtsstunde des Peacekeeping anerkannt.

Rückzug belgischer Truppen aus dem Kongo zu überwachen und die Regierung bei der Herstellung innerer Ordnung zu unterstützen. Zum ersten Mal wurde eine größere zivile Komponente in den Einsatz integriert, die unter anderem mit Aufgaben des Verwaltungs- und Regierungsaufbaus betraut war.

ONUC bot somit einen Ausblick auf das Potential multifunktionaler und multidimensionaler Einsätze in innerstaatlichen Konflikten. Vor allem machte ONUC jedoch deutlich, dass traditionelles Peacekeeping dort an seine Grenzen stößt, wo der Konsens aller Konfliktparteien zu Präsenz und Auftrag der Peacekeeper nicht vorhanden ist. Die Mission konnte sich zwar auf das Einverständnis der Regierung des Einsatzlandes berufen, nicht aber auf die Zustimmung weiterer wichtiger Konfliktparteien. Die Durchsetzung des Mandates gegen den Willen dieser Parteien erwies sich als sehr problematisch, auch nachdem der Sicherheitsrat den Einsatz von Gewalt als letztem Mittel zur Durchsetzung des Mandats autorisiert hatte (Resolution 161). Die Sicherheitslage im Kongo konnte zwar bis zum Ende der Mission 1964 verbessert werden, allerdings nur unter hohen Verlusten auf beiden Seiten. Nach Ende ONUCs wurden bis 1973 keine weiteren Peacekeeping-Missionen eingerichtet.

Zusammenfassend lässt sich feststellen, dass das kollektive Sicherheitssystem der Vereinten Nationen während des Ost-West-Konfliktes in der Praxis kaum eine sicherheitspolitische Rolle spielte. Für die Gewährleistung der eigenen nationalstaatlichen Sicherheit verließen sich die Mitgliedstaaten auf eigene militärische Potentiale sowie Verteidigungsbündnisse (vgl. Opitz 2002: 60). Das Instrument des Peacekeeping erlaubte es den Vereinten Nationen, trotz der weitgehenden Handlungsunfähigkeit des Sicherheitsrates, eine aktive Rolle in der Friedenssicherung zu spielen, auch wenn diese wesentlich bescheidener ausfiel, als es die Architektur der Charta vorsieht.

4. Die Friedenssicherung der Vereinten Nationen im 21. Jahrhundert

Die durch das Ende der Blockkonfrontation wiedergewonnene Handlungsfähigkeit des Sicherheitsrates eröffnete neue Chancen für die Friedenssicherung. Dies zeigte sich zunächst 1990 im Fall der irakischen Invasion Kuwaits. Nachdem nicht-militärische Zwangsmaßnahmen gegen den Irak verhängt worden waren, diese jedoch nicht die gewünschte Wirkung erzielten, autorisierte der Sicherheitsrat die Mitgliedstaaten, durch den Einsatz militärischer Gewalt ein Ende der irakischen Intervention zu erwirken.

Gleichzeitig stellte der Wandel des Kriegsbildes nach Ende des Ost-West Konflikts die Vereinten Nationen vor neue Herausforderungen (vgl. den Beitrag von Reinhard Meyers im vorliegenden Band). Die meisten der seit 1989 geführten Kriege fanden innerhalb von Staaten, nicht zwischen Staaten statt. Es dominierten Anti-Regime Kriege, bei denen nichtstaatliche Gruppen um eine Neuordnung der Staatsmacht oder Gesellschaftsordnung kämpfen sowie Autonomie- und Sezessionskriege (Rabehl und Schreiber 2001: 15-19). Komplexe, tief verwurzelte Konfliktursachen, eine Vielzahl von Konfliktparteien in wechselnden Konstellationen sowie die unkonventionelle Kriegsführung, bei der klare Frontlinien und eine deutliche Unterscheidung zwischen Kombattanten und Zivilisten zum Teil nicht mehr gegeben war, erschwerten die Bearbeitung dieser Konflikte. Die VN verfügten nur über sehr begrenzte Erfahrungswerte und über kein ausreichendes Instrumentarium, um dieser Konfliktform effektiv zu begegnen. Die Bearbeitung innerstaatlicher Konflikte stand darüber hinaus im Spannungsverhältnis zum Nichteinmischungsgebot (Art. 2).

4.1 Militärische Intervention in innerstaatliche Konflikte

Anfang der 90er Jahre zeigte der Sicherheitsrat eine verstärkte Bereitschaft, schwere Menschenrechtsverletzungen und humanitäre Notlagen innerhalb von Staaten als Bedrohung des Weltfriedens anzusehen. Als Beginn dieser Entwicklung wird heute die Sicherheitsratsresolution 688 im Jahre 1991 gewertet, die auch als „Kurdenresolution" bekannt worden ist. Der Sicherheitsrat stufte die Unterdrückung der kurdischen Bevölkerung aufgrund wachsender Flüchtlingsströme in die Nachbarstaaten des Irak als eine Bedrohung des Weltfriedens ein. Im Kontext des Jugoslawienkonfliktes wurde das Mandat zur Einrichtung und zum Schutz der Sicherheitszonen in Bosnien-Herzegowina mit Befugnissen für Zwangsmaßnahmen ausgestattet. Diese Entscheidung stellte einen deutlichen Zusammenhang zwischen Einhaltung der Menschenrechte und militärischen Zwangsmaßnahmen nach Kapitel VII her. Im Falle Somalias wurde das Ausmaß der humanitären Katastrophe als Bedrohung des Weltfriedens eingestuft und auf Grundlage des Kapitels VII die US-geführte Operation „New Hope" autorisiert. Eine Bedrohung des Weltfriedens wurde hier allein aufgrund der innerstaatlichen Verhältnisse, ohne Verweis auf grenzüberschreitende Auswirkungen festgestellt. Auch in den Konfliktfällen Ruanda und Haiti wurden militärische Interventionen aufgrund innerstaatlicher Ereignisse autorisiert (Kimminich und Hobe 2000: 273). Diese Interventionen werde heute auch als *humanitäre Interventionen* bezeichnet, wobei diesem Begriff definitorische Schärfe fehlt.

Durch den Verweis auf eine Bedrohung des Weltfriedens und den Bezug auf Kapitel VII bediente sich der Sicherheitsrat der einzigen Möglichkeit des Eingreifens in innerstaatliche Angelegenheiten. Denn nur Maßnahmen nach Kapitel VII sind vom Grundsatz der Nicht-Einmischung in innere Angelegenheiten ausgenommen. Diese Entwicklungen stellen eine qualitative Ausweitung des Handlungsbereichs der VN-Friedenssicherung dar. Sie sind gleichzeitig grundlegende Voraussetzung für die Weiterentwicklung des Peacekeeping (siehe unten). Ob an ihnen jedoch eine generelle Aufweichung des

Souveränitätsprinzips festgemacht werden kann, wird kontrovers diskutiert. Einerseits machen die Entscheidungen des Sicherheitsrates deutlich, dass die Souveränität eines Staates bei massiven Menschenrechtsverletzungen eingeschränkt werden kann. Andererseits kann argumentiert werden, dass die Grundeinstellung der Mitgliedstaaten zum Souveränitätsprinzip von dieser Entwicklung unberührt bleibt. „Ungeachtet wiederholter Warnungen der Generalsekretäre Boutros-Ghali und Kofi Annan vor einer Verabsolutierung des Souveränitätsprinzips haben weder die Großmächte noch die mittleren und kleineren Staaten einen Zweifel daran gelassen, dass sie jeden Eingriff der VN in ihre ‚inneren Angelegenheiten' strikt und vor allem aus prinzipiellen Gründen ablehnen" (Opitz 2002: 61).

4.2 Sanktionen: Ein wiederentdecktes Instrument

Eine neue Ausrichtung der Sicherheitsratspraxis erfolgte Anfang der neunziger Jahre auch hinsichtlich der Verwendung nicht-militärischer Zwangsmaßnahmen (Art. 41). Während des Ost-West-Konflikts konnte, wie oben dargestellt, nur sehr begrenzt von diesem Instrument Gebrauch gemacht werden. Seit Anfang der neunziger Jahre wurde eine Reihe von Sanktionen, nicht nur im Vorfeld oder als begleitende Maßnahme der oben genannten Interventionen, sondern auch in zahlreichen weiteren Fälle, unter anderem im Bezug auf die Bürgerkriege in Liberia, im Sudan und in Angola, verhängt. Die Vorzüge dieses Instruments sind offensichtlich: Sanktionen können auf ihre Adressaten stärkeren Druck zur Beendigung friedensgefährdenden Verhaltens ausüben als Mittel der friedlichen Streitbeilegung, bleiben aber dennoch unterhalb der Schwelle militärischen Eingreifens. Nicht immer jedoch führen Sanktionen zu der gewünschten Verhaltensänderung auf der Seite der Adressaten; sie können häufig eine militärische Intervention nicht ersetzen und haben zudem – dies gilt insbesondere für wirtschaftliche Sanktionen – unerwünschte Nebenwirkungen für die sanktionierten Staaten sowie für Drittstaaten (Kulessa und Starck 1997: 1-2). Das umfassende Sanktionsregime gegen den Irak machte dies besonders deutlich. Statt einer Verhaltensänderung des irakischen Regimes hatten die Sanktionen vor allem eine Verschlechterung der Lage der Zivilbevölkerung zur Folge. Die Frage, wie die Wirkungsweise von Sanktionen zielgerichteter gestaltet werden kann und kontraproduktive humanitäre oder wirtschaftliche Nebenwirkungen gleichzeitig reduziert werden können (*smart/targeted sanctions*), ist gegenwärtig Bestandteil einer intensiven konzeptionellen Debatte (vgl. Eitel 2002, Cortright und Lopez 2002).

Konfliktregelung und Friedenssicherung I 137

Box 4: Sanktionsfelder und -maßnamen

Sanktionsfeld	Maßnahmen
Kultur und Sport	Abbruch der Austauschbeziehungen
Diplomatie	Verringerung oder Schließung der Vertretungen, Ausschluss aus internationalen Organisationen, Einreiseverbot für Amtsträger
Verkehr	Verbot des Flug- und Schiffsverkehrs, Unterbrechung von Bahn und Straßentransport
Kommunikation	Unterbrechung von Post- und Televerbindungen
Entwicklungszusammenarbeit	Beendigung der finanziellen und technischen Hilfe
Militär	Beendigung militärischer Zusammenarbeit, Waffenembargo
Finanzen	Einfrieren von Auslandsguthaben, Verbot von Finanztransfers
Handel	Boykott, Embargo
Strafjustiz	Internationales Tribunal

(Quelle: Kulessa und Stark 1997: 8)

4.3 Die Entwicklung vom Peacekeeping zu komplexen Friedenseinsätzen

Die späten achtziger/frühen neunziger Jahre werden auch als „Expansionsphase" des Peacekeeping bezeichnet (Jett 1999: 27). Zwischen 1988 und 1995 wurden 21 neue Peacekeeping-Missionen etabliert. Einsätze in dieser Zeit basierten auf den traditionellen Peacekeeping-Prinzipien, beschränkten sich jedoch nicht mehr auf die kurzfristige Eindämmung gewaltsamen Konfliktaustrags, sondern hatten darüber hinaus die Bearbeitung der zugrunde liegenden Konfliktursachen zum Ziel. Der klassische Aufgabenkatalog der Beobachtung, Überwachung und Pufferbildung wurde daher um Maßnahmen wie die Entwaffnung und Reintegration von Kombattanten, die Rückführung von Flüchtlingen und das Herstellen innerer Ordnung ergänzt (siehe Box 5). Für diese Maßnahmenbündel prägte Boutros-Ghali in der Agenda für den Frieden den Begriff der *Friedenskonsolidierung (post-conflict peacebuilding)*. Zur Wahrnehmung des expandierenden Aufgabenfeldes wurden zusätzlich zum Militär polizeiliche und zivile Komponenten eingesetzt. Die *Multidimensionalität* und *Multifunktionalität* sind charakteristisch für Peacekeeping-Missionen dieser *zweiten Generation*. Als erfolgreiches Beispiel gilt die Mission in Namibia (United Nations Transitional Assistanc Group – UNTAG), die 1989/1990 den Übergang des Landes in die Unabhängigkeit unterstützte.

Box 5: Aufgabenspektrum von Peacekeeping-Missionen der zweiten Generation

Militärische Komponente	Polizeiliche Komponente (CIVPOL)	Zivile Komponente
Etablierung von Pufferzonen zwischen Konfliktparteien	Beobachtung und Überwachung des lokalen Polizeiapparates	Aufbau demokratischer Strukturen und Verfahren
Beobachtung und Verifikation von Waffenstillständen	Ausbildung lokaler Polizeikräfte	Vorbereitung, Durchführung oder Beobachtung von Wahlen
Herstellen eines sicheren Umfelds für den Peacebuilding-Prozess	Unterstützung der lokalen Polizei beim Herstellen öffentlicher Sicherheit	Beobachtung / Überwachung der Einhaltung der Menschenrechte
Entwaffnung und Demobilisierung von Kombatanten		Förderung von Rechtsstaatlichkeit
Schutz von Minderheiten		Aufbau einer pluralistischen Medienlandschaft
Etablierung von Schutzzonen		
Sicherung der humanitären Hilfe		Aufbau und Reform von Verwaltungs- und Regierungsstrukturen
Sicherung strategischer Infrastruktur (Häfen, Flughäfen, Verkehrswege)		Humanitäre und Flüchtlings-Hilfe
Unterstützung des Austauschs von Kriegsgefangenen		Versöhnungsarbeit
		Reintegration ehemaliger Kombattanten
		Infrastrukturelle und wirtschaftliche Rehabilitationsmaßnahmen

Quelle: eigene Darstellung

Nach den anfänglichen Erfolgen von Peacekeeping-Missionen der zweiten Generation zeigten insbesondere die Einsätze im ehemaligen Jugoslawien und in Somalia – wie schon zuvor ONUC – deutlich, dass der Einsatz leicht bewaffneter, auf Konsens und Neutralität bedachter Blauhelm-Truppen dort problematisch ist, wo Waffenstillstände keinen Bestand haben, Konfliktparteien der VN-Präsenz nicht zustimmen oder den einmal gegebenen Konsens im Laufe des Einsatzes zurückziehen. Peacekeeper fanden sich wiederholt mit Situationen konfrontiert, in denen sie eine Umsetzung des Mandates, ein sicheres Umfeld für den Peacebuilding-Prozess, den Schutz der Zivilbevölkerung sowie die Sicherheit des VN-Personals aufgrund massiven Widerstands bewaffneter Gruppierungen nicht gewährleisten konnten. Es war deutlich, dass die Fortführung der bisherigen Einsatzform in diesen Situationen keine reale Handlungsoption darstellte: „Eine Überwachung der zuvor ausgehandelten Waffenstillstände war nicht mehr möglich, weil es durch die Fragmentierung und Brutalisierung der Kriegsparteien weder klare Fronten noch überprüfbare Waffenstillstände gab; mit dem Anhalten der Kriegshandlungen entfielen aber auch die zivilen Aufgaben, da das ‚sichere Umfeld' für die humanitäre Hilfe fehlte" (Opitz 2002: 68). Die Alternativen bestanden in dem

Rückzug aus derartigen Konflikten oder in der Ausstattung der Einsätze mit den Befugnissen und Kapazitäten, ein sicheres Umfeld herzustellen und das Mandat auch gegen so genannte „spoilers" durchzusetzen (vgl. Kühne 2002: 717). Die Entscheidungen des Sicherheitsrates, die Missionen in Somalia und im ehemaligen Jugoslawien nachträglich mit Zwangsbefugnissen auszustatten, waren ein Votum für die zweite Option.

In Somalia wurde zunächst 1992 die United Nations Operation in Somalia (UNOSOM I) etabliert, um den Waffenstillstand zu sichern und so die Verteilung humanitärer Hilfsgüter zu gewährleisten. Als dies nicht gelang, autorisierte der Sicherheitsrat die Durchführung von Zwangsmaßnahmen nach Kapitel VII zur Herstellung eines sicheren Umfeldes, in dem die humanitäre Hilfe fortgesetzt werden könnte. Diese Aktion wurde durch die „Unified Task Force" (UNITAF) unter amerikanischem Kommando wahrgenommen. UNITAF wurde nach Ende ihres Auftrags in UNOSOM II integriert, ein Friedenseinsatz unter VN-Kommando, der allerdings zusätzlich über Zwangsbefugnisse verfügte (vgl. Bothe 2002: 18). Die Mission konnte dennoch nicht erfolgreich zu einem Ende gebracht werden. Nach dem gewaltsamen Tod US-amerikanischer Soldaten im Oktober 1993 zogen sich die USA sowie weitere Staaten im März 1994 aus der Mission zurück und das Mandat von UNOSOM II wurde im Folgejahr nicht weiter verlängert.

Im ehemaligen Jugoslawien stieß die United Nations Protection Force in Former Yugoslavia (UNPROFOR) auf erhebliche Probleme. Die humanitäre Hilfe wurde von den Konfliktparteien gewaltsam behindert, die etablierten Schutzzonen konnten gegen die Konfliktparteien nicht ausreichend gesichert werden, das Flugverbot, welches zur Verhinderung von Bombenangriffen verhängt worden war, konnte nicht durchgesetzt werden. Als Folge wurde einerseits das Mandat von UNPROFOR um Zwangsbefugnisse zur Durchsetzung verschiedener Mandatsaspekte erweitert. Andererseits autorisierte der Sicherheitsrat Mitgliedstaaten, zur Unterstützung der Vereinten Nationen bei Überwachung des Flugverbots und Sicherung der Schutzzonen militärische Gewalt anzuwenden (vgl. Bothe 2002: 19). Aus verschiedenen Gründen, unter anderem einer Fehleinschätzung der Lage und einer zu geringen Truppenstärke, konnte der Fall der Schutzzone Srebrenica dennoch nicht verhindert werden.

UNOSOM II sowie der spätere Teil UNPROFOR's können als erste Beispiele einer *dritten Generation* von Einsätzen bezeichnet werden. Ihr Merkmal ist die Ausstattung des Mandats mit Befugnis zum Einsatz von Zwangsmaßnahmen nach Kapitel VII; sie werden daher auch *„robustes Peacekeeping"*[4] oder *„robuste Friedenseinsätze"*[5] genannt werden. In diesen Einsätzen

---

4 Der deutsche Begriff wurde von Winrich Kühne eingeführt.
5 Statt des Begriffs „Peacekeeping" wird für die multidimensionalen, multifunktionalen und komplexen Einsätze der letzten Jahre zunehmend der umfassendere Begriff „Friedenseinsätze" („peace operations") gebraucht.

werden Elemente des Peacekeeping mit denen der *Friedenserzwingung (peace-enforcement)* kombiniert. Aufgrund der Ereignisse in UNOSOM II und UNPROFOR wurde dem Konzept robuster Einsätze zunächst große Skepsis entgegen gebracht. Insbesondere in der wissenschaftlichen Debatte herrschte vielfach die Meinung vor, dass Peacekeeping – basierend auf Konsens und Unparteilichkeit – und Friedenserzwingung grundsätzlich nicht miteinander vereinbar seien. Dennoch hat sich das Konzept des robusten Peacekeeping durchgesetzt; ein Großteil der seither autorisierten Friedenseinsätze wurden durch ein Mandat nach Kapitel VII für ein „worst-case-scenario" abgesichert. Konsens und Unparteilichkeit sind auch in dieser Einsatzform wichtig, unterliegen jedoch einem neuen Verständnis (vgl. Kühne 2002: 718). Konsens ist bei einem Mandat nach Kapitel VII rein rechtlich nicht mehr erforderlich, jedoch für das Gelingen der Operation von großer Bedeutung, denn die Konsolidierung des Friedensprozesses ist nur mit Unterstützung der Konfliktparteien möglich. Unparteilichkeit wird nicht als passive Neutralität gegenüber den Konfliktparteien, sondern aktive Durchsetzung des Mandates gegenüber allen Konfliktparteien verstanden.

Box 6: Aktuelle Friedeneinsätze der Vereinten Nationen

Friedenseinsatz	Einsatzort	seit
UNTSO (United Nations Truce Supervision Organisation)	Naher Osten	Juni 1948
UNMOGIP (United Nations Military Observer Group in India and Pakistan)	Indien und Pakistan	Januar 1949
UNFICYP (United Nations Peacekeeping Force in Cyprus)	Zypern	März 1964
UNDOF (United Nations Disengagement Observer Force)	Golan-Höhen	Juni 1974
UNIFIL (United Nations Interim Force in Lebanon)	Libanon	März 1978
MINURSO (United Nations Mission for the Referendum in West Sahara)	West-Sahara	April 1991
UNOMIG (United Nations Observer Mission in Georgia)	Georgien	August 1993
UNMIK (United Nations Interim Administration Mission in Kosovo)	Kosovo	Juni 1999
UNAMSIL (United Nations Mission in Sierra Leone)	Sierra Leone	Oktober 1999
MONUC (United Nations Mission in the Democratic Republic of Congo)	Demokratische Republik Kongo	November 1999
UNMEE (United Nations Mission in Ethiopia and Eritrea)	Äthiopien und Eritrea	Juli 2000
UNMISET (United Nations Mission of Support in East Timor)	Ost-Timor	Mai 2002
UNAMA (United Nations Assistance Mission in Afghanistan)	Afghanistan	März 2002
MINUCI (United Nations Mission in Côte d'Ivoire)	Elfenbeinküste	Mai 2003
UNMIL (United nations Mission in Liberia)	Liberia	September 2003

(Quelle: www.un.org; Stand: Mai 2003)

Konfliktregelung und Friedenssicherung I 141

Einige Experten sprechen im Bezug auf die Missionen im Kosovo (UNMIK) und in Ost-Timor (UNTAET) von einer *vierten Generation* von Friedenseinsätzen (vgl. Kühne 2002: 718). Die Besonderheit dieser Einsätze ist die Ausstattung der Mandate, die die Etablierung von Übergangsverwaltungen beinhalten, mit weitreichenden Exekutivbefugnissen.

4.4 Reform der friedlichen Konfliktbearbeitung: Die Agenda für den Frieden

Einen wichtigen Beitrag zur konzeptionellen Debatte über Instrumente und Reform der friedlichen Konfliktbearbeitung leistete Anfang der neunziger Jahre die Agenda für den Frieden. Sie wurde 1992 im Auftrag des Sicherheitsrats von dem damaligen UN Generalsekretär Boutros Boutros-Ghali erstellt. Boutros-Ghali nimmt eine Neuordnung des Instrumentariums zur Konfliktbearbeitung vor. Er gliedert es in *Vorbeugende Diplomatie (preventive diplomacy)*, *Friedensschaffung (peacemaking)*, *Friedenssicherung (peacekeeping)* und *Friedenskonsolidierung (post conflict peace-building)* und sieht somit Instrumente für den gesamten Konfliktverlauf vor.

Box 6: Agenda für den Frieden

„*Vorbeugende Diplomatie* bezeichnet Maßnahmen mit dem Ziel, das Entstehen von Streitigkeiten zwischen einzelnen Parteien zu verhüten, die Eskalation bestehender Streitigkeiten zu Konflikten zu verhindern und, sofern es dazu kommen sollte, diese einzugrenzen.

Friedensschaffung bezeichnet Maßnahmen mit dem Ziel, feindliche Parteien zu einer Einigung zu bringen, im wesentlichen durch solche friedlichen Mittel, wie sie in Kapitel VI der Charta der Vereinten Nationen vorgesehen sind.

Friedenssicherung bezeichnet die Errichtung einer Präsenz der Vereinten Nationen vor Ort, was bisher mit Zustimmung aller beteiligten Parteien geschah, im Regelfall unter Beteiligung von Militär- und/oder Polizeikräften der Vereinten Nationen und häufig auch von Zivilpersonal. Die Friedenssicherung ist eine Technik, welche die Möglichkeiten für eine Konfliktverhütung wie auch eine Friedensschaffung noch erweitert.

Dieser Bericht wird sich außerdem mit dem hierzu in engstem Zusammenhang stehenden Konzept der *Friedenskonsolidierung* in der Konfliktfolgezeit auseinandersetzen, das heißt Maßnahmen zur Bestimmung und Förderung von Strukturen, die geeignet sind, den Frieden zu festigen und zu konsolidieren, um das Wiederaufleben eines Konflikts zu verhindern. Die vorbeugende Diplomatie ist bestrebt, Streitigkeiten beizulegen, bevor Gewalt ausbricht; Friedensschaffung und Friedenssicherung sind notwendig, um Konflikten Einhalt zu gebieten und den einmal erreichten Frieden zu erhalten. Sind diese Maßnahmen erfolgreich, so verbessern sie die Aussichten für die Friedenskonsolidierung in der Konfliktfolgezeit, wodurch erneute Gewalt zwischen Nationen und Völkern verhindert werden kann."

(Quelle: Agenda für den Frieden A/47/277: Paragraph 20-21)

Insbesondere die Konzepte der vorbeugenden Diplomatie sowie der Friedenskonsolidierung prägten die weitere Diskussion über eine Optimierung der Friedenssicherung. Der Begriff Vorbeugende Diplomatie ist ein wenig irreführend, da sich die Vorschläge Boutros-Ghalis keineswegs auf die klassische Diplomatie beschränken. Maßnahmen dieser Kategorie werden heute in der Regel unter dem Begriff „Krisenprävention" zusammengefasst (vgl. Beitrag von Martina Fischer in dem vorliegenden Band). Grundsätzlich können alle Maßnahmen der friedlichen Konfliktbearbeitung nach Kapitel VI auch präventiv eingesetzt werden. Neben Tatsachenermittlung und vertrauensbildenden Maßnahmen führt Boutros-Ghali zusätzlich entmilitarisierte Zonen sowie die vorbeugende Stationierung von Peacekeeping-Truppen als mögliche Instrumente der Krisenprävention auf.

Das bisher einzige Beispiel für eine präventive Stationierung von Blauhelmen ist die „United Nations Preventive Deployment Force Macedonia" (UNPREDEP) in Mazedonien. Seit 1992 Bestandteil von UNPROFOR, wurde UNPREDEP 1995 eine eigenständige Mission. Insbesondere durch die Überwachung der Grenzen zu Serbien und Albanien sollte sie einer weiteren Destabilisierung der Region vorbeugen. UNPREDEP konnte ihren Auftrag erfolgreich erfüllen, bis die Verlängerung des Mandats 1999 durch ein Veto Chinas verhindert wurde.

Boutros-Ghali betont weiterhin die Bedeutung eines funktionierenden Frühwarnsystems für die Krisenprävention. Während die Ausführungen in der Agenda für den Frieden Anstoß für eine intensive internationale Debatte über die Krisenprävention waren, konnte die von Generalsekretär Annan wiederholt geforderte „Kultur der Prävention" bisher nicht geschaffen werden.

Post-conflict peace-building bezeichnet Maßnahmen, die in der Konfliktfolgezeit zur nachhaltigen Stabilisierung des Friedensprozesses und zur Schaffung von Kapazitäten zur friedlichen Konfliktaustragung beitragen sollen. „Um wirklich erfolgreich zu sein, werden friedensschaffende und friedenssichernde Einsätze auch umfassende Anstrengungen zur Ermittlung und Förderung von Strukturen beinhalten müssen, die geeignet sind, den Frieden zu konsolidieren und bei den Menschen ein Gefühl des Vertrauens und Wohlbefindens zu fördern", fasst Boutros-Ghali die Bedeutung dieser Maßnahmen zusammen (Paragraph 55). Die Friedenskonsolidierung ist – wie oben dargestellt – zu einer festen Komponente von Friedenseinsätzen der zweiten bis vierten Generation geworden. Während in den Anfangsjahren komplexer Friedenseinsätze Maßnahmen der Friedenskonsolidierung primär auf die Durchführung demokratischer Wahlen konzentriert waren, sind Peace-building-Prozesse heute in Umfang und Dauer sehr viel weiter angelegt.

5. Herausforderungen und Probleme der VN-Friedenssicherung im 21. Jahrhundert

5.1 Konzept und Umsetzung von Friedenseinsätzen: neue Risiken, neue Chancen

Eine der größten Herausforderungen der VN-Friedenssicherung ist nach wie vor, eine Antwort auf die Frage zu finden, welche Maßnahmen zu welchem Zeitpunkt in einem Konflikt die besten Aussichten auf eine dauerhafte Konfliktlösung haben. Die Instrumente der Friedenssicherung müssen an die jeweils spezifischen Konfliktkonstellationen angepasst werden. Die Lehren der Vergangenheit haben deutlich gezeigt, dass auch Friedenseinsätze keine „one size fits all" Lösung sind. Über die Wirksamkeit von komplexen Maßnahmenbündeln in unterschiedlichen Konfliktkonstellationen ist jedoch nach wie vor zu wenig bekannt. Das gleiche gilt für die Langzeitwirkungen durchgeführter Maßnahmen.

Die Bemühungen der Vereinten Nationen, das Instrumentarium zur Friedenssicherung konzeptionell zu verbessern sowie aus den Lehren der Vergangenheit zu lernen, zeigen sich in zahlreichen Reformberichten und Evaluationen wie der oben erwähnten Agenda für den Frieden, den Sonderberichten zu den Ereignissen in Ruanda (Report of the Independent Inquiry into the Actions of the United Nations During the 1994 Genocide in Rwanda) und Srebrenica (A/54/549), dem Krisenpräventionsbericht des Generalsekretärs (A/55/985) sowie dem „Report of the Panel on United Nations Peace Operations" (A/55/305), auch Brahimi-Bericht genannt, und dessen Folgeberichten.

Neben der politischen Unterstützung der Mitgliedstaaten und der Gewähleistung einer schnellen Entsendung von Truppen identifiziert der Brahimi-Bericht ein robustes Mandat sowie die Integration friedenskonsolidierender Maßnahmen (post-conflict peace-building) als Erfolgsfaktoren zukünftiger Friedenseinsätze. Die Sachverständigengruppe bestätigt also explizit das Konzept robuster Einsätze der dritten Generation, stellt jedoch deutlich heraus, dass die Option des Rückgriffs auf Zwangsmaßnahmen zwar unerlässlich, jedoch nicht ausreichend ist: „Außerdem können, wie die Vereinten Nationen während des vergangenen Jahrzehnts wiederholt und auf bittere Weise erfahren mussten, auch noch so gute Absichten nicht die grundlegende Fähigkeit ersetzen, glaubhaft Stärke zu demonstrieren, wenn insbesondere komplexe Friedenssicherungseinsätze erfolgreich sein sollen. Militärische Stärke allein kann jedoch keinen Frieden schaffen; sie kann lediglich einen Raum schaffen, in dem auf den Frieden hingearbeitet werden kann." (A/55/ 305: viii)

Bei Friedenseinsätzen der dritten Generation handelt es sich um ein sehr ambitioniertes Konzept. Die kurzfristige Eindämmung der Gewalt – gegebenenfalls mit militärischen Zwangsmaßnahmen durchgesetzt – muss mit dem langfristigen Ziel der Konfliktlösung und der Etablierung friedlicher Konfliktbearbeitungmechanismen vereint werden. Diese beiden Ziele sowie die erforderliche Herangehensweise bilden nicht immer eine natürliche Einheit. Der Einsatz muss einerseits ein glaubwürdiges Abschreckungspotential besitzen und die Einsatzkräfte müssen einem Aggressor – sollte es zum Einsatz von Gewalt kommen – militärisch überlegen sein. Andererseits müssen Konsens und Unparteilichkeit aufrecht erhalten werden, um die Notwendigkeit eines Gewalteinsatzes soweit als möglich zu reduzieren und um den Erfolg der Friedenskonsolidierung nicht zu gefährden.

Die Umsetzung dieses Konzepts stellt unter anderem hohe Anforderungen an die Kompetenz der Einsatzkräfte vor Ort. Robuste Friedenseinsätze verlangen jedoch auch ein besonderes Engagement von den Mitgliedstaaten. Einerseits müssen sie bereit sein, Truppen für die riskanteren und aufwendigeren Einsätze nach Kapitel VII zur Verfügung zu stellen, andererseits müssen sie mit langem Atem für eine kontinuierliche Bereitstellung von Ressourcen für den langfristigen Peacebuilding-Prozess sorgen. Ohne den politischen Willen der Mitgliedstaaten ist diese Einsatzform zum Scheitern verurteilt, gerade jedoch der politische Wille scheint mitunter die knappste Ressource der VN zu sein.

5.2 Erfolgsfaktor Nummer Eins:
Die Unterstützung der Mitgliedstaaten

Die Erfolgsbilanz der VN-Friedenssicherung der letzten Jahre ist äußerst gemischt. Die Gründe hierfür sind zum Teil bei der Organisation selbst zu suchen. Unüberlegte konzeptionelle Anpassungen des Instrumentariums, unzutreffende Einschätzungen der Konfliktlagen sowie unklare Mandate haben zu einer Schwächung der Friedenssicherung beigetragen. Eine unabhängiges Consulting-Unternehmen, dass die Arbeit des Department for Peacekeeping Operations (DPKO) evaluierte, stellte darüber hinaus gravierende Mängel in Planung und Management von Friedenseinsätzen fest.

Das weitaus größere Problem stellt jedoch der mangelnde politische Wille der Mitgliedstaaten dar, das Instrumentarium der VN einzusetzen und die Organisation hierfür mit den notwendigen Ressourcen auszustatten. So betont die Brahimi-Komssion in ihrem Bericht, dass die Reformmaßnahmen nur greifen können „wenn Mitgliedstaaten den politischen Willen zur politischen, finanziellen und operativen Unterstützung der Vereinten Nationen aufbringen..." (A/55/305: viii).

Bezüglich der politischen Unterstützung ist zunächst die Entscheidungsfindung im Sicherheitsrat zu kritisieren. Auch nach Ende des Ost-West-Konflikts verhindern Blockierungen im Sicherheitsrat schnelles und entschiedenes Handeln (vgl. Debiel 2000: 454). Die Unterstützung des Sicherheitsrates werden auch in Zukunft nur diejenigen Maßnahmen finden, die sich mit den Interessen der ständigen Mitglieder decken – nationalstaatliche Egoismen werden auch weiterhin über friedenspolitische Notwendigkeiten dominieren. Darüber hinaus wird das Veto im Sicherheitsrat gezielt als Druckmittel für die Durchsetzung nationaler Ziele missbraucht. So drohten die Vereinigten Staaten im Sommer 2002, die Verlängerung der Mandate einer Reihe von Friedenseinsätzen zu blockieren, wenn US-amerikanische Peacekeeper keine Immunität vor dem Internationalen Strafgerichtshof erhielten.

Die Auswirkungen auf die Friedenssicherung sind kontraproduktiv: „Trotz zahlreicher Evaluierungen und Berichte folgt mithin die tatsächliche Planung und Aufstellung von UN-Friedensoperationen noch immer nicht den weithin akzeptierten Lehren und Empfehlungen, sondern nach wie vor vorrangig politischen Opportunitätserwägungen der politisch einflussreichsten und ökonomisch wie militärisch mächtigsten Mitglieder des Sicherheitsrats. Die operativen und politischen Gestaltungsspielräume, die in einem solch engen Rahmen verbleiben, sind in der Regel zu klein, um einen nachhaltigen Beitrag zur Friedenssicherung leisten zu können" (Debiel 2002: 61). Mandate stellen eher den kleinsten gemeinsamen Nenner als einen realitätsnahen Auftrag dar, was die Umsetzung erheblich erschwert und die Ausstattung mit Ressourcen steht häufig in einem Missverhältnis zu den Mandatsaufgaben. Die Erfahrungen von UNPROFOR und der Fall der Schutzzone Srebrenica verdeutlichten dies in tragischer Weise. Von den von Generalsekretär Boutro-Ghali zum Schutz der Sicherheitszonen geforderten 34 000 Blauhelme wurden nur 7000 vom Sicherheitsrat genehmigt. Davon trafen nur 4000 im Krisengebiet ein. Der im Mandat vorgesehene Schutz der Sicherheitszonen war unter diesen Umständen nicht möglich (Eisele 2002: 34).

Angesichts dieser Missstände wird vielfach und seit längerer Zeit eine Reform dieses Gremiums, das nach wie vor die Machtverhältnisse des internationalen Systems von 1945 widerspiegelt, gefordert. Dass die Reform des Sicherheitsrates bezüglich Zusammensetzung wie auch Entscheidungsstrukturen gegenwärtig ein ebenso wünschenswertes wie, angesichts gegebener Machtverhältnisse – unrealistisches Unterfangen ist, ist hinreichend bekannt.

Die Probleme liegen jedoch nicht beim Sicherheitsrat allein, sondern auch bei der Gemeinschaft der Mitgliedstaaten. Den Vereinten Nationen wird die finanzielle Unterstützung zur Umsetzung ihrer Aufgaben durch einige Mitgliedstaaten entzogen. Allein für das „Peacekeeping Support Account"[6] belaufen sich die ausstehenden Beiträge, nach Angaben der VN, auf eine Höhe von 1.38 Milliarden US-Dollar. Das gesamte Peacekeeping Budget für das Haushaltsjahr 2002/2003 (1. Juli 2002 – 30. Juni 2003) beträgt 2,63 Milliarden US-Dollar.

Bezüglich der operativen Unterstützung ist die Bereitstellung von Truppen nach wie vor ein ungelöstes Problem. Es ist unter anderem auf eine fehlende Bereitschaft der Mitgliedstaaten, ihre Truppen dem Befehl der VN zu unterstellen, zurückzuführen, dass Sonderabkommen nach Art. 43 bisher

---

6 Die Friedenseinsätze werden separat vom Ordentlichen UN Haushalt über dieses Sonderkonto finanziert, dass sich aus Pflichtbeiträgen der Mitgliedstaaten zusammensetzt.

nicht abgeschlossen wurden. Inzwischen wurde ein Standby Arrangement System für die Vereinten Nationen (UNSAS) etabliert, in dessen Rahmen Mitgliedstaaten die grundsätzliche Verfügbarkeit von Truppen festlegen. Dies ist sicherlich als wichtiger Schritt in die richtige Richtung zu begrüßen, das Problem wird jedoch dadurch grundsätzlich nicht gelöst. Die zur Verfügung gestellten Ressourcen haben bisher nicht die benötigte Größenordnung erreicht und die tatsächliche Bereitstellung ist nach wie vor an die Entscheidung der Mitgliedstaaten im Einzelfall gebunden.

In der Praxis ist man dazu übergegangen, die Durchführung von Zwangsmaßnahmen einem oder mehreren Mitgliedstaaten oder Regionalorganisationen übertragen wird. Auch hier gibt es das Problem der Abhängigkeit, zudem besteht die Gefahr, dass Mandate – deren Umsetzung sich so dem Einfluss der Vereinten Nationen zu einem großen Teil entzieht – zur Durchsetzung nationaler Interessen genutzt werden.

5.3 Multilaterale Friedenssicherung in der Krise

Der multilateralen Friedenssicherung sind offensichtlich da Grenzen gesetzt, wo ein multilaterales Engagement die eigenen Interessen einzuschränken scheint oder wo den Mitgliedern eine Durchsetzung der nationalen Interessen außerhalb des Systems erfolgversprechender erscheint. In den letzten Jahren wurde die Friedenssicherung der Vereinten Nationen durch einen zunehmenden Unilateralismus, vor allem seitens der Vereinigten Staaten, bedroht. Der Kurswechsel in der amerikanischen Haltung zum Unilateralismus vollzog sich mit dem Zusammenbruch der Sowjetunion und dem Wandel von einem bipolaren zu einem unipolaren System, welches den USA die exklusive Sonderstellung der einzig verbleibenden Weltmacht einräumt. „Eine derartige Monopolstellung überschattet eine Organisation wie die Vereinten Nationen (aber gewiss auch andere). Die Versuchung wächst damit, sie entweder gar nicht mehr oder nur noch als völkerrechtliches Sanktionsinstrument zu benutzen – gleichermaßen post festum" (Gasteyger 2002: 9).

Die Clinton-Administration stand der Friedenssicherung der Vereinten Nationen zunächst positiv gegenüber. Spätestens seit der auf die Erfahrungen in Somalia folgenden Presidential Decision Directive 25 kann die Haltung der USA jedoch übersetzt werden mit: „Soviel Unilateralismus wie möglich, nur soviel Multilateralismus, wie zur Wahrung der eigenen Interessen unbedingt notwendig" (Nuscheler 2001: 4-5).

Besonders beunruhigend an dieser Entwicklung ist dabei das Potential unilateraler Aktionen, das allgemeine Gewaltverbot sowie das Gewaltmonopol des Sicherheitsrats zu unterminieren: „Der ordnungspolitische Kern der UNO und ihre größte Errungenschaft, das Gewaltverbot der Staaten, wird ausgehebelt, wenn der stärkste Staat dazu übergeht, gefährliche Regime durch Krieg zu beseitigen" (Schoch et. al. 2002:3). Schon die von den USA stark forcierte Intervention der NATO anlässlich des Kosovo-Konflikts war völkerrechtlich strittig. Die Entscheidung zur Intervention im Irak 2003 basiert deutlich auf einer unilateralen Auslegung des Völkerrechts durch die US-amerikanische Administration (vgl. den Beitrag von Stephan Böckenförde im vorliegenden Band).

Die Folgen des kontinuierlich unilateralen Kurses sind für die Friedenssicherung der Vereinten Nationen unzuträglich. Dabei können unilaterale Militäraktionen die multilaterale Friedenssicherung nicht ersetzen. Zunächst fehlt den meisten Mitgliedstaaten der Wille, sich in Regionen für den Frieden zu engagieren, die ihr nationales Interesse nicht oder nur peripher berühren. Und selbst wenn dieser Wille gegeben wäre, könnte eine globale Friedenssicherung aufgrund mangelnder Legitimität und mangelnder Kapazität nicht geleistet werden. Hinzu kommt, dass Konflikte im Zeitalter der Globalisierung im Allgemeinen nur grenzüberschreitend und nicht ausschließlich militärisch gelöst werden können (vgl. Nuscheler 2001: 8-9).

6. Ausblick

Die Auswirkungen jüngster politischer Ereignisse auf die Friedenssicherung der Vereinten Nationen lassen sich zur Zeit nicht absehen. Zunächst lässt sich schwer vorhersagen, in welchem Ausmaß der Terrorismus das zukünftige Konfliktbild bestimmen wird und welche Auswirkungen auf und Anforderungen an die kollektive Sicherheit aus diesen neuen Bedrohungen resultieren werden. Damit unmittelbar verbunden ist die Frage, welche Konsequenzen der von den Vereinigten Staaten angeführte Kampf gegen den Terrorismus auf die rechtliche Verregelung des Konfliktaustrags und hierbei vor allem der militärischen Gewaltanwendung haben wird (vgl. Gareis und Varwick 2002: 141 f).

Die Ereignisse des 11. September 2001, die eine völlig neue Herausforderungen an das globale Krisenmanagement stellten, und die in Folge der Anschläge von den USA geschmiedete Internationale Koalition gegen Terrorismus erweckten zunächst Hoffnung auf eine Rückkehr zum Multilateralismus. Mit der unilateralen Intervention der USA im Irak wurden diese jedoch zunichte gemacht.

Diese hat die Autorität der VN sowie das Vertrauen der Mitgliedstaaten in die multilaterale Friedenssicherung stark beschädigt. Eine globale Friedenssicherung ohne die Unterstützung der einzig verbleibenden Supermacht ist schwer vorstellbar. Welche langfristigen Folgen die US-amerikanische Intervention im Irak für die VN-Friedenssicherung haben wird, ist jedoch noch unklar. Insbesondere ist ungewiss, ob die Intervention im Irak einen Trend zur Umgehung des Sicherheitsrats, zu unilateralen, präventiven Interventionen und als Folge einen Prozess der weiteren Aufweichung des Gewaltverbots einleiten wird.

Die Zukunft der VN-Friedenssicherung ist dabei nicht allein von der zukünftigen Politik der US-Administration abhängig, sondern auch davon, ob es den Mitgliedstaaten gelingt, ihrer Achtung internationaler Regelwerke, ihrer Präferenz multilateralen Handelns und ihrer Unterstützung der VN genügend Nachdruck zu verleihen. Denn in einer globalisierten Welt wird unilaterales Handeln dann problematischer, wenn ein Großteil der Staaten weder die zugrunde liegenden Interessen, noch die Vorgehensweise zur Durchsetzung dieser unterstützt oder billigt.

Deutlich ist jedoch Folgendes: Jedes noch so ausgefeilte Instrumentarium zur Friedenssicherung und Konfliktbewältigung bleibt in seinem Nutzen beschränkt, wenn man sich dessen nicht bedient. Wo unilaterales Handeln multilaterale Strukturen auszuhöhlen droht, wird auch eine konzeptionelle Verbesserung des Instrumentariums nicht greifen können.

Literatur

Beyerlin, Ulrich (2001): Kollektive Sicherheit. In: Seidl – Hohenveldern, Ignaz (Hrsg.): Lexikon des Rechts. Völkerrecht. 3. Auflage. Neuwied, Kriftel: Luchterhand. S. 220-228.

Bothe, Michael (2002): Militärische Gewalt als Instrument von Konfliktregelung: Versuch einer rechtlichen und politischen Ordnung zehn Jahre nach dem Ende des Ost-West Konflikts In: Schorlemer, Sabine von (Hrsg.): Praxishandbuch UNO. Die Vereinten Nationen im Lichte globaler Herausforderungen. Berlin, Heidelberg, New York: Springer. S. 13-26.

Claude, Inis L. Jr. (1962): Power and International Relations. New York: Random House.

Cortright, David und Gorge A. Lopez (2002): Sanctions and the Search for Security. Boulder, London: Lynne Rienner.

Debiel, Tobias (2000): Vereinte Nationen und Weltfriedensordnung. Bilanz und Perspektiven zur Jahrtausendwende. In: Nuscheler, Franz (Hrsg.): Entwickung und Frieden im 21. Jahrhundert. Bonn: Dietz. S. 446-467.

Debiel, Tobias (2002): Friedenseinsätze der UN in Afrika. Bilanz, Lehen und (mangelnde) Konsequenzen. In: Vereinte Nationen. 50. Jg., 2/2002. S. 57-61.

Eisele, Manfred (2000): Die Vereinten Nationen und das internationale Krisenmanagement. Ein Insider-Bericht. Frankfurt am Main: Knecht.

Eisele, Manfred (2002): Blauhelme als Krisenmanager. In: Schorlemer, Sabine von (Hrsg.): Praxishandbuch UNO. Die Vereinten Nationen im Lichte globaler Herausforderungen. Berlin, Heidelberg, New York: Springer. S. 27-39.

Eitel, Tono (2002): Reform of the United Nations Sanctions Regime. In: Schorlemer, Sabine von (Hrsg.): Praxishandbuch UNO. Die Vereinten Nationen im Lichte globaler Herausforderungen. Berlin, Heidelberg, New York: Springer. S. 707-714.

Gareis, Bernhard Sven und Varwick, Johannes (2002): Die Vereinten Nationen. Aufgaben, Instrumente und Reformen. 2. Auflage. Opladen: Leske + Budrich.

Gasteyger, Curt (2002): Konflikte und internationale Ordnung. In: Schorlemer, Sabine von: Praxishandbuch UNO. Die Vereinten Nationen im Lichte globaler Herausforderungen. Berlin, Heidelberg, New York: Springer. S. 1-12.
Jett, Dennis C. (1999): Why Peacekeeping Fails. New York: Palgrave.
Kimminich, Otto und Hobe, Stephan (2000): Einführung in das Völkerrecht. 7. Auflage. Tübingen und Basel: Francke.
Kühne, Winrich (2002): UN-Friedenseinsätze verbessern – Die Empfehlungen der Brahimi Kommission. In: Schorlemer, Sabine von: Praxishandbuch UNO. Die Vereinten Nationen im Lichte globaler Herausforderungen. Berlin, Heidelberg, New York: Springer. S. 715-732.
Kulessa Manfred und Dorothee Stark (1997): Frieden durch Sanktionen? SEF Policy Paper Nr. 7. Bonn: Stiftung Entwicklung und Frieden.
Löwe, Volker (2000): Vetorecht. In: Volger, Helmut (Hrsg.): Lexikon der Vereinten Nationen. München, Wien: Oldenbourg. S. 607-609.
Nuscheler, Franz (2001): Multilateralismus vs. Unilateralismus. Kooperation vs. Hegemonie in den transatlantischen Beziehungen. SEF Policy Paper Nr. 1. Bonn: Stiftung Entwicklung und Frieden.
Opitz, Peter J. (2002): Kollektive Sicherheit. In: Ferdowsi, Mir A. (Hrsg.): Sicherheit und Frieden zu Beginn des 21. Jahrhunderts. München: Bayerische Landeszentrale für politische Bildung. S. 57-74.
Rabehl, Thomas und Wolfgang Schreiber (Hrsg.) (2001): Das Kriegsgeschehen 2000. Daten und Tendenzen der Kriege und bewaffneten Konflikte. Opladen: Leske + Budrich.
Schoch, Bruno et.al (Hrsg.) (2002): Friedensgutachten 2002. Münster: Lit Verlag.

Internet-Adressen

Vereinte Nationen/United Nations (mit Vertragsarchiv): http://www.un.org/
United Nations News Service: http://www.un.org/News/
Integrated Regional Information Networks, Teil des UN-Office for the Coordination of Humanitarian Affairs (OCHA): www.irinnews.org/
Zentrum für internationale Friedenseinsätze: http://www.zif-berlin.org/index.asp
Deutsche Gesellschaft für die Vereinten Nationen e.V.:
    http://www.dgvn.de/dgvn-home.html

Stephan Böckenförde

Konfliktregelung und Friedenssicherung II. Unilateralismus – Die Vereinigten Staaten von Amerika

1. Einleitung
2. Sicherheitspolitik und US-amerikanischer Unilateralismus
2.1 Unilateralismus im internationalen System
2.2 Unilateralismus als Grundkonstante US-amerikanischer Außenpolitik
2.3 Außenpolitische Dimension des US-amerikanischen Unilateralismus und Handlungsfreiheit
2.4 Unilaterale Militäreinsätze
2.5 Innenpolitische Dimension des US-amerikanischen Unilateralismus
2.6 Deeskalierender Unilateralismus
3. US-amerikanischer Unilateralismus in der Sicherheitspolitik Bill Clintons und George W. Bushs
4. Zur Kritik am US-Unilateralismus
5. Europas Option
6. Ausblick

1. Einleitung

Die Vereinigten Staaten unter Präsident George W. Bush lassen sich nicht einbinden: Internationalen Abkommen verweigern sie ihre zustimmende Teilnahme (im übrigen nicht immer als einzige Nation und möglicherweise sogar durchaus im Sinne derjenigen Staaten, die sich daraufhin bequem hinter dem „Nein" der USA verstecken können) – das Kyoto-Abkommen, die Vereinbarungen über den Internationalen Strafgerichtshof, das Abkommen über den Transfer von Kleinwaffen, der Comprehensive Test Ban Treaty, die B-Waffen-Übereinkunft, das Ottawa-Abkommen („Übereinkommen über das Verbot des Einsatzes, der Lagerung, der Herstellung und der Weitergabe von Anti-Personen-Minen und über deren Vernichtung"). Der ABM-Vertrag mit Russland ist gekündigt. Der Krieg im Irak wurde ohne UN-Mandat lediglich mit einer „Koalition der Willigen" geführt. Und die Liste ließe sich weiterführen.

In Deutschland ist ein Streit über den vermeintlich neuen Unilateralismus der Vereinigten Staaten und die damit verbundene „imperial ambition" (Ikenberry 2002: 44-60) ausgebrochen, die die USA angesichts ihres Machtvorsprungs nun verfolgten. Auf der einen Seite dieses Streites steht eine Schule, die den Vereinigten Staaten den Drang zu einer „selektiven Weltherrschaft" vorwirft (siehe beispielsweise Czempiel 2002: 108), auf der anderen (deutlich schwächeren) Seite finden sich Wissenschaftler, die in einer wohlwollenden Lesart den Vereinigten Staaten lautere Motive und beste Absichten unterstellen und sie gegen die Angriffe der Gegenseite in Schutz nehmen (beispielsweise Krause 2002).

Es lassen sich mehrere grundsätzliche Aussagen über den „Unilateralismus und die Vereinigten Staaten" treffen: Die Vereinigten Staaten verfolgen global keine Friedenspolitik, sondern eine Ordnungs- und Sicherheitspolitik mit deutlich expansiven Elementen. Diese Politik dient nicht einem territorialen Gewinn, sondern der Ausweitung eines Einflussraumes, in dem bestimmte Werte – Demokratie, bürgerliche Freiheitsrechte und freier Markt – gelten sollen. Die Umsetzung dieser Politik, die durchaus auch (aber nicht in erster Linie) partikularen Interessen dienlich sein kann, wird mit allen Mitteln verfolgt – vor allem diplomatischen sowohl im bi- als auch im multilateralen Rahmen, aber genauso militärischen Mitteln. Die selbstreklamierte „global leadership" erfordert dabei eine weitgehende Handlungsfreiheit, wodurch sich der Unwille der Vereinigten Staaten zu einem Eingebundenwerden erklärt.

Während Europäer die Frage „unilateral" oder „multilateral" angesichts begrenzter Möglichkeiten oft zu einer Wertfrage stilisieren, reduziert sich diese in den Vereinigten Staaten zu einer Strategiefrage. Das gilt insbesondere für die Entscheidung über Kriege, die sich zunehmend von den Massenkriegen in der Tradition der *levée en masse* hin zu Hochtechnologiekriegen entwickeln und in denen die Vereinigten Staaten (um Bill Clinton zu paraphrasieren) multilateral vorgehen, wenn sie können, und unilateral, wenn sie müssen – oder wenn sie es für notwendig erachten. Über Kriege als Mittel der Politik wird nach Kosten-Nutzen- bzw. Opportunitätsüberlegungen entschieden, dabei spielen innenpolitische Faktoren eine wesentliche Rolle.

Mit den Attentaten vom 11.9.2001 sind zahlreiche Hemmschwellen gefallen, wodurch die Handlungsspielräume der Unilateralisten innerhalb der politischen Elite der Vereinigten Staaten deutlich erweitert wurden. Seit diesem Tag befinden sich die Vereinigten Staaten nach überwiegender Selbsteinschätzung erneut in einem globalen Krieg, der eine „Post-Cold-War"-Phase mit ihren relativ wenigen Orientierungspunkten ablöst und aufgrund dessen sich die Bush-Regierung die Freiheit nimmt, das Völkerrecht gemäß den eigenen Vorstellungen und Bedürfnissen – also unilateral – auszulegen (wie man zugleich auch innenpolitisch die bürgerlichen Freiheitsrechte nach dem 11.9.2001 dramatisch eingeschränkt hat).

2. Sicherheitspolitik und US-amerikanischer Unilateralismus

2.1 Unilateralismus im internationalen System

Ein unilaterales – einseitiges – Vorgehen ist im internationalen Raum ein oft und in unterschiedlichsten Zusammenhängen an den Tag gelegtes Verhalten. Man kann darunter „positions, statements, attitudes and behaviour that states adopt on their own, with no external participation" verstehen, die Staaten ohne vorherige Verhandlungen oder Erwartung auf Reziprozität ergreifen (Sur 1992: 1). Es gilt dabei die „Priorität des Selbsthilfeprinzips" zur Erreichung nationaler Interessen aus eigener Kraft oder allenfalls mit Hilfe von ad hoc gebildeten Koalitionen (Dembinski 2002: 1). Im Gegensatz zu vereinzelten Akten unilateralen Vorgehens aber bezeichnet „Unilateralismus" ein erkennbares Grundmuster außenpolitischen Handelns eines Staates – so wie es seit langem besonders bei den Vereinigten Staaten zu beobachten ist.

Mit der Ausnahme von unilateralen Rüstungskontrollschritten, auf die eigens einzugehen ist, stellt Unilateralismus in der Sicherheitspolitik üblicherweise ein Konfliktverhalten dar, dessen Anwendung und Erfolg stark von der Struktur des internationalen Systems und den jeweiligen Machtverhältnissen innerhalb des Systems abhängen. So macht es einen wesentlichen Unterschied, ob sich die unilateral handelnden Akteure in einer uni-, bi- oder multipolaren Ordnung bewegen: Zwar gibt es keine zwingende Beziehung zwischen Unipolarität und unilateralem Verhalten, aber ein existierender deutlicher Machtunterschied zwischen den Vereinigten Staaten und dem Rest der Welt senkt für den Hegemon die Schwelle zu unilateralem Vorgehen – „America behaves unilaterally because it can" (Hirsh 2002: 38). Zwar bringt multilaterales Handeln für den Hegemon Vorteile in Form von Legitimierung und Kostenteilung und wird daher von Fall zu Fall angestrebt; es bedeutet aber auch, den Willen zu Selbstbeschränkung, Selbsteinbindung und Rücksichtnahme aufbringen zu müssen. Und je größer die Machtdifferenz zwischen den Vereinigten Staaten und den übrigen Nationen wird, desto mehr werden sich die USA selbst beschränken müssen, wollen sie noch multilateral agieren. Als bevorzugten Kompromiss zwischen Uni- und Multilateralismus werden die Vereinigten Staaten daher in Zukunft meist das Vorgehen in einem multi*nationalen* Rahmen wählen, wobei sie sich selbst die Führungsrolle zusprechen und weitere Aufgabe delegieren.

Unter den Bedingungen einer globalen Bipolarität, wie sie während des Ost-West-Konfliktes bestand, kommt unilateralem Handeln eine andere Bedeutung zu: In Form von deeskalierenden Schritten – etwa in Gestalt unilateraler Abrüstungsmaßnahmen – kann es potentiell reziprokes Verhalten auf der Gegenseite bewirken und darüber hinaus möglicherweise zu weitergehender Vertrauensbildung und Entspannung beitragen; eine Gewissheit und

Garantie gibt es jedoch nie. Dagegen fordert ein unilaterales konfrontatives Verhalten – beispielsweise in Form von einseitiger Aufrüstung oder dem Versuch, den eigenen Einflussbereich auszudehnen – die Gegenmacht unmittelbar heraus und trägt so zur Verschärfung des Spannungsverhältnisses bei. In einer multipolaren Umwelt schließlich wird – wie im Fall des europäischen Mächtekonzerts des 19. Jahrhunderts – unilateralem Vorgehen eines Staates von der Gegenseite oft unmittelbar mit Koalitionsbildung begegnet. Einem solchen Verhalten ist also meist wenig Erfolg beschieden, da Macht- und Gegenmachtbildung sich gegenseitig bedingen.

2.2 Unilateralismus als Grundkonstante US-amerikanischer Außenpolitik

Während viele europäische Staaten – aus Einsicht in ihre begrenzten Machtmittel und als Konsequenz aus Europas Geschichte – Multilateralismus vielfach zu einem Ziel an sich erhoben und im innereuropäischen Interagieren staatliche Handlungsfreiheit zugunsten von Selbstbeschränkung und Einbindung weitgehend aufgegeben haben, zogen die Vereinigten Staaten aus der Geschichte – vor allem mit Blick auf die Zeit zwischen 1919 und 1947 – die Lehre, die Rolle der Weltordnungsmacht anstreben zu müssen. Sowohl multilaterales als auch unilaterales Vorgehen standen und stehen für die Vereinigten Staaten dabei unter dem Vorbehalt der Dienlichkeit. So etablierten sich die Vereinigten Staaten als westliche Führungsmacht lange Zeit in einem multilateralen und kollektiven System als *primus inter pares*, der jedoch immer internationale Abkommen unter den Vorbehalt nationaler Interessen stellte. Und auch UN-Beschlüssen kam in den Augen der USA meist unter Nützlichkeitserwägungen eine ihre Handlungen unterstützende und legitimierende, jedoch keine bindende Wirkung zu. Dies wurde aber im Westen erst offenbar, als mit dem Ende des Ost-West-Konfliktes Gegensätze zwischen den USA und ihren Alliierten deutlicher hervortraten. Gleichzeitig räumten die Vereinigten Staaten den von ihnen selbst (mit)geschaffenen multilateralen Organen tatsächlich zunehmend weniger Wert ein – in verschiedenen Debatten wurden diese sogar gänzlich zur Disposition gestellt: Aus der Perspektive der USA scheinen diese Institutionen vielfach nun ihren Zweck erfüllt zu haben. Sie hätten sich – so das Argument – überlebt, weil die Grundbedingungen sich nach 1989 radikal geändert haben, und ein Festhalten an ihnen würde die Vereinigten Staaten unnötig in der Anwendung ihrer Machtmittel einengen. Diese Haltung wurde endgültig offenbar in den Auseinandersetzungen über die Bedeutung der Vereinten Nationen, die im Winter 2002/03 vor dem Hintergrund des sich ankündigenden Irakkrieges geführt wurden.

Während also im europäischen Rahmen der Multilateralismus eine Eigendynamik gewonnen hat und zusammen mit Vorstellungen kollektiver Sicherheit und Verrechtlichung in Konzepte einer global governance mündet, ist den Vereinigten Staaten als einziger Super- bzw. Hyper- und Ordnungsmacht die Vorstellung unbequem, ihre außenpolitische Handlungsfreiheit aufzugeben. Sie würden sie eintauschen gegen als meist ineffizient angesehene multilaterale Institutionen, in denen sie sich Trittbrettfahrertum („free riders") und versteckten, möglicherweise sogar offenen, aber letztlich ungeahndet bleibenden Regelverstößen anderer Staaten weitgehend hilflos ausgesetzt wähnen, dazu bei der Regeldurchsetzung von Dritten behindert und bei der Ausweitung des Geltungsbereiches ihrer Werte gebremst werden. Dies darf aber nicht darüber hinwegtäuschen, dass das Vorgehen der Europäer nicht frei von Inkonsistenzen ist, wie der Verweis auf den ohne explizites UN-Mandat geführten Kosovokrieg belegt. Vor allem aber kennen die Europäer ein unilaterales Auftreten auf dem Feld der internationalen Wirtschaftsbeziehungen, was erneut untermauert, dass das Erscheinen von Unilateralismus im allgemeinen, besonders aber dessen erfolgreiche Anwendung wesentlich von der Machtverteilung im internationalen Raum abhängt: Gerade auf dem wirtschaftlichen Feld sind die Machtasymmetrien nicht so eindeutig gegeben wie auf dem sicherheitspolitischen. Auf der anderen Seite können in einer (wirtschaftlich) interdependenten Umwelt unilaterale Schritte vielfach umgangen werden, eignen sich dort kaum, als einziges Mittel wichtige Interessen durchzusetzen und sind schließlich oft sogar kontraproduktiv. Für die Vereinigten Staaten bedeutet dies, dass unilateral verhängten wirtschaftlichen Zwangsmaßnahmen tatsächlich eher symbolischer Charakter zukommt. Diese Symbolik kann sich nach außen wenden, richtet sich aber oft vor allem nach innen (wie der Helms-Burton Act gegen mit Kuba Handel treibende Drittstaaten, dessen Umsetzung seit seiner Verabschiedung 1996 immer wieder aufgeschoben wurde).

2.3 Außenpolitische Dimension des US-amerikanischen Unilateralismus und Handlungsfreiheit

Wenn es sich die Vereinigten Staaten als hegemoniale – wie manche meinen: bereits imperiale – Ordnungsmacht zur Aufgabe machen, neben eigenen nationalen Interessen auch die öffentlichen Güter Stabilität und Ordnung durchzusetzen, müssen sie zwangsläufig Widerspruch provozieren. Denn selbst Alliierte haben neben handfesten Interessensdivergenzen abweichende Vorstellungen von dieser Ordnung und von den zu ihrer Erreichung einzusetzenden Mitteln (dies zum Teil, weil sie über die entsprechenden Mittel gar nicht verfügen), und sie teilen auch nicht die amerikanischen Bedrohungsanalysen. In den meisten Fällen sehen sie ihre geostrategischen Interessen nicht unmittelbar bedroht (weil diese Interessen wie im Falle Deutschlands unter Umständen ohnedies nur schwach entwickelt sind oder weil ihre Interessensreichweite relativ gering ist). Oft beschränken sie sich global vor allem auf das Verfolgen wirtschaftlicher Interessen, und so reicht es ihnen in den meisten Fällen, eine Strategie der Einbindung über eine gegenseitige wirtschaftliche Vorteilsbildung anzuwenden.

Aufgrund dieser auf verschiedenen Ebenen bestehenden Interessensgegensätze und der Rollen innerhalb des Systems reklamieren die Vereinigten Staaten für sich das Recht zu unilateralem Handeln – als „leadership" verstanden – und streben unbeschränkte Handlungsfreiheit an. Die derzeit größte Gefahr für diese unbedingte Handlungsfreiheit besteht in dem Bemühen von als feindlich angesehenen Nationen, sich in den Besitz von unkonventionellen und Massenvernichtungswaffen zu bringen. Solche Waffen würden es den entsprechenden Staaten nämlich nicht nur ermöglichen, zunächst regional, später möglicherweise überregional ihre eigenen Ordnungsvorstellungen durchzusetzen; vielmehr würden sie die Kosten erheblich erhöhen, die den Vereinigten Staaten im Konfliktfall entstehen, und möglicherweise würden sie damit ein Eingreifen der USA sogar unmöglich machen. Dies im Vorfeld zu verhindern, war eines der Motive für den Krieg der Vereinigten Staaten gegen den Irak, und dies macht den Umgang der USA mit Nordkorea so kompliziert. Nordkorea wiederum könnte als Vorbild für all diejenigen Staaten dienen, die sich vor militärischen Angriffen durch die USA schützen oder die sich auch nur ein international einsetzbares politisches Druckmittel verschaffen wollen. Wenn die Vereinigten Staaten dagegen ihre Handlungsfreiheit bewahren wollen, müssen sie solche Entwicklungen unterbinden – unter Umständen auch mittels präventiver Militäreinsätze wie im Irak.

2.4 Unilaterale Militäreinsätze

Die Vereinigten Staaten greifen oft unilateral zu dem Mittel von Militäroperationen: So intervenierte die Regierung Reagan 1983 auf Grenada und führte 1986 als Reaktion auf die Anschläge gegen die Berliner Discothek La Belle eine Strafaktion gegen Libyen durch. 1989 ließ George Bush das Regime von Manuel Noriega zugunsten des gewählten Präsidenten Endara militärisch absetzen. Bill Clinton ordnete 1993 Vergeltungsangriffe gegen den Irak an, nachdem Pläne für ein angeblich geplantes Attentat auf seinen Amtsvorgänger Bush in Kuwait bekannt geworden waren; 1998 ließ er dann nach den Attentaten auf die Botschaften in Nairobi und Daressalam vermeintlich terroristisch genutzte Einrichtungen und Ziele in Afghanistan und im Sudan bombardieren – und dies sind nur die herausragenden Beispiele für unilaterale Militäreinsätze der jüngeren Zeit.

Neben diesen eindeutig rein unilateralen Fällen gibt es noch zwei weitere erwähnenswerte Formen von US-Militäroperationen mit unilateralen Zügen: Zum einen handelt es sich dabei um scheinbar multilaterale Operationen, für die hauptsächlich aus innenpolitischen und diplomatischen Gründen zwar ein multilateraler Rahmen angestrebt wird, die aber mit größter Wahrscheinlichkeit auch ohne diesen Rahmen von der US-Regierung durchgeführt worden wären. Dies gilt beispielsweise für den Zweiten Golfkrieg 1991: Hier hatte der internationale Rahmen vor allem die Aufgabe, dem Militäreinsatz Legitimation zu verschaffen, durch eine breite Koalition die Verantwortung zu verteilen, die Kosten zu internationalisieren (sämtliche Kriegskosten der USA wurden am Ende durch Dritte getragen) und schließlich innenpolitisch den US-Kongress unter Druck zu setzen, so dass dieser der Regierung am 12.1.1991 seine Zustimmung zu dem vermeintlich internationalen Auftrag nicht mehr verweigern konnte. Tatsächlich aber war die Regierungsspitze bereits im August 1990 fest entschlossen gewesen, notfalls auch ohne VN-Mandat die irakischen Truppen aus Kuwait militärisch zu vertreiben. Aus völkerrechtlicher Sicht hätte dazu das Hilfeersuchen der kuwaitischen Exilregierung und damit der Verweis auf das Recht zur kollektiven Selbstverteidigung ausgereicht, aber die den Sicherheitsratsmitgliedern im November 1990 abgerungene Resolution 678 schuf eine wesentlich überzeugendere Grundlage für den Krieg. Ein anderes Beispiel für eine scheinbar multilaterale Operation ist die Intervention in Haiti im Jahr 1994, für die sich die US-Regierung sowohl bei den Vereinten Nationen als auch bei der Organisation Amerikanischer Staaten (OAS) zuvor der diplomatischen Rückendeckung versichert hatte, während kein Zweifel bestehen kann, dass die Regierung Clinton aufgrund des innenpolitischen Drucks auch ohne VN-Mandat und OAS-Unterstützung militärisch interveniert hätte (vgl. zu VN-gedeckten Militäreinsätzen den Beitrag von Wibke Hansen im vorliegenden Band).

Den zweiten Sonderfall stellen unlegitimierte multinationale Militäroperationen dar, etwa der Kosovokrieg: Formal war dieser Krieg ein von der NATO getragener Koalitionskrieg (auch wenn die Vereinigten Staaten die militärische Hauptlast des Krieges trugen), dessen unmittelbare Nutznießer die europäischen Nachbarstaaten des ehemaligen Jugoslawien waren. Angesichts einer drohenden Flüchtlingskatastrophe und der Gewissheit, dass ein VN-Mandat an einem Veto Russlands und Chinas scheitern würde, trugen die NATO-Staaten diesen Krieg ohne explizite VN-Resolution mit. Statt dessen beriefen sie sich auf die Resolutionen 1199 vom 23.9.1998 und 1203 vom 24.10.1998, in denen mit Bezug auf Kapitel VII der VN-Charta ein Ende der Gewalttätigkeiten und die Umsetzung des Holbrooke-Milosevic-Abkommens über die Überwachung eines Waffenstillstandes und über die Rückkehr der Flüchtlinge gefordert worden war.

Eine wesentliche Voraussetzung für ein solches Agieren der Vereinigten Staaten im internationalen Raum besteht darin, dass eine überwiegende Mehrheit der Amerikaner in dem Einsatz militärischer Mittel nicht das letzte, sondern allenfalls das äußerste Mittel der Politik sieht. So hat das Gewaltverbot der VN (eingeschränkt durch Selbstverteidigung und Einsätze nach Kapitel VII der Charta) nur begrenzte Bedeutung, und vor diesem Hintergrund gerät die Frage „unilateral oder multilateral" zu einem reinen Opportunitäts- bzw. Kosten-Nutzen-Problem. Damit erhält Clintons Ausspruch aus seiner Rede vor der Generalversammlung der Vereinten Nationen vom 26.9.1994 –

„we will act with others when we can, but alone if we must" – programmatische Bedeutung. Denn angesichts der globalen Machtunterschiede lautet die zentrale Frage für die Vereinigten Staaten nun vielfach nur noch, ob sie in einem gegebenen Fall überhaupt militärisch eingreifen sollten. Erst in zweiter Linie stellt sich die Frage, ob dies auf einer multilateralen Grundlage geschehen soll – und dagegen spricht jenseits von Interoperabilitätsschwierigkeiten immer, dass Verbündete unter Umständen die militärischen Entscheidungsprozesse stören oder die Operationen auf völkerrechtlichem Weg beeinflusst oder gar verhindert werden könnten. Gleichzeitig sinkt die Hemmschwelle, das US-Militär unilateral und sogar gegen den erklärten Willen einer Mehrheit der Staaten der Welt oder gegen das Unbehagen in der eigenen Bevölkerung einzusetzen, je stärker das US-Militär wird und je mehr angesichts von High-Tech-Kriegsführung die Gefahr abnimmt, eigene Opfer beklagen zu müssen.

2.5 Innenpolitische Dimension des US-amerikanischen Unilateralismus

Mit der außenpolitischen Stärke der Vereinigten Staaten bzw. dem Abnehmen internationaler Hemmnisse nimmt generell die Bedeutung innenpolitischer Faktoren für das außenpolitische Handeln zu. Dabei zeigt sich, dass eine grundsätzliche Skepsis vieler Kongressmitglieder in den Vereinigten Staaten gegenüber multilateralen Institutionen und Vereinbarungen besteht. Denn es sind im Normalfall die Regierungen und nicht die Parlamente, die auf diese Einrichtungen Einfluss besitzen; damit können die Machtbefugnisse und Kontrollmöglichkeiten der Parlamente gegenüber der Exekutive auf dem Feld der Außenpolitik beschnitten werden (siehe bezogen auf die USA: Dembinski 2002: 32 und 49). Entsprechend kritisch steht der US-Kongress damit multilateralen Institutionen gegenüber; an Bedeutung gewinnen diese immer nur dann, wenn man in ihrer Einschaltung einen Weg sieht, das Handeln der Regierung im eigenen Sinne zu beeinflussen (wie etwa bei der Forderung einiger Kongressmitglieder im Jahr 2002, vor einem Angriff auf den Irak die Vereinten Nationen mit dem Fall zu befassen).

Indes, „all politics is local," wie der ehemalige Sprecher des Repräsentantenhauses Tip O'Neill bemerkte, und einmal Teil einer multilateralen Institution, wirken die Vorstellungen der 100 Senatoren und 435 Repräsentanten deutlich in diese Einrichtungen hinein – und über sie auch die von verschiedenen gesellschaftlichen Gruppen. So können einzelne Kongressmitglieder wie der republikanische Senator Jesse Helms das Verhältnis der USA zu den Vereinten Nationen nachhaltig prägen. Daneben nehmen die USA beispielsweise seit der Zeit der Regierung Reagan aufgrund des starken Einflusses christlich-konservativer Gruppen auf die Politik der Republikaner eine Sonderrolle in allen denjenigen UN-Organisationen ein, die sich im weitesten

Sinne mit Familienplanung befassen und denen von den Konservativen unterstellt wird, sie propagierten eine Abtreibungsstrategie zur Bekämpfung des Bevölkerungswachstums. Zu nennen ist auch die Bedeutung der US-kubanischen Bevölkerungsgruppe, die die treibende Kraft hinter der scharfen Kubapolitik der jeweiligen US-Regierung darstellt. Auf der Seite der Demokraten wiederum sind es die Gewerkschaften, die die Regierung – vor allem im wirtschaftlichen Bereich – immer wieder zu Alleingängen drängen. Unter sicherheitspolitischen Aspekten wichtig sind die Mitglieder des parteiübergreifenden Human Rights Caucus im US-Kongress, durch den sich zunehmend auch „liberal hawks" wie Stephen Solarz, Joseph Lieberman oder Tom Lantos hervortaten und –tun und denen eine wesentliche Rolle vor dem Golfkrieg 1991 zukam.

Oft drängen auch ausländische Gruppen über einzelne Kongressmitglieder auf ein unilaterales militärisches Vorgehen der Vereinigten Staaten. Ein Beispiel dafür ist die Militäroperation in Panama 1989, die einen innenpolitischen Konflikt in dem mittelamerikanischen Staat beendete, in den die Vereinigten Staaten durch die panamaische Opposition hineingezogen worden waren. Ein anderes Beispiel ist die Intervention in Haiti 1994, die formal zwar eine von den Vereinten Nationen genehmigte und von einer multinationalen Streitmacht durchgeführte Operation, de facto aber eine US-Intervention war. Durch diesen Einsatz wurde Präsident Aristide in sein Amt zurückgebracht, nachdem vor allem Menschenrechtsgruppen, der Congressional Black Caucus (in Verbindung mit dem TransAfrica Forum des afro-amerikanischen Aktivisten Randall Robinson, der in den 80er Jahren wesentlich die Südafrikapolitik des Kongresses geprägt hatte) und die haitianischen Bevölkerungsgruppen in Florida und New York die US-Regierung unter starken innenpolitischen Druck gesetzt hatten.

2.6 Deeskalierender Unilateralismus

Unilaterales Vorgehen muss nicht notwendigerweise konfrontativ sein, sondern kann auch deeskalierend wirken. Das beste Beispiel dafür bieten die einseitigen Abrüstungsschritte, die die Vereinigten Staaten und die Sowjetunion während des Kalten Krieges von Zeit zu Zeit einleiteten. Dabei bieten einseitige Initiativen die Möglichkeit, indirekt Spannungen ab- und Vertrauen aufzubauen (Rose 1988: 138f.) und können am Ende sogar in Rüstungskontrollvereinbarungen münden. Auf diese Weise kam beispielsweise der Limited Test Ban Treaty zustande, aber auch der Outer Space Treaty wurde durch die gegenseitigen schrittweise zwischen 1962 und 1967 gemachten Zugeständnisse möglich. Ähnliche Wirkung hatten das sowjetische Nukleartestmoratorium zwischen August 1985 und Februar 1987 und das Mittelstreckenraketenmoratorium aus dem Frühjahr 1986 (Agaev 1992: 19ff.). Allerdings werden die Schritte Gorbatschows in den Vereinigten Staaten in konservativen

Kreisen heute nicht als ein politischer Richtungswechsel von globaler Bedeutung gewertet, sondern als Ergebnis und Erfolg der hemmungslosen Aufrüstungsstrategie der Regierung Reagan, die die Sowjetunion am Ende von der Konkurrenzpolitik zu den Vereinigten Staaten abgebracht habe. Entsprechend sieht man auch die neue Hochrüstung unter George W. Bush als ein Mittel, andere Militärmächte mit Ambitionen auf regionale Vormachtstellungen bereits im Vorfeld zu entmutigen (Rumsfeld 2002: 27).

Unter dem Vorzeichen der Deeskalation durch einseitige Rüstungsreduzierung dagegen umstritten sind die von der Regierung Bush 2002 bekanntgegebenen Reduzierungen in dem Bereich der Nuklearwaffen. Kritisiert wird vor allem die Tatsache, dass die Vereinigten Staaten zum einen nur die Konsequenz aus dem Umstand zögen, dass Russland in den kommenden Jahren ohnedies aus Kostengründen gezwungenermaßen seine Atomstreitmacht deutlich reduzieren muss, dass zum zweiten immer noch eine Basis von 1700 bis 2200 Sprengköpfen intakt bleibe, dass zum dritten die deaktivierten Köpfe lediglich bis zum Jahr 2012 eingelagert würden und so als „stille Reserve" vorhanden blieben. Vor allem aber lösten sich die Vereinigten Staaten gleichzeitig aus dem bis dahin bestehenden Netz von Rüstungskontrollverträgen, indem sie zunächst den ABM-Vertrag kündigten, ohne ein adäquates Nachfolgeregime zu formulieren. Dieser Schritt erlaubt nun nicht nur konkret den Einstieg in weitreichende Raketenabwehr- und weiterführende Weltraumrüstungsprogramme, sondern die wenige Zeilen umfassende Abrüstungserklärung ist vor allem der Ausstieg aus einem System auf Reziprozität angelegter Vertragswerke.

3. US-amerikanischer Unilateralismus in der Sicherheitspolitik Bill Clintons und George W. Bushs

Die Regierung von George W. Bush verfolgt eine internationale Politik, die deutlich auf einem Unilateralismus-Kurs liegt, indem sie den Machtvorsprung der Vereinigten Staaten bewusst ausspielt, ihn weiter vergrößern will und auf eine absolute globale Handlungsfreiheit abzielt. Im Gegensatz dazu legten die Vereinigten Staaten während der Präsidentschaft von Bill Clinton zumindest einen konzilianteren Ton an den Tag: So proklamierten Clinton und sein außenpolitisches Team um Sicherheitsberater Lake, Außenminister Christopher und UN-Botschafterin Albright zunächst die Strategie eines „*assertive multilateralism.*" Hinter diesem Konzept stand auch die Vorstellung, die Lasten der internationalen Ordnungspolitik nach dem Ende des Ost-West-Konfliktes auf möglichst viele Schultern zu verteilen, damit sich die US-Regierung vor allem auf innen-, wirtschafts- und sozialpolitische Themen konzentrieren konnte.

Das darf aber nicht darüber hinwegtäuschen, dass die Regierung Clinton in sicherheitspolitischen Fragen am Ende doch einen „qualifizierten Unilate-

Konfliktregelung und Friedenssicherung II 161

ralismus" (Rudolf/Wilzewski 2000: 13) verfolgte und sich als „wählerischer Hegemon" (Kubbig/Dembinski/Kelle 2000: 14) präsentierte, wie sich in Präsident Clintons bereits zitierter Rede vom 26.9.1994 vor der Generalversammlung der Vereinten Nationen nachdrücklich zeigt: „When our national security interests are threatened, we will act with others when we can, but alone if we must. We will use diplomacy when we can, but force if we must" (Address by the President at the 49th Session of the U.N. General Assembly, September 26, 1994).

Die Abkehr von der Politik des „assertive multilateralism" erfolgte bereits mit dem Somalia-Debakel im Oktober 1993, als 18 US-Soldaten beim Versuch, den Milizenführer Farah Aidid gefangen zu nehmen, ums Leben kamen und daraufhin die Regierung nicht nur die Somalia-Operation, sondern auch die Landung amerikanischer und kanadischer Truppen abbrach, die im UN-Auftrag in Haiti die Rückkehr Aristides vorbereiten sollten. In den folgenden Monaten rückte die US-Regierung immer mehr von ihrem multilateralen Ansatz ab. Denn während das US-Militär mit dem Auftrag, in allen denkbaren Krisensituationen weltweit (und zur Durchsetzung der eigenen Interessen) einsetzbar zu sein, transformiert wurde und es zu einer Reihe von militärischen Operationen kam (1993 und 1998 Angriffe auf den Irak, Durchsetzung der Flugverbotszonen über dem Irak, 1994 Intervention in Haiti, 1998 Angriffe gegen Ziele im Sudan und in Afghanistan, Kosovokrieg 1999), schränkte der Präsident im Mai 1994 mit der Presidential Decision Directive (PDD) 25 die Möglichkeiten deutlich ein, das US-Militär auch im internationalen Auftrag einzusetzen. Tat sich also unter Bill Clinton ein Widerspruch zwischen Rhetorik und Praxis auf, bemühte sich die Regierung von George W. Bush gar nicht erst darum, ihren internationalen Operationen einen multilateralen Schein zu verleihen. Mit den Terroranschlägen des 11.9.2001 stellte der Präsident die Welt vor die Alternative, sich für oder gegen die USA zu entscheiden.

Innerhalb der Regierung Bush gibt es dabei einen Konflikt zwischen zwei Denkrichtungen: Einer kompromisslosen „leadership"-Richtung, die im wesentlichen von Neokonservativen und konservativen Internationalisten angeführt wird, und moderateren Positionen eines „instrumentellen Multilateralismus" (so bezeichnet in Kagan 2002 a). Die neokonservative Schule formuliert US-amerikanische Positionen vor allem mit dem Blick auf „allgemeingültige Ideale," die sie unter Anwendung von US-Macht, gegebenenfalls auch militärischer Macht, weltweit und unter allen Umständen durchsetzen will. Ursprünglich entstand diese Denkrichtung unter ehemaligen, von Carters angeblich schwachem Auftreten gegenüber der Sowjetunion enttäuschten und daher zu Reagan übergelaufenen Demokraten. Heute finden sich die intellektuellen Baupläne und Entwürfe dieser Schule bei den Unterzeichnern des Project for the New American Century, von denen einige – Cheney, Rumsfeld, Wolfowitz, Libby u.a. – unter Bush in höchste Regierungsämter gelangt sind. Intellektuelles Zentrum dieser Gruppe ist das American Enterprise Institute und publizistisches Sprachrohr das von William Kristol herausgegebene Magazin Weekly Standard. Neben Kristol ist Robert Kagan einflussreichster Sprecher, der zusammen mit Kristol im Jahr 2000 der neuen Regierung eine mit „Present Dangers" betitelte Empfehlung für die kommende Außenpolitik auf den Weg gab (Kristol/Kagan 2000).

Nachdem sie in den späten 70ern Carters angebliche Nachgiebigkeit gegenüber der Sowjetunion kritisiert hatten, warfen die Apologeten der neokonservativen Schule Ende der 90er Jahre auch Clinton vor, die aus der Machtstellung der Vereinigten Staaten entspringenden weltgestalterischen Möglichkeiten aus Schwäche verspielt zu haben. Ihr Programm von 1997 betonte eine deutliche Steigerung der Verteidigungsausgaben, um die den Vereinigten Staaten zugewiesene Verantwortung weltweit wahrnehmen zu können und die Herausforderung durch jene Regime anzunehmen, die den US-Interessen, vor allem aber: -Werten feindlich gegenüberstünden. Das Ziel sei, politische und wirtschaftliche Freiheit zu verbreiten und eine Ordnung zu fördern, die US-Sicherheitsbedürfnissen, -Wohlstandserwartungen und -Prinzipien entspreche (Statement of Principles, The New American Century 1997).

Die Gruppe der konservativen Internationalisten wiederum spricht sich vor dem Hintergrund einer Unipolarität klar für einen US-Unilateralismus aus; der konservative Kolumnist Charles Krauthammer bezeichnete dieses Bekenntnis bereits im Juni 2001 als das eigentliche Herzstück einer „Bush-Doktrin" – Monate, bevor Bushs Ankündigung, gegen alle den globalen Terrorismus unterstützenden Staaten Krieg führen zu lassen, zur Bush-Doktrin erklärt wurde. Für Krauthammer genießen die Vereinigten Staaten in einer unipolaren Welt eine Machtstellung, wie sie keine andere Nation seit dem Fall des Römischen Reiches besaß, und es sei nun die Aufgabe der Bush-Regierung, diese Stellung zu erhalten und – wie hundert Jahre zuvor Präsident Theodore Roosevelt, der neben Ronald Reagan zweite historische Leitfigur der konservativen Internationalisten und Neokonservativen ist – den Vereinigten Staaten eine neue Rolle in der Welt zu schaffen, nachdem Clinton bei dieser Aufgabe sträflich versagt habe. Die Ablehnung der Kyoto-Beschlüsse habe deutlich gezeigt, was man von einem „multilateral nonsense" halte (Krauthammer 2001). In diesem Sinne sei Bushs De-facto-Absage an die Rüstungskontrolle durch seine Ankündigung, den ABM-Vertrag zugunsten der Raketenabwehr zu beenden, ein weiterer Schritt auf diesem Weg gewesen; und so sollten die Vereinigten Staaten in der Zukunft weiter diejenigen Waffen bauen, die sie für den Erhalt ihrer Sicherheit für notwendig hielten. Ziel sei, die Handlungsfreiheit und die Vormachtstellung der Vereinigten Staaten sowie das unipolare System zu erhalten, weil nur ein solches System überhaupt geeignet sei, den Frieden zu sichern. Schließlich seien die Vereinigten Staaten nicht nur ein Hegemon, sondern ihre überragende Rolle und Stärke werde von vielen Nationen als Ausgleich zur Macht anderer Staaten ausdrücklich begrüßt.

Solche Vorstellungen fanden sich bereits in Strategiepapieren, die der heutige stellvertretende Verteidigungsminister Paul Wolfowitz ab 1990 für den damaligen Verteidigungsminister Richard Cheney anfertigte. Darin wurde als neues Ziel der Vereinigten Staaten nach dem Ende des Kalten Krieges ausgegeben, jedes Aufkommen eines möglichen regionalen Konkurrenten zu verhindern. Damals hielt die Regierung Bush diese Strategiepapiere noch unter Verschluss; im Januar 2000 dann veröffentlichte Condoleezza Rice (zu diesem Zeitpunkt außenpolitische Wahlkampfberaterin des Kandidaten George W. Bush) einen Beitrag in Foreign Affairs, in dem nun genau dieser Anspruch offen wiederholt wurde: Mit Hilfe ihrer militärischen Macht sollten die Vereinigten Staaten den Aufstieg jedes neuen potentiellen Rivalen verhindern; wesentlich sei für die Vereinigten Staaten in Zukunft, nicht mehr „from the interest of an illusory international community" (Rice 2000: 62), sondern von ihren eigenen klar umrissenen Interessen ausgehend zu handeln – inklusive von solchen, die aus den von den USA vertretenen universalen Werten erwüchsen. Entsprechend könnten multilaterale Einrichtungen allenfalls hilfreich sein, aber ein Ziel an sich sei der Multilateralismus nicht. Genau in diesem Sinne bezeichnete auch Robert Zoellick, später Handelsbeauftragter der Bush-Regierung, internationale Vereinbarungen und Institutionen zu „means to achieve ends, not [as] forms of political therapy" (Zoellick 2000: 69). Das zentrale Element unter den globalen Gestaltungsmitteln ist sowohl bei Rice als auch bei Zoellick die militärische Macht der USA. Ähnliche Positionen finden sich wenig später in der Quadrennial Defense Review (QDR) des Verteidigungsministeriums und der Nationalen Sicherheitsstrategie des Präsidenten (NSS): Neben der Position, zur Schonung der eigenen Ressourcen mit anderen Staaten zwar generell zusammenarbeiten zu wollen, wird doch zugleich der Hinweis auf situativ wechselnde Koalitionen der Willigen gegeben. Es gehe in Zukunft darum, offensiv Gegner zu verfolgen und ihnen keine Rückzugsräume mehr zu gewähren. Im Fadenkreuz sollten dabei weltweit agierende Terroristen und die sie unterstützenden Staaten stehen, vor allem dann, wenn diese beabsichtigten, sich Massenvernichtungsmittel zu beschaffen. Zusammenfassend wird in der National Security Strategy gedroht: „While the United States will constantly strive to enlist the support of the international community, we will not hesitate to act alone, if necessary, to exercise our right of self-defense by acting preemptively against such terrorists, to prevent them from doing harm against our people and our country" (NSS 2002: 6; zur Präemptionstrategie siehe auch NSS: 14ff.).

Diesen Positionen, die auf eine deutliche Militarisierung der internationalen Beziehungen, der Konfliktbearbeitung und einen klaren Unilateralismus der Vereinigten Staaten hinauslaufen, steht die von Robert Kagan als „instrumental multilateralism" bezeichnete Richtung entgegen, deren wichtigster Theoretiker derzeit sicherlich Joseph S. Nye ist. Nye unterteilt die staatlichen Machtquellen in militärische, wirtschaftliche und „sanfte" Macht („soft power") und kommt zu dem Schluss, dass diese Machtquellen sich erstens nicht überall mit gleichem Erfolg einsetzen ließen, dass die Vereinigten Staaten auf diesen Feldern zweitens nicht gleichmäßig stark seien und dass es drittens Problemstellungen gebe, die das gemeinsame Vorgehen mehrerer Staaten erforderten (Nye 2002). Daraus folgt bei Nye die Anregung, die Vereinigten Staaten sollten eine generelle Präferenz für Multilateralismus zeigen. Das schließe Alleingänge zwar nicht grundsätzlich aus – „at times, we will have to go it alone" –, dies solle aber nur geschehen, um – in deutlicher Abgrenzung zu enger Interessenorientiertheit – *öffentliche Güter* zu verfolgen, von denen *die USA und andere gleichermaßen* profitierten (Nye 2001: 13).

Innerhalb der Bush-Regierung wird diese Denkrichtung in erster Linie von Außenminister Colin Powell und seinem ehemaligen Planungsstabdirektor Richard Haass vertreten. Haass lehnt seit langem die Idee einer US-Hegemonie, wie sie sich bei Kristol, Kagan, Krauthammer oder Wolfowitz findet, explizit als zu teuer und nicht praktikabel ab (siehe u.a. Haass 1997: 53f.). Statt dessen sollten sich die Vereinigten Staaten – so seine Überlegungen aus dem Jahr 1997 – in einem „age of deregulation" auf eine weltpolitisch regulierende Rolle beschränken (Haass 1997: 8, 21ff., 69). In Bezug auf die politischen Ziele stimmt er mit den konservativen Internationalisten und Neokonservativen zwar in weiten Teilen überein: Politische Freiheit, physische Sicherheit und wirtschaftliche Wohlfahrt der USA; Verhinderung einer fremden Kontrolle über Europa, den asiatisch-pazifischen Raum oder die Golfregion durch andere Staaten; Unterbindung von Nuklearwaffenprogrammen in „Schurkenstaaten;" schließlich die Vermeidung des Entstehens neuer großer Gefahren im globalen Umfeld. Im Gegensatz zu den Neokonservativen und konservativen Internationalisten plädiert Haass aber zum Erreichen dieser Ziele für eine multilaterale Zusammenarbeit mit anderen Staaten im Rahmen internationaler Organisationen und zugleich für eine auf individuelle Situationen bezogene Kooperation auf bestimmten Feldern unter Führung der Vereinigten Staaten („foreign policy by posse", Haass 1997: 93ff.).

Letztlich bleibt Haass' Position allerdings doch janusköpfig, wenn er deutlich an Clintons eingeschränktem Multilateralismuskonzept von 1994 festhält, wonach die Vereinigten Staaten „act, whenever possible with others but alone when necessary" (Haass 1997: 69). Gleichzeitig erteilt er den Vereinten Nationen als der letzten regelsetzenden Instanz eine klare Absage: „The approval of the United Nations is not required to intervene or legitimate any foreign policy – any more than the lack of approval necessarily makes it illegitimate." (Haass 1997: 98). Und selbst wenn er das Primat der Diplomatie betont, so stellen sich bei ihm doch auch deutlicher als bei vielen anderen Autoren Militäreinsätze als ein politisches Mittel dar: „Military force is simply one instrument of policy, and its selection reflects its utility relative to other policy tools." (Haass 1997: 51). Dies sei gerade hinsichtlich der Proliferation von Massenvernichtungswaffen entscheidend, der in letzter Konsequenz mit Präventivschlägen begegnet werden müsse, wenn dies auch wegen der großen politischen Folgeprobleme nach Möglichkeit vermieden werden sollte.

Damit zeigt sich, dass selbst der einem Multilateralismus eher zuneigende Flügel der Bush-Administration nicht vor unilateralem Vorgehen und Militäroperationen zurückschreckt – eine Haltung, die von Robert Kagan als ein „multilateralism, American style" bezeichnet wird (Kagan 2002 a). Bemerkenswert ist, wie in Bezug auf den Irak in der US-Regierung diese beiden – tatsächlich drei – zentralen Strömungen zusammenflossen (nachdem bereits unter Clinton 1998 die Politik eines Regimewechsels eingeleitet worden war): Die Neokonservativen hatten den Irak ab der zweiten Hälfte der 90er Jahre in das Zentrum einer Umgestaltungspolitik für den gesamten Nahen und Mittleren Osten gerückt; danach sollte ein „befreiter Irak" die Basis werden, von der aus man Druck auf die Regierungen in Teheran und Damaskus mit dem Ziel eines Regimewechsels oder zumindest einer weitgehenden Politikänderung durch diese Regime ausüben konnte. Am Ende sollte ein demokratischer, Menschen- und bürgerliche Freiheitsrechte achtender, dem internationalen Terrorismus abschwörender und Israel anerkennender Naher und Mittlerer Osten stehen (siehe dazu u.a. Wurmser 1999: 72-79). In der Konsequenz deckten sich diese Vorstellungen mit denen der konservativen Internationalisten, die in Saddam Husseins Irak eine ständige Herausforderung für den Westen und die Vereinigten Staaten sahen. Spätestens mit den Anschlägen vom 11.9.2001 war dann der Punkt erreicht, an dem auch die „instrumentellen Multilateralisten" eine kompromisslose Position beziehen mussten: Die Vorstellung, dass vom Irak über den internationalen Terrorismus die Gefahr eines Angriffes mit unkonventionellen Waffen gegen die Vereinigten Staaten ausgehen könnte, ließ auch sie in einer eigenwilligen Auslegung des Völkerrechts für einen notfalls militärisch herbei- und unilateral ausgeführten Regimewechsel im Irak als Akt präventiver Selbstverteidigung plädieren.

4. Zur Kritik am US-Unilateralismus

Gegen die unilateral-militärischen Positionen, die von führenden Mitgliedern der Bush-Regierung vertreten werden, haben sich viele warnende Stimmen erhoben. Ausgehend von Realismustheorien wird man unterstellen müssen, dass eine unipolare Welt mit einem einzigen Hegemon nicht stabil ist und dass langfristig ein Gegenpol entstehen wird. Darüber hinaus sehen zahlreiche Kritiker – Nye, Czempiel, Ikenberry, Michael Mandelbaum, Charles Kupchan, Harald Müller, selbst Samuel Huntington u.a. – sehr viel kurzfristiger bereits Hindernisse und Schwierigkeiten und warnen die Vereinigten Staaten angesichts deren weltweiter militärischer Präsens und deren militärischer Einsätze vor der Gefahr eines „imperial overstretch," wie ihn schon der Historiker Paul Kennedy Ende der 80er Jahre beschwor.

Es gibt weitere Kritikpunkte: Je mehr zum Beispiel vor dem Hintergrund eines US-amerikanischen Exzeptionalismus missionarisch „universale" Werte militärisch verbreitet werden (siehe etwa bei Brands 1998 angelegt) und nicht mehr (wie noch unter Woodrow Wilson oder Franklin Delano Roosevelt) in langwieriger Überzeugungsarbeit, desto mehr internationaler Widerstand wird sich aufbauen und desto schwächer wird die amerikanische Konsensmacht – etwa in Form von Nyes Soft Power-Konzept – werden. Außerdem stellt sich die Frage, ob die von der Bush-Regierung angewandten, vom Staat getragenen unilateral-militärischen Mittel überhaupt angemessen sind, um diejenigen Gefahren zu bekämpfen, die von Gewaltunternehmern und weltweit agierenden Terroristen (also gewaltsam und rechtlos agierenden NGOs) ausgehen. So weist Harald Müller darauf hin, dass Unipolarität eben nicht Omnipotenz bedeute und dass unilateral-militärische Operationen keine Lösungen für politische Probleme darstellten, und er betont, dass die Vereinigten Staaten spätestens in Gestaltungsphasen wieder auf kollektive politische Anstrengungen und auf Konsensbildung angewiesen seien (Müller 2000: 44), womit der Unilateralismus zwangsläufig an sein Ende gelange.

Dabei hat die Bush-Regierung bereits mit ihrem Wechsel von einem „threat-based approach" zu einem „capabilities-based approach" auf neue Gefahrenpotentiale reagiert: Man orientiert sich in diesen Sicherheitskonzepten nicht mehr an bekannten Gegnern und deren Kapazitäten, sondern an den möglichen Fähigkeiten noch unbekannter Gegner – den „unknown unknowns," wie Verteidigungsminister Rumsfeld sie nennt. Dagegen aber ist einzuwenden, dass man niemals alle neuen, derzeit noch undenkbaren Gefahren bekämpfen kann, weil man in den Konzeptionen am Ende doch immer dem letzten geführten Kampf verhaftet bleibt. Statt dessen kann dieser Ansatz die Vereinigten Staaten in einen endlosen Abnutzungskrieg gegen nicht-staatliche terroristische Akteure und dazu erklärte „Schurkenstaaten" führen, während den internationalen Regimen, die der Gewalteinhegung und Kontrolle des Waffenflusses dienen, keine besondere Bedeutung mehr beigemessen wird (vgl. den Beitrag von Martin Kahl im vorliegenden Band). Ist es fraglich, dass einem solchen Krieg außenpolitischer Erfolg beschieden sein wird, so sind seine innenpolitischen Folgen für die Vereinigten Staaten jedoch eindeutig: Die Bedrohungsanalysen und die daraus resultierenden Auseinandersetzungen bewirken die Festschreibung eines Post-September-11-Ausnahmezustandes, der einen tiefgreifenden gesellschaftlichen Bewusstseinswandel nach sich ziehen muss.

Gleichzeitig werden mit der militärisch-politischen Machtzunahme der Vereinigten Staaten US-Regierung und -Legislative die Beantwortungskompetenz für wesentliche Fragen weltpolitischer Gestaltung an sich ziehen. Dadurch werden demokratische Mitsprache- und Mitgestaltungsmöglichkeiten der Gemeinschaft der übrigen Staaten reduziert und Entscheidungsabläufe vernebelt – bestenfalls ausgewählten Alliierten wird noch Einflussnahme gestattet. Das wäre das genaue Gegenteil einer „partizipatorischen Welt," wie sie etwa Czempiel fordert, und würde nur noch größeren Widerstand weltweit provozieren, wodurch die außenpolitische Konsensmacht der Vereinigten Staaten weiter in Mitleidenschaft gezogen würde.

5. Europas Option

Was sind die möglichen Alternativstrategien Europas? Nachdem die Europäer die ihnen von George Bush nach dem Fall der Mauer und dem Golfkrieg 1991 angebotene „partnership in leadership" mit ihrem augenscheinlichen Versagen auf dem Balkan verspielt haben – zuerst mussten die Vereinigten Staaten den Dayton-Prozess durchsetzen, dann waren die USA auch die treibende Kraft hinter der zum Krieg führenden Rambouillet-Konferenz und übernahmen schließlich selbst die Hauptlast des Krieges –, sind sie an der gestiegenen Bedeutung der unilateralen Tendenzen in den Vereinigten Staaten nicht unschuldig. Viele Beobachter ziehen daraus die Schlussfolgerung, dass Europa zunächst seine Anstrengungen auf dem militärischen Sektor verstärken müsse, um von den Vereinigten Staaten ernst genommen zu werden. Andere klagen, dass Europa weniger die Mittel als vielmehr grundsätzlich der politische Wille zu deren Einsatz fehle (siehe u.a. Calleo 2002).

Nun scheinen aber solche Äußerungen nichts anderes zu sein als die resignierte Reaktion auf das konservative Trommelfeuer aus den USA, für das Kagans Aufsatz „Power and Weakness" (Kagan 2002 b) ein Beispiel ist: Europa, so Kagans Argument, könne sich nur deshalb in seiner Kantianischen multilateralen Ordnung inmitten einer nach Hobbes'schen Kategorien zerrütteten Welt sonnen, weil die Vereinigten Staaten mit ihrer militärischen Macht Europas Sicherheit garantiert hätten und garantierten. Die Europäer hätten dagegen eine Weltvergessenheit entwickelt, da sie nicht einmal mehr in der Lage seien, die Bedrohungsanalysen der Vereinigten Staaten zu akzeptieren.

Eine Lösung könnte möglicherweise in mehr militärischer Eigenständigkeit der Europäer bestehen. Aber wenn die Europäer nun ihre Positionen änderten – mehr militärische Mittel, mehr politischer Willen zum Einsatz dieser Mittel – dann, so wendet John Owen ein, könnten die Europäer womöglich selbst in den Sog eines eigenen Unilateralismus gezogen werden (Owen 2002), also mit Blick auf das US-Beispiel dem Glauben an den Multilateralismus abschwören. Daraus kann man die Forderung ableiten, dass Europa statt dessen alles unternehmen muss, zunächst das „faktische amerikanische Definitionsmonopol in der Sicherheitspolitik zu brechen und zugleich in Washington Gehör für die eigenen Anliegen, Lageanalysen und Interessen zu erhalten" (Müller 2000: 52), anstatt die US-Politik lediglich zu kopieren.

Ein erster Schritt auf diesem Weg könnte darin bestehen, dass die Europäer aufhörten, sich selbst in fortwährende Erweiterungs- und Vertiefungsrunden zu verstricken (bzw. sich von den Vereinigten Staaten – siehe die Frage der Erweiterung der EU um die Türkei oder Osterweiterung der NATO – verstricken zu lassen). Und sie sollten sich nicht mehr hinter der These verstecken, dass die multilateralen Institutionen ohne den Einschluss der Vereinigten Staaten automatisch zum Scheitern verurteilt seien, sondern statt dessen alles unternehmen, um die bestehenden multilateralen Systeme zu stärken. Anwendungsfelder gibt es mehr als genug – der „erweiterte Sicherheitsbegriff" (siehe z.B. BAKS 2001), der seit mehreren Jahren die sicherheitspolitische Debatte in Deutschland beherrscht, bietet in diesem Zusammenhang einen breiten Katalog an. Zwar sind viele der kommenden bzw. bereits bestehenden Herausforderungen an ein erweitertes Sicherheitsverständnis von nur regionaler Bedeutung. Teilweise aber haben sie auch globale Dimension; zu nennen sind etwa Fragen der Energiesicherheit und des Umweltschutzes, des Wassermangels, der Bevölkerungsentwicklung, vor allem aber all die Probleme, die mit der weltweiten Ausbreitung von AIDS in Verbindung stehen und die in ganzen Großregionen Volkswirtschaften und damit Gesellschaften zerrütten.

6. Ausblick

Die Reserviertheit gegenüber multilateralen Rüstungskontrollregimen, die die Bush-Regierung an den Tag legt, wird dazu führen, dass sich die Verbreitung von unkonventionellen und Massenvernichtungswaffen noch weniger als bisher kontrollieren und unterbinden lässt, und diese Entwicklung wiederum lässt Präemption als geradezu zwingend erscheinen. Dadurch aber wächst in den Augen einiger Regierungen die Gefahr, unter eher willkürlichen Umständen zu dem Kreis derjenigen Staaten gezählt zu werden, denen die US-Regierung die Herstellung von Massenvernichtungswaffen unterstellt, ohne dass dies allerdings durch existierende Rüstungskontrollverfahren belegt werden könnte. Diese Regierungen laufen so Gefahr, in das Fadenkreuz US-amerikanischer „Regimewechsler" zu geraten, und sie sind daher geradezu aus Selbsterhaltungsgründen gezwungen, sich tatsächlich so schnell (und so geheim) wie möglich Massenvernichtungswaffen zu beschaffen, um die Vereinigten Staaten von einem Regimewechsel abzuhalten (die Entwicklungen im Falle Koreas mögen als Beispiel dienen).

Das bedeutet, dass eine unipolare Welt mit einem unilateral agierenden Hegemon eben nicht sicherer und stabiler ist, wie die konservativen Internationalisten glauben machen wollen, sondern eher unsicherer, da die US-Strategie der grenzenlosen Handlungsfreiheit möglicherweise zur grenzenlosen Herstellung unkonventioneller Waffen führen könnte. Und je mehr die Vereinigten Staaten ihre eigenen Truppen mit ABC-Abwehrtechnik ausstatten (Theater Missile Defense etc.), desto schneller werden sie zum Opfer ihres selbst angerichteten neuen Sicherheitsdilemmas werden: Einmal in die Lage versetzt, sich selbst halbwegs wirkungsvoll schützen zu können, müssten die USA präemptiv diejenigen Staaten angreifen, die sich – gerade um diesem Schicksal zu begegnen – zur Beschaffung von Massenvernichtungswaffen gezwungen sehen. Eine solche Entwicklung würde die Vereinigten Staaten mehr denn je von einem Multilateralismus entfernen und auf kleine Koalitionen jeweils Kriegswilliger zurückwerfen.

Wenn aber die Vorteile multilateralen Vorgehens – kooperative Problemlösung bei relativ geringeren Kosten für alle Beteiligten – deutlich werden (vorausgesetzt, dass man wirkungsvoll das Problem des Trittbrettfahrertums in den Griff bekommt und vor allem akzeptable und allgemein akzeptierte Methoden der Durchsetzung von multilateral aufgestellten Regeln findet), werden auch diejenigen Kräfte innerhalb der Vereinigten Staaten, die sich zum Multilateralismus bekennen (und sei es auch nur in der Gestalt eines „Multilateralismus à la carte"), gute Argumente gegen den Glauben an einen ungehemmten Unilateralismus in die Hand bekommen, wie er von den Neokonservativen und den konservativen Internationalisten verbreitet wird.

Ein erstes zaghaftes Umdenken könnte sich bereits in der National Strategy to Combat Weapons of Mass Destruction niedergeschlagen haben, die Mitte Dezember 2002 veröffentlicht wurde. Hier findet sich ein Terminus wie „act alone" schon nicht mehr, während sehr oft von „our friends and allies" gesprochen und vor allem unerwartet auch wieder der Wert von Diplomatie und multilateraler Rüstungskontrolle betont wird (National Strategy to Combat Weapons of Mass Destruction 2002: insb. 2).

Sein Waterloo wird – muss – der US-Unilateralismus bei der Bewältigung der Nachkriegsschwierigkeiten im Irak und im Kampf gegen den internationalen Terrorismus islamistisch-fundamentalistischer Provenienz erleben, denn keines der beiden Problemfelder können die Vereinigten Staaten allein bewältigen. Da die Lösung dieser Schwierigkeiten auch im Interesse der Alliierten ist – und zudem niemand wollen kann, dass die USA auf sich selbst zurückgeworfen werden –, werden die Verbündeten den USA hier zur Hilfe kommen müssen. Gleichzeitig wird damit aber die Niederlage des Unilateralismus kaschiert werden, der Unilateralismus in den Vereinigten Staaten somit bis auf weiteres fortbestehen. Die Frage, wie einflussreich er in Zukunft dann noch sein wird, hängt wesentlich von innenpolitischen Machtkonstellationen in den USA ab – die US-Präsidentschaftswahlen im November 2004 sind der nächstliegende Zeitpunkt, an dem es zu erheblichen Veränderungen kommen könnte.

Literatur

Agaev, Ednan (1992). Unilateral Disarmament and International Security. In: Sur, Serge (Hrsg.), (1992): Disarmament and Limitation of Armaments. Unilateral Measures and Policies. New York: United Nations. S. 15-28.

Blechman, Barry M./Kaplan, Stephen S. (1978): Force without War: U.S. Armed Forces as a Political Instrument. Washington: Brookings Institution.

Bundesakademie für Sicherheitspolitik BAKS (Hrsg.), (2001): Sicherheitspolitik in neuen Dimensionen. Kompendium zum erweiterten Sicherheitsbegriff. Hamburg: Mittler & Sohn.

Calleo, David P. (2002). Balancing America: Europe's International Duties. In: FES Pax Americana or International Rule of Law. http: //fesportal.fes.de/pls/portal30/ docs/FOLDER/POLITIKANALYSE/paxamericana/EINGANGSSEITE.HTM.

Czempiel, Ernst-Otto (2002): Weltpolitik im Umbruch. Die Pax Americana, der Terrorismus und die Zukunft der internationalen Beziehungen. München: C. H. Beck.

Dembinski, Matthias (2002): Unilateralismus versus Multilateralismus: Die USA und das spannungsreiche Verhältnis zwischen Demokratie und Internationaler Organisation. HSFK-Report 4/2002. Frankfurt: HSFK.

Department of Defense (Hrsg.): Quadrennial Defense Review, September 2001, http: //www.defenselink.mil/pubs/qdr2001.pdf.

Department of Defense (Hrsg.): Nuclear Posture Review, January 2002, http: //www. defenselink.mil/news/Jan2002/d20020109npr.pdf.

Haass, Richard N. (1997): The Reluctant Sheriff. The United States After the Cold War. New York: Council on Foreign Relations.

Hirsh, Michael (2002). Bush and the World. In: Foreign Affairs. 81/5, September/October 2002. S. 18-44.

Ikenberry, G. John (2002). America's Imperial Ambition. In: Foreign Affairs. 81/5, September/October 2002. S. 44-60.

Kagan, Robert (2002 a): Multilateralism, American Style. In: Washington Post, 13.9.2002, A39.

Kagan, Robert (2002 b). Power and Weakness. In: Policy Review, Juni 2002. http: //www.policyreview.org/JUN02/kagan.html.

Kagan, Robert/Kristol, William (Hrsg.), (2000): Present Dangers: Crisis and Opportunity in American Foreign and Defense Policy. San Francisco: Encounter Books.

Krause, Joachim/Irlenkaeuser, Jan/Schreer, Benjamin (2002). Wohin gehen die USA? Die neue Nationale Sicherheitsstrategie der Bush-Administration. In: Aus Politik und Zeitgeschichte Nr. 48/2.12.2002, http: //www.das-parlament.de/2002/48/ Beilage/006.html.

Krauthammer, Charles (2001). The Bush Doctrine: ABM, Kyoto, and the New American Unilateralism. In: Weekly Standard. 6/36, June 4, 2001. www.weeklystandard. com/magazine/mag_6_36_01/krauthammer_feat_6_36_01.asp.

Kubbig, Bernd W./Dembinski, Matthias/Kelle, Alexander (2000): Unilateralismus als alleinige außenpolitische Strategie? Die amerikanische Politik gegenüber UNO, NATO und der Chemiewaffen-Organisation in der Ära Clinton. HSFK-Report 3/2000. Frankfurt: HSFK.

Lemann, Nicholas (2002): The Next World Order: The Bush Administration may have a brand-new doctrine of power. In: The New Yorker, April 01, 2002.

Mandelbaum, Michael (2002). The Inadequacy of American Power. In: Foreign Affairs. 81/5, September/October 2002. S. 61-73.

Müller, Harald (2000): Friedensmacht Europa? In: Ratsch, Ulrich/Mutz, Reinhard/Schoch, Bruno (Hrsg.), (2000): Friedensgutachten 2000. Münster/Hamburg: Lit-Verlagg. S. 43-52.

Nye, Joseph S., Jr. (2001): Seven Tests: Between Concert and Unilateralism. In: National Interest. Winter 2001/02. S. 5-13.

Nye, Joseph S., Jr. (2002): Unilateralism vs. Multilateralism. In: International Herald Tribune, 13.6.2002.

Owen, John M. (2002): Why American Hegemony is here to Stay. In: FES Pax Americana or International Rule of Law. http: //fesportal.fes.de/pls/portal30/ docs/FOLDER/POLITIKANALYSE/paxamericana/EINGANGSSEITE.HTM.
Project for the New American Century (Hrsg.) (1997). Statement of Principles. www.newamericancentury.org/statementofprinciples.htm
Rice, Condoleezza (2000). Promoting the National Interest. In: Foreign Affairs. 79/1, January/February 2000. S. 45-62.
Rose, William (1988): U.S. Unilateral Arms Control Initiaves. When Do They Work? New York/Westport/London: Greenwood Press.
Rudolf, Peter/Wilzewski, Jürgen (2000): Der unilaterale Reflex: Amerikanische Außenpolitik vor neuen Herausforderungen. In: Rudolf, Peter/Wilzewski, Jürgen (Hrsg.), (2000): Weltmacht ohne Gegner: Amerikanische Außenpolitik zu Beginn des 21. Jahrhunderts. Baden-Baden: Nomos. S. 9-18.
Rumsfeld, Donald H. (2002). Transforming the Military. Foreign Affairs. 81/3, May/June 2002. S. 20-32.
Sur, Serge (Hrsg.), (1992): Disarmament and Limitation of Armaments: Unilateral Measures and Policies. New York: United Nations.
The White House (Hrsg.), (1994): Address By The President At The 49th Session Of The U.N. General Assembly. September 26, 1994.
The White House (Hrsg.), (2002): National Security Strategy, September 2002, http: //www.whitehouse.gov/nsc/nss.pdf.
The White House (Hrsg.), (2002): National Strategy to Combat Weapons of Mass Destruction, December 2002, http: //www.whitehouse.gov/news/releases/ 2002/12/WMDStrategy.pdf.
Wurmser, David (1999): Tyranny's Ally: America's Failure to Defeat Saddam Hussein, Washington: AEI Press.
Zoellick, Robert B. (2000): A Republican Foreign Policy. In: Foreign Affairs. 79/1, January/February 2000. S. 63-78.

Internet-Adressen

Weißes Haus: http: //www.whitehouse.gov/
Außenministerium (State Department): http: //www.state.gov/ und http: //usinfo.state.gov/homepage.htm
Verteidigungsministerium (Pentagon): http: //www.defenselink.mil/
Central Intelligence Agency (CIA): http: //www.cia.gov/
Weitere US-Regierungsadressen zur Außen- und Sicherheitspolitik sind zu finden unter: http: //www.firstgov.gov/Citizen/Topics/Defense.shtml

Martina Fischer

Konfliktregelung und Friedenssicherung III. Humanitäre Intervention und Prävention

1. Einleitung
2. Intervention: Ein Begriff mit vielfältigen Bedeutungen
2.1 Humanitäre Intervention
2.2 Humanitäre Intervention, Terrorismusbekämpfung und Präventivkrieg
2.3 Probleme und offene Fragen
3. Prävention von Krisen und gewaltsamer Konfliktaustragung
3.1 Arbeitsfelder, Ansätze und Akteure präventiver Politik
3.2 Probleme und offene Fragen
4. Ausblick

1. Einleitung

Im Übergang vom 20. zum 21. Jahrhundert vollzieht sich die Mehrzahl der weltweit zu beobachtenden Gewaltkonflikte innerhalb von Staaten oder auch in Folge von Staatszerfall.[1] Die meisten Auseinandersetzungen werden um nationale Machtansprüche (bzw. innerstaatliche Machtverteilung), Territorium und Autonomie geführt. Oft werden sie von Fragen der Ressourcenverteilung überlagert und von ethnopolitischen Zuspitzungen begleitet. Einige dieser Kriege und Bürgerkriege ziehen massive Menschenrechtsverletzungen bis hin zum Völkermord nach sich, andere verstetigen sich zu fortdauernden Gewaltkulturen.

Bei der Frage, wie auf diese Phänomene zu reagieren sei, lassen sich in den wissenschaftlichen und politischen Diskursen der OECD-Welt mehrere Debattenstränge beobachten. Sie alle ranken sich um die Frage, inwieweit und unter welchen Umständen für die Staatenwelt das Recht und/oder die Pflicht zur Einmischung – sei es zur Unterbindung von Rechtsverletzungen

---

[1] Nach Angaben des „Heidelberger Instituts für Internationale Konfliktforschung" (2002) standen 2002 sechs internationalen, zwischenstaatlichen Auseinandersetzungen 34 innerstaatliche Gewaltkonflikte gegenüber. Die meisten Kriege und gewalthaltigen Krisen entwickelten sich auf dem afrikanischen Kontinent, gefolgt von Asien, dem Nahen und Mittleren Osten und Lateinamerika. Am Rande von Europa waren ebenfalls Kriege (z.B. durch Russland in Tschetschenien) bzw. Krisen (Russland vs. Georgien) zu verzeichnen.

oder auch zur Einhegung von Gewalteskalationen besteht. Dabei geht es auch um die Frage, mit welchen Mitteln dies geschehen soll.

Zum einen hat sich in den vergangenen Jahren in den westlichen Industriegesellschaften insgesamt die Akzeptanz gegenüber militärischen Interventionen in Gewaltkonflikten erhöht. Interventionen mit unilateralem oder auch multilateralem Charakter sind in Reaktion auf regionale Konflikte, Bürgerkriege oder terroristische Aktivitäten während der neunziger Jahre und zu Beginn des 21. Jahrhunderts mit unterschiedlichen Begründungen und Legitimationen durchgeführt worden. Dabei hat das Konzept der „humanitären Intervention" besondere Bedeutung bekommen. Zum anderen hat bei internationalen Organisationen wie etwa der VN und ihren Regionalorganisationen (z.B. der OSZE), oder auch bei supranationalen Einrichtungen wie der Europäischen Union die Forderung nach frühzeitigen Maßnahmen zur Vorbeugung (Prävention) von Gewalteskalationen Nachdruck erhalten. Dies gilt auch für die nichtstaatlichen Akteure – z.B. Nichtregierungsorganisationen, kirchliche Organisationen, politische Stiftungen, Verbände und soziale Bewegungen, die sich grenzüberschreitend in der Friedens- und Menschenrechts- und Entwicklungszusammenarbeit engagieren. Das Stichwort „Prävention" findet sich in zahlreichen Programmen und Erklärungen dieser Akteure.

2. Intervention: Ein Begriff mit vielfältigen Bedeutungen

Der politikwissenschaftliche Interventionsbegriff kann zunächst grob umschrieben werden als „Einmischung in die inneren Angelegenheiten" eines anderen Staates. In einem sehr weiten Verständnis wird jede außenpolitische Handlung eines Staates als Einflussnahme auf andere Staaten, bzw. deren Autonomie und Souveränität gedeutet. Vertreter eines behaviouristischen Ansatzes fassen den Begriff enger. Sie sehen in einer Intervention einen Bruch in den Beziehungen zwischen einem intervenierenden und einem intervenierten Staat, der mit der Zielsetzung, in diesem Staat die Herrschaftsstruktur zu verändern, vollzogen wird. Traditionalistische Ansätze hingegen verweisen darauf, dass im historischen Verlauf die Auffassung darüber, was als Intervention zu werten sei, Veränderungen unterlegen habe. Sie werten alle Handlungen von Staaten, die gegen die gültigen Rechtsnormen verstoßen, als Interventionen. Beide Schulen widmen sich vorrangig der augenfälligsten Variante von Intervention, nämlich dem Einmarsch von Militär in ein unabhängiges Land (vgl. zu diesen Debattensträngen ausführlich Daase 1997: 260f.).

Neuere Konzeptionen plädieren für ein dynamischeres Verständnis des Staates, um die Dialektik von Intervention und Souveränität zu erfassen. Demnach ist Intervention als das Eingreifen eines Staates (oder einer Gruppe von Staaten) in die Angelegenheiten eines anderen Staates zu verstehen, wenn dies zum einen deutlich über das als Standardverhalten anerkannte Maß politischer Einwirkung hinausgeht und zum anderen mit der Absicht unternommen wird, die Politik des intervenierten Staates zu beeinflussen (Daase 1997: 261). Dieses Verständnis betont also zum ersten den Ausnahmecharakter, zum zweiten die Normverletzung, wobei die Norm aber als historisch wandlungsfähig begriffen wird, zum dritten die absichtliche Handlung und zum vierten den kurzfristigen Charakter, um Intervention von einer Okkupation oder Annexion zu unterscheiden. Intervention ist also unmittelbar mit dem Souveränitätsprinzip und dem Einmischungsverbot in die inneren Angelegenheiten verknüpft. Dieses ging historisch mit der Ausbildung der modernen Territorialstaaten im 19. Jahrhundert einher. Völkerrechtlich wurde es erstmals im Rahmen des Dekolonialisierungsprozesses in den 30er Jahren des 20. Jahrhunderts verankert.[2] Später wurde es in der VN-Charta (in der Norm des Gewaltverzichts laut Art. 2, Abs. 4) festgeschrieben und von der VN-Generalversammlung mehrmals bestätigt.[3]

Allerdings kam es sowohl während, als vor allem auch nach Beendigung des Ost-West-Konflikts immer wieder zu Debatten um Ausnahmen von der Regel. Als mögliche Ausnahmen wurden folgende Fälle diskutiert:

1) die Intervention auf vertraglicher Grundlage
2) die Intervention infolge eines Hilfegesuches eines souveränen Staates
3) das Eingreifen mit dem Ziel der Befreiung in Gefahr geratener eigener Staatsbürger
4) die „humanitäre" Intervention zum Schutz von Bevölkerungsgruppen vor extremen Menschenrechtsverletzungen oder Völkermord.

Während des Ost-West-Konflikts gab es vorwiegend Fälle von unilateraler militärischer Einmischung der Großmächte. Begründet wurden diese mit der Rettung eigener Staatsbürger aus bedrohlichen Situationen oder mit der Notwendigkeit, befreundete Regime in Folge eines „Hilferufs" zu unterstützen. Bis 1990 wurde nur selten mit dem erklärten Ziel der Verhinderung grober Menschenrechtsverletzungen in einem anderen Staat interveniert. Danach jedoch kam es verstärkt zu einem multilateralen, auch von den VN-Mitgliedstaaten legitimierten militärischen Eingreifen einzelner Staaten oder Staatengruppen mit dem Hinweis auf die Eindämmung von Menschenrechtsverletzungen.

---

2 Das Interventionsverbot wurde zunächst im Zuge der Unabhängigkeitsbestrebungen der lateinamerikanischen Staaten in den Verhandlungen mit den USA verankert, wobei vor allem die Charta der Organisation amerikanischer Staaten (OAS) den Weg bereitete für die Normbildung auf universaler Ebene. Im Zuge der Dekolonisation fand das Einmischungsverbot auch Eingang in die Gründungsverträge der Arabischen Liga (1945), in den Bagdad-Pakt (1955) und die Charta der Organisation für Afrikanische Einheit (OAU).
3 1965 wurde von der Generalversammlung mit Resolution 2131 ein Interventionsverbot ausgesprochen, das durch weitere Erklärungen 1970 und 1981 bestätigt wurde; diese Resolutionen haben empfehlenden Charakter und können erst langfristig in Völkergewohnheitsrecht übergehen.

2.1 Humanitäre Intervention

Das Stichwort „humanitäre Intervention" beschäftigt seit dem 19. Jahrhundert Politikwissenschaftler, Ethiker und Völkerrechtler. In der politikwissenschaftlichen Debatte wird darunter „ein auf Gewaltmittel gestütztes Eingreifen eines oder mehrerer Staaten in einen anderen Staat verstanden, um dort nennenswerten Bevölkerungsteilen, die durch besonders brutale Gewalt massiv bedroht werden, zu helfen" (Zangl 2002: 106). Die juristische Definition ist etwas differenzierter. Humanitäre Intervention bezeichnet aus völkerrechtlicher Sicht genau genommen „die Anwendung von Waffengewalt durch einen Einzelstaat zum Schutz der Staatsangehörigen eines fremden Staates vor groben Menschenrechtsverletzungen" (Fischer 1993: 98). Den Rahmen für den Einsatz von Gewalt zum Schutz von Menschen in bewaffneten Konflikten setzt – wie schon erwähnt – die Charta der VN. Nach Artikel 51 dürfen Staaten nur im Falle der Selbstverteidigung gegen einen bewaffneten Angriff Gewalt anwenden, so lange, bis der Sicherheitsrat Maßnahmen ergreift. Artikel 2 der VN-Charta schließt auch eine Intervention der Vereinten Nationen in die inneren Angelegenheiten eines Staates generell aus (Fischer 1993: 98). Allerdings kann der VN-Sicherheitsrat Menschenrechtsverletzungen in einem Staat als Friedensbedrohung bezeichnen, womit diese zu einer internationalen Angelegenheit wird, für die in der VN-Charta (militärische sowie nichtmilitärische) Zwangsmaßnahmen nach Kapitel VII vorgesehen sind. Nach dem Wortlaut der VN-Charta scheidet „humanitäre Intervention" als zulässige Möglichkeit des Einsatzes von Waffengewalt aus. Befürworter einer humanitären Intervention haben deren Rechtmäßigkeit jedoch vielfach mit Hinweis auf das Völkergewohnheitsrecht begründet, demzufolge dieses Recht schon vor der Verabschiedung der VN-Charta bestanden habe und das allgemeine Gewaltverbot relativiere. Jedoch ist diese Interpretation strittig, bzw. lässt sich nicht aus der Staatenpraxis seit 1945 herleiten (Fischer 1993: 99).

Die Zulässigkeit kollektiver Sicherungsmaßnahmen nach der Charta der VN steht dagegen völkerrechtlich außer Frage. Die Zwangsmaßnahmen, die bei VN-legitimierten Interventionen in den vergangenen Jahren zur Anwendung kamen, reichten von Embargomaßnahmen über die Einrichtung von Flugverbotszonen und Sicherheitszonen für bedrohte Bevölkerungsteile bei gleichzeitigen Hilfslieferungen bis hin zu militärischen Luftschlägen oder Invasionen durch Bodentruppen mit anschließenden Besetzungen im Rahmen von De-Fakto-Protektoraten (vgl. dazu ausführlicher Zangl 2002: 106f.). Der Sicherheitsrat kann solche Maßnahmen bei Vorliegen einer Aggression, eines Friedensbruchs oder einer Friedensbedrohung anordnen. Fraglich ist jedoch weiterhin, welche Kriterien erfüllt sein müssen, damit bei der Gefährdung von Bevölkerungsgruppen eines Staates eine Friedensbedrohung festgestellt werden kann. In den 90er Jahren hat der Sicherheitsrat einige Entscheidungen getroffen, nach denen auch innenpolitische Sachverhalte als Gefährdung des internationalen Friedens zu werten sind:

Im 2. Golfkrieg galt die Verfolgung von Minderheiten als Interventionsgrund, im Bosnien-Krieg waren es grobe Menschenrechtsverletzungen und in Somalia zusätzlich der Zusammenbruch der inneren Ordnung. In der Folge entwickelte sich das internationale Rechtsverständnis dahin, dass der VN-Sicherheitsrat in solchen Fällen tätig werden darf und muss. Wurde die Resolution 688 vom April 1991 zum Schutz der Kurden im Nordirak noch mit massiven Flüchtlingsströmen und „grenzüberschreitenden Einfällen" begründet, wird mit der Somalia-Resolution vom Dezember 1992 der Anwendungsbereich der kollektiven Sicherung auf solche Fälle erweitert, in denen grobe Menschenrechtsverletzungen bereits durch ihr Ausmaß als Friedensbedrohung gewertet werden. Im Kosovo- Jugoslawienkrieg schließlich nahm die NATO für sich das Recht in Anspruch, einen „humanitär" begründeten militärischen Einsatz zugunsten der Kosovo-albanischen Bevölkerung vorzunehmen. Sie begab sich ohne Autorisierung durch den Sicherheitsrat in einen Krieg gegen die jugoslawische Regierung. Die Befürworter dieser Maßnahme beriefen sich darauf, dass das Milosevic-Regime für massive Menschenrechtsverletzungen verantwortlich sei, die den Frieden gefährdeten.

Die Praxis militärischen Eingreifens in unterschiedlichen Weltregionen hat in den nachfolgenden Jahren das internationale Rechtsverständnis und die politische Diskussion entscheidend geprägt. Das Konzept der „humanitären Intervention" wurde international in einem politisch-philosophischen Diskurs und in einer völkerrechtlichen Debatte sehr kontrovers diskutiert. Während die einen die NATO-Intervention in Jugoslawien als eine Weiterentwicklung des Völkerrechts begrüßten, erkannten die anderen darin eine Schädigung desselben. Die Gegner sahen durch die Entscheidung der NATO, ohne VN-Mandat militärisch vorzugehen, das VN-Regime, das seit 1945 die Norm des Gewaltverbotes außer zu Zwecken der Selbstverteidigung aufrecht erhalten hatte, ernsthaft in Frage gestellt.

Für den Philosophen und Soziologen Jürgen Habermas (2000) z.B. bedeutete die Kosovo-Intervention einen „Vorgriff auf einen kosmopolitischen Zustand" im Sinne einer politischen Ordnung, in der die Menschen- und Bürgerrechte gesichert und Verstöße mit polizeilichen Maßnahmen geahndet werden. Kritiker wie Noam Chomsky (1999) hingegen erkannten darin einen Missbrauch des Konzepts der Menschenrechte, die nunmehr den Vereinigten Staaten als Legitimation dafür dienen sollten, nach Belieben weltweit militärisch zu intervenieren, um geostrategische und ökonomische Interessen durchzusetzen.

In der völkerrechtlichen Diskussion fanden ebenfalls ethische Gesichtspunkte Berücksichtigung.[4] Die Protagonisten der humanitären Einmischung

---

[4] Einen Überblick über die Debatte der frühen neunziger Jahre gibt ein von Forbes/Hoffman (1993) herausgegebener Sammelband. Zur aktuellen Debatte vgl. die Aufsatzsammlung von Holzgrefe/Keohane (2003), die Ergebnisse einer Konferenz abbildet, die 2001 vom „Center for European Studies at Harvard University" und dem „Kenan Institute for Ethics at Duke University" in Cambridge (Mass.) organisiert wurde. Von den Autoren des Bandes werden ethische, legale und politische Rahmenbedingungen „humanitärer Intervention" vor dem

mit militärischen Mitteln wünschten eine „Weiterentwicklung des Völkerrechts" im Dienste der Schaffung einer gerechteren Welt. Demnach habe die Weltgemeinschaft das universelle Recht der Menschen auf Frieden und Sicherheit höher zu schätzen als das Recht der Staaten auf Autonomie und Souveränität und das Völkerrecht sei entsprechend zu reformieren (vgl. z.B. Tesón 2003). Dieser Sichtweise zufolge gilt die NATO-Intervention im Kosovo-Jugoslawienkrieg –wenngleich sie nicht mit dem Wortlaut des internationalen Rechts in Einklang stand – doch als eine berechtigte Initiative zur Reform des internationalen Rechtssystems. Dem wurde jedoch selbst von Autoren, die grundsätzlich einer Reform des Völkerrechts gegenüber aufgeschlossen sind, entgegengehalten, dass jede militärische Intervention zugunsten von Menschenrechten sich nicht einfach auf das Naturrecht bzw. Gewissensentscheidungen gründen könne, sondern eine Reihe von Kriterien zu erfüllen habe. Sie müsse einen gerechten Grund und Erfolgsaussichten aufweisen, sich an der Verhältnismäßigkeit orientieren und Eskalationsgefahren berücksichtigen. Außerdem müsse mit der Interventionsentscheidung begründet werden, dass das Gesetz, das unterstützt werden solle, höherwertig sei, als das, was gebrochen werde. Diese Kriterien seien im Falle der NATO-Intervention von 1999 nicht erfüllt (Buchanan 2003).

Die Annahme, eine völkerrechtliche Legalisierung „humanitärer Intervention" führe zu mehr globaler Gerechtigkeit, steht überdies im gewissen Widerspruch zu der gängigen Praxis, nach der militärische Interventionen in der Regel dann erfolgen, wenn jeweils nationale (wirtschaftliche, geostrategische oder Stabilitäts-) Interessen der intervenierenden Staaten mit berührt werden. Dies lässt den Schluss zu, dass die Entscheidung für eine Intervention in der Regel letztlich keineswegs primär aus humanitären Motiven, sondern aus Gründen der Staatsräson erfolgt. Einige Autoren sprechen in diesem Zusammenhang von einem „neuen Interventionismus" der einer „doppelten Moral" unterliege (Debiel/Nuscheler 1996: 26ff.).

Auch Friedensforscher kamen zu dem Schluss, dass die Intervention der NATO im Kosovo-Jugoslawienkrieg als Angriffskrieg zu werten sei und kritisierten zudem das im April 1999 in Washington verkündete neue „Strategische Konzept" der NATO, mit dem diese auch für die Zukunft das Recht beansprucht, ohne Mandat der VN militärische Gewalt einzusetzen (vgl. Czempiel 2000, Lutz 1999/2000). Czempiel zufolge hat die Intervention der NATO von 1999 als klare Aggression zu gelten, die sich ausschließlich auf das Recht des Stärkeren beruft und sich dem Verdacht aussetzt, humanitäre Motive lediglich vorzuschieben, um den Einzugsbereich ihrer Macht zu erweitern; indem die NATO eine neue Norm mit veralteten Strategien ausstattete, habe sie diese in ihr Gegenteil verkehrt (Czempiel 2000: I; Zusammenfassung). Die Intervention wurde von Friedensforschern auch im Hinblick auf

---

Hintergrund von Staatszerfall aus der Sicht unterschiedlicher Disziplinen (der Politik- und Rechtswissenschaft sowie der Philosophie) diskutiert.

den Nutzen und die Effizienz in Bezug auf das erklärte Ziel in Frage gestellt. Lutz (1999/2000) ging davon aus, dass die eher zur Eskalation als zur Deeskalation von Gewalt beigetragen habe.

2.2 Humanitäre Intervention, Terrorismusbekämpfung und Präventivkrieg

Infolge der Terroranschläge des 11. September 2001 ist schließlich noch eine weitere Dimension der Begründung militärischer Interventionen hinzugekommen. So galt bei der Intervention in Afghanistan 2002 das Recht auf Selbstverteidigung im Zuge terroristischer Angriffe als Interventionsgrund und juristische Grundlage für die Ausnahme vom Gewaltverbot. Diese Sichtweise wurde vom VN-Sicherheitsrat mitgetragen.

Im Irak-Krieg 2003, der ohne Mandat der VN von den USA geführt und von Großbritannien, Dänemark, Australien, Spanien sowie einigen osteuropäischen Staaten militärisch unterstützt wurde, erfuhr die Argumentation für die militärische Intervention eine weitere Qualitätsveränderung. Teile der amerikanischen Entscheidungsträger und Berater halten es inzwischen für legitim, präventiv, bzw. „präemptiv", also „vorbeugend" Krieg gegen Regime zu führen, die sie einer Kollaboration mit terroristischen Netzwerken oder des Besitzes von Massenvernichtungswaffen verdächtigen (vgl. dazu den Beitrag von Stephan Böckenförde im vorliegenden Band). In dieser Argumentation wurde das Recht auf Selbstverteidigung in höchst umstrittener Weise ausgedehnt: im Hinblick auf mögliche Bedrohungen, die in der Zukunft entstehen könnten. Diese Sichtweise wird bislang weder vom VN-Sicherheitsrat noch von der Mehrheit der VN-Mitgliedstaaten mitgetragen. Auch hatten angesichts der US-geführten Intervention im Irak eine Reihe von Regierungen, darunter auch die der Bundesrepublik Deutschland und Frankreichs, eine aktive Kriegsteilnahme verweigert.

Militärische Generalprävention ist durch das Völkerrecht nicht gedeckt. Die in der Völkerrechtslehre vorherrschende Meinung schließt die Rechtsfigur präventiver Selbstverteidigung aus. Angesichts der Gefahr des Missbrauchs und einer Aushöhlung des Gewaltverbots wurde das Recht auf Selbstverteidigung auf die Abwehr bereits stattfindender oder unmittelbar bevorstehender Angriffe beschränkt und es darf nach Artikel 51 der VN-Charta auch nur solange in Anspruch genommen werden, bis der VN-Sicherheitsrat die zur Wahrung des Weltfriedens und der internationalen Sicherheit erforderlichen Maßnahmen getroffen hat. Diese Voraussetzung war im Falle des Irak durch die von den VN installierten Waffeninspektionen gegeben. Waren bei der Entscheidung zur militärischen Intervention im Kosovo die Völkerrechtler noch geteilter Ansicht über die Rechtslage, so lässt sich im Hinblick auf den Krieg im Irak 2003 feststellen, dass die überwiegende Mehrzahl der internationalen Rechtsexperten (der Anteil wird auf etwa 80% geschätzt) hier im unilateralen Vorgehen der USA und ihrer Verbündeten einen Verstoß gegen das völkerrechtliche Gewaltverbot ausmacht.[5] Ungeklärt ist bislang noch, inwieweit dies geahndet werden könnte. Eine aktuelle Schwierigkeit besteht darin, eine internationale Instanz ausfindig zu machen, die darüber ein rechtlich verbindliches Urteil abgeben könnte.

In der Folge der Ereignisse vom 11. September 2001 wurde in der internationalen Debatte unter anderem die Frage aufgeworfen, inwieweit der „Krieg gegen den Terrorismus" das Konzept der „humanitären Intervention" überlagern könne. Einige Autoren gehen davon aus, dass es eher neuen Auftrieb bekommen wird, und prognostizieren, dass es im Zuge des Anti-Terror-Kampfes eine Zunahme militärischer Interventionen geben wird, die zugleich mit „humanitären Zielen" (etwa das Aufhalten von Staatszerfall, Befreiung der Einwohner einer Region von Unterdrückung, Elend und Chaos, sowie Demokratisierung etc.) begründet würden (vgl. Farer 2003). Diese These hat sich mit dem von den USA geführten Krieg im Irak 2003 zunächst einmal bestätigt.

2.3 Probleme und offene Fragen

Die Gefahr, dass Staaten „humanitäre Interventionen" für eigene Zwecke missbrauchen, sowie die Konsequenzen, die sich daraus für das VN-System ergeben, aber auch die Fragwürdigkeit des Nutzens militärischer Mittel bei der Eindämmung von Gewalteskalation, lassen Zweifel daran aufkommen, ob eine Kodifizierung „humanitärer Intervention" als Ausnahme vom Gewaltverbot wünschenswert ist. Faktisch steht diese Frage seit der Intervention im Kosovo im Raum, ohne abschließend geklärt zu sein. Dies gilt auch für den aktuell wiederbelebten Interventionsgrund der „Selbstverteidigung".

Die Anstrengungen zur Ausweitung des Selbstverteidigungsrechts als zulässige Ausnahme vom Gewaltverzicht und Interventionsverbot bringen neben dem bereits erwähnten Problem des potenziellen Missbrauchs durch mächtige Staaten ein weiteres Problem mit sich: die Gefahr des „Nachahmungseffekts". Die Inanspruchnahme des Rechts auf präventive Selbstverteidigung durch eine führende Macht wie die Vereinigten Staaten kann einer Entwicklung Tür und Tor öffnen, in der sich auch andere Staaten nicht mehr an das Gewaltverbot gebunden fühlen und dasselbe Recht für sich mit dem Hinweis auf mögliche zukünftige Bedrohungen in Anspruch nehmen. Eine

---

5 Diese Position wird exemplarisch von den britischen Autoren Byers/Chesterman (2003) wiedergegeben. Sie verweisen darauf, dass die VN-Charta sowie das Völkergewohnheitsrecht wie auch die VN-Generalversammlung die Norm des Interventionsverbots über sechs Jahrzehnte hin immer wieder bekräftigt hätten. Wenn einige der mächtigsten Staaten der Welt und ihre Rechtsexperten davon abweichen, führe das nicht automatisch zu einer Veränderung des Völkergewohnheitsrechts. Damit würde das Prinzip der Gleichheit in der Staatensouveränität außer Kraft gesetzt.

Abkehr von der klassischen Interpretation des Völkerrechts in diesem Punkt könnte also ernsthafte Gefahren für den Weltfrieden mit sich bringen. Verkompliziert wird die Interventions-Debatte durch das Phänomen der zunehmenden Privatisierung von Gewalt (Münkler 2002), das in zahlreichen regional begrenzten Kriegen, aber auch in terroristischen Angriffen zutage tritt. Das Völkerrecht hält zwar Regeln für den Umgang mit staatlichen Akteuren bereit, verfügt aber kaum über Instrumente, um auf diese Form von Gewalt zu reagieren. Münkler (2002: 227) zufolge bergen Bürgerkriegsökonomien die Gefahr des Übergreifens von Kriegen auf Nachbarländer, und die Chancen diese zu beenden schwinden in dem Maße, wie sie sich transnationalisieren. Folglich liege es nahe, „eine solche Eskalationsspirale möglichst frühzeitig und gegebenenfalls auch mit den Mitteln der militärischen Intervention anzuhalten (...)". Diese Sichtweise beinhaltet jedoch auch die Gefahr der Abkehr von der bislang in der politischen und friedenswissenschaftlichen Diskussion vorherrschenden Sichtweise, dass der Einsatz von Gewalt lediglich als die *ultima ratio*, als das „letzte Mittel" gelten darf in Fällen, wenn alle diplomatischen und politischen Mittel ausgeschöpft sind.

Darauf verwiesen Autoren aus der Friedens- und Konfliktforschung in den vergangenen Jahren angesichts der Interventionsfreudigkeit einiger westlicher Regierungen mit Nachdruck und viele nahmen grundsätzlich gegenüber dem Einsatz militärischer Gewalt eine eher skeptische Haltung ein.[6] Das bedeutet jedoch nicht, dass sich Friedensforscher generell für ein Prinzip der Nicht-Einmischung aussprechen würden, im Gegenteil: Die Einmischung in die inneren Angelegenheiten bildet Ernst Otto Czempiel zufolge „die richtige normative Konsequenz aus der Einsicht in die hohen Grade von Interdependenz, die in Europa die Staaten aneinander geschoben und ihre Souveränität eingeschränkt haben" (Czempiel 2000: II). Was in einem Land vorgehe, betreffe immer auch dessen Nachbarn, rechtfertige also deren Aufmerksamkeit und deren Einwirkung. Wenn die Quelle von Gewalt aus einem undemokratischen Herrschaftssystem eines Staates resultiert, muss sich demnach die Einmischung auf die Veränderung dieses Systems richten. Da die Nachbarn von einem solchen Verhalten betroffen sind, haben sie das Recht und die Pflicht, auf eine Demokratisierung hinzuwirken. Voraussetzung dafür aber ist – so Czempiel – dass diese Intervention absolut gewaltfrei verlaufe. Nur nach Ausschöpfung aller gewaltfreien Mittel dürfe Gewalt eingesetzt werden – allerdings legitimiert durch eine internationale Instanz wie die VN oder die OSZE, sofern sich die Staatengemeinschaft entschließt, diesen ein solches Mandatierungsrecht zu übertragen. Gewaltanwendung ist demnach allenfalls „die letzte und verzweifelte Strategie, die eingesetzt werden muss, wenn es

---

6 Eine Reihe von bundesdeutschen Friedensforschern kam schon im Hinblick auf die Intervention in Afghanistan zu dem Schluss, dass hier die Grenze des eng bemessenen Selbstverteidigungsrechts überschritten worden sei (Arbeitsgemeinschaft Friedens- und Konfliktforschung 2001: 4).

gilt, Schlimmeres, das Schlimmste zu verhüten" (Czempiel 2000: II). Sehr viel erfolgversprechender erachten Friedensforscher wie Czempiel gewaltfreie Strategien der Einmischung, die vorbeugend verwendet werden können. Als Beispiele für gewaltfreie Strategien, mit denen auf Demokratisierung hingewirkt wurde, werden der Marshallplan der USA nach 1945 in Europa angeführt sowie die von der EU erhobene „Konditionalität", nach der jeder neu beitretende Kandidat demokratisch verfasst sein muss und Menschen- wie Bürgerrechte gewährleisten muss. Auch der nach den Versäumnissen auf dem Balkan nachträglich etablierte Stabilitätspakt für Südosteuropa bildet eine solche Strategie.

3. Prävention von Krisen und gewaltsamer Konfliktaustragung

Die Friedens- und Konfliktforschung betont seit ihren Anfängen den Primat der „Prävention" mit zivilen, diplomatischen Mitteln gegenüber militärischen Optionen im Umgang mit Friedensbedrohungen und bewaffneten Gewaltkonflikten.

Bereits zur Zeit des Ost-West-Konflikts gab es präventionspolitische Bemühungen. Sie zielten vor allem auf die Verhütung zwischenstaatlicher Auseinandersetzungen und eines Dritten Weltkriegs. Hochtechnisierte militärische Frühwarnsysteme, die atomare Abschreckung und das nach dem Schock der Kuba-Krise entwickelte Krisenmanagement sollten eine direkte Konfrontation der Blöcke verhindern. Dazu kamen Mechanismen der Rüstungskontrolle und der Entspannungspolitik. Die vielen regional und lokal begrenzten, meist innerstaatlichen Gewaltkonflikte an der Peripherie des bipolaren Systems wurden weitgehend ignoriert oder im Sinne von machtpolitisch nützlichen Stellvertreterkriegen sowohl instrumentalisiert als auch verschärft (Debiel u.a. 1999: 3). Nach der Auflösung der Blockkonfrontation jedoch rückte dieser Typus von örtlich oder regional begrenzten Auseinandersetzungen stärker in das Blickfeld der internationalen Krisendiplomatie. Angesichts zahlreicher ethnopolitischer Macht- und Verteilungskonflikte, von Bürgerkriegen und Staatszerfallsprozessen erwiesen sich die Maßnahmen von Regierungen und internationalen Organisationen jedoch oft als untauglich, komplexe humanitäre Katastrophen, Vertreibungen, Hungersnöten und massive Menschenrechtsverletzungen zu verhindern. Sie kamen häufig zu spät oder waren zu unkoordiniert, um hocheskalierte Situationen eindämmen zu können. Dieses Versagen wurde u.a. auf dem Balkan im Zuge des Zerfalls Jugoslawiens deutlich. Angesichts der immensen Aufwendungen, die für Militäreinsätze, Humanitäre Hilfe und Wiederaufbaumaßnahmen in dieser Region geleistet werden mussten, plädierte eine Reihe von außenpolitischen Mandats- und Entscheidungsträgern dafür, dass es effektiver sei, der gewaltsamen Austragung von Konflikten vorzubeugen, als nachträglich zu intervenieren, nach der Lebensweisheit: „Vorbeugen ist besser als heilen" (Matthies 2000).

Der Begriff der „Prävention" erhielt zusätzliche Konjunktur und prägte den Diskurs der internationalen Debatte um die Gestaltung von Sicherheitspolitik insbesondere in den Vereinten Nationen und ihren Regionalorganisationen, aber auch in der Europäischen Union. Ein Auslöser dafür waren Überlegungen zum Umgang mit den globalen Friedensgefährdungen, die der ehemalige VN-Generalsekretär Boutros Boutros-Ghali 1992 in der „Agenda für den Frieden" dem VN-Sicherheitsrat und der Weltöffentlichkeit vorlegte (vgl. den Beitrag von Wibke Hansen im vorliegenden Band).

Angesichts der dramatischen Entwicklungen auf dem Balkan und unter dem Eindruck des Völkermords in Ruanda intensivierten sich in der zweiten Hälfte der 90er Jahre die Anstrengungen für eine wissenschaftlich-konzeptionelle Klärung und die politisch-operative Umsetzung des Gedankens der Prävention. Zwei Diskussionsstränge – ein sicherheitspolitischer und ein entwicklungspolitischer Diskurs – trugen dazu bei. Gleichzeitig wurde die Debatte in den Vereinten Nationen weiter entwickelt, wobei allerdings die Suche nach geeigneten präventionspolitischen Instrumenten stark mit der Ausarbeitung operativer Möglichkeiten für die Friedenskonsolidierung verknüpft wurde. Seit 1997 mehrten sich die Stimmen, die einen Paradigmenwechsel in der internationalen Politik weg von der vorherrschenden reaktiven Konfliktbearbeitung hin zu einer „Kultur der Prävention" anmahnten (Matthies 2002: 125). Der Abschlussbericht der „Carnegie Commission on Preventing of Deadly Conflicts" griff diese Formel auf (Carnegie Commission 1997) und nachfolgend wurde sie auch wiederholt von VN-Generalsekretär Kofi Annan sowie in Erklärungen des VN-Sicherheitsrats verwendet; ihre jüngste Ausarbeitung fand die Forderung nach Ausbildung einer „Kultur der Prävention" in einem 2002 vom Generalsekretär veröffentlichten Bericht zur „Verhütung bewaffneter Konflikte" (Annan 2002).

Die Argumente, die für „Prävention" vorgebracht wurden, waren zum ersten humanitärer und moralisch-ethischer Art: Prävention vermeide unnötiges Blutvergießen, rette Menschenleben und erspare menschliches Leid. Zum zweiten wurde sie als Gebot politischer Klugheit bezeichnet, weil sie eine Verhärtung der Fronten vermeide und Gewaltspiralen aufhalte. In einer dritten, ökonomischen Begründung wird darauf hingewiesen, Prävention sei kostengünstiger als die reaktiv-kurative Nachsorge und Investitionen für militärische Sicherung sowie Wiederaufbau und Humanitäre Hilfe (Matthies 2000: 24f.). Allerdings lässt sich feststellen, dass es in der Diskussion über Präventionspolitik häufig an Klarstellungen der Begrifflichkeit, des operativen Zugriffs sowie der Akteure und Mittel mangelt. Insbesondere der Begriff „Konfliktprävention" hat sich nur als begrenzt tauglich erwiesen. Es wurde mit Recht zu Bedenken gegeben, dass Politik sich kaum auf die Vermeidung von Konflikten richten kann, weil diese konstitutiv für menschliches Zusammenleben und soziale Entwicklung sind. Politik kann und sollte allenfalls darauf abzielen zu verhindern, dass Konflikte zwischen Gruppen oder Staaten gewaltsam ausgetragen werden.

Ein einheitlicher Präventionsbegriff lässt sich in der politik- und friedenswissenschaftlichen Literatur nicht ausmachen. Vielmehr ist eine Fülle von Begriffen zu beobachten, die, beginnend mit der „Konfliktprävention" über „Konfliktlösung" oder „Konfliktmanagement" bzw. „Konfliktbearbeitung", bis hin zu den Konzepten Friedensschaffung, Friedenserhaltung, Friedenskonsolidierung einander überschneiden und eine Gewaltminderung in inner- und zwischenstaatlichen Auseinandersetzungen als ihren gemeinsamen Nenner haben. Während im angelsächsischen Sprachraum weiterhin der Begriff „conflict prevention" dominiert, hat sich im deutschen Sprachraum der Begriff „Krisenprävention" durchgesetzt (Matthies 2002: 126). Versteht man – wie von der bundesdeutschen „Gesellschaft für technische Zusammenarbeit" (GTZ) (1998) vorgeschlagen – unter „Krise" eine „Eskalation von gesellschaftlichen Auseinandersetzungen, die mit bestehenden Lösungsansätzen nicht mehr zu bewältigen ist" und in der die Wahrscheinlichkeit der Gewaltanwendung steigt, so sind unter Prävention Maßnahmen zu fassen, die deeskalierend auf einen solchen Prozeß einwirken. Krisenprävention kann man definieren als „das bewußte Bemühen, gewaltträchtigen Prozessen vorzubeugen und entgegenzuwirken, bevor sie in systematische Gewaltanwendung umgeschlagen sind" (Debiel 1996: 3). Generell erscheint der Begriff „Krisenprävention" weniger missverständlich, jedoch bedarf er ebenfalls der näheren Erläuterung, um zu vermeiden, dass er missverstanden wird im Sinne eines kurzfristiges „Krisenmanagements" in einer bereits hoch eskalierten Situation. Vielmehr ist zu unterscheiden in kurz- und langfristig orientierte Ansätze der Prävention. Langfristig orientierte Prävention richtet sich auf die „Herausbildung stabiler Gesellschaften und verläßlicher Konfliktaustragungsmodi, also auf die Beförderung von ‚Zivilisierungsprozessen'‚". Kurzfristige Prävention dagegen „will in einer konkreten Krisensituation – notfalls im letzten Moment – potentiell gewaltträchtige Akteure zu einem friedfertigen Verhalten bewegen" (Matthies 1996: 23).

Ausgehend von idealtypischen Verlaufsformen von Gewaltkonflikten hat sich international ein dynamisches Verständnis von Prävention herausgebildet, das sich in etwa an drei Phasen orientiert, in denen unterschiedliche Präventionsbemühungen ablaufen. Demnach geht es

– Erstens um die Verhinderung des Entstehens gewaltträchtiger Konfliktsituationen überhaupt,
– Zweitens um die Verhinderung einer horizontalen und vertikalen Eskalation bereits existenter Gewaltkonflikte und
– Drittens um die Verhinderung des Wiederaufbruchs bereits beendeter Gewalthandlungen.

Matthies (2002: 127f.) spricht daher von einem „Präventionszyklus", zu dem eine Prävention im *engeren Sinne gehört*, nämlich *1. Frühe Prävention (Primär-Prävention)*, die das Entstehen gewaltträchtiger Konflikte verhindert, und *2. Späte Prävention (Sekundär-Prävention, bzw.- „last minute"-Prävention)*, die die weitere Eskalation und Ausbreitung gewaltträchtiger Konflikte verhindert. Darüber hinaus definiert er als Prävention *im weiteren Sinne 3.* die *„Kontinuierliche Prävention" (Tertiär-Prävention)*, die das Wiederaufbrechen gewaltträchtiger Konflikte verhindern soll.

Friedenskonsolidierung wird damit auch als ein Teil von Prävention (im Sinne „nachsorgender" Tertiärprävention) verstanden: „Sie steht zunächst in einem engen sachlichen oder zeitlichen Zusammenhang mit dem vorangegangenen Gewaltkonflikt. Doch in dem Maße, in dem sich die Aktivitäten der Friedenskonsolidierung sachlich und zeitlich von dem vorangegangenen Konflikt lösen, kann sie schon wieder, ganz im Sinne des Kreislaufgedankens, den Charakter einer neuerlichen Primärprävention annehmen, da ‚Nachkriegszeiten' auch schon immer potenzielle neue ‚Vorkriegszeiten' sein können" (Matthies 2002: 127).

In der friedenswissenschaftlichen Diskussion über Möglichkeiten und Instrumente der Krisenprävention wurde zunächst zwischen zwei Typen von Prävention bzw. friedensfördernden Aktivitäten unterschieden: strukturorientierte Maßnahmen, die auf die grundlegenden Konflikt- und Gewaltursachen zielen und in einem längeren zeitlichen Kontext zu sehen sind, und prozessorientierte Initiativen, mit denen auf einen bereits zugespitzten, aber noch nicht (oder nicht mehr) gewaltsam ausgetragenen Konflikt deeskalierend eingewirkt werden soll (Ropers 1995: 211f.). In neueren Studien wird allerdings der Begriff der Prävention häufig aufgegeben zugunsten des überwölbenden Terminus *„Peace Building"*, der auch langfristig orientierte Prozesse „zur Bearbeitung der tieferen Ursachen von Gewaltkonflikten und zum Aufbau von Rahmenbedingungen, Institutionen und Normen strukturell friedensfähiger Gesellschaften" (Matthies 2002: 126) umfasst. Sofern diese Initiativen von externen Akteuren, staatlichen oder nichtstaatlichen Agenturen in Krisengebieten durchgeführt werden, spricht man ebenfalls von „Interventionen" (Miall 2000: 25).

3.1 Arbeitsfelder, Ansätze und Akteure präventiver Politik

3.1.1 Frühwarnung

Friedens- und Konfliktforscher haben verschiedene Stufen ausgemacht, nach denen Konflikte in der Regel verlaufen. Die Phasenmodelle enthalten idealtypische Einteilungen und gehen davon aus, dass jeder Konflikt, sofern er nicht eingedämmt wird, etwa neun Stufen (vgl. Glasl 1990: 215ff.; Merkel: 1994) durchläuft:

1) Politische Spannungen,
2) Offene Dispute über Gegensätze und Spannungen,
3) Militant vorgetragene Forderungen und Ankündigung konfrontativer Akte,
4) Vereinzelte gewaltsame Übergriffe,
4) Militärischer Konfliktaustrag und anhaltende Gewalt (festgefahrener Konflikt),
6) Deeskalation, Feuerpausen,
7) Waffenstillstand, entweder durch Bildung eines politischen Kompromisses oder durch Sieg und Niederlage,
8) Ausbau des Kompromisses mit nichtmilitärischen Mitteln,
9) Rekonstruktion der Gesellschaft, Rückkehr der Flüchtlinge und langfristige Aussöhnung.

Es wird allgemein davon ausgegangen, dass sich Gewalt in Auseinandersetzungen zwischen Staaten und/oder gesellschaftlichen Gruppen am ehesten eingrenzen läßt, wenn man sie frühzeitig erkennt und auf die beteiligten Akteure und Konfliktursachen Einfluß zu nehmen versucht (Annan 2002: viii). Seit den 80er Jahren wurden im VN-System, von der OSZE und auch der Europäischen Union verstärkt Anstrengungen zum Aufbau von Frühwarneinrichtungen unternommen (vgl. dazu Austin 2002).[7] Verbesserte Informationstechnologien erweiterten die Möglichkeiten der Informationsgewinnung. Im Mittelpunkt der Informationserhebung standen innergesellschaftliche Kriege und Bürgerkriege, Menschenrechtsverletzungen, ethnische Säuberungen und Fluchtbewegungen. Die meisten Frühwarneinrichtungen betrieben neben einer systematischen Datenerfassung, eine Analyse und Bewertung der Informationen und die Erarbeitung von Handlungsoptionen und entsprechende Empfehlungen für politische Akteure. Eine Schwierigkeit besteht für sie in der Definition von Indikatoren und in der Entwicklung angemessener Analysemodelle, über die es unter Praktikern und Wissenschaftlern durchaus unterschiedliche Auffassungen gibt (Matthies 2000: 50). Einig ist man sich allerdings weitgehend in der Einschätzung, dass Frühwarnung zwar eine notwendige, aber keinesfalls hinreichende Bedingung für effektive Krisenprävention darstellt. Vielmehr liegt die Herausforderung darin, die gewonnene Erkennt-

---

7 Hier war insbesondere das Amt des Hohen Flüchtlings-Kommissars der Vereinten Nationen (UNHCR) daran interessiert, Fluchtbewegungen rechtzeitig zu registrieren. Aber auch der VN-Generalsekretär Boutros Ghali setzte sich für den Ausbau von Frühwarnsystemen ein, was zur Etablierung eines „Humanitarian Early Warning System", des „Relief Web" und des „Integrated Regional Information Network" führte. Auch Nichtregierungsorganisationen und wissenschaftliche Einrichtungen beteiligten sich (so etablierte die Schweizerische Friedensstiftung das Frühwarnkonzept FAST; Mitte der 90er Jahre entstand das internationale „Forum for Early Warning and Early Response", FEWER, das sich aus NGOs, internationalen Organisationen, wissenschaftlichen Einrichtungen und nationalen Regierungen zusammensetzt). Die EU initiierte zunächst ein „Conflict Prevention Network"und etablierte dann eine „Policy Planning and Early Warning Unit". Auch die OSZE entwickelte Mechanismen zur frühzeitigen Krisenerkennung.

nisse rechtzeitig an die richtigen Institutionen und Personen zu leiten, um von der Frühwarnung zur frühzeitigen Handlung zu gelangen.

3.1.2 Konfliktvermittlung durch Dritte Parteien

Vielfach wird unter Prävention die Einflußnahme von externen Akteuren, sogenannten „*dritten Parteien*" auf den Verlauf inner- oder zwischenstaatlicher Auseinandersetzungen verstanden, mit dem Ziel der Deeskalation und im Bemühen darum, die Konflikte zu regeln, beizulegen und die Bedingungen für einen dauerhaften Frieden zu schaffen. Nach diesem Verständnis setzt erfolgreiche Prävention immer auch schon Konflikttransformation voraus: sie „verändert die Handlungskoordinaten bzw. die Problemwahrnehmung der Akteure derart, dass der Konflikt entdramatisiert und einer Regelung zugänglich gemacht wird" (Debiel 1996: 3). Dies erfordert ein Konfliktmanagement, durch das darauf hingewirkt wird, dass sich die Konfliktparteien über Möglichkeiten der Streitbeilegung auseinandersetzen und sich selbst darum bemühen, die Konfliktursachen zu beseitigen. Unter dem Oberbegriff der „*Vermittlung*" werden unterschiedliche Verfahren gefaßt:

- *Schiedsgerichtsbarkeit als juristische Form der Konfliktbearbeitung.* Die Konfliktparteien unterwerfen sich dem Schiedsspruch eines unabhängigen Gerichts, z.B. des internationalen Gerichtshofs in Den Haag.
- Sogenannte „*gute Dienste*": Von neutralen Dritten werden die logistischen Voraussetzungen geschaffen, um einen Kommunikationsstillstand der Konfliktparteien zu durchbrechen (z.B. Bereitstellen von Verhandlungsort und Räumlichkeiten, Übernahme von Reisekosten etc.).
- *Verhandlungen* (negotiations): Die Konfliktparteien setzen sich zusammen, um ihre Standpunkte zu klären. Das kann ohne, aber auch mit einem „negotiator", einem Vermittler erfolgen, der von einer Dritten Partei gestellt wird und das Gespräch vermittelt, ohne eigene Lösungsvorschläge einzubringen.
- *Konsultation*: Eine Gruppe oder Gruppen mit speziellen Kenntnissen beraten die Konfliktparteien während der Verhandlungen.
- *Mediation*: Unterschieden werden direktive und non-direktive Formen und „facilitation". Bei der letzteren bleibt der Mediator in einer passiven Rolle und fungiert eher als Kommunikationsvermittler zwischen den Parteien. Bei den non-direktiven Formen der Mediation übt der Mediator vor allem eine formelle Kontrolle über die Situation und den Mediationsprozess aus: er bestimmt die Umgebung, Ort und Anzahl der Treffen und die Agenda. Er kontrolliert außerdem den Zugang der Beteiligten zu Informationen und Ressourcen. Die direktiven Strategien hingegen setzen eine aktive Rolle des Vermittlers voraus. Er schaltet sich hier in den Prozeß mit inhaltlichen Vorschlägen ein, kann den Prozeß etwa durch Ultimaten bestimmen und auf die Annahme von Lösungsvorschlägen drängen.

Konfliktvermittlung durch externe Akteure kann allerdings nur dann Wirkung zeigen, wenn die beteiligten Parteien selbst in solche Prozeduren einwilligen. Ein erfolgreiches Einwirken von außen setzt überdies eine präzise Bestimmung erstens der Konfliktursachen, die meist aus einem ganzen Bündel unterschiedlicher Faktoren bestehen[8], zweitens der Konfliktbeteiligten und drittens der Phase, in der sich der Konflikt befindet, unabdingbar voraus. Gerade bei innergesellschaftlichen Konflikten lässt sich häufig schwer ausmachen, wer überhaupt Konfliktpartei ist. Manchmal treten verschiedene Akteure auf den Plan, die unterschiedliche Ziele verfolgen, und die nicht immer ein Interesse an einer Streitbeilegung haben. Manche verfolgen weniger politische Ziele als dass sie an der Aufrechterhaltung der Gewaltdynamik, von der sie profitieren können, interessiert sind. Angesichts derart komplexer Konfliktsituationen sind neben prozessorientierten Verfahren auch strukturorientierte Präventionsmaßnahmen sowie ein abgestimmtes Vorgehen unterschiedlicher Akteure erforderlich. In den vergangenen Jahren hat sich in der akademischen Diskussion und auch in der friedens- bzw. entwicklungspolitischen Praxis verstärkt die Erkenntnis durchgesetzt, dass effektive Krisenprävention und Friedensförderung am ehesten gewährleistet werden kann,

- wenn eine stärkere Kooperation zwischen Humanitärer Hilfe, Entwicklungszusammenarbeit, Friedens- und Menschenrechtsarbeit gelingt, und
- wenn eine bessere Verknüpfung von Initiativen der Staatenwelt mit denen der Gesellschaftswelt hergestellt werden kann.

3.1.3 Integration krisenpräventiver Ansätze in die Entwicklungszusammenarbeit

Eine Politik, die Gewalteskalation vorbeugen soll, benötigt gleichzeitig auch ein umfassendes Konzept von Entwicklungspolitik. Diese Erkenntnis schlug sich – ausgehend von der „Agenda für Entwicklung" des ehemaligen VN-Generalsekretärs Boutros Boutros Ghali – in einer intensiven Debatte über Konzepte einer nachhaltigen Entwicklung nieder.[9] Beim VN-Entwicklungshilfeprogramm UNDP wurde zu Beginn der 90er Jahre die „Prevision-Prevention-Preparation"-Strategie entwickelt. Außerdem nahmen Akteure der Entwick-

---

8 In der Präventionsforschung wird zwischen verschiedenen Kategorien von Ursachenfaktoren unterschieden: 1. so genannte „systemische" oder „Struktur"-Faktoren (root causes; background factors), mit denen latent vorhandene Konflikt- und Gewaltpotenziale bezeichnet werden, 2. Prozessfaktoren (aggravating factors, accelerators), also beschleunigenden Faktoren und den Rahmenbedingungen entspringen und zur Eskalation der Situation beitragen, sowie 3. Auslösefaktoren (triggering factors), womit die Ereignisse oder Entwicklungen beschrieben werden, die den unmittelbaren Auslöser für Gewaltprozesse darstellen.
9 Damit wurde die Öffentlichkeit darauf aufmerksam gemacht, dass Frieden ohne soziale Sicherheit und Gerechtigkeit nicht denkbar ist. Die Agenda plädierte für nachhaltige weltweite Entwicklung zugunsten allgemein wachsender Sicherheit und Verteilung des sozialen Wohlstands bei schonendem Umgang mit Ressourcen.

lungszusammenarbeit (EZ) stärker die gesellschaftlich-politischen Rahmenbedingungen für Entwicklungsprozesse in den Blick, darunter

- die zivile Kontrolle von Militär und Polizei;
- die Förderung von Demokratie und Rechtsstaatlichkeit;
- die Unterstützung friedensbereiter Akteure beim Aufbau politischer und sozialer Institutionen der Problemlösung und zur Kompromiss- bzw. Konsensbildung;
- die Unterstützung von zivilgesellschaftlichen Strukturen.

In der zweiten Hälfte der 90er Jahre wurden verschiedene Erklärungen zur Krisenprävention verabschiedet. Zu den bedeutendsten international beachteten Konzepten gehörten die „Guidelines on Conflict, Peace and Development Co-operation" des „Development Assistance Committee" der OECD von 1997 (DAC 1998), die im Jahr 2000 überarbeitet wurden. Darin wurde die Rolle der EZ in unterschiedlichen Konfliktphasen definiert, wobei ihr auch in gewaltsam eskalierten Phasen noch eine wichtige Bedeutung beigemessen wird. Unter anderm ist darin die Empfehlung enthalten, dass EZ-Agenturen ihre Maßnahmen an instabile Verhältnisse anpassen und sich an der Suche nach Möglichkeiten der Gewalteindämmung beteiligen, und dass sie sich schon während der gewaltsamen Phase auf die Post-Konfliktphase und eine erfolgreiche Friedenskonsolidierung vorbereiten.

Hierfür muss die EZ eng mit der Humanitären Hilfe zusammenarbeiten. Der Nutzen der humanitären Hilfe in Krisen und bewaffneten Auseinandersetzungen ist in den vergangenen Jahren jedoch verstärkt ins Kreuzfeuer der Kritik geraten. Zum einen wurde darauf hingewiesen, dass Humanitäre Hilfe diejenigen, die sie unterstützt, entmündige. Zum anderen wurde deutlich, dass Humanitäre Hilfe in Kriegs- und Bürgerkriegsgebieten unter Umständen auch zur Stützung der Kriegsökonomien und damit zur Verlängerung gewaltsamer Auseinandersetzung oder ungerechter Verhältnisse beitragen kann. Beispiele dafür ließen sich z.B. in Somalia und Ruanda beobachten.

Während Entwicklungshilfe bzw. Entwicklungszusammenarbeit auf langfristige Veränderungsprozesse bei der Verbesserung von Lebenschancen und auf Nachhaltigkeit angelegt sind, zielt Humanitäre Hilfe in der Regel auf eine mittelbare Beseitigung der Folgen einer akuten Notlage und verzichtet auf strukturbildende Maßnahmen. Der Zerfall von Staaten, Kriege und Bürgerkriege werden vielfach als gegeben hingenommen und die davon Betroffenen mit Hilfsgütern und Dienstleistungen versorgt, um das unmittelbare Überleben zu sichern. Humanitäre Organisationen verweisen sogar vielfach darauf, dass ihr Mandat politische Aktivitäten ausschließe. Insofern erscheinen Humanitäre Hilfe und Entwicklungshilfe zunächst als Gegensatz. Es entstand eine Debatte darüber, wie negative Folgen und konfliktverschärfende Auswirkungen vermieden werden können. Vielfach wurde eine Reform des internationalen Hilfssystems gefordert, bei der Krisenprävention als Querschnittsaufgabe (vgl. Fahrenhorst/Musto 2002) verstanden wird, in der die Humanitäre Hilfe komplementär zur Entwicklungszusammenarbeit gestaltet wird. In der Bundesrepublik haben daher staatliche Entwicklungsagenturen, wie z.b. die Deutsche Gesellschaft für Technische Zusammenarbeit (GTZ) begonnen, gleichermaßen Programme der EZ wie auch der Nothilfe zu entwerfen. (vgl. GTZ, Entwicklungsorientierte Nothilfe, Glossar, 2. Aufl., Eschborn 2000). Mit dem Ziel der Sensibilisierung für dieses Problem und um ein „mainstreaming" aller Arbeitsbereiche im Hinblick auf Krisenprävention in Gang zu setzen, wurde im Jahr 2000 von der GTZ ein „Sektorvorhaben Krisenprävention" eingerichtet.

Das Risiko unerwünschter, konfliktverschärfender Nebenwirkungen stellt sich allerdings für die EZ in ähnlicher Weise wie für die Humanitäre Hilfe. Der Einsatz entwicklungspolitischer Finanzmittel kann friedenssichernde und krisenpräventive Wirkung haben, ist aber nicht per se friedensfördernd. Entwicklungshilfeprogramme können – ähnlich wie Humanitäre Hilfeleistungen – auch zur Verschärfung oder Verstetigung von Gewaltkonflikten beitragen Sie sind nie „neutral", sondern stellen stets einen Eingriff in die Strukturen des Ziellandes dar. Der Ressourcenzufluss kann die politische und ökonomische Situation vor Ort extrem verändern und lokale Märkte durcheinanderbringen. So werden mitunter Gelder für die Versorgung von Truppen und den Waffenkauf abgezweigt oder zur Absicherung politischer Unterstützung in bestimmte Gebiete gelenkt. So kann EZ im ungünstigen Fall die Stabilisierung von ungerechten Herrschaftsstrukturen oder die Verlängerung von Kriegssituationen bzw. die Herausbildung von Bürgerkriegsökonomien fördern (vgl. Anderson 1999).

Subtiler, aber ebenfalls folgenschwer, können implizite Botschaften der verschiedenen Entwicklungsagenturen und das Verhalten von Mitarbeitern wirken: Der Kontakt von Hilfsorganisationen mit Kriegsfürsten kann deren Legitimität erhöhen. Überhebliches Auftreten der Helfer kann Dominanzkulturen hervorbringen und dadurch zusätzliche Ungerechtigkeiten erzeugen. Unangemessenes oder unbedachtes Verhalten externer Akteure kann ungewollt Konflikte schüren, Menschenrechtsverletzungen Vorschub leisten und die Zerrüttung sozialer Strukturen begünstigen (Debiel/Fischer 2000: 5). Beispiele für negative Wirkungen der EZ ließen sich z.B. in Ruanda und Somalia beobachten. Internationale Organisationen (z.B. UNDP, die Weltbank und EU) haben daraus ihre Schlüsse gezogen und sich die Zielsetzung Krisenprävention zu eigen gemacht. Die Europäische Union hat darauf hin ihre Politik gegenüber den Staaten des afrikanisch-asiatisch-pazifischen Raums neu konzipiert. Auf der Sitzung des Europäischen Rates in Göteborg 2001 wurde schließlich ein Programm zur „Verhütung gewaltsamer Konflikte" beschlossen. Der Rat erklärte dieses zum Hauptziel der Außenbeziehungen der EU, das in alle relevanten Bestandteile, einschließlich der Sicherheitspolitik, der Entwicklungszusammenarbeit und des Handels integriert werden müsse (vgl. den Beitrag von Bernhard Rinke im vorliegenden Band).

Eine wichtige Voraussetzung für eine positive Wirkung entwicklungspolitischer Maßnahmen besteht darin, dass sich die entwicklungspolitischen Maßnahmen in ein Gesamtkonzept einbetten, das Krisenprävention als *Querschnittsaufgabe* begreift, die auch in den Außenbeziehungen sowie der Außenwirtschafts- und Handelspolitik berücksichtigt und abgestimmt wird.

Eine weitere wichtige Voraussetzung ist, dass die Ursachen politischer Instabilität regions- und länderspezifisch auch im jeweiligen kulturellen Kontext analysiert und bei der Konzeption von EZ-Projekten berücksichtigt werden. Außerdem müssen diese „gender-sensitiv" angelegt werden, das heißt, sie müssen die unterschiedlichen Realitäten und Rollenerwartungen, mit denen Männer und Frauen in Gewaltkonflikten konfrontiert sind, berücksichtigen (vgl. dazu Francis 2001 und Reimann 2001). Und schließlich erfordern erfolgreiche Ansätze der Krisenprävention – egal ob sie sich auf strukturelle oder prozessorientierte Maßnahmen richten – eine enge Verknüpfung von Initiativen auf der staatlichen und nichtstaatlichen Ebene.

3.1.4 Verknüpfung von Initiativen staatlicher und zivilgesellschaftlicher Akteure

Erfolgreiche Beispiele von Krisenprävention und Konfliktregelungsaktivitäten lassen sich am ehesten in solchen Situationen ausmachen, in denen es gelungen ist, staatliche und gesellschaftliche Initiativen miteinander zu verzahnen.[10] Die angemessene Antwort auf Konflikte mit vielfältigen Ursachen besteht nach Einschätzung neuerer Untersuchungen in einer *„multi-track-diplomacy"*. Darunter versteht man ein Vorgehen, das neben dem Regierungshandeln und dem Engagement von Staatenorganisationen auch Deeskalationsbemühungen und Konfliktbewältigungsstrategien gesellschaftlicher Akteure („citizen-based-diplomacy") einbezieht (vgl. z.B. Carnegie Commission 1997: XXIII). Auch VN-Generalsekretär Kofi Annan betonte in seinem jüngsten Bericht, dass die herkömmlichen staatlich-diplomatischen Instrumentarien für die Anforderungen an Krisenprävention in innerstaatlichen Gewaltkonflikten nicht ausreichend sind, sondern mit Ansätzen der Zivilgesellschaft verknüpft werden müssen (Annan 2002: viii). Betont wird die Bedeutung von regierungsunabhängigen Organisationen (NGOs) mit informellen und inoffiziellen Dialogformen, weil sie bei gesellschaftlichen Akteursgruppen mehr Vertrauen genießen als Staaten (vgl. Lund 1996: 192; Van Tongeren 1998). Aber es gibt auch berechtigte Kritik an der Herausbildung künstlicher NGO-Sektoren in Krisenregionen, die den Aufbau von Zivilgesellschaft eher behindern als befördern können, wenn nicht gleichzeitig Fortschritte bei der Errichtung staatlicher Strukturen erzielt werden (Ropers 1998).

---

10 Vgl. dazu die Untersuchung von Birckenbach (1997) zur Auseinandersetzung um die Staatsbürgerschaftsregelungen in Estland und Lettland.

Eine Folge vieler hoch eskalierter und langandauernder Gewalt-Konflikte ist die Verfestigung von Milieus und Strukturen, in denen ein Teil der Beteiligten ein Interesse an der Fortsetzung dieser Verhältnisse haben. Dazu gehören Teile der Armee und diverser Milizen, Sicherheitsdienste, Händler von Waffen, die Begünstigten von Land, Kapital und politischen Positionen sowie diejenigen, die sich zerrüttete Strukturen und korrupte Verhältnisse zunutze machen um illegale Geschäfte zu betreiben. Sie tragen dazu bei, dass dauerhafte Gewaltkulturen errichtet und Verfeindungen von Bevölkerungsgruppen verstegigt werden. Für Individuen gibt es immer weniger Spielräume, sich der Verbreitung von Gewalt und der Verhärtung der Beziehungen zu widersetzen. Um derartigen „Kriegsallianzen" entgegenzuwirken sollten Initiativen ziviler Einmischung und Krisenprävention sich deshalb vor allem darauf richten, in den Konfliktregionen sogenannte „Friedensallianzen" („peace constituencies", vgl. dazu Lederach 1997) zu schaffen und zu unterstützen: Bündnisse aus einer Vielfalt an zivilgesellschaftlichen Akteuren, die gegen Gewaltkulturen arbeiten und sich am Aufbau von Mechanismen zur friedlichen Konfliktbearbeitung beteiligen, bzw. Netzwerke von Personen, die ein persönliches Interesse an der nachhaltigen Regelung etwa ethnopolitischer Konflikte haben und die über Einfluß und Fähigkeiten verfügen, dieses Interesse auch umzusetzen. Als wichtige Akteure erweisen sich dafür neben lokalen Nichtregierungsorganisationen auch Personen aus Parteien, Verbänden, Kirchen, Medien, Kultur- und Bildungseinrichtungen, die sich aktiv am Aufbau einer „Kultur des Friedens" beteiligen und die sich für einen grenzüberschreitenden Austausch oder eine Begegnung über verfeindete Lager hinweg einsetzen. Der Förderung einheimischer Fachkräfte kommt daher die erste Priorität zu. Die starke Betonung der Stärkung von Akteuren vor Ort gründet sich auf die Einschätzung, dass Frieden aus den Gesellschaften selbst heraus entwickelt werden und nicht von außen aufgesetzt werden kann. Externe Fachkräfte können die einheimischen Akteure in ihrer Arbeit jedoch maßgeblich bei Prozessen der Selbstreflexion und Strategieentwicklung unterstützen, ihnen Angebote zur Weiterqualifizierung und zum Austausch mit Erfahrungen aus anderen Krisenregionen machen. Darüber hinaus können externe Nichtregierungsorganisationen auch Einfluss auf eine Politikveränderung internationaler Organisationen hin zu präventivem Handeln nehmen und durch Kampagnen zur Überwindung von Gewaltkulturen beitragen.

So hat sich beispielsweise im Umfeld der EU eine enge Kooperation zwischen staatlichen und nichtstaatlichen Akteuren entwickelt, die den Austausch von Expertise im Sinne eines „Policy-Netzwerks" gefördert hat (vgl. dazu Debiel/Fischer 2000: 6ff.), darunter die *European Platform for Conflict Prevention and Transformation* und das *European Peace Liaison Office*. Die Zusammenarbeit mit nicht-staatlichen Akteuren, die vielfach über ein enormes Wissen und über direkte Kontakte mit der gesellschaftlichen Basis in Krisenregionen verfügen, hat mit dazu beigetragen, dass gesellschaftliche und politische Konfliktursachen in der entwicklungspolitischen Konzeption der EU verstärkt Berücksichtigung fanden. Daneben gibt es engagierte Netzwerke und Kampagnen, die sich die Überwindung von Kriegsstrukturen zum Ziel gesetzt haben, die Politik und Geschäftswelt daran erinnern, dass auch Waffenexporte, der Handel mit Tropenhölzern, Diamanten oder Öl eine wichtige Rolle bei der Förderung von Kriegsökonomien spielen. In diesem Sinne hat sich eine internationale Zivilgesellschaft herausgebildet, die zum einen staatliche Politik kritisch begleitet, diese aber gleichzeitig, sofern sie ihre Außenpolitik krisenpräventiv gestaltet, aktiv zu unterstützen vermag.

3.2 Probleme und offene Fragen

Angesichts der zahlreichen weltweit beobachtbaren und von den Medien illustrierten Gewaltkonflikte könnte sich der Eindruck einstellen, dass gewaltsame Konfliktaustragung den Normalfall in zwischen- oder innerstaatlichen Konflikten bilde. Dies ist jedoch nicht der Fall. Vielmehr muss man sich immer wieder vor Augen führen, dass die gewaltsame Austragung von Konflikten global immer noch die Ausnahme darstellt. Von den insgesamt 173 politischen Konflikten, die das „Heidelberger Institut für Internationale Konfliktforschung" (2002) registrierte, wurden 131 ohne Gewaltanwendung (durch Verhandlungen oder Schiedssprüche etwa des Internationalen Gerichtshofs in Den Haag) beigelegt, oder sie wurden durch Missionen internationaler Organisationen oder Vermittlung dritter Parteien zumindest eingehegt. Dennoch sind in den vergangenen Jahren Probleme deutlich geworden, die vor allem mit der Frage verknüpft sind, wie man von der frühen Kenntnis über sich anbahnende Krisen zu einem frühzeitigen und koordinierten Handeln gelangt.

So wurde anhand der Krisen der 90er Jahre – beispielsweise in Ruanda oder im Kosovo – deutlich, dass frühzeitige Warnungen und Informationen über die Zuspitzung der Situation international bekannt waren, dass jedoch vorbeugendes Handeln dennoch ausblieb und mögliche Präventionschancen nicht, oder nicht ausreichend, genutzt wurden. Analysen, die sich kritisch mit der Lücke zwischen präventionspolitischem Anspruch und der operativen Umsetzung auseinandersetzen, machen dafür psychologische, politische oder bürokratische Hindernisse in der Kommunikation zwischen den Frühwarnungseinrichtungen auf der einen Seite und den politischen Mandats- und Entscheidungsträgern auf der anderen Seite verantwortlich (Matthies 2000: 153). Zudem wird ein Mangel an politischem Willen konstatiert, der im wesentlichen auf das ungenügende Interesse staatlicher Akteure zurückzuführen sei. Dies trifft offenbar dann zu, wenn es keine eindeutige Definition von Interessen gibt, also keine klare Kosten-Nutzen-Relation erkennbar ist, in der sich präventives Handeln mit nationalen Eigeninteressen deckt. Ein weiteres Problem der operativen Umsetzung von präventiver Politik ist in der mangelnden Abstimmung des Vorgehens unterschiedlicher Akteure und Politikfelder zu sehen. Es besteht zwar weithin Konsens darüber, dass Präventionsbemühungen in einem ressortübergreifenden Zusammenhang von Außen-, Sicherheits- und Entwicklungspolitik gestaltet werden. In den meisten Krisengebieten der Welt lassen sich erhebliche Defizite an Kohärenz und Kooperation beobachten: „Kaum abgestimmte Vorgehensweisen, umstrittene Verantwortlich- und Zuständigkeiten, bürokratische Eifersüchteleien, institutionelle Rivalitäten, die Vergeudung kostbarer Zeit und knapper Ressourcen" (Matthies 2002: 132). Unterschiedliche Politikziele und Verhaltensweisen der Geberstaaten wie auch ineffektives, unabgestimmtes Vorgehen einzelner Akteure können die Wirksamkeit beeinträchtigen. Hinzu kommt die verbreitete Ratlosigkeit angesichts der Frage, welche Handlungsperspektiven und welcher Mitteleinsatz überhaupt erfolgversprechend erscheinen. Diese Unsicherheit ist darauf zurückzuführen, dass nur wenige Forschungsergebnisse über die Wirkungen vorliegen, bzw. dass systematische Evaluierungen präventiven Handelns bislang nur ansatzweise durchgeführt werden.

Eine Herausforderung besteht in der Überprüfung der Erfolgsbedingungen von Krisenprävention. So erschwert die Tatsache, dass gerade strukturell orientierte Präventionsmaßnahmen erst in einem langen Zeithorizont Wirkung entfalten, die Bewertung (vgl. dazu Miall 2000). Jedoch stellen sich auch konzeptionelle und methodologische Probleme, wenn man versucht, bestimmte Entwicklungen spezifischen Ursachen präzise zuzuordnen. Der Versuch nachzuweisen, dass eine bestimmte Maßnahme ein Ereignis verhindert hat, das ansonsten unzweifelhaft eingetreten wäre, erweist sich als äußerst schwierig. So bleiben gelungene Präventionsanstrengungen gewissermaßen unsichtbar (vgl. Lund 1998: 52). Eine besondere Herausforderung liegt darin, brauchbare Kriterien für die Bewertung zu erarbeiten (vgl. Anderson/Olson 2003). Zwar haben eine Reihe von Regierungseinrichtungen, Forschungsinstituten und Nichtregierungsorganisationen in den vergangenen Jahren mit der Wirkungsforschung über präventive und friedensfördernde Maßnahmen begonnen und versuchen in einem Austausch zwischen Akademikern und Praktikern Aufschluss über negative und positive Folgen friedensfördernder Maßnahmen zu gewinnen. Sie stehen jedoch noch am Anfang.[11]

---

11 Dazu gehören u.a.: 1. die „Do No Harm"-Studie von Mary B. Anderson (1999) und die „Local Capacities for Peace"-Initiative sowie das Nachfolgeprojekt „Reflecting on Peace Practice", das von der amerikanischen NGO Collaborative for Development Action (CDA) und dem schwedischen Life & Peace Institute initiiert wurde, vgl. www.cdainc.com; 2. das „War Torn Societies Project" der Vereinten Nationen und das Nachfolgeprojekt „WSP Transition Program"; 3. Studien der Abteilung Peace Studies der Bradford University (UK); „Lessons learned"-Studien der European Platform for Conflict Prevention; 4. das „Berghof Handbook for Conflict Transformation" hat diese Diskussionszusammenhänge mit Ansätzen aus der bundesdeutschen Diskussion zusammengebracht, vgl. Austin/Fischer/ Wils 2003 und www.berghof-handbook.net).

Konfliktregelung und Friedenssicherung III

4. Ausblick

Obgleich die Forderung nach Krisenprävention bereits seit mehr als einem Jahrzehnt die politischen Verlautbarungen von Akteuren der internationalen Politik geprägt hat, kann man nicht davon sprechen, dass ein „Paradigma des vorbeugenden, pro-aktiven Handelns das alte Paradigma des reaktiv-kurativen Umgangs mit Gewaltkonflikten" (Matthies 2000: 24) abgelöst habe. Dem Diskurs um die Anforderungen an Krisenprävention zum Trotz erweist sich die politische Praxis im Übergang zum 21. Jahrhundert doch als stark an der Logik der militärischen „Krisenreaktion" orientiert.

Militärische Interventionen mit unilateralem oder auch multilateralem Charakter wurden seit Beginn der 90er Jahre und zu Beginn des 21. Jahrhunderts mit unterschiedlichen Begründungen und Legitimationen (Schutz der Menschenrechte, Durchsetzung einer demokratischen Ordnung, Eindämmung von Massenvernichtungsmitteln etc.) durchgeführt. Die Interventionen wurden unter anderem auch damit begründet, Ansätze der Prävention hätten versagt bzw. alle zivilen Mittel seien ausgeschöpft. Bei genauerer Betrachtung kann man jedoch auch zu der Einschätzung gelangen, dass präventive Ansätze in entscheidenden Situationen nicht oder noch zu wenig zur Anwendung gekommen sind. Gerade an der Genese, dem Verlauf und dem Ergebnis des Kosovo-Krieges lassen sich Merkmale des Versagens von internationaler Politik studieren: Des Versagens europäischer Kooperationspolitik, die mit rechtzeitigen politischen Initiativen einer Eskalation hätte vorbeugen und nach friedlichen Lösungen hätte suchen müssen. Auch werden weiterhin weltweit sehr viel mehr finanzielle Mittel für militärische Interventionspotenziale als für den Ausbau von Instrumenten für zivile Präventionsbemühungen bereitgestellt. Es besteht weiterhin ein massives Ungleichgewicht – sowohl in der Alimentierung als auch in der medialen Aufmerksamkeit – zwischen den massiven, zentralisierten und von einer starken Lobby unterstützen Militärapparaten gegenüber den schwachen, dezentralisierten Strukturen, mit denen zivile Instrumente der Krisenprävention bisher ausgestattet sind. Dieses Machtgefälle wirkt zugunsten des Militärapparats und des militärischen Umgangs mit Krisen, wie Müller (2000: 233) in einem Vorschlag für die Einrichtung eines „Ministeriums für Krisenprävention" verdeutlichte. Mit dem Plädoyer für die Schaffung verlässlicher Institutionen und Instrumente muss zwingend die Forderung nach einer Umschichtung finanzieller Mittel zugunsten des zivilen, präventiven Bereichs einhergehen, um das gegenwärtig vorhandene krasse Missverhältnis zu überwinden. Erst wenn in dieser Hinsicht „Chancengleichheit" besteht, kann ernsthaft eine Aussage darüber getroffen werden, welche Instrumente sich am besten zum Umgang mit „neuen Kriegen" und Gewaltkonflikten eignen.

Dafür wäre es allerdings auch erforderlich, dass Militärinterventionen in ähnlicher Weise einer kritischen Wirkungsanalyse unterzogen werden, wie dies aktuell im Bereich der zivilen Präventions- bzw. Interventionsanstrengungen der Fall ist. Eine ehrliche und umfassende Bilanz der Folgen der militärischen Interventionen im Kosovo, Afghanistan und dem Irak steht bislang aus. Eine solche Bilanz müsste in seriöser Weise Auskunft darüber geben, ob die militärischen Interventionen die erklärten Ziele einzulösen vermochten, die sie zu erfüllen ankündigten (darunter die Eindämmung von Menschenrechtsverletzungen, Gewalteskalation und Friedensgefährdungen, Einhegung terroristischer Bedrohungen und Schaffung der Voraussetzungen für Demokratisierung). Eine solche Untersuchung darf auch die durch Kriegseinsätze verursachten menschlichen, politischen und ökologischen Kosten für die betreffenden Gesellschaften, ihre Nachbarregionen und für die internationalen Beziehungen insgesamt nicht verschweigen. Da die Protagonisten militärischer Interventionen diese im Nachhinein im allgemeinen unhinterfragt als Erfolgsgeschichten präsentieren und nicht selbstkritisch bilanzieren, ist hier mehr denn je die Expertise der Friedens- und Konfliktforschung gefragt.

Eine aktuelle Gefahr liegt darin, dass die Möglichkeiten des Einsatzes transnationaler Militärmacht, der Beachtung von Menschenrechten Geltung zu verschaffen, überschätzt werden. Ein weiteres Risiko besteht darin, dass in der Diskussion um die Gestaltung einer Weltinnenpolitik die Moral gegen das Recht ausgespielt wird. Der Soziologe Ulrich Beck wies darauf hin, dass im Zuge der „neuartigen postnationalen Politik des *militärischen Humanismus*" der „Krieg zur Fortsetzung der *Moral* mit anderen Mitteln" werde, was es umso schwerer mache, der Eskalationslogik des Krieges einen politischen Riegel vorzuschieben (Beck 1999: 985). Er sagte daher – unter dem Eindruck des Kosovo-Kriegs – für das 21. Jahrhundert eine wachsende Zahl von Kriegen voraus, die mit dem Ziel der Pazifizierung und Sicherung von Menschenrechten begründet würden. In der Folge der Terroranschläge vom 11. September 2001 lässt sich ein weiterer Trend hin zu einer unkritischen Verstärkung des Konzepts militärischer Intervention beobachten. Indem außenpolitische Berater und politische Entscheidungsträger in einigen westlichen Gesellschaften die Einschätzung vertreten, terroristischen Strukturen sei am ehesten durch einen „frühzeitigen" Einsatz von Militär beizukommen, kommt es zu einer Vereinnahmung des Präventionsgedankens durch militärische Logik. Dieser Tendenz versuchen Friedens- und Konfliktforscher mit dem Hinweis entgegenzuwirken, dass die Bekämpfung von Terrorismusgefahren nicht in erster Linie eine militärische Aufgabe ist, sondern eine umfassende Strategie erfordert, die folgende Maßnahmen beinhaltet: 1) präventive polizeiliche Maßnahmen, 2) eine effizientere Zusammenarbeit der Geheimdienste[12] sowie 3) den Entzug von Ressourcen wie Geld und Waffen und 4) präventive Ansätze im Rahmen von Außen- und Sicherheits-, Wirtschafts- und Entwick-

---

12 Mit Recht wies der Vorstand der bundesdeutschen „Arbeitsgemeinschaft für Friedens- und Konfliktforschung" darauf hin, dass die Mitglieder des Terrornetzwerks, das für den 11. September verantwortlich ist, „dort gesucht und gefunden werden (müssen) wo sie leben, nämlich in den USA und in Europa" (www.bicc.de/coop/afk).

lungspolitik zur Transformation von Gewaltökonomien. Mit dem Ausbau und Einsatz offensivfähiger Interventionspotentiale im Rahmen von Militärbündnissen ist diesen Problemen kaum beizukommen.

Zur Bewältigung der Friedensgefährdungen im 21. Jahrhundert bedarf es in erster Linie der Stärkung von Frühwarninstrumenten, von Initiativen der präventiven Diplomatie, von Maßnahmen zur Stabilisierung zerfallsgefährdeter Staatswesen und zivilgesellschaftlicher Strukturen, von Prozessen der regionalen politischen und ökonomischen Integration und von Dialogstrukturen in Systemen gemeinsamer Sicherheit. Die politischen Mandats- und Entscheidungsträger weltweit sind gefordert, die bei den VN und deren Regionalorganisationen, der Europäischen Union und auf nationaler Ebene existierenden Instrumente weiter auszubauen und – in Kooperation mit zivilgesellschaftlichen Akteuren der Friedens-, Menschenrechts- und Entwicklungszusammenarbeit – stärker zum Einsatz zu bringen. Der Friedens- und Konfliktforschung und den Regionalwissenschaften kommt die Aufgabe zu, ihre Wirksamkeit zu analysieren und dafür die Methoden zu schärfen. Dies ist um so nötiger, als auch nicht-militärische Ansätze der Krisenprävention oft eine „Intervention", das heißt einen Eingriff in existierende sozio-ökonomische Strukturen beinhalten, der von den Durchführenden – egal ob es sich um Staaten, Staatenorganisationen oder nicht-staatliche Akteure handelt, jeweils mit großer Sorgfalt zu gestalten und (selbst-)kritisch zu hinterfragen ist.

Literatur

Anderson, Mary B. (1999): Do No Harm: How Aid can Support Peace – or War. London: Lynne Rienner Publishers.
Anderson, Mary/Olson, Lara (2003): Confronting War. Critical Lessons for Peace Practitioners. Reflecting on Peace Practice Project, CDA. Cambridge (Mass.).
Annan, Kofi A. (2002): Verhütung bewaffneter Konflikte. Bericht des Generalsekretärs der Vereinten Nationen, VN, New York. Hrsg. v. Informationszentrum der VN (UNIC), Bonn.
Arbeitsgemeinschaft Friedens- und Konfliktforschung (2001): Prävention statt Präventivkrieg. Stellungnahme zum 11. September. In: http: //www.bicc.de/coop/afk.
Austin, Alex: Early Warning. In: Berghof Handbook for Conflict Transformation. Berlin (http: //www.berghof-handbook.net).
Austin, Alex/Fischer, Martina/Wils, Oliver (Hrsg.), (2003): Peace and Conflict Impact Assessment. Critical Views in Theory and Practice. Berghof Handbook Dialogue Series. Berlin.
Beck, Ulrich (1999): Über den postnationalen Krieg. In: Blätter für Deutsche und Internationale Politik. Nr. 8/99. S. 984-990.
Berghof Forschungszentrum für konstruktive Konfliktbearbeitung (Hrsg.), (2001): Berghof Handbook for Conflict Transformation, Berlin (bisher nur online unter: http: //www.berghof-handbook.net).

Birckenbach, Hanne (1997): Preventive Diplomacy through Fact-Finding, Bd. 6 der Kieler Schriften zur Friedenswissenschaft, Hamburg 1997.
Buchanan, Allen (2003): Reforming the international law of humanitarian intervention. In: Holzgrefe, J.L./Keohane, Robert O. (Hrsg.), (2003): Humanitarian Intervention. Ethical, Legal and Political Dilemmas. Cambridge: University Press. S. 130-174.
Byers, Michael/Chesterman, Simon (2003): Changing the rules about rules? Unilateral humanitarian intervention and the future of international law. In: Holzgrefe, J.L./Keohane, Robert O. (Hrsg.), (2003): Humanitarian Intervention. Ethical, Legal and Political Dilemmas, Cambridge: University Press. S. 177-203.
Carnegie Commission on Preventing Deadly Conflict (1997): Final Report. New York.
Chomsky, Noam (1999): The New Military Humanism: Lessons from Kosovo. Monroe (USA): Common Courage Press.
DAC (1998): Guidelines on Conflict, Peace and Development Co-operation on the Threshold of the 21st Century. Paris.
DAC (2001): The DAC Guidelines. Helping Prevent Violent Conflict. Paris.
Daase, Christopher (1997): Intervention. In: Albrecht, Ulrich/Volger, Helmut (Hrsg.), (1997): Lexikon der internationalen Politik. München/Wien: Oldenbourg. S. 260-263.
Debiel, Tobias/Fischer, Martina/Matthies, Volker/Ropers, Norbert (1999): Effective Crisis Prevention. Challenges for German Foreign and Development Policy. Policy Paper 12. Bonn: Stiftung Entwicklung und Frieden.
Debiel, Tobias/Fischer, Martina (2000): Krisenprävention und Konfliktbearbeitung durch die EU: Konzepte, Kapazitäten und Kohärenzprobleme. Berghof-Report Nr. 4. Berlin: Berghof Forschungszentrum für konstruktive Konfliktbearbeitung.
Fahrenhorst, Brigitte/Stefan A. Musto (2002): Krisenprävention als entwicklungspolitische Querschnittsaufgabe. In: Mutz (Hrsg.), (2002): S. 167-223.
Farer, Tom J. (2003): Humanitarian Intervention before and after 9/11: Legality and Legitimacy, in: Holzgrefe, J.L./Keohane, Robert O. (Hrsg.), (2003): Humanitarian Intervention. Ethical, Legal and Political Dilemmas. Cambridge: University Press. S. 53-90.
Fischer, Martina (1999): „Krisenprävention" – Modebegriff oder friedenspolitische Notwendigkeit? In: Österreichisches Studienzentrum für Frieden und Konfliktlösung (ÖSFK)/Schweizerische Friedensstiftung (SFS) (Hrsg.): Krisenprävention. Friedensbericht 1999. Theorie und Praxis ziviler Konfliktbearbeitung. Reihe Dialog. Beiträge zur Friedensforschung. Band 36. Heft 1-2/1999. S. 47-76.
Fischer, Horst (1993): Der Schutz von Menschen im Krieg. Humanitäres Völkerrecht und humanitäre Intervention. In: Matthies, Volker (Hrsg.), 1993: Frieden durch Einmischung. Bonn: Dietz Verlag. S. 87-103.
Forbes, Ian/Hoffman, Mark (Hrsg.), (1993): Political Theory, International Relations, and the Ethics of Intervention. New York: St. Martins Press.
Francis, Diana (2001): Gender, Power and Culture. In: Berghof Handbook for Conflict Transformation (http://www.berghof-handbook.net).
Glasl, Friedrich (1990): Konfliktmanagement. Bern: Verlag Paul Haupt.
Habermas, Jürgen (2000): Bestialität und Humanität. In: Merkel, Reinhard (Hrsg.), 2000: Der Kosovo-Krieg und das Völkerrecht. Frankfurt a.M.: Suhrkamp. S. 51-65.

Heidelberger Institut für Internationale Konfliktforschung e.V. (2002): Konfliktbarometer 2002. Krisen, Kriege, Putsche, Verhandlungen, Vermittlungen, Friedensschlüsse. 11. Jährliche Konfliktanalyse, Institut für Politische Wissenschaft, Universität Heidelberg. Heidelberg (auch online unter http: //www.konfliktbarometer. de).

Holzgrefe, J.L./Keohane, Robert O. (Hrsg.), (2003): Humanitarian Intervention. Ethical, Legal and Political Dilemmas. Cambridge: University Press.

Holzgrefe, J.L. (2003): The Humanitarian Intervention Debate, in: Holzgrefe, J.L./ Keohane, Robert O. (Hrsg.), (2003): Humanitarian Intervention. Ethical, Legal and Political Dilemmas. Cambridge: University Press, S. 15-52.

International Commission on Intervention and State Sovereignty (ICISS) (2001): The Responsibility to Protect. Report of the International Commission on Intervention and State Sovereignty. Ottawa: International Development Research Centre.

Kurtenbach, Sabine/Mehler, Andreas (2002): Der Beitrag der Regionalwissenschaften zu Krisenprävention und Peace-Building. In: Dieselben (Hrsg.), (2002): Die Vielfalt von Gewaltkonflikten, Schriften des Deutschen Übersee-Instituts, Hamburg Nr. 55. S. 7-17.

Lederach, John P. (1997): Building Peace. Sustainable Reconciliation in: Divided Societies. Washington: United States Institute for Peace Press.

Lund, Michael (2000): Improving Conflict Prevention by Learning from Experience: Issues, Approaches and Results, in: Lund/Rasamoelina (Hrsg.), (2000): The Impact of Conflict Prevention Policy. Cases, Measures, Assessments. Baden-Baden: Nomos. S. 63-88.

Lund, Michael (1998): Preventing Violent Conflicts, in: Cross, Peter (Hrsg.), (1998): Contributing to Violent Action. CPN-Yearbook 1997/98. Baden-Baden: Nomos. S. 21-63.

Lund, Michael/Rasamoelina, Guenola (Hrsg.), (2000): The Impact of Conflict Prevention Policy. Cases, Measures, Assessments. CPN- Yearbook 1999/2000. Baden-Baden: Nomos.

Lutz, Dieter (1999/2000): Wohin treibt (uns) die NATO? Politische, rechtliche und rechtsethische Aspekte der gegenwärtigen Entwicklung einer neuen Friedens- und Sicherheitsordnung. In: Lutz, Dieter (Hrsg.): (1999/2000): Der Kosovo-Krieg, Baden-Baden: Nomos. S. 111-128.

Matthies, Volker (2000): Vorbeugen ist besser als Heilen. Opladen: Leske und Budrich.

Matthies, Volker (2002): Krisenprävention und Friedenskonsolidierung, in: Ferdowsi, Mir.A. (Hrsg.), (2002): Internationale Politik im 21. Jahrhundert. München: UTB, W. Fink-Verlag. S. 123-143.

Merkel, Christine M. (1994): Methoden ziviler Konfliktbewältigung: Fragen an eine krisengeschüttelte Welt. In: Birckenbach, Hanne u.a. (Hrsg.): Jahrbuch Frieden 1994. München: C.H. Beck. S. 35-48.

Mehler, Andreas/Claude Ribaux (2000): Krisenprävention und Konfliktbearbeitung in der Technischen Zusammenarbeit. Ein Überblick zur nationalen und internationalen Diskussion. Schriftenreihe der GTZ Nr. 269. Wiesbaden: Universum.

Miall, Hugh (2000): Preventing Potential Conflicts: Assessing the Impact of „Light" and „Deep" Conflict Prevention in Central and Eastern Europe and the Balkans. In: Lund, Michael/Rasamoelina, Guenola (Hrsg.), (2000): The Impact of Conflict Prevention Policy. Cases, Measures, Assessments. Baden-Baden: Nomos. S. 23-45.

Miall, Hugh/Ramsbotham, Oliver/Woodhouse, Tom (1999): Contemporary Conflict Resolution. The Prevention, Management and Transformation of Deadly Conflict. Cambridge: Polity Press.
Mutz, Reinhard (Hrsg.), (2002): Krisenprävention als politische Querschnittsaufgabe. Baden-Baden: Nomos.
Müller, Harald (2000): Do not send the Marines! Plädoyer für die Einrichtung eines Ministeriums für Krisenprävention. In: Entwicklung und Zusammenarbeit Jg.41, Heft 9/2000, S. 232-233.
Münkler, Herfried (2002): Die neuen Kriege. Reinbek bei Hamburg: Rowohlt.
Reimann, Cordula (2001): Towards Gender Mainstreaming in Crisis Prevention and Conflict Management. Hrsg. von der Deutschen Gesellschaft für technische Zusammenarbeit, Abteilung 43, Eschborn.
Ropers, Norbert (1995): Die friedliche Bearbeitung ethnopolitischer Konflikte: Eine Herausforderung für die Staaten- und Gesellschaftswelt. In: Ropers, Norbert/ Debiel, Tobias (Hrsg.), (1995): Friedliche Konfliktbearbeitung in der Staaten- und Gesellschaftswelt. Bonn: Stiftung Entwicklung und Frieden.
Ropers, Norbert (1998): Towards a Hippocratic Oath of Conflict Management, in: European Platform for Conflict Prevention and Transformation u.a. (Hrsg.), (1998): Prevention and Management of Violent Conflicts. Amsterdam: European Platform for Conflict Prevention and Transformation. S. 27-33.
Tesón, Fernando (2003): The liberal case for humanitarian intervention. In: Holzgrefe, J.L./Keohane, Robert O. (Hrsg.), (2003): Humanitarian Intervention. Ethical, Legal and Political Dilemmas. Cambridge: University Press. S. 93-129.
Van Tongeren, Paul (1998): The Role of NGOs. In: European Platform for Conflict Prevention and Transformation u.a. (Hrsg.), (1998): Prevention and Management of Violent Conflicts. Amsterdam: European Platform for Conflict Prevention and Transformation. S. 1-26.
Zangl, Bernhard (2002): Humanitäre Intervention. In: Ferdowsi, Mir. A. (Hrsg.), (2002): Internationale Politik im 21. Jahrhundert. München: UTB, W. Fink-Verlag. S. 88-120.

Internet-Adressen

European Platform for Conflict prevention and transformation:
http: //www.conflict-prevention.net
Plattform Zivile Konfliktbearbeitung:
http: //www.konfliktbearbeitung.net
Berghof Forschungszentrum für konstruktive Konfliktbearbeitung:
http: //www.berghof-center.org
Berghof Handbook for Conflict Transformation:
http: //www.berghof-handbook.net
The Collaborative for Development Action, Inc. (CDA):
http: //www.cdainc.com

Johannes Varwick

Konfliktregelung und Friedenssicherung IV.
Die neue sicherheitspolitische Rolle Deutschlands

1. Einleitung
2. Deutsche Sicherheitspolitik: Grundlagen und Entscheidungsstrukturen
3. Deutschland zwischen NATO und EU-Orientierung: Spagat unter neuen Bedingungen
4. Deutschland und die Vereinten Nationen: Gewaltlegitimierungsmonopol unter Druck
5. Ausblick

1. Einleitung

Die Sicherheitspolitik gehört zu jenen Politikfeldern in Deutschland, die sich in der vergangenen Dekade fundamental verändert haben. Noch vor wenigen Jahren wäre es beispielsweise ausgeschlossen gewesen, dass deutsche Soldaten sich in Afghanistan im Kampfeinsatz oder am Horn von Afrika im Antiterroreinsatz befinden. Dass sie inzwischen dort eingesetzt werden, passt auf den ersten Blick nicht mit dem traditionellen sicherheitspolitischen Rollenkonzept Deutschlands als „Zivilmacht" (Harnisch/Maull 2001) zusammen, mit dem zwar – so eine gängige Fehlperzeption – alles andere als eine pazifistische Politik und der völlige Verzicht auf militärische Mittel impliziert, aber eben doch eine besonders weitgehende nicht-militärische deutsche Verantwortung und der Verzicht auf klassische militärische Machtpolitik unterstellt wird.

Deutsche Sicherheitspolitik war jahrzehntelang vom Ost-West-Konflikt und der damit verbundenen geographisch-politischen Frontlinie, die entlang der Grenze zwischen BRD und DDR mitten durch Deutschland verlief, geprägt. Die außen- und sicherheitspolitische Kultur (Duffield 1994) der Bundesrepublik während des Ost-West-Konflikts war mit drei zentralen Elementen zu kennzeichnen: Erste Leitlinie war das Bekenntnis zum Westen (Westintegration). Daraus resultierte als zweite Leitlinie die Bereitschaft zur Abgabe der nach der Besatzungszeit schrittweise wiedererlangten staatlichen Souveränität und die enge Zusammenarbeit mit den Partnern im Rahmen von internationalen Organisationen. Dritte Leitlinie der politischen Kultur war die deutliche Ablehnung jeder Form von nationalstaatlicher militärischer Machtpolitik.

Zwar ließen alle Bundesregierungen keinen Zweifel daran, dass Sie zu den militärischen Bündnisverpflichtungen stehen, ein bewaffneter Einsatz deutscher Streitkräfte war aber stets nur im multilateralen Verbund vorstellbar. Die Absage an jedweden deutschen Sonderweg, der mit einem Engagement für Institutionalisierung und Verrechtlichung der internationalen Beziehungen wie auch der Bereitschaft zu Souveränitätsverzicht und Souveränitätsübertragung einhergeht, gehörten zum außenpolitischen kleinen Einmaleins der Bundesrepublik, das nicht zuletzt aus wohl verstandenem Eigeninteresse zur Staatsraison wurde. Mit diesem Politikstil gelang es der Bundesrepublik vergleichsweise gut, ihre nationalen Interessen im Gleichklang mit ihren Partnern durchzusetzen. Auf diese Weise ließ sich unter den Bedingungen der Blockkonfrontation zudem „die ausgeprägte Abneigung gegen den Einsatz militärischer Machtmittel und die generelle Skepsis gegenüber militärischer Macht in der außenpolitischen Kultur [...] einigermaßen mit anderen zentralen Elementen der außenpolitischen Kultur wie Bündnistreue und Berechenbarkeit verbinden" (Maull 2001: 65).

Der sicherheitspolitische Handlungsspielraum Deutschlands war gleichwohl nicht zuletzt aufgrund der nur eingeschränkten Souveränität der Bundesrepublik gering, ihre Rolle dadurch gekennzeichnet, dass sie vollständig auf die Sicherheitsgarantie der westlichen Verbündeten unter der Führung der USA angewiesen und in deren sicherheitspolitische Konzeption eingeordnet war. Deutschland war in erster Linie Konsument und weniger Produzent sicherheitspolitischer Ordnung. Zwar verfügte die BRD mit der Bundeswehr über ein wichtiges sicherheitspolitisches Instrument, zum Einsatz kamen die deutschen Streitkräfte – von kleineren Unterstützungsmaßnahmen abgesehen – jedoch nicht. Der Frieden war gewissermaßen der Ernstfall, wenngleich zu dem Preis eines „Gleichgewicht des Schreckens", das sich in dem Gegeneinander zweier militärisch hochgerüsteter Blöcke manifestierte und durchaus hätte militärisch eskalieren können. Dies hat sich inzwischen gründlich geändert. Deutschland ist nach Auflösung des Warschauer Paktes (1991) und der Erweiterung von NATO (erste Runde mit drei Staaten: 1999, zweite Runde mit sieben Staaten: 2003) und EU (Erweiterung um zehn Staaten 2004) nur noch von Freunden und Bündnispartnern umgeben.

Doch schon bald nach der Vereinigung Deutschlands im Oktober 1990 stellte sich die Frage, ob sich die Bundeswehr auch über ihren bisherigen Auftrag hinaus an Einsätzen außerhalb des Bündnisgebiets beteiligen und damit eine aktive sicherheitspolitische Rolle übernehmen sollte. Nachdem von der Bundesregierung mit Verweis auf die Verfassungslage und auf die „Kultur der Zurückhaltung" eine unmittelbare militärische Beteiligung am Golfkrieg 1990/91 noch abgelehnt worden war, beteiligte sich die Bundeswehr ab 1991 an zahlreichen Auslandseinsätzen, bei denen es sich allerdings zunächst um rein humanitäre Aktionen bzw. logistische Unterstützungsmaßnahmen von Missionen der Vereinten Nationen (Kambodscha 1992, Somalia 1993) sowie um multinationale Überwachungsmaßnahmen (Flugverbot über Bosnien-

Herzegowina und Embargoüberwachung in der Adria) handelte. Bereits diese Neuorientierung war politisch und rechtlich außerordentlich umstritten. Kritiker – neben der außerparlamentarischen Friedensbewegung insbesondere Bündnis 90/Die Grünen und Teile der SPD – warfen der Bundesregierung eine „Militarisierung" der Außenpolitik vor. Der Begriff der Militarisierung meint in diesem Zusammenhang die Einbeziehung militärischer Elemente zur Erreichung außenpolitischer Ziele und nicht etwa die Unterordnung der Außenpolitik unter militärische Kategorien. Diese ja eigentlich hoch politische Streitfrage wurde – wie oft in Deutschland – letztlich dahingehend zu einer juristischen Streitfrage umdefiniert, als dass verfassungsrechtlich zu entscheiden war, ob und, wenn ja, unter welchen Voraussetzungen Einsätze der Bundeswehr auch jenseits der Landes- und Bündnisverteidigung möglich sind.

Zu einer rechtlichen Klärung der zukünftigen Einsatzspektren der Bundeswehr kam es dann durch ein Urteil des Bundesverfassungsgerichts am 12. Juli 1994. Gegen die von der Bundesregierung verantwortete Zustimmung zu Bundeswehreinsätzen außerhalb des Bündnisgebiets klagte u.a. die oppositionelle SPD-Fraktion. Im Ergebnis entschied das höchste deutsche Gericht, dass die Teilnahme an allen Einsatzarten im Rahmen von Systemen kollektiver Sicherheit (zu denen neben den Vereinten Nationen auch NATO und Westeuropäische Union gezählt wurden) zulässig ist. Im Umkehrschluss bedeutet das auch, dass rein nationale Einsätze ohne Bezug zu Systemen kollektiver Sicherheit nicht verfassungsgemäß sind. Die Vorraussetzung für alle Einsätze ist grundsätzlich die vorherige konstitutive Zustimmung des Deutschen Bundestags mit einfacher Mehrheit. Auf eine vorherige Zustimmung kann nur dann verzichtet werden, wenn Gefahr im Verzug ist; dann muss die Bundesregierung das Parlament allerdings umgehend damit befassen und im Falle der Ablehnung die Soldaten zurückrufen.

Obwohl das Urteil zahlreiche Fragen offen ließ und in Wissenschaft und Politik kontrovers diskutiert wurde, war damit der Weg für eine aktivere Beteiligung der Bundeswehr an Auslandseinsätzen frei. Dabei reichte das Einsatzspektrum von klassischen Friedenssicherungseinsätzen der Vereinten Nationen über VN-mandatierte NATO-Einsätze zur Friedenserzwingung bis hin zu Kampfeinsätzen ohne eindeutiges Mandat der VN. Mit der Ausnahme von einzelnen Rettungs- und Evakuierungseinsätzen (so im März 1997 der Einsatz zur Evakuierung deutscher Staatsbürger aus Albanien) wurden alle Einsätze im Verbund mit Partnerstaaten der NATO bzw. der EU durchgeführt. Im Jahr 2003 ist die Bundeswehr an sechs Auslandseinsätzen auf drei Kontinenten mit rd. 10.000 Soldaten beteiligt und deckt nahezu das gesamte sicherheitspolitische Einsatzspektrum von friedenssichernden Maßnahmen bis hin zu (kleineren) friedenserzwingenden Kampfeinsätzen ab. Wurden 1998 noch rd. 180 Millionen Euro jährlich für die Auslandseinsätze der Bundeswehr ausgegeben, belief sich die Summe 2002 auf rd. 1,7 Milliarden Euro und hat sich damit verzehnfacht; Deutschland ist nach den USA weltweit der zweitgrößte Truppensteller für Auslandseinsätze.

Auf der anderen Seite versteht die Bundesregierung gemäß Koalitionsvertrag (2002) die zivile Krisenprävention und Konfliktbewältigung als „Eckpfeiler der internationalen Stabilitäts- und Friedenspolitik" und will die Infrastruktur zur Krisenprävention weiter ausbauen. Zudem soll ein „ressortübergreifender Aktionsplan zur zivilen Krisenprävention, Konfliktlösung und Friedenskonsolidierung" erarbeitet werden. An anderer Stelle werden als Aufgaben der Bundeswehr neben der Landes- und Bündnisverteidigung auch die „internationale Konfliktverhütung und Krisenbewältigung im Rahmen der Charta der Vereinten Nationen" genannt. Abrüstung und Rüstungskontrolle werden „zentrale Bedeutung für eine präventiv orientierte Friedenspolitik" zugemessen.

2. Deutsche Sicherheitspolitik: Grundlagen und Entscheidungsstrukturen

Jede nationalstaatliche Sicherheitspolitik hat als wichtigsten Bezugsrahmen zunächst die ihr übergeordnete Außenpolitik und ist nicht ohne diese analysierbar. Außenpolitik kann definiert werden als die sowohl durch innergesellschaftliche und innerstaatliche Anforderungen als auch durch Anforderungen aus dem internationalen System beeinflusste Politik eines Staates gegenüber anderen Staaten, mit welcher er Ziele und Interessen, seine Werte und Handlungsprioritäten in Konkurrenz zu oder in Bestimmung mit anderen Staaten durchzusetzen versucht (Haftendorn 2001: 13). Außenpolitik ist heute in ein globales Netz von gegenseitigen Abhängigkeiten eingebunden (Hill 2003: 25-47). Unter Sicherheitspolitik ist hingegen jener Ausschnitt der Außenpolitik zu verstehen, der sich speziell mit der politischen wie militärischen Gewährleistung von Sicherheit beschäftigt. Dabei stehen ein breites Bündel an Instrumenten zur Verfügung, von denen militärische Mittel nur ein kleiner Ausschnitt sind und die vielmehr insbesondere ökonomische (u.a. Handelspolitik, Entwicklungszusammenarbeit, Sanktionen) und politische Maßnahmen aus dem breiten außenpolitischen Instrumentenkasten umfassen.

Grundlage jeder Sicherheitspolitik ist eine sicherheitspolitische Strategie, in der Ziele, Mittel und Instrumente genannt bzw. implizit zugrunde gelegt werden. Anders als etwa in den USA, wo jeder Präsident zur Vorlage und Veröffentlichung einer solchen Strategie verpflichtet ist (und dazu einen administrativen Unterbau – den National Security Council – zur Verfügung hat) ist in Deutschland das sicherheitspolitische Handeln weniger formalisiert. Die Bundesregierung kann in unregelmäßigen Abständen ein so genanntes „Weißbuch zur Sicherheitspolitik" vorlegen und das Verteidigungsministerium veröffentlicht „Verteidigungspolitische Richtlinien" (VPR). Das derzeit (Mitte 2003) aktuelle Weißbuch wurde im Jahr 1994 noch von der CDU/CSU/FDP-Regierung vorgelegt, in Verantwortung der rot-grünen Bundesregierung hat der Verteidigungsminister allerdings im Mai 2003 neue

Verteidigungspolitische Richtlinien erlassen. Dort wird ausgeführt, dass zwar derzeit und auf absehbare Zeit eine Gefährdung des deutschen Territoriums durch konventionelle Streitkräfte nicht gegeben, das internationale Umfeld Deutschlands aber nicht frei von militärischen wie nicht-militärischen Risiken sei, „die die Sicherheit und Stabilität gefährden und bedrohen" (Abs. 17). Die Risikoanalyse legt komplexer gewordene Gefährdungssituationen zu Grunde, die sich durch Stichworte wie internationaler Terrorismus, Verbreitung von Massenvernichtungswaffen sowie regionale Krisen und Konflikte innerhalb und außerhalb Europas mit Auswirkungen auf deutsche Interessen charakterisieren lassen. Die neuen „sicherheitspolitischen Chancen und die komplexen Risiken erfordern eine deutsche Sicherheits- und Verteidigungspolitik, die auf die Verhütung von Krisen und Konflikten ausgerichtet ist, das gesamte Spektrum sicherheitspolitisch relevanter Instrumente und Handlungsoptionen umfasst und gemeinsam mit den Verbündeten und Partnern in NATO und EU organisiert ist. Ihr Ziel ist, vorbeugend und eindämmend Gewalt zu verhindern" (Abs. 39).

Die Regierung (Exekutive) hat in der Sicherheitspolitik traditionell eine dominierende Stellung. Von Bedeutung ist zunächst das Bundeskanzleramt mit dem Kanzler an der Spitze. Die starke verfassungsrechtliche Stellung des Kanzlers (Richtlinienkompetenz nach Art. 65 GG; Organisationsgewalt nach Art. 64, Misstrauensvotum nach Art. 67) gibt ihm eine herausgehobene Bedeutung. Der Aufbau von Abteilungen, Gruppen und Referaten im Kanzleramt orientiert sich sowohl inhaltlich an den jeweiligen Fachministerien (so genannte Spiegelstrichreferate) als auch an Ressort übergreifenden Fragen (Querschnittsreferate). Die außenpolitische Abteilung des Kanzleramtes (Abteilung 2) ist für alle Aspekte der Auswärtigen Beziehungen, Europapolitik, Äußeren Sicherheit sowie der Entwicklungspolitik zuständig und in zwei Gruppen unterteilt. Gruppe 21 ist im Wesentlichen spiegelbildlich zum Auswärtigen Amt organisiert, während die Gruppe 22 sich am Aufbau des Verteidigungsministeriums orientiert. Ebenfalls im Kanzleramt angesiedelt ist die Stelle des außenpolitischen Beraters des Kanzlers. Dem Kanzleramt soll damit die Ausübung der Richtlinienkompetenz auch im außen- und sicherheitspolitischen Bereich ermöglicht werden. Angelegenheiten von allgemeiner außenpolitischer Bedeutung (wozu auch die Entsendung von Soldaten gehört) werden von der Bundesregierung als Kollegialorgan im Kabinett entschieden. Die zentralen Fachministerien im sicherheitspolitischen Entscheidungsprozess sind das Auswärtige Amt (AA) und das Bundesministerium der Verteidigung (BMVg). Zwar ist das AA mit seinem Auswärtigen Dienst (rund 11.000 Mitarbeiter) grundsätzlich für die Auswärtigen Beziehungen zuständig, im sicherheitspolitischen Bereich muss es sich aber die Zuständigkeit mit dem BMVg teilen, bei dem die Federführung für alle militärpolitischen Fragen liegt. Der Bundesminister der Verteidigung hat in Friedenszeiten die Befehls- und Kommandogewalt über die Streitkräfte und ist auch bei den Auslandseinsätzen der Inhaber der Befehls- und Kommandogewalt. Auch dem Parlament (Legislative) kommt im sicherheitspolitischen Bereich eine wichtige Rolle zu. Neben klassischen Parlamentsrechten (Kontroll- und Budgetrecht, Ratifizierung völkerrechtlicher Verträge) bezieht sich dies insbesondere auf erforderliche Zustimmung zu Einsätzen der Bundeswehr außerhalb des Bündnisgebiets. Die Bundeswehr gilt daher als „Parlamentsarmee" (s.u.).

Die Struktur der Bundeswehr hat sich seit der Vereinigung in mehreren Schritten umfassend verändert. Trotz erheblicher Veränderungen in den 1990er Jahren blieb die Reform der Bundeswehr ein politisches Dauerthema. Der Neudefinition des militärischen Aufgabenkatalogs im Zuge des vollkommen veränderten Kriegsbildes folgte nur sehr zögerlich die Neuorganisation der Streitkräfte. Die größte Armee Westeuropas ist nach weitgehend einvernehmlicher Einschätzung von Experten nicht mehr voll bündnisfähig, noch nicht europafähig und nicht in der Lage, die an sie gestellten Anforderungen zu erfüllen. Die politischen Auseinandersetzungen kreisen dabei um das Einstreichen einer „Friedensdividende" in Folge des sicherheitspolitischen Umbruchs Anfang der 1990er Jahre vor dem Hintergrund neuartiger, kostspieliger Konfliktformen. Es geht des Weiteren um den Stellenwert der „alten" Aufgaben im Spektrum kollektiver Verteidigung angesichts der „neuen" Aufgaben im Spektrum kollektiver Sicherheit und Krisenmanagement, und es geht um Streitkräfte als Instrument staatlicher Sicherheitspolitik versus Zurückhaltung in diesem Bereich. Nicht zuletzt steht auch die Wehrpflicht zur Debatte, an der zwar in allen amtlichen Reformplänen festgehalten werden soll, die aber auch im Zuge der Einführung von Berufsarmeen in wichtigen Partnerländern zunehmend in Frage gestellt wird. Nach den Beschlüssen der Bundesregierung vom Sommer 2000 und dem Gesetz zur Neuausrichtung der Bundeswehr vom Juli 2001 wird der Umfang der Bundeswehr bis 2006 auf 282.000 Soldaten verringert, worunter 202.000 Zeit- und Berufssoldaten und 80.000 Wehrdienstleistende sind. Die Dauer der Wehrpflicht beträgt ab 2002 neun Monate und kann flexibel abgeleistet werden. Hinzu kommen 22.000 Dienstposten für die Ausbildung und 2.600 Posten für Wehrübungen. 150.000 Soldaten werden künftig zu den Einsatzkräften und 110.000 zur Militärischen Grundorganisation gehören. Die Einteilung in Krisenreaktionskräfte und Hauptverteidigungskräfte wird abgeschafft. Neben den Teilstreitkräften Heer (134.000), Luftwaffe (51.000) und Marine (20.000) nimmt die neue Streitkräftebasis (52.000) Querschnittsaufgaben insbesondere der Einsatzführung, Aufklärung und Unterstützung wahr. Hinzu kommt der Zentrale Sanitätsdienst (26.500). Allen fünf Teilstreitkräften steht ein Inspekteur vor, der höchster truppendienstlicher Vorgesetzter in seinem jeweiligen Organisationsbereich ist. Ein Generalinspekteur als ranghöchster Soldat der Bundeswehr fungiert als oberster militärischer Berater der Bundesregierung. Sie alle wirken an der Gesamtkonzeption der Verteidigungspolitik mit, sind aber dem Inhaber der Befehls- und Kommandogewalt (also dem Verteidigungsminister bzw. dem Kanzler) verantwortlich. Anfang Oktober

Konfliktregelung und Friedenssicherung IV

2003 hat Verteidigungsminister Struck das Bundeskabinett über einen „neuen Kurs der Bundeswehr" unterrichtet. Seit dem letzten Kabinettsbeschluss aus dem Jahr 2000 habe sich die internationale Lage entscheidend verändert. Der weltweite Terrorismus sei eine neuartige Gefährdung, die Verpflichtungen Deutschlands in NATO, EU und VN gewachsen und die Anforderungen im Einsatz gestiegen. Die Bundeswehrplanung, so der Minister, stehe dabei nicht mehr im Einklang mit den militärischen Anforderungen. Nach dem Grundsatz „Klasse statt Masse" wird u.a. eine Reduzierung auf 250.000 Soldaten bis 2010 sowie eine überarbeitete Material- und Ausrüstungsplanung angekündigt.

Neben zahlreichen Strukturveränderungen (u.a. neuartige Zusammenarbeit mit der Wirtschaft in Beschaffung und Unterhalt, neues Ausrüstungs- und Materialkonzept, Neuordnung der Laufbahnstrukturen, Öffnung aller Laufbahnen für Frauen) ist die Entscheidung, Struktur, Ausrüstung und Ausrichtung der Armee stärker als bisher von der Verteidigung auf die Krisenbewältigung „out of area" auszurichten, die einschneidenste Veränderung. Beispiele sind die Schaffung eines Einsatzführungskommandos mit Sitz in Potsdam, das alle Einsätze steuern und führen soll. Der so genannte „Blankeneser Erlass" von 1970, nachdem der Generalinspekteur keine Kommandogewalt für den Einsatz der Streitkräfte hat, wurde im Herbst 2002 dahingehend geändert, als dass dem Generalinspekteur größere Befugnisse eingeräumt wurden. Er steht dem Einsatzführungskommando vor und ist auch für die Bundeswehrplanung und Ausstattung zuständig. Der bisherige Führungsstab der Streitkräfte soll – wie in anderen NATO-Staaten auch – zu einem Generalstab aufgewertet werden und am Berliner Sitz des Verteidigungsministeriums angesiedelt werden. Zwar bleiben Landes- und Bündnisverteidigung für Umfang und Struktur der Bundeswehr bestimmend, Konfliktverhütung und Krisenbewältigung werden aber in ihrer Intensität und Komplexität weitgehend mit der kollektiven Verteidigung gleichgesetzt. Die Bundeswehr soll über die Fähigkeiten verfügen, die das gesamte Einsatzspektrum abdecken: von kollektiver Verteidigung über Einsätze in der Konfliktverhütung und Krisenbewältigung bis hin zu Einsätzen zur Unterstützung humanitärer Aktionen, Hilfeleistung bei Katastrophen und Rettung aus Notlagen.

Angesichts der zunehmenden Bedeutung sicherheitspolitischer Fragen, aber auch angesichts der Vermischung von innerer und äußerer Sicherheit, wie sie etwa im Zuge der Terrorabwehr feststellbar ist, wird auch über eine bessere Koordinierung und Vernetzung bestehender Akteure in der Krisenbewältigung diskutiert. Europäisierung – und die Versprechungen in der NATO – erzwingen aber auch im Bereich der Entscheidungsstrukturen deutscher Sicherheitspolitik Anpassungen. So erfordern die Zusagen im Rahmen der „Europäischen Eingreiftruppe" wie auch der „NATO Response Force" einen schnelleren und flexibleren Entscheidungsprozess. Es wird darüber nachgedacht, ob in Einzelfällen nicht mehr das ganze Parlament, sondern etwa ein Sonderausschuss des Bundestages über Einsätze entscheiden soll.

Diese Verfahren könnten dann in einem so genannten „Entsendegesetz" (das im Übrigen schon 1994 beim Urteil des Bundesverfassungsgerichts zu den Auslandseinsätzen als Option genannt wurde) formal geregelt werden. In den Mittelpunkt des Interesses ist zudem ein bestehendes, aber wenig genutztes Organ der Bundesregierung geraten: der Bundessicherheitsrat (BSR). Der in der Gruppe 22 des Kanzleramts angesiedelte BSR ist einer von fünf Ausschüssen des Bundeskabinetts. Unter Leitung des Bundeskanzlers tagt er in unregelmäßigen Abständen geheim und soll die Sicherheits- und Verteidigungspolitik der Bundesregierung koordinieren. Grundlage der Arbeit des BSR (der bis 1969 Bundesverteidigungsrat hieß) ist ein Kabinettsbeschluss vom Oktober 1955. Über die Beratungen haben die Mitglieder strengstes Stillschweigen zu bewahren. Es wird weder eine Tagesordnung bekannt gegeben, noch wird über sein Zusammentreten informiert. Entschieden wird mit einfacher Mehrheit (bei Stimmengleichheit entscheidet die Stimme des Kanzlers). Die derzeitigen Mitglieder sind neben dem Bundeskanzler die Minister für Auswärtiges, Verteidigung, Finanzen, Inneres, Justiz, Wirtschaft und Entwicklung. Weitere Mitglieder mit beratender Funktion sind der Chef des Kanzleramtes und der Generalinspekteur der Bundeswehr. Zuständig ist der BSR zudem für die Rüstungsexporte der Bundesrepublik, die mit der Neufassung der Rüstungsexportrichtlinien im Januar 2000 geändert wurden. Zwar wird darin das Ziel einer restriktiven Rüstungsexportpolitik festgeschrieben, in der Praxis ist davon aber wenig zu spüren. So nahmen die gesamten Rüstungsexporte Deutschlands nach Angaben des Rüstungsexportberichts der Bundesregierung von 3,3 Mrd. Euro im Jahr 1999 auf 4,7 Mrd. Euro im Jahr 2000 zu. Für 2001 liegt der Wert bei rd. 3,6 Mrd. Euro. Deutschland rangiert damit nach den USA, Russland, Frankreich und Großbritannien unter den weltweit größten Rüstungsexporteuren an fünfter Stelle.

Oberstes Ziel deutscher Sicherheitspolitik, so die Analyse in den „Verteidigungspolitischen Richtlinien" vom Mai 2003 sei es, die Sicherheit und den Schutz seiner Bürgerinnen und Bürger zu gewährleisten. Deutsche Sicherheitspolitik sei „umfassend angelegt und berücksichtigt politische, ökonomische, ökologische, gesellschaftliche und kulturelle Bedingungen und Entwicklungen". Sicherheit könne „weder vorrangig noch allein durch militärische Maßnahmen gewährleistet werden. Vorbeugende Sicherheitspolitik umfasst politische und diplomatische Initiativen sowie den Einsatz wirtschaftlicher, entwicklungspolitischer, rechtsstaatlicher, humanitärer und sozialer Maßnahmen" (Abs. 37). Damit orientiert sich Deutschland an einem erweiterten Begriff von Sicherheit. Gleichwohl seien „die politische Bereitschaft und die Fähigkeit, Freiheit und Menschenrechte, Stabilität und Sicherheit notfalls auch mit militärischen Mitteln durchzusetzen oder wiederherzustellen, unverzichtbare Voraussetzung für die Glaubwürdigkeit eines umfassenden Ansatzes von Sicherheitspolitik" (Abs. 37). Nach Wiedererlangung der vollen Souveränität, so Bundeskanzler Schröder (2001: 6) in einer Regierungserklärung vor dem Deutschen Bundestag im Oktober 2001, habe sich

Deutschland in einer neuen Weise der internationalen Verantwortung zu stellen. Dies schließe die „Beteiligung an militärischen Operationen zur Verteidigung von Freiheit und Menschenrechten, zur Herstellung von Stabilität und Sicherheit ausdrücklich ein". Die Bereitschaft, „auch militärisch für Sicherheit zu sorgen", sei ein „wichtiges Bekenntnis zu Deutschlands Allianzen und Partnerschaften". Dies bedeute „ein weiter entwickeltes Selbstverständnis deutscher Außenpolitik". International Verantwortung zu übernehmen und „dabei jedes unmittelbare Risiko zu vermeiden kann und darf nicht die Leitlinie deutscher Außen- und Sicherheitspolitik sein". Damit hat die deutsche Sicherheitspolitik einen langen, innenpolitisch äußerst umstrittenen Weg zurückgelegt. Die Rolle militärischer Macht in der Sicherheitspolitik wurde neu bewertet und der Weg für eine aktivere Rolle Deutschlands beschritten.

Deutsche Sicherheitspolitik ist auch unter neuen Bedingungen nicht ohne die vielfältige multinationale Einbindung vorstellbar, die sich in drei wesentlichen Bezugsrahmen darstellt: der transatlantischen Partnerschaft, der Einbindung in die Europäische Union sowie der Beteiligung an der Arbeit der Vereinten Nationen. Darüber hinaus ist deutsche Sicherheitspolitik durch einen ausgeprägten deutsch-französischen Bilateralismus, der u.a. in einer engen konzeptionellen Abstimmung der Sicherheits- und Verteidigungspolitik (institutionell untermauert etwa durch den deutsch-französischen Verteidigungs- und Sicherheitsrat) sichtbar wird, geprägt. Zudem ist Deutschland in zahlreiche multinationale Streitkräftestrukturen eingebunden (u.a. Eurokorps, deutsch-französische Brigade, deutsch-niederländisches Korps, deutsch-polnisch-dänisches Korps). An den multilateralen Bezugsrahmen NATO/EU und Vereinte Nationen lässt sich auch die Veränderung der deutschen Rolle analytisch gut festmachen.

3. Deutschland zwischen NATO und EU-Orientierung: Spagat unter neuen Bedingungen

Ohne den Bezugsrahmen der Nordatlantischen Allianz war deutsche Sicherheits- und Verteidigungspolitik über fünf Jahrzehnte schlichtweg nicht denkbar. Der deutsche Beitritt zur Allianz im Mai 1955 wurde in der Konzeption der damaligen Bundesregierung als Krönung der Westbindung und gleichzeitig von den westlichen Partnern als gerade noch akzeptabler Rahmen für eine (auch innenpolitisch höchst umstrittene) deutsche Wiederbewaffnung gesehen. Da deutsche Sicherheitspolitik von Beginn an auf die multilaterale Einbindung in die NATO ausgerichtet wurde, war die Bündnisstrategie im Falle Deutschlands zugleich nahezu vollständig nationale sicherheitspolitische Strategie. Alle Bundesregierungen der Nachkriegszeit sahen in der NATO nicht nur den Garanten der Sicherheit Deutschlands, sondern auch den wichtigsten – wenngleich nicht immer exklusiven – sicherheits- und verteidigungspolitischen Handlungsrahmen sowie das zentrale institutionalisierte transatlantische Bindeglied. Zwar wurde während des Ost-West-Konflikts die Sicherheit Deutschlands durch die Zugehörigkeit zur NATO gesichert, frei von Spannungen waren die transatlantischen Beziehungen damit aber nicht.

Eine klassische inneratlantische Konfliktformation war die Erfahrung, dass im Falle Deutschlands die transatlantische Bindung in ein Spannungsverhältnis zur europäischen Bindung geraten konnte. Insbesondere die traditionellen französischen Pläne hinsichtlich einer europäischen Gegenmachtbildung zu den USA verlangten von Deutschland eine Art „Spagat", der sich in der immer wieder und von allen Bundesregierungen unisono vertretenen Losung von der Komplementarität der Herausbildung eines sicherheitspolitischen Arms der EU und der Stärkung des europäischen Pfeilers in der Allianz äußerte. In Zweifelsfällen stellte sich die Bundesrepublik bis zur Irak-Krise 2002/2003 allerdings stets auf die Seite der USA und optierte damit für die transatlantische Variante. Eine weitere Konfliktformation lag in der Glaubwürdigkeit der amerikanischen Sicherheitsgarantie und der Rolle von Atomwaffen in der NATO-Strategie begründet. Deutschland war auch hier auf die USA angewiesen und befürchtete gelegentlich eine Durchlöcherung der amerikanischen Sicherheitsgarantie, was zu heftigen innenpolitischen Auseinandersetzungen wie auch zu Spannungen zwischen den Partnern um die richtige Strategie führte. Während die zweite Konfliktformation im Zuge der weltpolitischen Veränderungsprozesse 1989/1990 weitgehend entfallen ist, besteht die erste Spannungsquelle fort und spitzt sich sogar in dem Maße zu, wie die Europäische Union ihre Pläne zum Aufbau einer eigenständigen Sicherheits- und Verteidigungspolitik (ESVP) konkretisiert. Die deutsche Rolle in der Allianz wie auch innerhalb der Europäischen Union ist damit anspruchsvoller, weil komplizierter, geworden.

Zudem sind neue kontroverse Themen hinzugekommen: Der amerikanische „war on terrorism" seit Herbst 2001 ebenso wie der Krieg gegen den Irak im Frühjahr 2003 haben die internationale Politik kräftig durcheinander geschüttelt. Es zeigte sich, dass die jeweiligen Bedrohungsanalysen der Bündnispartner nicht einheitlich ausfielen. Dies war schon vor dem 11. September 2001 deutlich sichtbar, die Terroranschläge und die Diskussion um geeignete Gegenstrategien zur Verbreitung von Massenvernichtungswaffen bündelten aber wie in einem Brennglas die Krisensymptome im transatlantischen Verhältnis. Allianzen und fest gefügte Sicherheitsstrukturen hätten sich als unfähig erwiesen, effektiv und schnell auf neue Herausforderungen zu reagieren. So beteiligte sich die NATO als Organisation explizit nicht am Krieg gegen den Irak, den die USA vielmehr mit einer „Koalition der Willigen" (darunter mit erheblichen militärischen Beiträgen der Bündnispartner Großbritannien und Polen) gegen den Willen der Mehrheit des VN-Sicherheitsrats am 20. März 2003 begannen. Die Allianz war, wie andere Organisationen auch, tief gespalten. Wichtige Mitgliedstaaten arbeiteten nicht miteinander an einer gemeinsamen Lösung der sicherheitspolitischen Herausforderungen, sondern gegeneinander. Deutschland hatte sich nicht nur erstmals offen gegen die Bündnisführungsmacht und ihre neue sicherheitspolitische Strategie positioniert, sondern vielmehr versucht, international im Sinne einer deutsch-französisch-russisch-chinesischen „Achsenbildung" für deutsche Positionen zu werben.

Die NATO-Politik der im Oktober 1998 ins Amt eingeführten rot-grünen Bundesregierung lässt sich grob in drei Phasen einteilen, die mit den Stichworten „Kosovo-Krieg", „Antiterrorkampf" und „Irak-Krieg" umrissen werden können. Die erste Phase brach buchstäblich über die neue Regierung Schröder/Fischer herein, noch bevor sie auf dem Gebiet der Sicherheitspolitik hätte eigene Akzente setzen können. Auffällig war dennoch die Betonung sicherheitspolitischer Kontinuität zur Vorgängerregierung, die sich insbesondere auf das Argument der Bündnistreue bezog. Die Bundestagswahlen vom 27. September 1998 hatten zwar eine Mehrheit für SPD und Bündnis 90/Die Grünen gebracht, der alte Bundestag musste sich aber noch mit den Planungen der NATO befassen, die bereits am 13. August 1998 mit deutscher Zustimmung über einen Einsatzplan im Kosovo-Konflikt entschieden hatte. Wesentliche Grundsatzentscheidungen wurden somit noch in der Verantwortung der abgewählten Vorgängerregierung getroffen. So hatte das Kabinett Kohl in seiner letzten Sitzung am 30. September 1998 über die Bereitstellung deutscher Tornados entschieden und das Parlament daraufhin am 16. Oktober 1998 beschlossen, dem Einsatz einer bewaffneten NATO-Truppe für den Fall zuzustimmen, dass der Kosovo-Konflikt nicht mit einem Einlenken der Belgrader Regierung entschärft werden könne. Sowohl die Bundestagsentscheidung als auch die Kabinettsbeschlüsse wurden in enger Abstimmung der noch amtierenden Bundesregierung mit der zukünftigen Bundesregierung und den künftigen Mehrheitsfraktionen von SPD und Grünen getroffen. Als alle Versuche einer Verhandlungslösung scheiterten, beteiligte sich auch Deutschland in Kontinuität zuvor gefällter Beschlüsse an dem am 24. März 1999 begonnenen elfwöchigen Luftkrieg der NATO gegen Serbien. Zum ersten Mal seit Ende des Zweiten Weltkriegs nahmen deutsche Soldaten aktiv an einem Kampfeinsatz teil.

Nach Ende der Luftangriffe stimmte der Deutsche Bundestag am 11. Juni 1999 einer Beteiligung der Bundeswehr an einer internationalen Sicherheitspräsenz im Rahmen der NATO-geführten „Kosovo Force" (KFOR) zu. Grundlage der Entscheidung war die Resolution 1244 des VN-Sicherheitsrates, die außerdem die Einrichtung der internationalen Zivilverwaltung UNMIK im Kosovo vorsah. Deutschland war in dieser Phase sichtbar daran gelegen, eine Art „Scharnier-Funktion" für sich zu beanspruchen, welche die Kompetenzen der VN und vor allem des Sicherheitsrats mit den operativen Fähigkeiten einsatzbereiter Regionalorganisationen im Dienste einer effektiven Friedenssicherung zu verbinden suchte. Dieses Vorgehen steht im Übrigen in engem Bezug zum deutschen Grundgesetz, aus dem Leitprinzipien wie

Friedensgebot, bewusste Abkehr von einer unilateralen, nationalen Machtpolitik zugunsten eines kooperativen und integrationsbereiten Multilateralismus direkt ableitbar sind (Knapp 2003). Auch im Zwei-plus-vier-Vertrag vom September 1990, der die internationalen Aspekte der deutschen Einheit regelt, ist festgeschrieben, dass Deutschland „keine seiner Waffen jemals einsetzen werde, es sei denn in Übereinstimmung mit seiner Verfassung und der Charta der Vereinten Nationen". Bei allen Einsätzen der Allianz wurde zumindest rhetorisch immer an dem in der deutschen strategischen Kultur fest verankerten Prinzip eines vermeintlichen „Gewaltlegitimierungsmonopols" der Vereinten Nationen auch für Einsätze der NATO festgehalten und der Kosovo-Fall als Ausnahme von der Regel dargestellt.

In Folge der Terroranschläge vom 11. September 2001 mitsamt des daraufhin einsetzenden „war on terrorism" der USA und ihrer Alliierten haben sich der Prozess der Umgestaltung der Nordatlantikorganisation wie auch die Krisensymptome rasant beschleunigt und partiell in eine neue Richtung entwickelt. Trotz erstmaliger Inanspruchnahme des Kernstücks des NATO-Vertrags griffen die USA in den nachfolgenden militärischen Operationen (u.a. Afghanistan) nicht auf die konsensualen Strukturen der NATO zurück. Zwar wurden bereits in dem gültigen strategischen Konzept der NATO vom April 1999 – im Übrigen auf Druck der USA und gegen teilweise heftigen Widerstand der Bündnispartner – sowohl die Verbreitung von Massenvernichtungswaffen als auch der Terrorismus als Bedrohung der Sicherheitsinteressen der Allianz definiert, vorbereitet war die NATO auf diese Aufgabe gleichwohl nicht. Im Vordergrund der strategischen Planungen standen bis zum 11. September 2001 die klassischen und einige neue Aufgaben der NATO, für die es zum damaligen Zeitpunkt einen Minimalkonsens in der Allianz gab und die auch von Deutschland unterstützt wurden: kollektive Verteidigung gegen potentielle Angreifer, die nach Lage der Dinge nur Staaten sein konnten; geopolitische Stabilisierung ihres Bündnisgebietes und der angrenzenden Gebiete; Beteiligung an bzw. Durchführung von Friedenssicherungs- und Friedenserzwingungsoperationen auf dem Balkan (Bosnien-Herzegowina, Kosovo).

Die Bundesregierung und weite Teile des politischen Spektrums in Deutschland unterstützten sowohl die Ausrufung des Bündnisfalls als auch die enge Solidarität mit den Vereinigten Staaten. Deutschland wäre nach Lage der Dinge zu diesem Zeitpunkt sogar bereit gewesen, der NATO eine Rolle im Antiterrorkampf zuzuweisen, scheiterte jedoch an amerikanischen Vorbehalten. In der Bundestagsdebatte vom 19. September 2001 stimmte eine breite Mehrheit für einen gemeinsamen Entschließungsantrag, der festlegt, den Bekundungen der uneingeschränkten Solidarität mit den Vereinigten Staaten konkrete Maßnahmen des Beistands folgen zu lassen. Im Deutschen Bundestag bedurfte es dann allerdings zur Umsetzung dieser Solidarität und der Bereitstellung deutscher Streitkräfte im Rahmen der „Enduring Freedom" aufgrund einiger Abweichler in der knappen rot-grünen Parlamentsmehrheit der Verknüpfung mit der Vertrauensfrage. Die Beteiligung der Bundeswehr an „Enduring Freedom" sei zugleich ein Beitrag zur Verteidigung der gemeinsamen Werte und der ideellen Grundlagen deutscher Politik. Der Beitrag von Bundeskanzler Schröder (2001) in der Bundestagsdebatte vom 8. November 2001 hebt diesen Aspekt deutlich hervor. Zugleich weist er auf drei Aspekte – die formale Bündnisverpflichtung, die deutsche Nachkriegserfahrung und die Verteidigung der gemeinsamen ideellen Grundlagen – ausdrücklich hin. „Wir haben über Jahrzehnte Solidarität erfahren. Deshalb ist es schlicht unsere Pflicht – das entspricht unserem Verständnis von Selbstachtung –, wenn wir in der jetzigen Situation Bündnissolidarität zurückgeben."

Verliefen Phase eins und zwei der deutschen NATO-Politik unter der rot-grünen Bundesregierung insgesamt vergleichsweise kontinuitätsorientiert, so hat die Irak-Frage im Herbst 2002/Frühjahr 2003 alte inneratlantische Konflikte in aller Schärfe aufleben lassen. Ein Konsens zwischen Europa und USA hinsichtlich der künftigen Rolle der Allianz dürfte in Zukunft zunehmend schwerer zu erreichen sein. Deutschland hatte sich hinsichtlich des Aufbaus einer Drohkulisse bzw. einer militärischen Beteiligung an einem eventuellen Irak-Krieg frühzeitig auf ein „Nein" festgelegt und die rot-grüne Bundesregierung verdankte der Antikriegsrhetorik nach Auffassung der Meinungsforscher sogar zu einem Gutteil ihre Wiederwahl im September 2002. Eine deutsche Beteiligung an einem militärischen Einsatz gegen den Irak – um den bis dato freilich niemand gebeten hatte – werde es in keinem Fall geben. Diese Losung wurde im Bundestagswahlkampf zuerst in einer Rede von Schröder am 5. August 2002 unter die Überschrift eines „deutschen Weges" gestellt (Hedstück/Hellmann 2002). Die Stimmung in der deutschen Bevölkerung – bis zu 80 Prozent votierten Umfragen zufolge gegen einen Krieg gegen den Irak – wurde mit diesen Aussagen gut getroffen. Im Landtagswahlkampf in Niedersachsen und Hessen ging Bundeskanzler Gerhard Schröder sogar noch weiter: Im Januar 2003 erklärte er auf einer Wahlkampfveranstaltung im niedersächsischen Goslar, Deutschland werde als nichtständiges Mitglied im Sicherheitsrat der Vereinten Nationen keiner den Krieg legitimierenden Resolution zustimmen. Das Ergebnis der UN-Waffeninspekteure, die über die Existenz von Massenvernichtungswaffen im Irak zu befinden haben, sei für die deutsche Meinungsbildung unerheblich. Auch die Resolution 1441 des Sicherheitsrates der Vereinten Nationen, die dem Irak bei Verstößen gegen die ihm auferlegten Verpflichtungen schwer wiegende Konsequenzen androht, ändere nichts an der deutschen Haltung. Die Irak-Krise stellt für die Außen- und Sicherheitspolitik der Bundesrepublik Deutschland in mehrfacher Hinsicht eine tief greifende Zäsur dar. Zwar ist die Position der Bundesregierung in der deutschen Bevölkerung mehrheitsfähig und wird auch von anderen Staaten und deren Öffentlichkeit unterstützt. International hat sie aber, trotz Zuspruchs aus Frankreich, Russland und China, Porzellan zerschlagen und zu der wohl schwersten Krise in den transatlantischen Beziehungen geführt. Deutschland hatte sich nicht nur erstmals offen gegen die Bündnisführungsmacht USA und ihre neue sicherheitspolitische Strategie positioniert, sondern vielmehr versucht, international im Sinne einer deutsch-französisch-russisch-chinesischen „Achsenbildung" für deutsche Positionen zu werben.

Die Sicherheitspolitik der rot-grünen Bundesregierung stand zunächst ganz in der Tradition der Vorgängerregierungen, die auf den beiden Säulen „Europa-Orientierung" und „transatlantische Partnerschaft" beruhte. Die deutsche Bundesregierung nahm insbesondere in den 1990er Jahren eine Führungsrolle bei der Ausgestaltung einer europäischen Sicherheits- und Verteidigungspolitik im Rahmen der EU ein. So wurde unter deutscher Präsidentschaft im Juni 1999 die „Erklärung zur Stärkung der gemeinsamen Europäischen Sicherheits- und Verteidigungspolitik" verabschiedet, die eine enorme Beschleunigung der ESVP zur Folge hatte (vgl. dazu den Beitrag von Bernhard Rinke im vorliegenden Band). Nach deutscher Vorstellung ist die ESVP zu einem zentralen Projekt der EU geworden und Europa müsse so bald wie möglich in der Lage sein, seine Konflikte und Krisen selbst zu lösen (Fischer 1999). Der Spagat zwischen transatlantischer und europäischer Orientierung ist ein klassischer Zielkonflikt in der deutschen Sicherheitspolitik. So geriet und gerät die Bundesregierung regelmäßig in die schwierige Lage, ob sie die Position Washingtons, oder aber französische Vorstellungen von einer Emanzipierung von den USA unterstützen soll(te). Den USA erscheint das Projekt ESVP allein als Beitrag zur Stärkung der Allianz akzeptabel. Deutschland versuchte sich aus diesem Prioritätendilemma zu befreien, in dem es die Stärkung des europäischen Pfeilers innerhalb der Allianz und die Herausbildung einer EU- Sicherheits- und Verteidigungspolitik als komplementäre Prozesse sieht. In diesem Konzept bleibt die NATO der Eckpfeiler der europäischen Sicherheit und Organisation erster Wahl insbesondere für den Bereich der kollektiven Verteidigung, aber auch für das militärische Krisenmanagement. Zudem kann die NATO entscheiden, ob und wie sie in einem Krisenfall handelt, die EU hingegen kann nur im Einvernehmen mit der NATO handeln. Die EU beschränkt sich in dieser Konzeption auf Einsätze im Spektrum der Petersberger Aufgaben (humanitäre Aufgaben und Rettungseinsätze, friedenserhaltende Aufgaben, Kampfeinsätze bei der Krisenbewältigung einschließlich Maßnahmen zur Herbeiführung des Friedens). Ein solches – im Übrigen auch in zahlreichen Erklärungen und Kommuniques der NATO wie auch der EU formuliertes – Konzept führt die deutsche Sicherheitspolitik gleichwohl immer wieder zu der Gretchenfrage, ob sie bei den daraus ableitbaren praktischen Problemen auf der Seite Washingtons oder Paris stehen soll. Der deutschen Politik bleibt dabei ein gewisser Spagat nicht erspart. Wenn allerdings Paris von Bonn/Berlin eindeutige Entscheidungen erzwang, fielen diese fast immer zugunsten Washingtons aus. Der Drahtseilakt war aber deshalb möglich, weil die Ziele der USA und Frankreichs nicht völlig unvereinbar waren. Das deutsche Optionsdilemma war deshalb nie ein absolutes, sondern nur ein relatives (Bierling 1999: 310). Dennoch besteht bei einer solchen Strategie der Ausgewogenheit und Vermittlung immer die Gefahr, zwischen die Stühle zu geraten. Die Bundesregierung habe erstmals im Zuge der Irak-Krise 2002/2003 „bewusst und in Abwägung der Konsequenzen die Balance zwischen der auf Europa bezogenen und der transatlantischen Westintegration auf Kosten letzterer aufgegeben" (von Bredow 2003).

Schließlich ist zu fragen, ob die in Deutschland anzutreffende „europäische Vergemeinschaftungs-Rhetorik" auch dann bestehen bleibt, wenn sich tatsächlich wichtige Partner dafür finden ließen. Anders gewendet: solange klar ist, dass eine Vergemeinschaftung der Sicherheitspolitik an den intergouvernementalen Vorstellungen der Partner scheitert, ist eine solche Forderung relativ einfach zu erheben. Kritisch betrachtet leidet die deutsche Haltung zudem an einem Paradox. Denn den politischen Zusagen folgt nur recht zögerlich die Bereitstellung hinreichender finanzieller Mittel.

4. Deutschland und die Vereinten Nationen: „Gewaltlegitimierungsmonopol" unter Druck

Die Vereinten Nationen bilden nach offizieller deutscher Einschätzung „ein unverzichtbares Kernstück" innerhalb der multilateralen Orientierung der deutschen Außenpolitik (Auswärtiges Amt 2002: 5). Es gibt einerseits wohl kaum ein globales Problem, bei deren Bearbeitung den VN nicht eine Schlüsselrolle zugeschrieben würde. Das Themenspektrum reicht von der Friedenssicherung, über die Stärkung der Menschenrechte, der Steuerung der globalen Umweltprobleme bis hin zum Kampf gegen den internationalen Terrorismus mitsamt seiner vielschichtigen Ursachen. So erklärte etwa der deutsche Außenminister Joschka Fischer im November 2001 vor der VN-Generalversammlung, die Weltorganisation sei in „einzigartiger Weise dazu befähigt", die Grundlagen einer „kooperativen Ordnungspolitik für das 21. Jahrhundert" zu entwerfen und umzusetzen.

Jenseits aller Unterschiede in der Außen- und Sicherheitspolitik herrscht in Deutschland hinsichtlich der Unterstützung für die VN inzwischen ein breiter politischer Konsens (Varwick 2003). Für die deutsche Außenpolitik gehört die Unterstützung der Weltorganisation zum kleinen Einmaleins. „Die Bundesregierung lässt sich von überhaupt niemandem in Europa oder anderswo in ihrer Unterstützungsbereitschaft für die Vereinten Nationen übertreffen", erklärte beispielsweise Bundeskanzler Helmut Kohl im Oktober 1995 in einer Regierungserklärung vor dem Deutschen Bundestag. „Die Vereinten Nationen und ihre Mitglieder können sich darauf verlassen, dass sie bei ihren Bemühungen um eine Stärkung der UN keinen verlässlicheren Verbündeten haben werden als die Deutschen", merkte Bundesaußenminister Joschka Fischer im September 1999 vor der VN-Generalversammlung an. Es mag daran liegen, dass die Redenschreiber seltener wechseln, als die verantwortlichen Politiker. Aber die Ähnlichkeit der Äußerungen von Helmut Kohl (CDU) und Joschka Fischer (Bündnis 90/Die Grünen) ist bemerkenswert und bezeichnend für die deutsche Debatte. Dieser Grundkonsens kommt auch in einem gemeinsamen Antrag aller im Bundestag vertretenen Parteien (mit Ausnahme der PDS) aus dem Frühjahr 2002 zum Ausdruck. Dort heißt es u.a.: „Der Deutsche Bundestag sieht in der Charta der Vereinten Nationen nach wie vor einen universellen Ansatz zur Verwirklichung eines friedlichen Zusammenlebens der Völker, einer nachhaltigen Entwicklung und einer gemeinsamen Bewältigung der großen Herausforderungen unserer Zeit [und] ist mehr denn je von der Notwendigkeit überzeugt, die Vereinten Nationen als globale Organisation zur Herstellung und Wahrung des Friedens, sowie zur Bewältigung globaler Herausforderungen zu nutzen". Dass die Grundpositionen der deutschen Parteien zu den Vereinten Nationen inzwischen von großer Einigkeit geprägt sind, liegt insbesondere daran, dass sich die Parteipositionen in kontroversen Einzelfragen im Laufe der 1990er Jahre erheblich modifiziert haben. Besonders auffällig ist dabei der Wandel der Regierungsparteien der 14. (1998-2002) und 15. (2002-2006) Legislaturperiode (SPD und Bündnis 90/Die Grünen) hinsichtlich der deutschen Beteiligung an militärischen Einsätzen der VN. Wurden von beiden – mit unterschiedlichen Akzenten – noch zu Beginn der 1990er Jahre die deutsche Beteiligung an so genannten „Blauhelmmissionen" (peace keeping operations) abgelehnt, so wird inzwischen im Einzelfall selbst die Unterstützung von Kampfeinsätzen zur Friedenserzwingung (peace enforcement operations) nicht ausgeschlossen. Inzwischen ist Deutschland einer der wichtigsten Truppensteller bei Friedenssicherungseinsätzen der Weltorganisation und beteiligt sich in großem Umfang mit Personal, finanziellen Beiträgen und Ausrüstungshilfen.

Im Jahr 2003 unterhielten die VN 15 eigene Friedenssicherungsoperationen. Von den insgesamt eingesetzten 36000 Soldaten und 6700 Zivilpolizisten stammten lediglich 26 bzw. 511 aus Deutschland. Anders sieht das Bild aus, wenn die von der VN mandatierten Einsätze hinzugerechnet werden. Hier stellt Deutschland einen erheblichen Teil der Soldaten: So sind bei der SFOR-Mission in Bosnien rd. 1400 und bei der KFOR-Mission im Kosovo rd. 3800 deutsche Soldaten eingesetzt. Deutschland hatte sich auch an den der jeweiligen VN-Mission vorausgehenden Kampfeinsätzen aktiv beteiligt. Im Falle des Kosovo-Einsatzes im Frühjahr 1999 lag dabei kein eindeutiges Mandat des Sicherheitsrats vor und es wurde erhebliche Kritik an der völkerrechtlichen Legalität geübt. Am militärischen Kampf gegen den internationalen Terrorismus (für den ein Mandat des Sicherheitsrats vorliegt) beteiligt sich Deutschland ebenfalls aktiv, u.a. mit rd. 1200 Soldaten im Rahmen der Sicherheitstruppe in Afghanistan (ISAF).

Einen Schwerpunkt legt die rot-grüne Bundesregierung darüber hinaus auf den Bereich Krisenprävention (Varwick 2002). Bereits in der 14. Legislaturperiode hatte die rot-grüne Bundesregierung die Mittel im Haushalt des

Auswärtigen Amts speziell für Krisenprävention aufgestockt (auf rd. 20 Millionen Euro jährlich, bei einem Verteidigungshaushalt von rd. 24 Milliarden Euro) und u.a. mit Gründung des „Zentrums für Internationale Friedenseinsätze" (ZIF) im Sommer 2002 die Infrastruktur sowie die Personalausbildung für zivile Friedenseinsätze zu verbessern versucht. Dem Präventionsgedanken dient auch die deutsche Unterstützung des „Standby Arrangement-System" der VN, mit dem die Reaktionsfähigkeit der VN im Bereich der Friedenssicherung erhöht werden soll.

Das die deutsche Diskussion lange Zeit über die Gebühr bestimmende Thema eines ständigen Sitzes im VN-Sicherheitsrat ist derzeit weniger aktuell denn je. Anders als die Regierung Kohl/Kinkel, die massiv für einen ständigen Sitz Deutschlands geworben hatte, setzt die Regierung Schröder/Fischer eher auf einen gemeinsamen Sitz der Europäischen Union, steht aber als „second best-Lösung" bei einem Scheitern dieser Bestrebungen auch weiterhin als Kandidat für eine ständige Mitgliedschaft zu Verfügung. Beides scheint aber nicht zuletzt im Zuge der tiefen Verwerfungen im Zusammenhang mit der Irak-Krise 2002/2003 auf absehbare Zeit nicht erreichbar. Weder war eine einheitliche europäische Linie im Sicherheitsrat zu erkennen noch war es gelungen, den Sicherheitsrat als das zentrale Gremium zu erhalten, das gemäß der Charta über den Einsatz von militärischer Gewalt zu entscheiden hat. Nun wird intensiv diskutiert, wer über die Angemessenheit von Militäreinsätzen entscheidet, auf welcher völkerrechtlichen Grundlage sie durchgeführt werden und wie sich dazu das allgemeine Gewaltverbot der VN-Charta verhält. Es geht um die Autorität des VN-Sicherheitsrates als zentralem Entscheidungsgremium über Krieg und Frieden und damit um die zukünftige Weltordnung. Zwar gab es immer Militäreinsätze ohne Autorisierung des Sicherheitsrats, so (mit deutscher Beteiligung) das militärische Eingreifen im Kosovo im Frühjahr 1999. Die Spaltung, die durch die Weltgemeinschaft und auch durch das westliche Bündnis geht, ist diesmal jedoch ungleich tiefer und deutet auf bedeutende Verschiebungen im Weltgefüge hin. Offen bleibt, was diese Entwicklung für die VN bedeutet. Kehrt das „Faustrecht" in die internationale Politik zurück (wenn es denn jemals verschwunden war) und resultiert daraus weltweite Instabilität, weil sich auch andere Staaten das Recht zum unilateralen Handeln nehmen werden, ohne den Sicherheitsrat als Autorität anzuerkennen? Steht damit letztlich die internationale Ordnung aus handlungsfähigen internationalen Organisationen und dem Völkerrecht mit den Vereinten Nationen als deren Zentrum auf dem Spiel? Deutschland vertritt in dieser Frage die Auffassung, dass der Sicherheitsrat zwar reformbedürftig ist, alles in allem aber zentrales Entscheidungsgremium für diese Fragen bleiben sollte.

5. Ausblick

Unabhängig von den Differenzen im Zuge des Irak-Krieges bleibt die transatlantische Partnerschaft und die Zugehörigkeit Deutschlands zum Bündnis gemäß der „Verteidigungspolitischen Richtlinien" vom Mai 2003 Grundlage für die deutsche Sicherheit und „die NATO auch zu Beginn des 21. Jahrhunderts Garant für stabile Sicherheit in Europa, kollektives Verteidigungsbündnis und transatlantisches Konsultationsforum". Deutschland, so die regierungsamtliche Einschätzung, ist zudem mit seinen Streitkräften „mehr als jeder andere Bündnispartner in die NATO integriert" und der Bundesrepublik falle daher „im Bündnis eine herausragende Rolle und Verantwortung für den künftigen Kurs der NATO zu." Wenn diese Analyse hinsichtlich der zentralen Verantwortung Deutschlands für den künftigen Kurs der NATO zutreffend ist, dann kann Deutschland nicht nur Konsument sicherheitspolitischer Ordnung bleiben und die im Bündnis gefällten Entscheidungen mehr recht als schlecht reaktiv umsetzen, sondern muss eine aktivere Rolle einnehmen. Deutschland liegt 2003 bei den Ausgaben für Verteidigungs- und Sicherheitspolitik mit gut 1,4 Prozent seines Bruttoinlandprodukts im unteren Drittel der NATO-Mitgliedstaaten (Frankreich liegt bei 2,3 und Großbritannien bei 2,9 Prozent) und hat erklärtermaßen Schwierigkeiten, die im Allianzrahmen eingegangenen Verpflichtungen zu erfüllen. So ist bereits der Vorwurf erhoben worden, Deutschland sei ein „sicherheitspolitischer Trittbrettfahrer" (Heisbourg 2000). Der Ratschlag einiger sicherheitspolitischer Experten, Deutschland könne sich nicht mit der Bereitstellung von militärischen Fähigkeiten für Ausschnitte des Aufgabenspektrums von NATO und ESVP begnügen, sondern müsse vielmehr den Anschluss an die Entwicklung der britischen und französischen Streitkräfte durch die Bereitstellung projektions- und durchsetzungsfähiger militärischer Komponenten halten, klingt zwar durchaus logisch, verkennt allerdings die politische Realität in Deutschland. Denn dies entspräche weder der etablierten strategischen Kultur des Landes, noch der finanziellen Prioritätensetzung im Bundeshaushalt, noch würde eine militärische Führungsrolle Deutschlands bei den Partnern auf ungeteilte Zustimmung stoßen. Machbar – weil politisch durchsetzbar – wäre allenfalls eine behutsame und schrittweise Neujustierung.

So lange die NATO ein funktionsfähiger multilateraler Handlungsrahmen bleibt, dürfte es deutsche Politik bleiben, ihre Sicherheitspolitik an diesem auszurichten. Dies liegt im aufgeklärten Eigeninteresse Deutschlands, dessen Macht den Partnern nur im multilateralen Rahmen akzeptabel ist. Dem Bündnis ist zwar schon mehrfach in seiner Geschichte prognostiziert worden, es werde an Relevanz verlieren, die Krisensymptome verdichten sich im zweiten Jahrzehnt nach dem Ende des Ost-West-Konflikts jedoch zu einer zentralen Herausforderung für die Existenz der Allianz. Deshalb und als bewusste Alternative zu einer sicherheitspolitischen Renationalisierung sollte die deutsche Außen- und Sicherheitspolitik im Falle einer Abkehr der USA von der NATO in Alternativen denken und umso eindringlicher – und insbesondere unter Einhaltung der festgeschriebenen Kooperationsverfahren mit der Allianz – für einen funktionsfähigen sicherheitspolitischen Handlungsrahmen auf europäischer Ebene eintreten. Dies auf eine Weise zu tun, die die USA nicht weiter von Europa entfernt, dürfte zu den zentralen bündnispolitischen Herausforderungen der Zukunft gehören und zu einer Hauptaufgabe deutscher Außenpolitik in den kommenden Jahren werden.

Von einer Mittelmacht wie Deutschland wird zu Recht erwartet, dass es eigene Vorstellungen hinsichtlich aktueller und struktureller Problembereiche der internationalen Politik entwickelt und diese versucht durchzusetzen. Deutschland gehört nicht zuletzt als drittgrößter Beitragzahler zu den wichtigsten VN-Mitgliedern und hat darüber hinaus eine Verantwortung und auch ein Interesse an einer stabilen, offenen internationalen Ordnung. Insofern ist Deutschland tatsächlich vom Konsumenten zu einem wichtigen (Mit-)Produzenten internationaler Ordnung geworden. Ob die deutsche Außen- und Sicherheitspolitik für die Herausforderungen, die mit einer stärker global ausgerichteten Rolle einhergehen, gewappnet ist, kann gleichwohl bezweifelt werden. Im Grunde genommen, so Hanns Maull (2001a: 9), leiste sich die deutsche Öffentlichkeit ein „schizophrenes Verhältnis zur Außenpolitik": Sie solle Gefahren abwenden und Chancen schaffen, „aber dies möglichst zum Nulltarif". Die politischen Prioritäten lägen – jedenfalls wenn nicht gerade eine außenpolitische Krise wie im Irak die öffentliche Aufmerksamkeit bestimmt – fast ausschließlich bei innenpolitischen Zielsetzungen. So sind die Haushaltsansätze für die drei großen außenpolitischen Ressorts (Verteidigung, Entwicklung und Auswärtiges) von gut 16 Prozent des Bundeshaushaltes in 1990 auf gut 12 Prozent im Jahr 2003 zurückgegangen und nur noch wenige Parlamentarier sehen in der Außen- oder Sicherheitspolitik ein vorrangiges Karrierefeld. Zudem erzwingen die Prozesse der Globalisierung und ihre Folgen hinsichtlich einer nicht mehr mit Aussicht auf Erfolg denkbaren Konzentration auf sein eigenes Umfeld eine konsequente Neuorientierung der Politik auf weltpolitische Zusammenhänge. Deutschland kann es sich nicht leisten, Außen- und Sicherheitspolitik vorwiegend als Pflichtübung oder gar als Verlängerung innen- und wahlpolitischer Kalküle zu betreiben. Auch eine Konzentration auf die eigene Region und die Stabilisierung des europäischen Umfeldes wird, so wichtig sie ist, den Anforderungen einer globalen Perspektive nicht gerecht. „Die Vorstellung einer rein europäischen Rolle des wiedervereinigten Deutschlands ist, kaum angedacht, schon jetzt überholt. Es geht darum, sich jetzt gemeinsam mit den Partnern vor allem in der EU auf die Herausforderungen der Ära des Globalismus einzustellen" (Kaiser 2000: 603).

In ihrer Verantwortung für Frieden und Sicherheit habe sich die Bundesregierung, so Bundeskanzler Gerhard Schröder in einer Regierungserklärung vom April 2003, stets von vier Grundsätzen leiten lassen: dem Eintreten für die Herrschaft des Rechts, dem Einsatz für Krisenprävention und kooperative Konfliktlösung, dem Verfolgen des Ziels umfassender Sicherheit durch Gewalturschenbekämpfung mit verschiedenen Instrumenten und der Beachtung des Gewaltmonopols der Vereinten Nationen. Unabhängig davon, ob diesem Anspruch in der politischen Praxis hinreichend Rechnung getragen wird, ergeben sich aus dieser anspruchsvollen Agenda zahlreiche Problembereiche, die (ohne Anspruch auf Vollständigkeit) auch als offene Fragen an die sicherheitspolitische Forschung verstanden werden können:

- Welches Rollenkonzept liegt deutscher Sicherheitspolitik zugrunde bzw. ist das Zivilmachtskonzept noch maßgeblich?
- Wie verläuft der deutsche Entscheidungsprozess in Fragen von Krieg und Frieden, wer bereitet die Entscheidungen vor, wie erfolgt die Interessendefinition und in welcher Weise werden die Partner in EU und NATO in die Entscheidungsfindung einbezogen?
- Ist das bestehende Entscheidungsgefüge der deutschen Sicherheitspolitik den neuen Gegebenheiten angemessen?
- Für welche Konfliktszenarien muss deutsche Sicherheitspolitik planen und Vorsorge treffen?
- Wie sollen in Zukunft deutsche sicherheitspolitische Interessen definiert und wie zwischen Verantwortung und Interesse abgewogen werden?
- Nach welchen Kriterien, in welchen Regionen und in welche Konfliktformationen kann und soll die Bundeswehr im Ausland eingesetzt werden?
- Welche Finanzausstattung und Strukturen sind für die deutschen Streitkräfte erforderlich?
- Bleibt die Einordnung in multilaterale Sicherheitsstrukturen konstitutiv für deutsche Sicherheitspolitik und welche Konsequenzen hat die zunehmende Nutzung von Ad-hoc-Koalitionen für den sicherheitspolitischen Multilateralismus?
- Ist der Spagat zwischen NATO- und EU-Orientierung konstruktiv aufzulösen oder bedarf es einer eindeutigen Prioritätensetzung?
- Welchen Stellenwert soll der militärische Faktor in der Sicherheitspolitik einnehmen bzw. wie soll das Verhältnis zwischen zivilen und militärischen Elementen gewichtet werden?
- Wie sollen militärische Einsätze legitimiert werden bzw. müssen die völkerrechtlichen Grundsätze und Regelungen für die Anwendung von Gewalt überarbeitet werden?
- Wie können sicherheitspolitische Fragen angesichts einer auf innenpolitische Fragen fixierten Öffentlichkeit einen angemessenen Stellenwert erhalten und fundiert diskutiert werden?

Quellen und Dokumente

Auswärtiges Amt (2002): Bericht der Bundesregierung zur Zusammenarbeit zwischen Deutschland und den Vereinten Nationen, Berlin.

Bundesministerium der Verteidigung (2003): Verteidigungspolitische Richtlinien für den Geschäftsbereich des Bundesministers der Verteidigung, Berlin.

Deutscher Bundestag (2001): Beschlussempfehlung und Bericht des Auswärtigen Ausschusses zu dem Antrag der Fraktionen SPD, CDU/CSU, Bündnis 90/Die Grünen und FDP „Die Vereinten Nationen an der Schwelle zum neuen Jahrtausend", BT-Drucksache 14/5855.

Fischer, Joseph (1999): Vortrag des deutschen Außenministers vor der DGAP am 24.11.1999. In: Internationale Politik (2) 2000. S. 58-64.

Fischer, Joseph (1999a): Rede des deutschen Außenministers vor der 54. Generalversammlung der Vereinten Nationen am 22.9.1999. In: Internationale Politik (12) 1999. S. 103-109.

Fischer, Joseph (2001): Rede des deutschen Außenministers vor der 56. Generalversammlung der Vereinten Nationen am 12.11.2001. In: Internationale Politik (12) 2001. S. 129-131.

Koalitionsvertrag zwischen SPD und Bündnis 90/Die Grünen über das Arbeitsprogramm der Bundesregierung in der 15. Legislaturperiode vom 16. Oktober 2002, Berlin.

Kommission Gemeinsame Sicherheit und Zukunft der Bundeswehr (Weizsäcker-Kommission) 2003: Bericht an die Bundesregierung vom 23.5.2000, Berlin.

Schröder, Gerhard (1999): Regierungserklärung des Bundeskanzlers vom 15.4.1999. In: Bulletin der Bundesregierung Nr. 16 vom 16.4.1999

Schröder Gerhard (2001): Regierungserklärung des Bundeskanzlers am 11.10.2001. In: Bulletin der Bundesregierung Nr. 69/1 vom 12.10.2001.

Schröder, Gerhard (2003): Regierungserklärung des Bundeskanzlers vor dem Deutschen Bundestag am 3.4.2003. In: Internationale Politik (5) 2003. S. 94-99.

Weiterführende Literatur

Bierling, Stefan (1999): Die Außenpolitik der Bundesrepublik Deutschland. Normen Akteure, Entscheidungen, München: Oldenbourg.

Bredow, Wilfried von (2003): Was ist neu an der deutschen Außenpolitik seit 1990. In: Politische Bildung (2) 2003. S. 4-16.

Duffield, John (1994): World Power Forsaken. Political Culture, International Institutions and German Security Policy after Unification, Stanford: Stanford University Press.

Hacke, Christian (2003): Die Außenpolitik der Bundesrepublik Deutschland. Von Konrad Adenauer bis Gerhard Schröder, Frankfurt: Ullstein.

Haftendorn, Helga (2001: Deutsche Außenpolitik zwischen Selbstbeschränkung und Selbstbehauptung, Stuttgart: Deutsche Verlags Anstalt.

Harnisch, Sebastian/Maull, Hanns W. (2001): Germany – Still a Civilian Power? The Foreign Policy of the Berlin Republic. Manchester: Manchester University Press.

Hedstück, Michael/Hellmann Gunther (2002): Wir machen einen deutschen Weg. Irak-Abenteuer, das transatlantische Verhältnis und die Risiken der Methode Schröder für die deutsche Außenpolitik. In: Bernd Kubbig (Hrsg.): Brandherd Irak. Frankfurt: Campus. S. 224-234.

Heisbourg, Francois (2000): Trittbrettfahrer? Keine europäische Verteidigung ohne Deutschland. In: Internationale Politik (4) 2000. S. 35-42.

Hill, Christopher (2003): The Changing Politics of Foreign Policy. London: Palgrave Macmillan.

Kaiser, Karl (Hrsg.) u.a. (1994ff): Deutschlands neue Außenpolitik, 4 Bände, München: Oldenbourg.

Kaiser, Karl (2000): Die neue Weltpolitik: Folgerungen für Deutschlands Rolle. In: Karl Kaiser/Hans-Peter Schwarz (Hrsg.) (2000): Weltpolitik im neuen Jahrhundert. Baden-Baden: Nomos. S. 591-605.

Knapp, Manfred (2003): Die Außenpolitik der Bundesrepublik Deutschland. In: Manfred Knapp/Gerd Krell (Hrsg.) (^{4}2003): Einführung in die internationale Politik. München: Oldenbourg.

Lammers, Christiane/Schrader, Lutz (Hrsg.) (2001): Neue deutsche Außen- und Sicherheitspolitik? Eine friedenswissenschaftliche Bilanz zwei Jahre nach dem rotgrünen Regierungswechsel. Baden-Baden: Nomos.

Maull, Hanns W. (2001): Außenpolitische Kultur. In: Hans-Rudolf Korte/Werner Weidenfeld (Hrsg.): Deutschland Trend-Buch, Opladen: Leske + Budrich, S. 645-672.

Maull, Hanns W. (2001a): Internationaler Terrorismus. Die deutsche Außenpolitik auf dem Prüfstand. In: Internationale Politik (12) 2001. S. 1-10.

Maull, Hanns W./Harnisch, Sebastian/Grund, Constantin (Hrsg.) (2003): Deutschland im Abseits? Rot-grüne Außenpolitik 1998-2003. Baden-Baden: Nomos.

Meier, Ernst Christoph u.a. (2003): Wörterbuch zur Sicherheitspolitik. Deutschland in einem veränderten internationalen Umfeld. Hamburg: Mittler.

Meiers, Franz-Josef (2002): Deutschland: Der dreifache Spagat. In: Hans-Georg Ehrhart (Hrsg.): Die Europäische Sicherheits- und Verteidigungspolitik. Baden-Baden: Nomos. S. 35-48.

Mey, Holger (2001): Deutsche Sicherheitspolitik 2030. Frankfurt/M: Report Verlag.

Müller-Brandeck-Bocquet, Gisela (Hrsg.) (2002): Deutsche Europapolitik von Adenauer bis Schröder. Opladen: Leske + Budrich.

Regelsberger, Elfriede (2002): Deutschland und die GASP. Ein Mix aus Vision und Pragmatismus, in: Gisela Müller-Brandeck-Bocquet (Hrsg.) (2002): Europäische Außenpolitik. GASP- und ESVP-Konzeptionen ausgewählter EU-Mitgliedstaaten, Baden-Baden: Nomos, S. 28-40.

Varwick, Johannes (2000): Die Reform der Bundeswehr. Konturen und Defizite einer nicht geführten Debatte. In: GEGENWARTSKUNDE (3) 2000. S. 321-332.

Varwick, Johannes (2002): Kriegsverhinderung und Friedenswahrung: Suche nach umfassender Prävention. In: Internationale Politik (12) 2002. S. 1-10

Varwick, Johannes (2003): Deutsche Außenpolitik in globaler Perspektive: Kooperativer Multilateralismus und die Vereinten Nationen. In: Politische Bildung (2) 2003,.S. 18-32.

Varwick, Johannes (2003a): Bundeswehr, in: Herbert Dittgen/Siegmar Schmitt (Hrsg.) (i.E.): Handbuch deutsche Außenpolitik, Wiesbaden: Westdeutscher Verlag

Internetadressen

Internetportal mit zahlreichen Informationen zur deutschen Außen- und Sicherheitspolitik: www.deutsche-aussenpolitik.de
Internetportal zur internationalen Sicherheitspolitik mit zahlreichen Informationen, Dokumenten und Links: www.isn.ethz.ch
Internetportal der „Deutschen Gesellschaft für Auswärtige Politik", Berlin: www.dgap.org
Internetportal des „Deutschen Instituts für internationale Politik und Sicherheit", Berlin: www.swp-berlin.org
Internetportal des deutschen Außenministeriums: www.auswaertiges-amt.de
Internetportal des Bundesministeriums der Verteidigung: www.bmvg.de

Wichard Woyke

Neue Europäische Sicherheitsarchitektur I. Die NATO

1. Einleitung
2. Gründung und historische Entwicklung im Zeitraffer
3. Die Wandlungsphase 1991-1999
4. Organisationsstruktur der NATO
5. Das neue strategische Konzept
6. Die Osterweiterung
7. Ausblick

1. Einleitung

Die NATO entwickelte sich im Verlauf von fünf Jahrzehnten aufgrund des politischen, ökonomischen und militärischen Potenzials ihrer Mitgliedsländer zum bedeutendsten Militärbündnis der Welt. Aufgrund der Auflösung des Ost-West-Konflikts, des Zusammenbruchs des Kommunismus und der Implosion der Sowjetunion hatte die NATO an Bedeutung eingebüsst. Die Rückkehr des Krieges nach Europa, vor allem in Form der Jugoslawienkrise, machte die unterschiedlichen Fähigkeiten der Mitglieder der NATO deutlich. Nach dem Terroranschlag am 11. September 2001 auf die USA rief die NATO erstmals in ihrer Geschichte den Bündnisfall aus, der sich aber hauptsächlich auf eine diplomatische Unterstützung der USA durch die übrigen NATO-Partner auszeichnete. Diese Krise wie auch die bereits ein Jahr später folgende Krise im Irak verdeutlichte den verringerten Stellenwert der Atlantischen Allianz für die USA, die sich in Zukunft mehr auf so genannte „coalitions of the willing" konzentrieren wollen, womit die Bedeutung der NATO noch weiter eingeschränkt werden wird.

2. Gründung und historische Entwicklung im Zeitraffer

1949 wurde die NATO durch die USA und Kanada sowie zehn europäische Staaten aufgrund der Verschärfung des Ost-West-Konflikts gegründet. Sowohl für die USA, deren Senat dieser erstmaligen außenpolitischen Bindung außerhalb der amerikanischen Hemisphäre erst seine Zustimmung erteilen musste, als auch für die Europäer bedeutete die NATO eine vollkommen neue Situation. Zum erstem Mal hatten sie offiziell in einem Bündnis ihre Sicherheit einer außereuropäischen Macht anvertraut. Der NATO-Vertrag definiert als wichtigste Aufgabe den Schutz sämtlicher NATO-Partner gegen eine mögliche Aggression. Ein bewaffneter Angriff gegen einen oder mehrere von ihnen in Europa oder Nordamerika wird als Angriff gegen alle Mitglieder verstanden. Allerdings enthält der Vertrag keine automatische militärische Beistandspflicht, da es jedem Mitgliedstaat überlassen bleibt, unverzüglich und im Zusammenwirken mit den anderen Partnern die Maßnahmen zu ergreifen, einschließlich der Anwendung von Waffengewalt, die er für erforderlich hält. Somit wird durch die NATO die Möglichkeit unterschiedlicher Unterstützung in einem Konfliktfall gegeben. Damit geht die Beistandsverpflichtung hinter die Regelung der Westeuropäischen Union zurück, in der eine automatische militärische Unterstützung vorgesehen ist. Der NATO-Vertrag enthält neben der militärischen Zusammenarbeit auch Vorgaben über die politische, soziale, ökonomische und kulturelle Zusammenarbeit und setzt sich die Verteidigung der westlichen Lebensform zum Ziel.

Die NATO hat während der Zeit des Ost-West-Konflikts ihre eigentliche Aufgabe, nämlich Bündnissicherheit vor allem gegen die Sowjetunion und den Warschauer Pakt zu gewährleisten, sehr gut erfüllt. So übernahm die NATO neben der Abschreckung der Sowjetunion auch die Funktion des „balancers" in Europa, als 1954 die prospektierte Europäische Verteidigungsgemeinschaft gescheitert war und das deutsche Verteidigungspotential einer Einbettung bedurfte. Nur weil die USA sich auf dem europäischen Kontinent definitiv engagierten, konnte das deutsche Problem für alle westeuropäischen Staaten relativ zufriedenstellend gelöst werden. Natürlich hat es in dieser Phase verschiedene, z.T. auch sehr intensive Konflikte und Krisen zwischen einzelnen Bündnispartnern gegeben (vgl. Varwick/Woyke 2000: 53ff.). So kam es zwischen Frankreich und Großbritannien einerseits und den USA 1956 wegen ihres Suez-Feldzugs zu offenen Auseinandersetzungen wie auch 1966 zum Auszug Frankreichs aus der NATO-Militärorganisation. Auch um die Einführung der Strategie der *flexiblen Reaktion* hatte es in den 60er Jahren zwischen Europäern und Amerikanern erbitterte Auseinandersetzungen gegeben. Am Rande des Scheiterns stand das Bündnis zu Beginn der 80er Jahre, als es um die Realisierung des sog. Doppelbeschlusses ging. Der 1979 vom NATO-Rat verabschiedete NATO-Doppelbeschluss sah als Antwort auf die sowjetische Mittelstreckenraketenaufrüstung zum einen ein Verhandlungsangebot an die UdSSR, zum anderen – falls es bis 1983 zu keinem befriedigenden Verhandlungsergebnis käme – die Aufstellung von 108 Pershing II-Raketen und 464 Marschflugkörpern in Westeuropa vor. Trotz heftiger Proteste in einzelnen westeuropäischen Ländern, vor allem in der Bundesrepublik Deutschland, Belgien, Dänemark und den Niederlanden, wurde der Stationierungsplan eingehalten, da die amerikanisch-sowjetischen Verhandlungen über die Mittelstreckenraketen 1983 scheiterten.

3. Die Wandlungsphase 1991-1999

1991 begann ein weiteres Umdenken der NATO in bezug auf die Gewährleistung von Sicherheit in Europa. Wichtigster Bezugspunkt war das Gipfeltreffen in Rom vom November 1991, auf dem ein neues strategisches Konzept beschlossen wurde. Es stellte sich nun die Frage nach der Funktion des Bündnisses in einem vollkommen veränderten internationalen System. Die Bündnispartner gerieten unter erheblichen Anpassungsdruck. Sie waren einmütig der Auffassung, dass eine direkte Bedrohung – wie sie vier Jahrzehnte perzipiert wurde – nun nicht mehr vorhanden, dass aber nach wie vor die Existenz der NATO notwendig sei.

Die NATO hat in dieser Phase insbesondere in vier Bereichen neue Akzente gesetzt:

- der Ausweitung und Erweiterung nach Mittel- und Osteuropa;
- der „Europäisierung" der Atlantischen Allianz ;
- der Bereitschaft, als Mandatnehmer der Vereinten Nationen bzw. der OSZE aufzutreten, und schließlich
- der Bereitschaft, notfalls auch ohne UN-Mandat zu intervenieren.

Die bedeutsamste Maßnahme zur Aufrechterhaltung der Stabilität ist die Schaffung des NATO-Kooperationsrates (NACC), der sich im Dezember 1991 konstituierte. Er wurde auf der NATO-Gipfelkonferenz im Juli 1997 in den Euro-Atlantischen Rat umgewandelt, dem inzwischen 47 Mitglieder angehören. Darin eingebunden ist die im Januar 1994 gestartete Initiative „Partnerschaft für den Frieden" (PfP). Auf der Madrider NATO-Gipfelkonferenz im Juli 1997 wurden Polen, Ungarn und die Tschechische Republik eingeladen, in Beitrittsgespräche mit der NATO einzutreten. Die Beitrittsprotokolle mit diesen drei Staaten wurden Ende 1997 unterzeichnet, der Beitritt wurde nach Ratifizierung der Beitrittsurkunden zum 12. März 1999 wirksam. Als Voraussetzung für die Erweiterung wurde im Mai 1997 die „Grundakte über gegenseitige Beziehungen, Zusammenarbeit und Sicherheit zwischen der NATO und der Russischen Föderation" geschlossen .

Zweiter wichtiger Bereich der Neuerungen, die in diese Phase fallen, ist die Europäisierung der NATO, die sich zunächst in einer Aufwertung der Rolle der Westeuropäischen Union, der Schaffung der so genannten *Combined Joint Task Forces* (CJTF) sowie der damit verbundenen Annäherung Frankreichs an die NATO und später in der Schaffung einer Sicherheits- und Verteidigungspolitik innerhalb der EU manifestiert.

Zum dritten stellt, neben der NATO-Osterweiterung, die Bereitschaft der Allianz, den Vereinten Nationen bzw. der OSZE Einheiten für *peace-keeping*-Maßnahmen zur Verfügung zu stellen, die drastischste Veränderung in ihrem Aufgabenfeld dar. 1992 erklärte der NATO-Rat seine Bereitschaft, Friedensoperationen im Rahmen der OSZE und den VN auch außerhalb des

Bündnisgebietes zu unterstützen. Seit 1992 hat sich die NATO im Bosnien-Krieg engagiert, ab Februar 1994 beteiligte sich die Allianz mit Luftwaffenkampfeinsätzen zur Durchsetzung von VN-Sanktionen. Ende August 1995 bombardierten Kampfflugzeuge in der Operation *Deliberate Force,* die bis dahin größte NATO-Militäraktion, serbische Stellungen in Bosnien-Herzegowina. Im Dezember 1995 ermächtigte der VN-Sicherheitsrat die NATO, mit einer Truppe das Abkommen von Dayton umzusetzen.

Schließlich engagierte sich die NATO viertens ab Oktober 1998 auch ohne VN Mandat im Kosovo-Konflikt, zunächst mit der Bereitschaft, ein politisches Abkommen militärisch abzusichern und dann ab März 1999 mit Luftangriffen auf jugoslawische Stellungen, Einheiten und Anlagen, um ein Einlenken Jugoslawiens zu erzwingen bzw. eine „humanitäre Katastrophe" im Kosovo zu verhindern.

4. Organisationsstruktur der NATO

Die NATO gliedert sich in eine politische und eine militärische Organisation. Mitglied der politischen Organisation sind alle 19 Mitgliedstaaten, während der militärischen Organisation Frankreich und Island aus unterschiedlichen Gründen nicht angehören. Oberstes Entscheidungsorgan ist der NATO-Rat, der durch die Vertreter der Mitgliedsregierungen gebildet wird und seine Entscheidungen im Konsens trifft. Dieses Beschlußverfahren ermöglicht gerade den kleineren Staaten ein erhebliches Mitbestimmungspotenzial im Entscheidungsprozess der NATO über die grundlegende Politik der Allianz.

Fragen der Verteidigung werden im Verteidigungsplanungsausschuss (DPC) beraten, dem alle Mitgliedstaaten außer Frankreich angehören. Seit 1967 werden Nuklearfragen des Bündnisses in der Nuklearen Planungsgruppe behandelt, der ebenfalls alle Mitgliedstaaten außer Frankreich angehören. Exekutivorgan der NATO ist das Generalsekretariat, dem der auf fünf Jahre gewählte Generalsekretär vorsteht.

In der militärischen Organisation bildet seit 1966 der Militärausschuss, bestehend aus den Stabschefs aller Bündnispartner mit Ausnahme Frankreichs und Islands, die höchste Instanz. Er erarbeitet die Maßnahmen zur gemeinsamen Verteidigung des NATO-Gebiets. Um die Funktionsfähigkeit der militärischen Organisation zu gewährleisten, wurden ab 1993 zwei regionale Kommandobehörden gebildet, das *Allied Command Atlantic* (ACLANT) und das *Allied Command Europe* (ACE) mit dem Oberbefehlshaber *Supreme Allied Commander Europe* (SACEUR).

Neue Europäische Sicherheitsarchitektur I 229

5. Das neue strategische Konzept

Der Washingtoner Jubiläumsgipfel stand ganz im Zeichen des Kosovo-Krieges, aus der geplanten „Geburtstagsfeier" wurde ein reiner Arbeitsgipfel. Die Staats- und Regierungschefs der 19 Mitgliedstaaten behielten sich aufgrund der Entwicklungen im Kosovo die Endredaktion eines Textes vor, der nach monatelangen Vorbereitungen ursprünglich hätte lediglich formal beschlossen werden sollen. Das neue strategische Konzept vom 23./24. April 1999 wurde schließlich ein Konsenspapier, in dem die neuen Aufgaben und Instrumente der NATO in allgemeiner Form beschrieben werden und damit durch ein hohes Maß an Flexibilität und Interpretierbarkeit gekennzeichnet sind (Wittmann 1999; Pradetto 1999; Rühle 2000). Die neue NATO soll nach dem neuen Konzept größer, schlagkräftiger und flexibler werden. In dem umfangreichem Konzept heißt es unter anderem:

„Der wesentliche und fortdauernde Zweck der NATO [...] besteht darin, die Freiheit und Sicherheit aller ihrer Mitglieder mit politischen und militärischen Mitteln zu erreichen. [...] Die Verwirklichung dieses Ziels kann durch Krisen und Konflikte, die die Sicherheit des euro-atlantischen Raums berühren, gefährdet werden. Um sein wesentliches Ziel zu erreichen, nimmt das Bündnis als eine Allianz von Völkern, die dem Washingtoner Vertrag und der Charta der Vereinten Nationen verpflichtet ist, die folgenden grundlegenden Sicherheitsaufgaben war:

– *Sicherheit*: Es bietet eines der unverzichtbaren Fundamente für ein stabiles sicherheitspolitisches Umfeld im euro-atlantischen Raum [...]
– *Abschreckung und Verteidigung*: Es schreckt vor jeder Aggression ab und wehrt jeden Angriff gegen einen NATO-Mitgliedstaat ab [...]
– *Krisenbewältigung*: Es steht bereit, von Fall zu Fall [...] zu wirksamer Konfliktverhütung beizutragen und aktive Krisenbewältigung zu betreiben, auch durch Krisenreaktionseinsätze.
– *Partnerschaft*: Es fördert eine breitangelegte Partnerschaft, Zusammenarbeit und Dialogführung mit anderen Staaten im euro-atlantischen Raum [...]"

Ungeachtet der von der NATO konstatierten positiven Gesamtentwicklung in ihrem strategischen Umfeld sowie der Unwahrscheinlichkeit eines Angriffs gegen das Bündnis bestünde jedoch auch weiterhin die Möglichkeit, dass sich „eine Bedrohung längerfristig entwickelt". Die Sicherheit des Bündnisses bleibt „einem breiten Spektrum militärischer und nichtmilitärischer Risiken unterworfen, die aus vielen Richtungen kommen und oft schwer vorherzusagen sind. Zu diesen Risiken gehören Ungewissheit und Instabilität im und um den euro-atlantischen Raum sowie die mögliche Entstehung regionaler Krisen an der Peripherie des Bündnisses, die sich rasch entwickeln können". In diesem Zusammenhang wird unter anderem die Proliferation von Massenvernichtungswaffen erwähnt, auf Flüchtlingsströme infolge von bewaffneten Konflikten eingegangen, wie auch auf Risiken umfassender Natur wie etwa Terrorakte, Sabotage, organisiertes Verbrechen oder die Unterbrechung der Zufuhr lebenswichtiger Ressourcen hingewiesen.

Zur klassischen Kernfunktion der Bündnisverteidigung kommt damit in Zukunft die „Krisenbewältigung im euro-atlantischen Raum" hinzu. In Zusammenarbeit mit anderen internationalen Organisationen will die NATO zudem „Konflikte verhüten oder, sollte eine Krise auftreten, in Übereinstimmung mit dem Völkerrecht zu deren wirksamer Bewältigung beitragen, darunter auch durch die Möglichkeit von nicht unter Artikel 5 fallenden Krisenreaktionseinsätzen". Wird mit dem neuen Konzept das Bedrohungsspektrum recht präzise ausgeweitet, so bleibt der Aktionsradius der NATO unpräzise. Erste Interpretationen aus den USA betonen, dass die NATO nun auf Bedrohungen in Europa und in Nicht-Mitgliedstaaten reagieren könne, die Europäer weisen hingegen darauf hin, dass die Erwähnung des „euro-atlantischen Raums" für eine geographische Beschränkung spreche.

Hinsichtlich der Mandatierung der neuen Einsatzspektren wird mehrfach auf die Hauptverantwortung des Sicherheitsrates der Vereinten Nationen für die Bewahrung von Frieden und Sicherheit hingewiesen. Für alle NATO-Einsätze wird „Übereinstimmung mit der Charta der Vereinen Nationen angestrebt", was natürlich auch heißt, dass es Fälle geben kann, in denen dies nicht möglich ist. Die NATO macht damit die Selbstmandatierung zwar nicht zur Regel, lässt sie aber in nicht näher definierten Ausnahmefällen zu.

6. Die Osterweiterung

Mit dem Ende des Ost-West-Konflikts 1989/90, der Vereinigung der beiden deutschen Staaten 1990, der Auflösung des Rats für Gegenseitige Wirtschaftshilfe und des Warschauer Pakts 1990 sowie dem Zerfall der Sowjetunion und der Schaffung der Gemeinschaft Unabhängiger Staaten (GUS) 1991 hat das europäische Sicherheitssystem vollkommen neue Rahmenbedingungen erhalten. Die Staaten in Mittel- und Osteuropa waren nun nicht mehr in den Ostblock eingebunden, sondern sie suchten nach neuen politischen, ökonomischen und gesellschaftlichen Ordnungsformen sowie nach einer neuen Rolle in der internationalen Politik. Sehr schnell entwickelte sich eine Kooperationsstruktur zwischen den ehemaligen Warschauer Pakt-Staaten und der NATO. Die NATO wurde durch den Strukturbruch der internationalen Beziehungen stark herausgefordert. Der potentielle Gegner war im Auflösungsprozess begriffen; es musste eine Antwort auf mögliche Kooperationsformen, letztlich auch auf eine potentielle Mitgliedschaft der im europäischen Vakuum verbliebenen Staaten gefunden werden. Erstmals wurde auf der Frühjahrstagung des Nordatlantikrates im Juni 1990 in der „Botschaft von Turnberry" dem Strukturwandel in Europa Rechnung getragen, als die NATO deutlich machte, dass sie an einer neuen europäischen Friedensordnung aktiv mitwirken wollte und erklärte: „In diesem Geiste reichen wir der Sowjetunion und allen anderen europäischen Ländern die Hand zur Freundschaft und

Zusammenarbeit". Einen Monat später wurde auf der Tagung der Staats- und Regierungschefs des Nordatlantikrates in London die „Londoner Erklärung: Die Nordatlantische Allianz im Wandel" verabschiedet, in der es heißt: „Die Atlantische Gemeinschaft wendet sich den Ländern Mittel- und Osteuropas zu, die im Kalten Krieg unsere Gegner waren, und reicht ihnen die Hand zur Freundschaft".

Es wurde immer deutlicher, dass insbesondere die mitteleuropäischen Staaten Polen, Ungarn und Tschechoslowakei kein Interesse an einer Regionallösung ihres Sicherheitsproblems hatten. Sie versicherten sich ihre gegenseitige Unterstützung bei der Anbindung an den Westen. Der tschechoslowakische Präsident Havel erklärte anlässlich seines Besuchs bei der NATO im März 1991, dass sich ein Bündnis von Staaten, „die durch die Ideale von Freiheit und Demokratie geeint sind, nicht auf Dauer Nachbarstaaten verschließen sollte, die die gleichen Ziele verfolgen" (Europa-Archiv 10/91: D 246).

Die NATO geriet aufgrund der Beitrittsbegehren in eine schwierige Situation, da sie nicht nur die innere Entwicklung dieser Länder während der Transformationsphase zu Demokratien abwarten wollte, sondern bei einer möglichen Mitgliedschaft der MOE-Staaten auch auf die Sowjetunion bzw. Russland Rücksicht nehmen musste. Ursprünglich hofften führende NATO-Verantwortliche wie Generalsekretär Wörner, die Sicherheitsbedürfnisse der MOE-Staaten durch bilaterale Beziehungen dieser Staaten mit westlichen Ländern bzw. mit der NATO befriedigen zu können. Das Bündnis beantwortete die Beitrittswünsche mittel- und osteuropäischer Staaten wie Ungarn, aber auch der Tschechoslowakei zunächst mit dem *Liaison-Konzept*, d.h. einer Politik, die die mittel- und osteuropäischen Staaten zwar an die NATO anband, sie aber (noch) nicht in das Atlantische Bündnis aufnahm. Es galt zunächst, eine Konzeption zu finden, die innerhalb der NATO auf Zustimmung stoßen musste, wie man auf die Beitrittsbegehren ehemaliger Warschauer Pakt-Staaten reagieren sollte. So wurde auf Anregung der USA im Dezember 1991 der NATO-Kooperationsrat (NACC) geschaffen, in dem die NATO-Staaten mit den Staaten Mittel- und Osteuropas sowie der Sowjetunion zusammen Sicherheitsprobleme erörterten und damit die Vertrauensbildung über die bisherigen Blöcke hinweg fördern wollten. Mit dem NAKR wurden Kooperation und Konsultationen in politischen und Sicherheitsfragen institutionalisiert. Die Vereinbarung sieht einmal jährlich das Zusammentreffen der Außenminister vor, während die Botschafter in periodischen Abständen zusammentreffen. Der NAKR, der sich aus den Außenministern (oder Vertretern) der 16 NATO-Staaten, der Länder Mittel- und Osteuropas sowie der baltischen Staaten zusammensetzte, zu denen die NATO 1990 und 1991 diplomatische Beziehungen aufgenommen hatte, kam am 20. Dezember 1991 unter Beteiligung von 25 Staaten zu seiner konstituierenden Sitzung zusammen. Doch erfüllte der NATO-Kooperationsrat die Erwartungen einiger „*Liaison*-Staaten" nach konkreten Sicherheitsgarantien nicht. Die MOE-Staaten waren von diesem Konzept eher enttäuscht. Ihre Hoffnung, mit der NATO in einen engeren und sicherheitspolitisch relevanten Kontakt zu treten, wurden durch das Bündnis nicht erfüllt. Die Entscheidung enthielt eine nicht zu verkennende Tendenz der Nichtdifferenzierung wie auch der Rücksichtnahme auf die Sowjetunion. Für die MOE-Staaten war aber gerade die Sicherheit vor der noch immer als Bedrohung perzipierten Sowjetunion wie auch dem Nachfolgestaat Russland von fundamentaler Bedeutung. So hatte die Internationale Abteilung des Zentralkomitees der KPdSU noch im Frühjahr 1991 eine „Denkschrift" verfasst, in der sich die UdSSR „feste und beständige Positionen" sichern und wenn nötig auch „Härte" bei der Interessenverteidigung zeigen sollte (vgl. FAZ vom 7.6.1991).

Die Unzufriedenheit in den MOE-Staaten über ihren unbefriedigenden sicherheitspolitischen Zustand wuchs. In den MOE-Staaten wurden die Rufe nach einer NATO-Mitgliedschaft lauter. NATO-Generalsekretär Wörner machte allerdings noch im Oktober 1993 deutlich, dass eine Mitgliedschaft der mitteleuropäischen Staaten nur in Einklang mit den legitimen Sicherheitsinteressen Russlands zu erreichen sei, wie auch Bundesverteidigungsminister *Rühe* im Oktober 1993 mit Rücksicht auf die russischen Sicherheitsinteressen zur Enttäuschung vieler Tschechen, aber auch Polens und Ungarns angesichts seines Besuchs in Prag im Oktober 1993 einen schnellen Beitritt der MOE-Staaten ausschloss (FAZ vom 9.10.1993). Noch auf der NATO-Ratstagung in Travemünde im Oktober 1993 machten auch die USA klar, dass sie auf absehbare Zeit eine Osterweiterung der NATO nicht wünschten. Als Alternative schlug US-Verteidigungsminister Aspin das Konzept einer Partnerschaft für den Frieden mit allen Ländern Mittel- und Osteuropas vor. Im Verständnis der mittel- und osteuropäischen Staaten konnte solch eine Strategie nur als Hinhalten verstanden werden. Dennoch wurde nach dem NATO-Kooperationsrat mit der „Partnerschaft für den Frieden" (PfP) ein zweites Element in den Öffnungsprozess eingebaut. Ihr Ziel war die Ausweitung der Stabilität nach Mittel- und Osteuropa durch den Aufbau einer Sicherheitspartnerschaft, die allerdings weiterhin keine NATO-Mitgliedschaft beinhaltete. Die Partnerschaft für den Frieden sollte den neuen Demokratien in dieser Region die Gewissheit vermitteln, dass die NATO ihre politischen und wirtschaftlichen Reformen unterstützt und ihre sicherheitspolitischen Sorgen ernst nehme. Im Rahmendokument wurden als die wichtigsten Ziele der Partnerschaft genannt:

„[...] Entwicklung kooperativer militärischer Beziehungen zur NATO ‚mit dem Ziel gemeinsamer Planung, Ausbildung und Übungen, um ihre Fähigkeit für Aufgaben auf den Gebieten der Friedenswahrung, Such- und Rettungsdienst, humanitäre Operationen und anderen noch eventuell zu vereinbarenden Aufgaben zu stärken, auf längere Sicht Entwicklung von Streitkräften, die mit denen der Mitgliedstaaten der Nordatlantischen Allianz besser gemeinsam kooperieren können. [...]"

Das Jahr 1994 bedeutete einen qualitativen Wandel hinsichtlich der Osterweiterung für das Bündnis. Im Brüsseler NATO-Kommuniqué vom Januar 1994 erklärten sich die Staats- und Regierungschefs bereit, einen gezielten, schrittweisen und transparenten Erweiterungsprozess vorzunehmen, der einen Beitrag zur Stabilität in Gesamteuropa leisten sollte. Auf der Konferenz wurde eine Studie über die Erweiterung (*Study of Enlargment*) in Auftrag gegeben, die „das Wie der NATO-Erweiterung, die Prinzipien, die diesen Prozess leiten sollen, und die Auswirkungen der Mitgliedschaft" (Internationale Politik (2) 1995: 112) feststellen sollte. Anlässlich seines Besuches in Polen im Juli 1994 bekräftigte Präsident Clinton diese Position, fanden doch im November 1994 Kongress-Wahlen statt, an denen einige Millionen Amerikaner mit osteuropäischer Abstammung teilnehmen konnten. Die Erweiterungsstudie wurde im September 1995 vorgelegt und diente sowohl der NATO als auch den beitrittswilligen Staaten als Richtlinie für eine Mitgliedschaft, da in ihr u.a. Beitrittskriterien entwickelt wurden.

Zunächst werden in der Studie die Ziele und Grundsätze der Erweiterung definiert. Im gesamten euro-atlantischen Raum soll eine tragfähigere Sicherheitsarchitektur errichtet und die Stabilität und Sicherheit aller Staaten erhöht werden, ohne neue trennende Gräben aufzureißen. Somit wird ein Zusammenhang zwischen der Erweiterung und der Sicherheit im gesamten euroatlantischen Raum hergestellt. „In einem zusammenwachsenden Europa müssen internationale Institutionen wie die NATO und die Europäische Union für die Mitgliedschaft mittel- und osteuropäischer Staaten, die sich zu den gleichen Werten bekennen wie wir und geographisch und wirtschaftlich in der gleichen Region liegen, offen sein", heißt es in der Studie. Demokratische Reformen, einschließlich der zivilen und demokratischen Kontrolle des Militärs, sollen unterstützt werden. Die Erweiterung muss die Effektivität und den Zusammenhalt des Bündnisses stärken, die militärische und politische Fähigkeit des Bündnisses zur kollektiven Verteidigung und zur Übernahme von *peace-keeping*-Einsätzen und anderen Aufgaben muss erhalten werden. Die Erweiterung muss des weiteren in striktem Einklang mit Artikel 10 des NATO-Vertrags stehen, der eine Einladung zum Beitritt jener Länder vorsieht, die die Prinzipien des Vertrags fördern und einen Beitrag zur Sicherheit im nordatlantischen Raum leisten.

Im zweiten Kapitel der Studie wird nach einem Weg gesucht, wie sichergestellt werden kann, dass die Erweiterung als Element einer umfassenden europäischen Sicherheitsarchitektur zur Stabilität im gesamten euro-atlantischen Raum beiträgt und zugleich dem Ziel eines ungeteilten Europas dient. Die NATO begreift entsprechend ihrer Studie die Erweiterung als Teil einer Entwicklung breiter Kooperation und Sicherheit in Gesamteuropa. Zu diesem Zeitpunkt weist die NATO der OSZE eine Schlüsselrolle zu. Dieser Teil der Studie geht auch auf das Verhältnis zu Russland ein. Mit Russland soll eine Rahmenvereinbarung geschlossen werden, in der die grundlegenden Prinzipien für die Kooperation in Fragen der Sicherheit und für die Entwicklung gegenseitiger politischer Konsultation genau ausgeführt werden sollen. Das Bündnis unterstreicht auch den Beitrag, den NATO-Kooperationsrat und Partnerschaft für den Frieden im Erweiterungsprozess leisten können. Im vierten Kapitel werden die zentralen Probleme der Auswahl der Kandidaten angesprochen. Dabei sucht die NATO nach einer Lösung, die sicherstellt, dass die Erweiterung die Effizienz des Bündnisses stärkt, nicht jedoch seine Fähigkeit zur Wahrnehmung seiner zentralen Aufgaben im Rahmen der gemeinsamen Verteidigung sowie zur Durchführung von Friedensmissionen und zur Übernahme anderer neuer Aufgaben einschränkt. Von den beitretenden Ländern wird erwartet, dass sie alle Pflichten übernehmen, was vor allem bedeutet, dass sie einen Beitrag zur gemeinsamen Verteidigung entsprechend Artikel 5 des NATO-Vertrags leisten und aktiv am Konsultations- und Konsensbildungsprozess des Bündnisses teilnehmen müssen. Die neuen Mitglieder müssen in allen Führungseinrichtungen, also den Hauptquartieren, integriert sein; sie müssen an Manövern teilnehmen und diese auch regelmäßig auf ihrem Territorium durchführen; sie müssen den Nutzen und die Verantwortung von nuklearen Waffen mit allen anderen Mitgliedstaaten teilen; sie müssen sich gegebenenfalls zur Stationierung von Truppen anderer NATO-Staaten bereit erklären; sie müssen sich am Austausch nachrichtendienstlicher Erkenntnisse beteiligen; sie müssen substantielle finanzielle Verpflichtungen übernehmen, und sie müssen schließlich alles dafür tun, dass die Zusammenarbeit zwischen der Führungs- und Kommunikationsausrüstung der NATO funktioniert.

Im fünften Teil befasst sich die Erweiterungsstudie mit den Konsequenzen einer NATO-Mitgliedschaft für die neuen Mitglieder und regt Maßnahmen zur Vorbereitung des Beitritts an. Die neuen Mitglieder werden Vollmitglieder mit allen Rechten, aber auch allen Pflichten, d.h. sie müssen die von allen Bündnismitgliedern bei ihrem Beitritt angenommenen Grundsätze, Strategien und Verfahren anerkennen und einhalten. Unter militärischen Gesichtspunkten werden die Teilnahme an der kollektiven Verteidigung, die Übernahme der Militärstrategie der NATO sowie die Standardisierung der Truppen erwartet. Als wichtigstes Kriterium für die Einladung eines Beitrittskandidaten werden die Bereitschaft und die Fähigkeit, diesen Verpflichtungen auch in der Praxis nachzukommen, definiert. Z.B. spielt es für die Entscheidung darüber, ob einem Land der Beitritt angeboten wird, eine wichtige Rolle, ob ethnische Konflikte oder außenpolitische territoriale Streitigkeiten im Einklang mit den OSZE-Prinzipien mit friedlichen Mitteln beigelegt werden oder nicht. Im sechsten Kapitel werden schließlich die Modalitäten eines Beitritts behandelt. Danach kann der Beitritt einzeln, nacheinander oder in einer Gruppe oder mehreren Gruppen erfolgen, nachdem ein rechtsverbindlicher Beitrittsantrag gestellt worden ist.

Mit der *Study on Enlargement* war die Allianz einen weiteren Schritt in Richtung Osterweiterung gegangen, der von den potentiellen Mitgliedstaaten wie auch den NATO-Staaten begrüßt wurde. Die Studie löste in den Mitgliedstaaten, einschließlich der USA, große Zustimmung aus und wurde als sehr konstruktiver Beitrag zur Weiterentwicklung der NATO bewertet. Allerdings war die Studie in vielen Teilen nicht sehr klar gehalten und enthielt vage Formulierungen, die später eine unterschiedliche Auslegung zulassen konnten. Sie wurde dennoch zu einem Orientierungsrahmen für alle beitrittswilligen Staaten, aber auch für Russland, dem nun signalisiert worden war, dass die NATO-Erweiterung sich nicht mehr aufhalten ließ. Ein wichtiger Bestandteil der Studie lag in den Überlegungen zu einer doppelten Parallelisierung im Prozess der Ausdehnung westlicher Integrationsstrukturen nach Osten. Es war daran gedacht, dass es einen gleichlaufenden Prozess der Erweiterung von NATO und Europäischer Union geben sollte. Neben diesem Parallelismus ist in der Studie noch ein zweiter Parallelismus enthalten. Mit der Erweiterung sollte gleichzeitig auch eine Sicherheitspartnerschaft zwischen der NATO und Russland aufgebaut werden, die über die bisherigen Vereinbarungen hinausgehen sollte. Inzwischen hatte sich in der NATO, aber vor allem auch in der amerikanischen Administration, der Gedanke verfestigt, dass ohne die formelle Einbeziehung Russlands in die neue Sicherheitsarchitektur keine dauerhafte Sicherheitsordnung für Europa möglich sei.

Im Dezember 1997 wurden Polen, Ungarn und die Tschechische Republik eingeladen der NATO beizutreten. Rumäniens Begehren, von Frankreich unterstützt und Sloweniens Wunsch, von Italien gefördert, kam die Allianz ebenso nicht nach, wie den Wünschen der baltischen Staaten nach Mitgliedschaft. Gerade die Russlandpolitik des Allianzhegemonen USA schien gegen eine Einbeziehung der baltischen Staaten zu sprechen. So wurden diese drei mitteleuropäischen Staaten im März 1999 neue Mitglieder der Atlantischen Allianz. Die NATO hatte allerdings auch deutlich gemacht, dass es weitere Möglichkeiten der Erweiterung geben könnte. Doch war man zunächst in dieser Frage sehr zurückhaltend. Erst nach dem 11. September 2001, als die terroristischen Angriffe auf die Twin Towers und das Pentagon durchgeführt wurden, änderte sich auch die amerikanische Haltung. Die Regierung Bush plädierte nun für eine möglichst große Zahl von Neulingen, um die Zahl der Helfer gegen den Terrorismus zu vergrößern. Somit konnten sich auch Länder ohne große militärische Fähigkeiten als wichtige Verbündete der USA erweisen (Kamp 2003:4). Auch die Neuordnung der Beziehungen der NATO gegenüber Rußland entschärfte das Problem einer zusätzlichen NATO-Erweiterung. Im Mai 2002 wurde der bestehende NATO-Rußland-Rat in eine neues Gremium („NATO at 20") umgewandelt, „mit dem Moskau mehr Einfluss auf die Entscheidungsfindung des Bündnisses gewann. Im Gegenzug stellt Moskau (stillschweigend) seine Kritik an der NATO-Erweiterung weitgehend ein" (Kamp 2003: 5). Vor diesem Hintergrund bewarben sich weitere zehn ost- und südeuropäische Staaten um die Mitgliedschaft, von denen auf dem Gipfel von Prag 2002 folgende Staaten eine Einladung zur Mitgliedschaft erhielten: Estland, Lettland, Litauen, Bulgarien, Rumänien, Slowakei und Slowenien. Im März 2003 wurden die Beitrittsverträge unterzeichnet, die zum Jahr 2004 wirksam werden sollen. Damit hat sich die Allianz nicht nur zahlenmäßig vergrößert, sondern auch deutlich nach Mittel- und Osteuropa ausgedehnt. Es wird demnächst ein durchgängiges NATO-Territorium vom Finnischen Meerbusen bis zum Schwarzen Meer geben. Die Allianz wird mit dieser Erweiterung aber auch „amerikanischer", da die neuen Beitrittsstaaten in ihrer Außen- und Sicherheitspolitik eindeutig auf die USA fixiert sind. In der Irakkrise wurde diese US-Ausrichtung der mittel- und osteuropäischen Staaten recht deutlich, als sie in zwei getrennten Briefen – einmal acht und ein anderes Mal zehn europäische Staaten – die US-Position in bezug aug auf den Irak unterstützten und sich damit gegen die deutsch-französische Irak-Politik stellten. Die Erweiterung beinhaltet aber auch eine weitere Schwächung der Kohärenz des Bündnisses. Ganz sicherlich kann in der nächsten Zeit von den neuen Mitgliedstaaten auch noch keine nennenswerte zusätzliche Sicherheit in bezug auf militärische Maßnahmen erwartet werden.

Nicht nur die neuen Beitrittsstaaten gewinnen dadurch mehr Sicherheit, sondern auch innerhalb der NATO profitieren besonders Deutschland und die USA von der Erweiterung. Die Bundesrepublik konnte durch diese historische Entscheidung ihr östliches Vorfeld stabilisieren, indem sie die Einbeziehung der östlichen Nachbarn in die europäischen Strukturen zu einer Gemeinschaftsaufgabe der NATO (wie auch der EU) machte. Die Öffnung der NATO trägt nach deutscher Auffassung zur Förderung und Unterstützung demokratischer Reformen, einschließlich der zivilen Kontrolle des Militärs bei, stärkt die nachbarschaftlichen Beziehungen und trägt zur Vergrößerung der Fähigkeit des Bündnisses bei, positiv an der europäischen und internationalen Sicherheit mitzuwirken. Für die USA bedeutet die Öffnung der NATO nach Osten die Ausweitung ihres Einflusses in Europa. Auch können die USA weiterhin eine nun erweiterte NATO als Instrument für die Wahrung und Durchsetzung ihrer Interessen nutzen. Gleichzeitig konnten sie die Kosten auf ein sehr niedriges Maß begrenzen, woraus ersichtlich wurde, dass die Mitgliedschaft dieser Staaten primär unter politischen und nicht so sehr unter sicherheitspolitischen Aspekten gesehen wird.

7. Ausblick

In den 90er Jahren hat die NATO einen massiven Veränderungsprozess hinsichtlich ihrer Aufgaben und Strukturen durchlaufen. Von einem im Ost-West-Konflikt auf den potentiellen Gegner im Osten fixierten, primär militärischen Bündnis hat sie sich sukzessive zu einer politisch-militärischen Allianz entwickelt, die den internationalen Herausforderungen in wachsendem Maße politisch zu begegnen versucht, im Einzelfall aber auch zu militärischem Eingreifen entschlossen ist. Zwar ist die gegenseitige Verteidigung bei einem Angriff auf einen NATO-Partner gemäß Artikel 5 des NATO-Vertrags

Neue Europäische Sicherheitsarchitektur I

nach wie vor die Kernfunktion des Bündnisses, doch sieht sich die NATO gemäß ihres strategischen Konzepts vom April 1999 zusätzlich mit neuen militärischen Risiken konfrontiert:

- möglichen, wenngleich unwahrscheinlichen Sicherheitsbedrohungen für Europa, die sich etwa aus nicht auszuschließenden Rückwärtsentwicklungen in Russland ergeben könnten; Krisen und Kriegen bzw. Bürgerkriegen an der Peripherie des Bündnisses (etwa Balkan, Kaukasus, Nordafrika, Nahost);
- neuen Bedrohungen außerhalb Europas (Proliferation von Massenvernichtungswaffen, Auseinandersetzungen um Ressourcen, organisierter Terrorismus), die allesamt hohes Eskalationspotential haben.

Die denkbaren militärischen Einsatzszenarien der Atlantischen Allianz haben sich damit nach dem Ende des Ost-West-Konflikts zweifellos ausgeweitet. Die Bedrohungen sind globaler, vielfältiger und diffuser geworden. Die Eintrittswahrscheinlichkeit der so genannten „Artikel-5-Aufgaben" (Bündnisverteidigung) ist eher gering, würde allerdings im Falle des Falles hohes militärisches Engagement mit sich bringen. Die Eintrittswahrscheinlichkeit im Bereich der Krisen- und Konfliktbewältigung ist hingegen – bei mittlerer Intensität des militärischen Engagements – vergleichsweise hoch, wird jedoch hinsichtlich der Eintrittswahrscheinlichkeit der Krisenvorbeugung und der Abschreckung gegen Proliferation von Massenvernichtungswaffen übertroffen, die vergleichsweise geringeres militärisches Engagement erfordern.

Diesen Herausforderungen kann alleine kein Staat mehr erfolgreich begegnen, so dass die Kooperation im Bündnis weiterhin dringend erforderlich ist. Der Krieg im Kosovo hat allerdings gezeigt, dass die Atlantische Allianz im Bereich der Krisen- und Konfliktbewältigung trotz ihres gewaltigen Militärpotentials Schwierigkeiten hat, ihre Drohungen glaubhaft umzusetzen und ihre politischen Ziele militärisch zu erreichen, was daran liegt, dass diese neuen Aufgaben die Allianzmitglieder nicht unmittelbar in ihrer Sicherheit berühren. Wer aber Drohungen ausspricht, braucht einen langen Atem und Durchhaltewillen und stellt bei Nichteinhaltung seine Glaubwürdigkeit aufs Spiel.

Zu den militärischen Aufgaben kommen jedoch zunehmend politische Aufgaben hinzu. Politische Stabilisierung ihres Bündnisgebietes sowie ihres Sicherheitsumfeldes ist die zentrale Aufgabe der NATO.

Zu Beginn des 21. Jahrhunderts ergeben sich damit für die Nordatlantische Allianz mehrere militärische und politische Funktionen, die zum Teil weit über das hinausgehen, was die NATO in der Zeit des Ost-West-Konflikts an Aufgaben zu erfüllen hatte. Der NATO können zusammenfassend sieben Hauptfunktionen zugeschrieben werden:

- *erstens* hat sie gemäß Artikel 5 die Aufgabe, militärische Aggressionen gegen das Bündnisgebiet kollektiv abzuschrecken und im Falle eines Angriffs auf einen oder mehrere Bündnispartner die Verpflichtung zu gegenseitigen Beistand;
- *zweitens* trägt die NATO weiterhin als Stabilitätsanker einer euroatlantischen Sicherheitsordnung Verantwortung;
- *drittens* ist die NATO eng damit zusammenhängend das wichtigste institutionalisierte transatlantische Bindeglied;
- *viertens* nimmt die NATO als Verifikations- und Durchsetzungsinstrument der Rüstungskontrolle und Abrüstung bzw. als Instrument zur Verhinderung der Proliferation von Massenvernichtungswaffen eine immer wichtigere Rolle ein;
- *fünftens* ist die NATO in zunehmendem Maße Instrument kollektiver Sicherheit, das für *peace-keeping*-Aktionen im Auftrag der Vereinten Nationen und der OSZE – im Einzelfall auch ohne eindeutiges Mandat der Vereinten Nationen – Know-how, Waffen, Gerät und notfalls auch Soldaten zur Verfügung stellt;
- *sechstens* erfüllt die NATO weiterhin die Funktion, Konfliktverhütung und Krisenmanagement innerhalb des Bündnisses gemäß Artikel 4 des NATO-Vertrags zu betreiben, wobei in diesem Zusammenhang auch an die Funktion der NATO als *balancer* in Europa erinnert werden muss und schließlich kann die NATO
- *siebtens* einen Rückfall in eine Renationalisierung der Sicherheitspolitik verhindern helfen.

Doch trotz der wichtigen klassischen und den nicht weniger wichtigen neuen Aufgaben befindet sich die NATO in einem mehrfachen Dilemma. Der Außendruck, der vier Jahrzehnte wichtiges Bindeglied zwischen den Mitgliedstaaten war, ist entfallen. Diese Entwicklung könnte zu Konsequenzen seitens der Mitgliedstaaten führen, denn bei wachsender unmittelbarer Gefahrenabschwächung könnte die Nutzung der Allianz als wichtigstem sicherheits- und verteidigungspolitischem Bezugspunkt oder gar die Mitgliedschaft in der NATO nicht länger als sinnvoll bzw. erforderlich angesehen werden.

- *Erstens* könnten die Kosten des Bündnisses höher als der Nutzen eingeschätzt werden und *Ad-hoc*-Koalitionen an Attraktivität gewinnen. So wird vielfach die Forderung erhoben, dass allen Mitgliedern verstärkt die Möglichkeit einer flexiblen Teilnahme an NATO-Missionen eingeräumt werden sollte. „Eine solche Vereinbarung würde eine drastische Änderung des Bündnisvertrags weg vom traditionellen Konsensprinzip und dem Ausschluss von Nichtmitgliedern am Entscheidungsprozess der Allianz bedeuten, letztlich aber der einzige Weg, dem Bündnis die Flexibilität einzuräumen, die es für die wahrscheinlichen künftigen Konfliktszenarien benötigt" (Fröhlich 1998: 32f.). Aus solchen *Ad-hoc*-Koalitionen, die NATO-Ressourcen nutzen, können aber – so notwendig sie im Ein-

Neue Europäische Sicherheitsarchitektur I

zelfall sein mögen – gleichwohl unerwünschte Konsequenzen für die internationale Politik entstehen. Zum einen sind solche *coalitions of the willing* kaum mit den Erfordernissen einer „friedlichen Militärordnung" vereinbar. Die Entscheidungsfindung in der NATO sichert ein hohes Maß an kollektiver Rationalität und eine geringe Wahrscheinlichkeit an hegemonialem Missbrauch. Wenn aber unilaterales Handeln nicht nur im Einzelfall denkbar, sondern bereits konzeptionell eingeplant ist, resultiert daraus bei anderen Akteuren außerhalb des Bündnisses Misstrauen und Abgrenzung und dies fördert möglicherweise neue Konfliktformationen (vgl. den Beitrag von Stephan Böckenförde im vorliegenden Band). Zum anderen könnte mit *Ad-hoc*-Koalitionen zusätzlich der innere Zusammenhalt der Allianz untergraben werden.

- *Das zweite Dilemma* der NATO besteht darin, – und dies lässt sich unter anderem am Kosovo-Konflikt beobachten – dass die NATO als einzige funktionsfähige Militärorganisation zu einem Zeitpunkt zum Eingreifen in Konflikte gezwungen wird, zu dem die Konflikte bereits eine Eigendynamik entwickelt haben, die sich extern entweder gar nicht oder aber nur durch den Einsatz massiver militärischer Mittel positiv beeinflussen lässt. Die Nebenwirkungen eines solchen verspäteten Einsatzes können dann unter Umständen derart drastisch sein, dass sie den Rückhalt in den Gesellschaften der Mitgliedstaaten untergraben. Anders gewendet: wenn die NATO für die Versäumnisse der internationalen Politik auf anderen Ebenen missbraucht und dann zeitgleich für die unzureichenden Ergebnisse verantwortlich gemacht wird, verwundert es nicht, dass die Glaubwürdigkeit Schaden nimmt. Aus diesem Dilemma gibt es nur zwei denkbare Auswege. Entweder es würde zu einem frühen Zeitpunkt in Krisen und Konflikte eingegriffen, was jedoch aufgrund der öffentlichen Einschätzung von Krisen schwer möglich ist. Denn die Aufmerksamkeit der Öffentlichkeit wie auch der politischen Führungen richtet sich meistens erst dann auf einen Krisenherd, wenn der Konflikt bereits eskaliert ist. In einem solchen Stadium ist ein Eingreifen mit höheren Kosten und geringeren Steuerungsmöglichkeiten verbunden. Der zweite Ausweg ist ein verspätetes, halbherziges Eingreifen à la Kosovo mit unsicheren Erfolgsaussichten. „Die Kosovo-Krise zeigt, dass die Verfügbarkeit des militärischen Instrumentariums zwar wichtig ist, aber eine weitsichtige und konsistente Politik mit klaren Zielen nicht ersetzen kann. Im Gegenteil: die NATO darf das Kriegsgeschehen keinesfalls so steuern, dass am Ende nur noch der Zwang zum Handeln bleibt und die Initiative verloren geht. Der Einsatz militärischer Mittel verlangt, die Chancen und Risiken bis zum Ende durchzudenken und selbst Herr jeder Eskalation zu bleiben. Der Schlüssel zum Erfolg und damit zu Frieden und Stabilität liegt im zeitgerechten entscheidenden Handeln" (Rühe 1999).
- *Das dritte Dilemma* ergibt sich aus der Ausbildung einer Europäischen Sicherheits- und Verteidigungsidentität, die langfristig zu einer stärkeren

Europäisierung der NATO und damit auch zu einer abnehmenden Bedeutung der USA in der Allianz führen könnte. Während des Ost-West-Konflikts war die Beziehung zwischen USA und Europa klar definiert: Die NATO hat als transatlantischer Sicherheitsschirm für Europas ökonomische und politische Integration gewirkt und damit die Frage der Sicherheitspolitik von der europäischen Agenda genommen. Wie eine moderne Arbeitsteilung zwischen EU und NATO aussehen könnte, ist eine offene Frage. Nach offizieller Lesart soll die Arbeitsteilung zwischen EU und NATO ausschließlich für den Bereich des Krisenmanagements gelten und die EU nicht im Bereich kollektive Verteidigung tätig werden. Wenn die Europäer aber eines Tages in der Lage wären, eigenständig in Krisen einzugreifen, würde sich sicherlich schnell die Existenzfrage für die NATO stellen. Zudem ist zu fragen, warum sich die EU nicht im Bereich kollektive Verteidigung engagieren sollte. Wenn das Maß an Solidarität innerhalb der EU selbst dafür zu gering sein sollte, ist ungewiss, ob der Bereich Krisenmanagement funktionieren kann. Darüber hinaus ist es fraglich, ob die Beachtung der von amerikanischer Seite ins Spiel gebrachten „3D's" (*no duplication, no discrimination, no decoupling*) machbar ist. Ohne Duplizierung der NATO-Strukturen kann die EU keine neuen Strukturen formen. Das Eurokorps etwa setzt eine neue Struktur logisch voraus; zudem schafft die EU derzeit Institutionen, die atlantische Strukturen kopieren (etwa das *Military Committee*). Auch wenn der erneute Irakkrieg im Jahr 2003 die Etablierung einer ESVP auf unabsehbare Zeit verzögert hat, dürfte sich für die Europäer keine andere Alternative als die Realisierung der ESVP stellen (vgl. den Beitrag von Bernhard Rinke im vorliegenden Band).
- *Viertens* schließlich wird die Erweiterung der NATO die innere Struktur verändern und den Entscheidungsprozess erschweren. Je mehr Mitglieder einem Bündnis angehören, desto mehr Interessen müssen unter einen Hut gebracht werden und desto schwieriger ist kohärentes Handeln.
- Auch die der NATO neu bzw. verstärkt zugewiesenen politischen Aufgaben werden *fünftens* die Kohärenz nicht in dem Maße gewährleisten, wie es die über vier Jahrzehnte perzipierte Bedrohung getan hat.

Trotz dieser multiplen Dilemmata ist die NATO dennoch zunächst gestärkt aus dem Ende des Ost-West-Konflikts hervorgegangen: „Der Versuch, die NATO von einem militärischen Bündnis in ein politisches Instrument umzufunktionieren, dessen erweiterter Auftrag ein breites Band von Sicherheitsfragen umfasst, kann als vorläufig gelungen bezeichnet werden" (Karádi 1994: 137). Sie ist in der Öffentlichkeit wie bei den politischen Eliten in allen Mitgliedstaaten und darüber hinaus unumstritten wie selten in ihrer mehr als 50jährigen Geschichte. Selbst der erste größere Kriegseinsatz wurde von der Mehrheit der Bevölkerung der Mitgliedstaaten unterstützt. „Kaum jemand hätte vor dem Beginn der Kosovo-Krise zu prognostizieren gewagt, dass eine

NATO mit einer sozialistischen Regierung in Frankreich, einem Rot-Grünen Regierungsbündnis in Deutschland und mit traditionell schwierigen Mitgliedern wie etwa Griechenland einen offensiven Militärschlag gegen einen souveränen Staat auf dem Balkan ohne Mandat der Vereinten Nationen und über einen Zeitraum von mehr als zehn Wochen jemals hätte durchführen können" (Kamp 2000: 713). Auch im „grauen Krieg" gegen den Terrorismus wurden und werden NATO-Streikräfte eingesetzt wie auch in internationalen Missionen der UN. Somit hat sich die NATO in den letzten zwölf Jahren von einem Bündnis der kollektiven Verteidigung gegen ein klar definierbaren Gegner zu einer „*multi-purpose international security organisation*" (Foster/Wallace 2001:111) entwickelt.

Was dies für die Zukunft der NATO bedeutet bleibt umstritten. Die Erfahrungen im Kosovo dürften auf Überlegungen in Richtung „NATO als Weltpolizist" eher bremsend gewirkt haben. Lediglich einzelne Kritiker sehen das Bündnis auf dem Weg zu einer Organisation, die die ökonomisch-politische Vorherrschaft der westlichen Industrieländer in der Welt notfalls auch mit militärischen Mitteln verteidigen wolle. Die auf dem Prager Gipfel 2002 beschlossene Aufstellung von rund 20.000 Mann NATO-Reaktionskräften (NATO Response Force (NRF)) scheint dafür zu sprechen. Für die neuen globalen Aufgaben habe sich die NATO nach dieser Sichtweise eine globale Interventionsfähigkeit verschafft. Von dieser Seite wird zudem an der Legende gestrickt, die NATO hätte „unter Führung der USA die eher zivil ausgerichteten internationalen Organisationen UNO und OSZE im Bereich der Friedenssicherung immer mehr entmachtet" (Cremer 1998: 13). Von Entmachtung kann jedoch nicht die Rede sein. Aufgrund ihrer Funktionsfähigkeit, ihrer Wandlungsbereitschaft, den Interessen ihrer Mitglieder und der Attraktivität für neue Mitglieder konnte sich die NATO als wichtigste Sicherheitsinstitution durchsetzen. Sie hat UNO und OSZE nicht an die Wand gedrückt, sondern komparative Vorteile in einem spezifischen Bereich der Sicherheitspolitik, der militärischen Krisenbeherrschung. Allerdings wird das Bündnis in dem Maße, „wie es zum Kristallisationspunkt der europäischen Sicherheit avanciert, nicht nur zum sicherheitspolitischen Magneten [...] sondern auch verstärkt für die Lösung der europäischen Sicherheitsprobleme – die in eher endogen bzw. ‚zivil' bedingten Krisen liegen und mehr kollektive Sicherheits- als Verteidigungsstrukturen erheischen – verantwortlich gemacht" (Pradetto 1998: 54).

Ob die NATO aber für alle Problemlagen eines erweiterten Sicherheitsbegriffes die geeignete Institution ist, muss gleichwohl bezweifelt werden. Eine überzogene Ausweitung der Aufgaben würde zwangsläufig zu einer Schwächung des Bündnisses führen. Die Kohäsion der NATO im Inneren und ihre Akzeptanz in der Öffentlichkeit beruhen insbesondere darauf, dass sie sich auf Aufgaben konzentriert, für die sie besonders geeignet ist und für die es auf der Grundlage gemeinsamer Interessen der europäischen und nordamerikanischen Bündnispartner einen tragfähigen Konsens gibt.

Die neue NATO – die NATO 2003 – ist also nur ein Baustein in einer tragfähigen transatlantischen Sicherheitsordnung, der durch weitere Elemente ergänzt werden muss. Der transatlantische Dialog bedarf auch jenseits der NATO weiterer, vertiefter Institutionalisierung. Die im Dezember 1995 verabschiedete „Transatlantische Agenda" weist hier zwar in die richtige Richtung, ist jedoch noch zu schwach ausgestattet, um das Band gemeinsamer Interessen zwischen Nordamerika und Europa institutionell abzusichern und eventuell aufkommende Konflikte – nicht zuletzt in Folge der Einführung der gemeinsamen europäischen Währung – bearbeiten zu können. Die länger werdende Liste transatlantischer Verstimmungen (u.a. ESVP, ABM-Vertrag, Nationale Raketenabwehr, Umgang mit „Schurkenstaaten", Internationaler Strafgerichtshof, Landminenkonvention, Klimapolitik) ist keine gute Basis, um in einem Bündnis vertrauensvoll zusammenzuarbeiten. Es ist also dringlich, die gemeinsamen Interessen zwischen USA und Europa genauer und breiter zu definieren sowie einen „neuen Atlantizismus" (Voigt 2000) zu begründen.

Die transatlantische Allianz sollte sich nicht in die Versuchung begeben, politische Defizite mit rein militärischen Mitteln auszugleichen. Ein solcher Versuch mag im Einzelfall unumgänglich erscheinen, wäre jedoch auf lange Sicht zum Scheitern verurteilt. Allerdings lehrt die NATO „Operation Allied Force" und die Arbeit der KFOR im Kosovo auch, dass militärische Gewalt durchaus zu politischen Lösungen führen kann.

Auch wenn die Bilanz des Krieges kontrovers diskutiert wird, deutet einiges darauf hin, dass der Luftkrieg der NATO, die hinter den Kulissen signalisierte Entschlossenheit zum Einsatz von Bodentruppen in Kombination mit der diplomatischen Isolierung Serbiens maßgeblich zum Einlenken der serbischen Führung beigetragen hat. Es stimmt, Krieg ist immer eine Niederlage für all jene, die Gewalt ablehnen, in manchen Konfliktformationen kann es jedoch auch heißen: „Give war a chance" (so der Titel eines Aufsatzes in der einflussreichen Zeitschrift Foreign Affairs). Der außenpolitische Sprecher der SPD-Bundestagsfraktion, Gernot Erler, hingegen hat den Krieg der NATO „einen Sieg, der kein Modell sein kann" genannt. Denn die Konfliktprävention, für die die NATO mit Ausnahme ihrer nach wie vor wichtigen Abschreckungsfunktion kein geeignetes Instrument ist, verlangt eine Stärkung von dafür geeigneten Institutionen und eine grundlegend andere Politik. Dies betrifft zuerst die rechtzeitige Entschärfung von Krisen durch systematische Früherkennung. Darin enthalten sein müsste die Fähigkeit zu kollektiver Verteidigung wie auch die Absicherung der militärischen Aspekte kollektiver Sicherheit im Rahmen eines aktiven und multidimensionalen Krisenmanagements. Es gehört zu den Lehren aus den jüngsten Krisen und Kriegen, dass die Allianz auch dafür auf längere Sicht unentbehrlich ist.

Literatur

Cremer, Uli (1998): Neue NATO – neue Kriege? Zivile Alternativen zur Bundeswehr. Hamburg: VSA-Verlag.
Forster, Anthony/Wallace, William (2001): What is NATO for? In: Survival, vol. 43, no. 4, Winter 2001, pp 107-122.
Fröhlich, Stefan (1998): Der Ausbau der europäischen Verteidigungsidentität zwischen WEU und NATO. Bonn: ZEI-Discussion Paper C 19.
Havel, Václav (1991): Ansprache des tschechoslowakischen Staatspräsidenten, Václav Havel, am Sitz der Nordatlantischen Verteidigungsorganisation (NATO) in Brüssel am 21. März 1991. In: Europa-Arciv 10/1991. S. D 243-D 248.
Kamp, Karl-Heinz (2000): Die NATO nach Kosovo: Friedensengel oder Weltpolizist? In: Reiter, Erich (Hrsg.) (2000): Jahrbuch für internationale Sicherheitspolitik 2000. Hamburg: Mittler+Sohn. S. 709-723.
Kamp, Karl-Heinz (2003): Die NATO nach dem Prager Gipfel. Eine globale und „präventive" Allianz? Sankt Augustin: Arbeitspapier Nr. 97/2003 der Konrad-Adenauer-Stiftung.
Karadi, Mathias (1994): Die Reform der Atlantischen Allianz. Bündnispolitik als Beitrag zur kooperativen Sicherheit. Münster: Lit-Verlag.
NATO-Presse- und Informationsamt (Hrsg.) (1998): NATO-Handbuch. Jubiläumsausgabe zum 50jährigen Bestehen der Nordatlantikpakt-Organsiation. Brüssel.
Pradetto, August/Fouzieh, Melanie (Hrsg.) (1998): Die Debatte über die Kosten der Osterweiterung. Baden-Baden: Nomos.
Rühe, Volker (1999): Was die Kosovo-Krise lehrt? In: Frankfurter Rundschau vom 9.4.1999.
Varwick, Johannes/Woyke, Wichard (2000): Die Zukunft der NATO. Transatlantische Sicherheit im Wandel. Opladen. Leske + Budrich.
Voigt, Karsten D. (2000): Begründung eines neuen Atlantizismus. In: Internationale Politik 3/2000. S. 3-10.

Internet-Adressen

North Atlantic Treaty Organisation: http://www.nato.int
The NATO Science Programme: http://www.nato.int/science
NATO Parliamentary Assembly: http://www.nato-pa.int/
Supreme Headquarters Alleid Powers Europe: http://www.shape.nato.int
Bundeswehr: http://www.bundeswehr.de

Bernhard Rinke

Neue Europäische Sicherheitsarchitektur II.
Die Europäische Union

1. Einleitung
2. Auf dem Weg zu einer Gemeinsamen Europäischen Sicherheits- und Verteidigungspolitik: Die Entwicklungsetappen des außen- und sicherheitspolitischen Einigungsprozesses
3. Probleme und Hindernisse bei der Verwirklichung der gemeinsamen europäischen Außen-, Sicherheits- und Verteidigungspolitik
4. Die Europäische Union als Akteur im internationalen System: Weltmacht, Zivilmacht oder Friedensmacht?
4.1 Die Europäische Union als „Weltmacht"
4.2 Die Europäische Union als „Zivilmacht"
4.3 Die Europäische Union als „Friedensmacht"
5. Ausblick

1. Einleitung

Mit der Spaltung der Europäischen Union anlässlich des Irak-Krieges hat die Diskussion über ihre Außen- und Sicherheitspolitik einen neuen Höhepunkt erreicht. Weitgehende Einigkeit besteht dabei sowohl hinsichtlich der Diagnose wie auch der Therapie: Die offenkundige weltpolitische Ohnmacht der EU soll überwunden, ihre Gemeinsame Außen-, Sicherheits- und Verteidigungspolitik gestärkt und die Union somit zur Wahrnehmung der Rolle eines relevanten Akteurs im internationalen System befähigt werden. Doch wie die Konsequenzen aussehen sollen, die im einzelnen aus dem „Versagen" in der Irak-Frage zu ziehen seien, bleibt umstritten. Kern der Debatte ist dabei letztlich die Frage, welche Rolle die EU als Akteur auf der Bühne der Weltpolitik überhaupt spielen soll. Vor diesem Hintergrund ist in Erinnerung zu rufen, dass das europäische Integrationsprojekt, seiner ursprünglichen Hauptintention nach, ein innereuropäisches Friedensprojekt war. Beim Ringen um Hegemonie, einem Grundmotiv europäischer Geschichte der Neuzeit, nachdem 1648 mit dem Westfälischen Frieden von Münster und Osnabrück ein System souveräner Staaten etabliert worden war, stellten zwischenstaatliche Kriege ein „normales" Mittel des Konflikt-Austrags dar. Erst die beiden Weltkriege von 1914 bis 1918 und von 1939 bis 1945 (der „dreißigjährige

Krieg des 20. Jahrhunderts") besiegelten den Untergang des klassischen Großmächte-Konzerts. „Europa" trat von der weltpolitischen Bühne ab und wurde im Ost-West-Konflikt zum Objekt der Politik der neuen Weltmächte USA und Sowjetunion. Angesichts der Millionen von Toten und Verwundeten beider Weltkriege sowie der ungeheuren Zerstörungen nahm desweil der Wunsch konkrete Form an, Krieg als Mittel der Politik ein für allemal zu überwinden. Die Bewerkstelligung und dauerhafte Aufrechterhaltung von „Sicherheit" der westeuropäischen Staaten vor- bzw. untereinander wurde so zum „Urziel der europäischen Einigungsbewegung" (Kaiser 1985: 173).

Binneneuropäisch betrachtet ist das mit dem inzwischen über fünf Jahrzehnte andauernden Integrationsprozess verbundene friedenspolitische Versprechen in historisch einmaliger Form eingelöst worden. Das vereinte Europa hat sich zu einer Friedensgemeinschaft entwickelt, in der Interessenkonflikte nunmehr „ohne das klassische Instrumentarium herkömmlicher Machtpolitik – die Androhung und bzw. oder Anwendung militärischer Gewalt – einer Regelung bzw. Lösung zugeführt" werden (Senghaas 2000: 404). Auch bei der bevorstehenden Osterweiterung handelt es sich damit um nichts geringeres als ein Friedensprojekt ersten Ranges: Die Formel „Frieden durch Integration" wird gleichsam in das größere Europa hinein ausgedehnt.

An der Schwelle zum 21. Jahrhundert geht es aber nicht mehr nur um Sicherheit in der EU, sondern vor allem um Sicherheit für, mit und durch die EU (Arnold 2002: 360ff.). Zum einen ist die Union in Gestalt des „Balkan", des Kaukasus und Transkaukasiens, des Nahen und Mittleren Ostens sowie der nordafrikanischen Mittelmeeranrainer von einem Krisenbogen weltpolitischer Unruhezonen umgeben (vgl. Fröhlich 2001: 271ff.). Charakteristisch für die Mehrheit der Staaten in dieser Region sind erhebliche politische, gesellschaftliche, ökonomische und soziale Spannungen; häufig überlagert und durchdrungen von ethnischen, nationalen oder religiösen (Minderheiten-)Konflikten. Gewaltsam ausgetragen, stellen sie nicht nur eine menschliche Tragödie dar. Die Rückkehr des Krieges als Mittel der Politik hat deutlich werden lassen, dass solche Konflikte den Frieden und die Sicherheit der Europäischen Union und ihrer Mitgliedstaaten unmittelbar berühren.

Sicherheitspolitisch relevant ist ferner der sich wechselseitig bedingende und verstärkende Prozess anhaltender Unterentwicklung, Ressourcenknappheit, zunehmender Umweltzerstörung, fortgesetztem Bevölkerungswachstums und steigendem Migrationsdrucks in den Peripheriegebieten dieser Welt. Denn Armut und Ausbeutung, Hunger und Not, Elend und Rechtlosigkeit breiter Bevölkerungsschichten stellen den Nährboden dar, auf dem Fundamentalismus, Extremismus und Terrorismus gut gedeihen können. Javier Solana, Hoher Vertreter für die Gemeinsame Außen- und Sicherheitspolitik, nennt in seinem dem Europäischen Rat von Thessaloniki im Juni 2003 unter dem Titel „Ein sicheres Europa in einer besseren Welt" vorgelegten Entwurf einer Sicherheitsstrategie drei Bedrohungen, denen die EU aktuell gegenüber stehe: Den „Terrorismus", die „Verbreitung von Massenvernichtungswaffen" sowie „,Gescheiterte Staaten' (tailed states) und organisierte Kriminalität", wobei „die erste Verteidigungslinie oftmals im Ausland liegen" werde. Vor allem aber, so Solana, müsse die EU in die Lage versetzt werden, bereits „vor dem Ausbrechen einer Krise zu handeln". Angestoßen durch die Irak-Krieg handelt es sich bei Solanas Entwurf um den ersten offiziellen Versuch der Formulierung einer eigenständigen „Europäischen Sicherheitsstrategie". Aufgabe einer modernen und nachhaltigen Sicherheitspolitik muss es jedenfalls sein, die strukturellen Ursachen von (Bürger-)Kriegen, Extremismus und Terrorismus zu bearbeiten und auf diesem Wege einen Beitrag zur Konfliktlösung bzw. Krisenprävention zu leisten.

Herausgefordert wird die Europäische Union insofern schließlich durch die Politik und die neue nationale Sicherheitsdoktrin der USA. Die Vereinigten Staaten halten aus Sorge vor der Proliferation nuklearer, chemischer oder biologischer Kampfstoffe in Kombination mit modernen ballistischen Trägersystemen, Präventiv- bzw. Abrüstungskriege für ein ebenso gerechtfertigtes wie geeignetes Mittel, einer so perzipierten Bedrohung ihrer nationalen Sicherheit durch Anschläge mit Massenvernichtungswaffen erfolgreich begegnen zu können (vgl. zu den genannten Problembereichen die einschlägigen Beiträge im vorliegenden Band).

Zu Beginn des 21. Jahrhunderts steht die Europäische Union also vor der Aufgabe, im Sinne einer modernen Sicherheitspolitik weltpolitisches Ordnungspotential zu entfalten, um Sicherheit und Stabilität über die eigenen Grenzen hinaus zu projizieren. Kurz: Das Bemühen um eine Gemeinsame Europäische Sicherheits- und Verteidigungspolitik gilt als das Integrationsprojekt dieser Dekade.

2. Auf dem Weg zu einer Gemeinsamen Europäischen Sicherheits- und Verteidigungspolitik: Die Entwicklungsetappen des außen- und sicherheitspolitischen Einigungsprozesses

Bei der Forderung, dass „Europa" nunmehr mit einer Stimme sprechen müsse und sich nicht mit einer Nebenrolle begnügen oder gar im selbstisolationistisch-introvertierten Abseits verharren dürfe, handelt es sich um ein altbekanntes Motiv europapolitischer Rhetorik (vgl. die einschlägigen Passagen in den Grundtexten zu Organisation, Aufgaben und Funktion von EPZ und GASP; in: Auswärtiges Amt 1998). Denn schon immer erschallte der Ruf nach einer gemeinsamen Außenpolitik gerade dann ganz besonders laut, wenn sich die EG/EU tiefgreifenden Veränderungen ihres internationalen Umfeldes und/oder akuten Krisen gegenüber sah. Und schon immer entzündete sich an dieser Forderung der den politischen Integrationsprozess insofern bis heute bestimmende Konflikt zwischen den Befürwortern eines „Europa der Nationalstaaten" einerseits und den Anhängern eines supranationalföderalen Europa andererseits: Erstgenannte setzen dabei auf das Modell intergouvernementaler, zwischenstaatlicher Kooperation auf Regierungsebene ohne Souveränitätseinbußen der Mitgliedstaaten. Letztgenannte vertreten hingegen die Überzeugung, dass die weltpolitischen Herausforderungen nur dann erfolgreich zu bewältigen seien, wenn die nationalen Kompetenzen im Bereich der Außen- und Sicherheitspolitik vergemeinschaftet, also auf die europäische Ebene verlagert werden würden. Insofern offenbarte bereits das Scheitern der Europäischen Verteidigungsgemeinschaft im Jahre 1954 und der Fouchet-Pläne zur Errichtung einer Europäischen Politischen Union in den Jahren 1961/62 das die „Konstruktion einer europäischen Außenpolitik" (Wagner 2002) bis heute bestimmende Moment: Die Spannung zwischen der immer wieder deklaratorisch bekundeten Notwendigkeit gemeinsamen Handelns in außenpolitischen Fragen einerseits und dem in nationalen Interessen begründeten Festhalten der Mitgliedstaaten des Integrationsverbundes an ihren Souveränitätsrechten in diesem so sensiblen Politikfeld andererseits.

Zu Beginn der siebziger Jahre war es dann vor dem Hintergrund zunehmender globaler Interdependenzen und einer bis zu diesem Zeitpunkt erfolgreichen wirtschaftlichen Integration vor allem die Einsicht, dass keiner der EG-Mitgliedstaaten mehr auf sich allein gestellt eine herausragende Rolle im internationalen System spielen konnte, die den Anstoß zur Europäischen Politischen Zusammenarbeit (EPZ) lieferte (vgl. umfassend zur EPZ: Regelsberger et al. 1997). Die Europäische Politische Zusammenarbeit folgte jedoch streng dem intergouvernementalen Kooperationsmodell und stand damit außerhalb der Römischen Verträge, also des supranationalen Vertragsrahmens der Europäischen Gemeinschaft. Als Instrument der außenpolitischen Abstimmung und Koordination schrittweise ausgebaut und institutionell bis hin zur völkerrechtlich bindenden Kodifizierung im Rahmen der am 1. Juli 1987 in Kraft getretenen Einheitlich Europäischen Akte (EEA) stetig vertieft, weist ihre Bilanz gleichwohl durchaus Erfolge auf: Hervorzuheben ist insbesondere die Rolle der EG im Rahmen der *Konferenz über Sicherheit und Zusammenarbeit in Europa* (KSZE) und in den *Vereinten Nationen* (UNO). Charakteristisch blieben jedoch Kompromisse auf dem kleinsten gemeinsamen Nenner und nationale Alleingänge, wie etwa angesichts des Einmarschs sowjetischer Truppen in Afghanistan im Dezember 1979. Auch blieb die Gemeinschaft weit davon entfernt, ihre äußere Sicherheit aus eigener Kraft bewerkstelligen zu können. Zwar begann man zu Beginn der achtziger Jahre, wenngleich noch sehr zögerlich, sicherheitspolitische Fragestellungen zu erörtern. Doch war es weiterhin „Sache" der NATO, und damit de facto der USA, Westeuropa zu verteidigen bzw. seine Sicherheit militärisch zu garantieren. Indem die USA ihren Nuklear-Schirm über den NATO-Verbündeten in Europa aufspannten, waren sie es letztlich, die den westeuropäischen Integrationsverbund zu Zeiten des Ost-West-Konflikts dauerhaft nach außen, gegen die Bedrohung durch die Sowjetunion, absicherten.

Neue Europäische Sicherheitsarchitektur II 249

Abbildung 1: Die Entwicklungsetappen des außen- und sicherheitspolitischen Einigungsprozesses bis zum Ende des Ost-West-Konfliktes

Jahr	Entwicklungsetappe	Inhalt/Ziel
1950	Pleven-Plan	Der französische Ministerpräsidenten René Pleven schlägt die Schaffung einer vereinigten europäischen Armee mit integrierten Divisionen und Regimentern vor
1952/1954	Europäische Verteidigungsgemeinschaft (EVG)	1952 wird von den Gründungsmitgliedern der EGKS der Vertrag zur Gründung der EVG unterzeichnet, dessen Ratifikation jedoch 1954 in der französischen Nationalversammlung scheitert
1961/1962	Fouchet-Pläne	Vorlage zweier Pläne zur Gründung einer Europäischen Politischen Union (EPU) durch den Diplomaten Christian Fouchet gemäß den Vorstellungen des französischen Staatspräsidenten Charles de Gaulle, die u.a. eine Zusammenarbeit in der Außen- und Verteidigungspolitik vorsehen, aufgrund ihres intergouvernementalen Charakters aber von den übrigen Mitgliedstaaten der EWG abgelehnt werden
1969	Gipfel von Den Haag	Beschluss der Staats- und Regierungschefs der EG-Mitgliedstaaten zur Beschleunigung des Integrations-prozesses, mit dem neben der Verwirklichung der Wirtschafts- und Währungsunion bis 1980 auch Fortschritte auf dem Gebiet der politischen Einigung angestrebt werden
1970	Luxemburger Bericht	Vorlage eines von den Außenministern im Auftrag der EG-Staats- und Regierungschefs erstellten Berichts über die Europäische Politische Zusammenarbeit (EPZ); vereinbart werden regelmäßige Treffen der Außenminister zur gegenseitigen Unterrichtung über internationale Probleme mit dem Ziel der Harmonisierung der Standpunkte und evtl. eines gemeinsamen Vorgehens; zur Vorbereitung der Ministertreffen wird das „Politische Komitee" geschaffen
1973	Kopenhagener Bericht	Zweiter EPZ-Bericht: Bestandsaufnahme der bisherigen Praxis; institutionelle Verfestigung der EPZ durch vermehrte Treffen der Außenminister, die Bildung von Arbeitsgruppen zur Vertiefung der Konsultationen in Einzelfragen und die Formulierung eines konkreten Arbeitsauftrages für die sog. „Korrespondentengruppe"
1981	Londoner Bericht	Dritter EPZ-Bericht: Einrichtung der „Troika", damals bestehend aus dem amtierenden Rats-Präsidenten, seinem Vorgänger und Nachfolger (zur Wahrung außenpolit. Kontinuität) und Ausbau der Beziehungen zwischen der EG und der EPZ (Stärkung der Rolle der Kommission)
1983	Feierliche Deklaration zur Europäischen Union	Koordinierung der Positionen der Mitgliedstaaten zu den politischen und wirtschaftlichen Aspekten der Sicherheit
1986	Einheitliche Europäische Akte (EEA)	Völkerrechtlich verbindliche Kodifizierung der EPZ und Einrichtung eines ständigen EPZ-Sekretariats in Brüssel

Quelle: Eigene Darstellung

Stellte die Europäische Politische Zusammenarbeit also den Versuch dar, durch Konsultation und Abstimmung gemeinsamer Positionen einer zunehmenden Abhängigkeit von weltpolitischen Entwicklungen zu begegnen, handelt es sich bei der Gemeinsamen Außen- und Sicherheitspolitik (GASP), welche als „zweite Säule" des Maastrichter Vertrags über die Europäische Union vom 7. Februar 1992 an die Stelle der EPZ trat, eindeutig um eine Reaktion auf den durch das Ende des Ost-West-Konfliktes evozierten Umbruch des internationalen Systems (vgl. Forster und Wallace 2000: 467ff.): Infolge des Zusammenbruchs der kommunistischen Gesellschaftsordnungen in den „Ostblock-Staaten", der Auflösung der *Warschauer Vertragsorganisation* (WVO) sowie des *Rats für gegenseitige Wirtschaftshilfe* (RGW) sah sich die Gemeinschaft plötzlich mit der Rolle eines gesamteuropäischen Stabilitätsankers konfrontiert. Erklärte Absicht war ferner, das wiedervereinigte Deutschland, das mit dem „Vertrag über die abschließende Regelung in bezug auf Deutschland" vom 12.09.1990 (dem sog. *2+4-Vertrag*), volle Souveränität über seine inneren und äußeren Angelegenheiten erlangt hatte, weiterhin fest in den westeuropäischen Integrationsstrukturen zu verankern. Es galt, einer Renationalisierung der deutschen Außenpolitik vorzubeugen bzw. ein mögliches Ausscheren Deutschlands aus dem Integrationskontext zu verhindern. Notwendig erschien eine Reform der EPZ aber auch, weil sich der mit ihr verfolgte Ansatz sowohl im Golfkrieg von 1991, wie auch angesichts der Eskalation des Balkankonflikts in den Jahren 1991/92 als weitgehend wirkungslos erwies. Und schließlich hatte sich der Integrationsprozess, nach einer Phase der Stagnation in den frühen achtziger Jahren, mit dem in der Einheitlich Europäischen Akte enthaltenen Beschluss zur Vollendung des Binnenmarktes bis 1992 wieder beschleunigt. Parallel zu dieser neuen Integrationsdynamik sollte der „Wirtschaftsriese EG" endlich auch auf dem Gebiet der Außen- und Sicherheitspolitik handlungsfähig(er) werden.

Während der Regierungskonferenz über die Politische Union in den Jahren 1990 und 1991, die zum Maastrichter Vertrag führte, trat der integrationspolitische Grundsatzkonflikt zwischen den Befürwortern des supranationalen Ansatzes und den Anhängern der intergouvernementalen Kooperation jedoch erneut offen zu Tage (Forster und Wallace 2000: 471-473). Gegen die besonders von der Bundesrepublik und den Benelux-Staaten verfolgte Absicht, die EPZ zu einer supranational verfassten, gemeinsamen Außen- und Sicherheitspolitik mit einer klaren verteidigungspolitischen Perspektive weiterzuentwickeln, wehrte sich vor allem Großbritannien, dass deren intergouvernementalen Charakter unbedingt bewahren wollte und eine eigenständige europäische Sicherheits- und Verteidigungspolitik, welche durch eine Verschmelzung der EG mit der Westeuropäischen Union (WEU) Gestalt annehmen sollte, vehement ablehnte. 1955 aus dem Brüsseler Pakt hervorgegangen, hatte die WEU während des Ost-West-Konfliktes weitgehend ein Schattendasein neben der NATO geführt, wobei ihre Hauptfunktion im Bereich der Rüstungskontrolle lag. Hauptsorge Londons war es deshalb, dass der NATO mit der Stärkung der Rolle der WEU ein Konkurrent erwachsen würde. Aus britischer Sicht kam dem Nordatlantik-Pakt jedoch auch nach dem Ende des Ost-West-Konflikts die entscheidende Rolle bei der Gestaltung der europäischen Sicherheitspolitik zu.

Angesichts dieser letztlich unvereinbaren Standpunkte stellen die Bestimmungen zur Gemeinsamen Außen- und Sicherheitspolitik des Maastrichter Vertrages lediglich eine Kompromissformel dar: Die GASP ist, wie bereits die EPZ, nur intergouvernemental verfasst; in allen entscheidenden Fragen gilt weiterhin das Einstimmigkeitsprinzip. Entgegen ihres diesbezüglich irritierenden Titels handelt es sich damit auch nicht um eine klassische Gemeinschaftspolitik, vergleichbar etwa der „Gemeinsamen Agrarpolitik". Der Verbesserung der Handlungsfähigkeit in Bereichen von gemeinsamem Interesse sollte zum einen die Formulierung „Gemeinsamer Standpunkte" (Art. 15 EUV) dienen, in denen „das Konzept der Union für eine bestimmte Frage geographischer oder thematischer Art bestimmt wird". Dabei haben die Mitgliedstaaten dafür Sorge zu tragen, „dass ihre einzelstaatliche Politik mit den gemeinsamen Standpunkten in Einklang steht". Als neues Handlungsinstrument wurde zum anderen das Verfahren der „Gemeinsamen Aktion" (Art. 14 EUV) eingeführt. Gemeinsame Aktionen werden vom Rat angenommen und „betreffen spezifische Situationen, in denen eine operative Aktion der Union für notwendig erachtet wird". Bisher durchgeführte gemeinsame Aktionen betreffen etwa die Entsendung von Wahlbeobachtern nach Russland und Südafrika oder die Unterstützung der humanitären Hilfe in Bosnien-Herzegowina. Nach äußerst kontroversen Verhandlungen über das Projekt einer gemeinsamen Sicherheits- und Verteidigungspolitik verständigte man sich ferner schließlich darauf, die Westeuropäische Union als integralen Bestandteil der Entwicklung der Europäischen Union zu betrachten. Erst auf längere Sicht sollte auch eine gemeinsame Verteidigungspolitik festgelegt werden, die, „zu gegebener Zeit zu einer gemeinsamen Verteidigung führen könnte" (Art. J.4, Abs. 1 Maastrichter Vertrag). Und schon für das Jahr 1996 wurde eine neue Regierungskonferenz vorgesehen, bei der im Rahmen einer Revision der Vertragsinhalte überprüft werden sollte, „ob weitere Änderungen der Bestimmungen über die Gemeinsame Außen- und Sicherheitspolitik erforderlich sind" (Art. J.10 Maastrichter Vertrag).

Tatsächlich konnten die entscheidenden Defizite der europäischen Außenpolitik auch mit den neuen Bestimmungen und Verfahren der GASP nicht überwunden bzw. beseitigt werden (vgl. Jopp 1995: 133). Typisch für die politische Praxis blieb der Mangel an politischem Willen zu entschlossenem Handeln, die Heterogenität der Interessen der Mitgliedstaaten, der schwerfällige Mechanismus der Entscheidungsfindung und ein Defizit in der Vertretung der Union nach außen. Vor allem aber stand die EU, wie schon die EG zu Zeiten der EPZ, akuten internationalen Krisen noch immer weitgehend hilf-, weil einflusslos gegenüber. Deutlich wurde dies vor allem bei dem weithin als Versagen gewerteten und vielgescholtenen Versuch eines wirksamen eigenständigen Krisenmanagements angesichts des blutigen Auseinanderbrechens der „*Sozialistischen Föderativen Republik Jugoslawien*". Kurz: In den maßgeblichen Fragen internationaler Sicherheit spielte der europäische Integrationsverbund nach wie vor keine ernstzunehmende Rolle.

Im Rahmen der Regierungskonferenz des Jahres 1996, die zum Vertrag von Amsterdam führte, kam der Reform der Gemeinsamen Außen- und Sicherheitspolitik daher eine Hauptrolle zu (vgl. Forster und Wallace 2000: 482ff.). Zur Debatte standen dabei im wesentlichen vier Themen: Die Einführung qualifizierter Mehrheitsbeschlüsse, die Vertretung der Union nach außen, die Einrichtung eines Gremiums für Analyse, Vorausschau, Frühwarnung und Planung im Bereich der GASP sowie der weitere Ausbau der Sicherheits- und Verteidigungspolitik. Insbesondere Großbritannien wandte sich abermals energisch gegen eine Aufweichung des Einstimmigkeitsprinzips; eine Vergemeinschaftung der GASP wurde weiterhin strikt abgelehnt. Und wie schon bei den Verhandlungen über den Maastrichter Vertrag erteilten auch diesmal vor allem die Briten einer Verschmelzung von WEU und EU eine klare Absage. London beharrte auf seiner Position, dass nur durch die Beibehaltung voller Autonomie der WEU auf absehbare Zeit zu verhindern sei, dass der NATO in Europa ein Konkurrent erwüchse. In seiner ablehnenden Haltung gegenüber einer eigenständigen sicherheitspolitischen Identität der Union wurde Großbritannien von Dänemark und den neutralen Mitgliedstaaten unterstützt.

In seinem Kern bestätigt der Vertrag von Amsterdam insofern die in Maastricht getroffenen Entscheidungen: Alle Beschlüsse im Rahmen der GASP unterliegen weiterhin prinzipiell der Einstimmigkeit (Art. 23 EUV). Jedoch wurde das Beschlussfassungs-Verfahren insoweit gegenüber den Bestimmungen des Maastrichter Vertrages modifiziert, als nunmehr die Möglichkeit der „konstruktiven Enthaltung" vorgesehen ist. Demnach können sich einzelne Mitgliedstaaten beim Zustandekommen von Beschlüssen der Stimme enthalten. Sie sind dann nicht verpflichtet, den getroffenen Beschluss durchzuführen, akzeptieren jedoch seine bindende Wirkung für die anderen Mitgliedstaaten. Zur weiteren Verbesserung der Handlungsfähigkeit wurde mit Art. 13 als neues Instrument die „Gemeinsame Strategie" eingeführt. Gemeinsame Strategien werden vom Europäischen Rat auf Empfehlung des Ministerrates in Bereichen beschlossen, in denen wichtige Interessen der Mitgliedstaaten bestehen, wobei in jeder Strategie die Ziele, die Dauer und die Mittel, welche die Union und ihre Mitgliedstaaten bereitstellen müssen, anzugeben sind. Auf der Grundlage einer gemeinsamen Strategie kann der Rat nunmehr mit qualifizierter Mehrheit die Annahme gemeinsamer Aktionen oder Standpunkte beschließen. Gemeinsame Strategien gibt es bisher für Russland, die Ukraine und für den Mittelmeerraum. Einen Vorschlag Finnlands und Schwedens aufgreifend, verständigte man sich im Bereich der Sicherheits- und Verteidigungspolitik darauf, die sog. „Petersberg-Aufgaben" der Westeuropäischen Union in den konsolidierten EU-Vertrag aufzunehmen (humanitäre Aufgaben und Rettungseinsätze, friedenserhaltende Aufgaben sowie Kampfeinsätze bei der Friedensbewältigung, einschließlich Maßnahmen zur Herbeiführung des Friedens).[1] Das Ziel einer gemeinsamen Verteidigung blieb jedoch weiterhin ausgeklammert. Zur Verbesserung der Außenvertretung wurde dem Generalsekretär des Rates die „Aufgabe eines Hohen Vertreters für die Gemeinsame Außen- und Sicherheitspolitik" überantwortet (Art. 18 EUV). Im selben Atemzug schuf man eine „Strategieplanungs- und Frühwarneinheit", zu deren Aufgabe unter der Verantwortung des Hohen Beauftragten für die GASP insbesondere „die Überwachung und Analyse der Entwicklungen in den unter die GASP fallenden Bereichen", die „frühzeitige Warnung" vor potentiellen politischen Krisen sowie die Ausarbeitung und Vorlage von politischen Optionen für diesen Fall gehört. Allerdings wurde diese Analyseeinheit institutionell dem Rat und nicht etwa der Kommission zugeordnet. Für die GASP bleibt somit das Meinungsbild der Mitgliedstaaten von ausschlaggebender Bedeutung. Wenn die Außenpolitik der Europäischen Union in den vergangen Jahren dennoch größere Aufmerksamkeit erzielen konnte, ist dies nicht zuletzt das persönliche Verdienst des ersten Hohen Beauftragten für die GASP, des Spaniers Javier Solana.

Der Verlauf des Kosovo-Konfliktes und der Krieg gegen die Bundesrepublik Jugoslawien im Jahr 1999 zeigten der Europäischen Union, allen Reformen der GASP zum Trotz, erneut die Grenzen ihrer Handlungsfähigkeit auf. Vor allem wurde sichtbar, wie weit die EU in militärischer Hinsicht den USA unterlegen sind. „Erfolgreich" konnte der Kosovo-Krieg jedenfalls nur geführt werden, da nahezu 80% der Kampfeinsätze von US-Piloten absolviert wurden, die wiederum rund 90% aller zum Einsatz gekommenen Bomben und Raketen abwarfen. Die abermalige Erfahrung militärischer Handlungsunfähigkeit sollte sich diesmal allerdings als Katalysator der Bemühungen erweisen, die EU zu einem sicherheitspolitischen Akteur auszubauen, der selbständig zur Krisenprävention und zur Krisenbewältigung im unmittelbaren regionalen Umfeld fähig ist. Zum Grundstein der neuen Einigungsdynamik avancierte die anlässlich ihres Gipfeltreffens in St. Malo vom französischen Staatspräsidenten Chaques Chirac und dem britischen Premierminister Tony Blair am 4. Dezember 1998 verabschiedete „Erklärung über die europäische Verteidigung". Chirac und Blair kamen zu dem Schluss, dass die Europäische Union in der Lage sein müsse, „ihre Rolle auf der internationalen Bühne voll und ganz zu spielen. (...). Dies schließt die Verantwortlichkeit des Europäischen Rates ein, den schrittweisen Ausbau einer gemeinsamen Verteidigungspolitik im Rahmen der GASP zu beschließen".

Möglich wurde diese bilaterale Erklärung freilich erst durch eine Wende in der britischen Europapolitik. Bekanntlich hatte London ja noch während der Verhandlungen über die Reform der GASP im Rahmen des Amsterdamer

---

1 Auf diesen Aufgabenkatalog für die Westeuropäische Union hatte sich der WEU-Ministerrat bei seinem Treffen am 19.9.1992 auf dem Petersberg bei Bonn geeinigt.

Vertrages energischen Widerstand gegen eine aus ihrer Sicht zu starke verteidigungspolitische Perspektive der EU geleistet. Entscheidend für diesen Richtungswechsel war daher auch keineswegs plötzliche „EU-phorie" Londons. Ausschlaggebend war vielmehr die Überzeugung Blairs, dass den britischen Interessen besser gedient sei, wenn Großbritannien eine europäische Sicherheits- und Verteidigungspolitik unterstütze. Blair ging es darum, „das Gewicht des Vereinigten Königreichs in der EU" zu „erhöhen" (hier und im folgenden zitiert nach Dembinski 2000: 11f.). Folglich wollte der britische Premierminister „europapolitische Führung auf einem Feld demonstrieren, auf dem Großbritannien Kompetenzen und er innenpolitischen Handlungsspielraum" besaßen. Zu diesem Motiv gesellte sich die Erwartung, dass „Londons Stimme in Washington" in Zukunft nur als „Vertreter Europas" Gehör finden würde. Vor allem aber ging es Blair wohl darum, die „USA längerfristig an Europa zu binden". Europa sollte endlich „deutlich machen, dass es jenseits der zunehmend residualen Aufgabe der kollektiven Verteidigung bei der Bewältigung der neuen sicherheitspolitischen Herausforderungen an der Seite der USA eine aktive Rolle übernehmen kann". Während die europäische Sicherheits- und Verteidigungspolitik aus der Sicht Londons primär also der Stabilisierung des transatlantischen Verhältnisses dienen soll, verfolgt Frankreich diametral entgegensetzte Ambitionen. Angestrebt wird, ganz in gaullistischer Tradition, die sicherheitspolitische Emanzipation Europas von den USA bzw. die Einhegung und Ausbalancierung der amerikanischen „hyperpuissance" (so der ehemalige franz. Verteidigungsminister Hubert Védrine) durch eine EU unter französischer Führung in einer multipolaren Weltordnung (vgl. Boyer 2002). Mit den unterschiedlichen Auffassungen Frankreichs und Großbritanniens hinsichtlich der transatlantischen Dimension der europäischen Sicherheits- und Verteidigungspolitik ist zugleich eine wesentliche Ursache der innereuropäischen Zerrissenheit in der Irak-Krise benannt. Und entsprechend stößt auch die Initiative Deutschlands, Frankreichs, Luxemburgs und Belgiens (allesamt Gegner des Irak-Krieges) zur Realisierung einer „Europäischen Sicherheits- und Verteidigungsunion" (ESVU), wie sie am 29. April 2003 anlässlich eines Gipfeltreffens in Brüssel vorgeschlagen wurde, auf britische Ablehnung.[2] Während die Vier betonen,

---

2 In einer gemeinsamen Erklärung sprachen sie sich dafür aus, dass eine zukünftige europäische Verfassung die Möglichkeit einer verstärkten Zusammenarbeit im Verteidigungsbereich vorsehen solle. Für die an der Verwirklichung eines solchen verteidigungspolitischen Kerneuropa interessierten Staaten würde dies insbesondere die rechtliche Verankerung wechselseitiger militärischer Beistandsverpflichtungen sowie das Bemühen um den Ausbau ihrer militärischen Fähigkeiten und die Angleichung ihrer Standpunkte in Fragen der Sicherheit und Verteidigung implizieren. Verwirklicht werden soll die ESVU demnach vor allem durch die „Schaffung einer europäischen schnellen Reaktionsfähigkeit" mit der bereits existenten deutsch-französischen Brigade als Kern, die „Errichtung eines europäischen strategischen Lufttransportkommandos", die „Schaffung einer europäischen gemeinsamen ABC-Abwehrfähigkeit" sowie schließlich „die Schaffung eines Nukleus ei-

dass ihr Anliegen der Ausbau des europäischen Pfeilers der NATO sei, kritisiert die britische Regierung, dass von diesem Gipfel eine „Botschaft der Spaltung" ausgehe, da sich hinter der geplanten Verteidigungsunion nur der abermalige Versuch Frankreichs verberge, Europa von der NATO abzukoppeln bzw. die EU zu einem Gegengewicht Amerikas in einer multipolaren Weltordnung zu machen. Anlässlich eines Dreiergipfels von Schröder, Chirac und Blair am 20. September 2003 äußerte der britische Premierminister gleichwohl Interesse an der deutsch-französisch-belgisch-luxemburgischen Verteidigungsinitiative. Anliegen Blairs dürfte es dabei wiederum vor allem gewesen sein, europapolitische Handlungsfähigkeit unter Beweis zu stellen und die weitere Entwicklung der ESVP mit dem Ziel von Kompatibilität zur NATO zu beeinflussen.

Erst also die Initiative von St. Malo gestattete der EU, den Weg zur Verwirklichung einer gemeinsamen europäischen Sicherheits- und Verteidigungspolitik (ESVP) einzuschlagen. Konkrete Form nahm die ESVP, welche die GASP nicht ersetzt, sondern gleichsam als militärischer Arm der EU neben diese tritt, mit dem Gipfel von Köln am 3. und 4. Juni 1999 an. Der Europäische Rat erklärte, dass man „entschlossen dafür eintreten" wolle, „dass die Europäische Union ihre Rolle auf der internationalen Bühne uneingeschränkt wahrnimmt. Hierzu beabsichtigen wir, der Europäischen Union die notwendigen Mittel und Fähigkeiten an die Hand zu geben, damit sie ihrer Verantwortung im Zusammenhang mit einer gemeinsamen europäischen Sicherheits- und Verteidigungspolitik gerecht werden kann."

Beim nachfolgenden Gipfel von Helsinki im Dezember 1999 verpflichteten sich die Mitgliedstaaten auf dieser Grundlage, die Union bis zum Jahr 2003 in die Lage zu versetzen, innerhalb von 60 Tagen eine eigenständig handlungsfähige Eingreiftruppe von bis zu 60 000 Soldaten in ein Krisengebiet entsenden zu können, wobei ein Verband dieser Stärke mindestens ein Jahr lang vor Ort einsetzbar sein müsse (*European headline goal*). Bei einer „normalen" Auslandsstehzeit von sechs Monaten, setzt dieses Ziel bei einem längeren Einsatz eine Gesamtstärke der Truppe (inkl. Ersatz- und Reserveverbände) von etwa 180.000 Soldaten voraus. Ausdrücklich betont wurde, dass die geplante Eingreiftruppe nicht den Kern einer integrierten europäischen Armee bilde. Europäischen NATO-Mitgliedern, die nicht der EU angehören, räumte man daher das Recht ein, sich an den europäischen Einsätzen und den dafür notwendigen Entscheidungen zu beteiligen. Um Einsätze im Sinne der Petersberg-Aufgaben auch tatsächlich planen, durchführen und koordinieren zu können, wurde der EU-Ministerrat auf dem Europäischen Rat in Nizza Anfang Dezember 2000 mit einer eigenen militärischen Kompetenz und der dazu nötigen institutionellen Basis in Form eines ständigen sicherheitspolitischen Ausschusses, eines Militärausschusses sowie eines

---

ner kollektiven Fähigkeit zur Planung und Führung von Einsätzen für die Europäische Union (...) ohne Rückgriff auf Mittel und Fähigkeiten der NATO".

eigenen Militärstabs versehen.³ Dem Ziel verbesserter Handlungsfähigkeit dient ferner die in Nizza erfolgte Ausdehnung des Verfahrens der verstärkten Zusammenarbeit auf die Gemeinsame Außen- und Sicherheitspolitik. Möglich ist nunmehr, die „Entwicklung einer engeren Zusammenarbeit zwischen zwei oder mehr Mitgliedstaaten auf zweiseitiger Ebene sowie im Rahmen der Westeuropäischen Union (WEU) und der NATO", soweit sie den Bestimmungen über die GASP nicht zuwiderläuft und diese nicht behindert (Art. 17 EUV).⁴ Abgesehen davon wurden alle Bezüge auf die Rolle der WEU als integralem Bestandteil der WEU aus dem Vertrag gestrichen. De facto sind die Kern-Funktionen der Westeuropäischen Union damit auf die Europäische Union übergegangen. Dieser Entwicklung entspricht auch, dass das Amt des Generalsekretärs der WEU, des Generalsekretärs des Rates der Europäischen Union und des Hohen Beauftragten für die GASP inzwischen in Personalunion ausgeübt werden.

Liegt der Schwerpunkt dieser Beschlüsse damit augenscheinlich im militärischen Bereich, so geht es der EU jedoch keineswegs „nur" um die Herstellung eigener militärischer Handlungsfähigkeiten. Auf dem Gipfel von Helsinki verständigte man sich zugleich auf einen „Mechanismus zur nichtmilitärischen Krisenbewältigung, um parallel zu den militärischen auch die nichtmilitärischen Mittel und Ressourcen, die der Union und den Mitgliedstaaten zur Verfügung stehen, zu koordinieren und ihre Wirksamkeit zu erhöhen", wie es in den Schlussfolgerungen des Vorsitzes formuliert wurde. Ferner erklärte der Europäische Rat von Göteborg (15./16.06. 2001) die Konfliktverhütung zu einem der Hauptziele der Außenbeziehungen der Union und billigte in diesem Kontext ein *Programm zur Verhütung gewaltsamer Konflikte*.⁵ Dessen Kernanliegen ist es, eine verstärkte Ausrichtung des auswärtigen Handelns der EU und ihrer Mitgliedstaaten an dem Ziel eines gewaltfreien Konfliktaustrags in und zwischen Staaten zu fördern. Dabei beziehen sich die Prioritäten des zivilen Krisenmanagments „auf 1) die Polizei, 2) die Stärkung des Rechtsstaates, 3) die Stärkung der Zivilverwaltung und 4) den Katastrophenschutz" (Algieri 2001: 173). Mit anderen Worten: Die Eu-

---

3   Bereits seit dem 1. März 2000 hatten diese Gremien als Interimsgremien gearbeitet. Ihre Umwandlung in dauerhafte Einrichtungen auf Grundlage von Art. 25 des EU-Vertrags (Vertrag von Nizza) wurde schließlich vom Allgemeinen Rat auf seiner Sitzung am 22./23.01.2001 beschlossen.
4   Nach Artikel 27 b des EU-Vertrags in der Fassung von Nizza betrifft die „verstärkte Zusammenarbeit (...) die Durchführung einer gemeinsamen Aktion oder die Umsetzung eines gemeinsamen Standpunkts. Sie kann nicht Fragen mit militärischen oder verteidigungspolitischen Bezügen betreffen."
5   Bereits im Juni 1997 hatte der Europäische Rat eine Gemeinsame Position zu „Conflict Prevention and Resolution in Africa" verabschiedet. Dieser Ansatz wurde im November 1998 vom Europäischen Rat mit der Entschließung „The Role of Development Cooperation in Strenghtening Peace-Building, Conflict Prevention and Resolution" auf alle Entwicklungsländer ausgedehnt. Im April 2001 schließlich legte die Europäische Kommission ein „Europäisches Programm für Konfliktprävention" vor.

Neue Europäische Sicherheitsarchitektur II 257

ropäische Union verfolgt einen umfassenden Ansatz, der von der zivilen Krisenprävention über die Krisenbewältigung bis hin zur militärischen Krisenintervention reichen soll.

Abbildung 2: Die Entwicklungsetappen des außen- und sicherheitspolitischen Einigungsprozesses vom Maastrichter Vertrag bis zum Europäischen Rat von Thessaloniki

Zeitpunkt	Entwicklungsetappe	Inhalte/Ziele/Instrumente
09.-10.12. 1991	Europäischer Rat von Maastricht: Vertrag über die Europäische Union (Maastrichter Vertrag)	An die Stelle der EPZ tritt die „Gemeinsame Außen- und Sicherheitspolitik" (GASP) der Europäischen Union; Hauptsächliche Ziele: Wahrung der gemeinsamen Werte, der grundlegenden Interessen und der Unabhängigkeit der Union, Stärkung der Sicherheit der Union und ihrer Mitgliedstaaten sowie die Wahrung des Friedens und die Förderung der internationalen Zusammenarbeit; Instrumente: Gemeinsame Standpunkte und gemeinsame Aktionen; Perspektive der Entwicklung einer gemeinsamen Verteidigungspolitik, die zu gegebener Zeit zu einer gemeinsamen Verteidigung führen könnte
16.-17.06. 1997	Europäischer Rat von Amsterdam: Amsterdamer Vertrag	Reform der GASP: Einrichtung des Amts eines Hohen Vertreters für die GASP, dem eine Strategieplanungs- und Frühwarneinheit zugeordnet und unterstellt wird; Einführung gemeinsamer Strategien als weiterem Handlungsinstrument; Aufnahme der sog. „Petersberg-Aufgaben" der WEU in den konsolidierten Unions-Vertrag bei gleichzeitiger Perspektive einer Eingliederung der WEU in die EU; schrittweise Festlegung einer gemeinsamen Verteidigungspolitik, die zu einer gemeinsamen Verteidigung führen könnte
03.-04.06. 1999	Europäischer Rat von Köln	Beschluss zur schrittweisen Festlegung einer „Europäischen Sicherheits- und Verteidigungspolitik" (ESVP) als Ergänzung der GASP; Selbstverpflichtung der EU-Mitgliedstaaten zur Entwicklung von militärischen Fähigkeiten zur uneingeschränkten Wahrnehmung von Aufgaben im Bereich der Konfliktverhütung und der Krisenbewältigung
10.-11.12. 1999	Europäischer Rat von Helsinki	Beschluss über den Aufbau von Krisenreaktionskräften im Umfang von 50.000 bis 60.000 Personen zur Bewältigung der „Petersberg-Aufgaben"; Beschluss über Regelungen für eine umfassende Konsultation und Zusammenarbeit zwischen der EU und der NATO sowie für Konsultationen mit nicht der EU angehören NATO-Mitgliedstaaten; Schaffung eines Mechanismus zur nichtmilitärischen Krisenbewältigung
19.-20.06. 2000	Europäischer Rat von Santa Maria da Feira	Beschluss über die Aufstellung einer 5000 Mann starken Polizeitruppe für Krisenmanagementeinsätze; Einigung auf Grundsätze und Modalitäten, nach denen die nicht der EU angehörenden NATO-Mitglieder und andere Länder, die sich um einen Beitritt zur EU bewerben, zur militärischen Krisenbewältigung beitragen können.

Zeitpunkt	Entwicklungsetappe	Inhalte/Ziele/Instrumente
07.-11.12. 2000	Vertrag von Nizza	Festlegung der neuen institutionellen Strukturen zur praktischen Umsetzung der ESVP: Eines Politischen und Sicherheitspolitischen Komitees (PSK), verantwortlich u.a. für die politische und militärische Leitung von Krisenmanagement-Einsätzen; eines Militärausschusses (MA) zur Beratung des PSK und Anleitung des Militärstabs sowie eines Militärstabes (MS), der den beiden anderen Organen zuarbeitet, indem er strategische Planungen, Frühwarn-Funktionen und Lagebeurteilungen durchführt; Ausdehnung des Verfahrens der verstärkten Zusammenarbeit auf die Außen- und Sicherheitspolitik
15.-16.06. 2001	Europäischer Rat von Göteborg	Konfliktverhütung wird zu einem der Hauptziele der Außenbeziehungen der Union erklärt; Bestätigung des Programms zur Verhütung gewaltsamer Konflikte
14.-15.12. 2001	Europäischer Rat von Laeken	Feststellung, dass die EU nunmehr zu Krisenbewältigungseinsätzen in der Lage sei und im Zuge der weiteren Entwicklung der ihr zur Verfügung stehenden Mittel und Fähigkeiten nach und nach immer komplexere Einsätze übernehmen könne.
19.-20.06.2003	Europäischer Rat von Thessaloniki	Vorlage des durch den Europäischen Konvent erarbeiteten Verfassungsentwurfs für die EU: Vorgeschlagen wird darin u.a. die Schaffung des Amtes eines europäischen Außenministers sowie die Eröffnung der Möglichkeit einer verstärkten Zusammenarbeit auch in der ESVP; Vorlage eines ersten Entwurfs einer „Europäischen Sicherheitsstrategie für das 21. Jahrhundert" durch den Hohen Beauftragten für die GASP, Javier Solana.

Quelle: Eigene Darstellung

3. Probleme und Hindernisse bei der Verwirklichung der gemeinsamen europäischen Außen-, Sicherheits- und Verteidigungspolitik

Hält man sich vor Augen, dass die wenigsten Integrationsprojekte innerhalb kurzer Zeit Gestalt annahmen, erinnert sei nur an den langen und steinigen Weg zur Wirtschafts- und Währungsunion, so hat sich die Außen-, Sicherheits- und Verteidigungspolitik der EU für europäische Verhältnisse in den vergangenen Jahren mit einer Geschwindigkeit entwickelt, die noch vor kurzem für unmöglich gehalten worden wäre.

Doch wie es um den politischen Willen, dieses ambitionierte Projekt zu verwirklichen, tatsächlich bestellt ist, wird sich erst noch erweisen müssen. Noch wenigstens fehlen den Europäern die militärischen Fähigkeiten und Kapazitäten, um ihren Absichtsbekundungen, die Aufgabe der Krisenreaktion und Krisenbewältigung eigenständig, d.h. unabhängig von den USA, wahrnehmen und bewältigen zu wollen, auch Taten folgen zu lassen (Seidelmann 2002).[6] Defizite bestehen vor allem im strategisch besonders wichtigen sog. C^3-I-Bereich (command, control, communication and intelligence) sowie im Nachschubwesen, wobei es insbesondere an geeigneten Lufttransportkapazitäten fehlt. Die USA und an ihrer Seite NATO-Generalsekretär Lord Robertson fordern daher seit langem, dass die europäischen Bündnispartner mehr Mittel für militärische Beschaffungsprogramme aufbringen müssten, um diese Technologie- und Ausrüstungs-Lücke zu schließen. Die notwendigen Milliarden-Investitionen machen allerdings eine deutliche Erhöhung der Verteidigungshaushalte in den EU-Mitgliedstaaten erforderlich. Aber angesichts der äußerst angespannten Lage der öffentlichen Haushalte in der Union, insbesondere bei den Mitgliedern der Euro-Zone, deren Haushaltsdefizit gemäß den Vorgaben des Stabilitäts- und Wachstumspaktes die Grenze von 3% des jeweiligen Bruttoinlandsproduktes nicht überschreiten darf, fehlt dafür vielfach der finanzielle Spielraum. Zwar erhöhen Großbritannien und Frankreich nach Einschnitten in den neunziger Jahren und als Reaktion auf den 11. September 2001 ihre Militäretats inzwischen wieder. Die grundsätzliche Frage aber, wie die enormen Investitionskosten (die Kosten für eine mittlere militärische Interventionskapazität mit globaler Reichweite werden auf 200-310 Mrd. € geschätzt) mit der Notwendigkeit von Sparmaßnahmen bzw. der Aufgabe einer nachhaltigen Haushaltskonsolidierung vereinbart werden können, gilt es erst noch zu beantworten. Rasch jedenfalls werden die Europäer ihre Ausrüstungsdefizite nicht beseitigen können.

Die Spaltung der Europäischen Union in der Irak-Krise belegt jedoch einmal mehr, dass die Frage nach den Realisierungschancen einer außen-, sicherheits- und verteidigungspolitischen Identität der Europäischen Union keineswegs ausschließlich, sogar nicht einmal vorrangig, finanzieller Natur ist. Entscheidend wird vor allem sein, ob und in welchem Maße es den Mitgliedstaaten tatsächlich gelingen kann und wird, die GASP und das Projekt der ESVP angesichts hochdivergenter nationaler Interessen, welche ihrerseits auf sich einander bedingenden und gegenseitig ergänzenden außen- und sicherheitspolitischen Grundorientierungen beruhen, in Zukunft wirklich mit Leben zu erfüllen.

---

6   Der Europäische Rat von Laeken (14. und 15. Dezember 2001) stellte zwar fest, dass „die Union nunmehr zu Krisenbewältigungseinsätzen in der Lage" sei. Zugleich aber wurde eingeschränkt, dass sie erst im „Zuge der weiteren Entwicklung der ihr zur Verfügung stehenden Mittel und Fähigkeiten in der Lage sein" wird, „nach und nach immer komplexere Einsätze zu übernehmen". Um also „die Europäische Union in die Lage zu versetzen, Operationen zur Krisenbewältigung im gesamten Spektrum der Petersberg-Aufgaben, einschließlich Operationen, die größte Anforderungen im Hinblick auf Größenordnung, Verlegungsfrist und Komplexität stellen, durchzuführen, müssen noch erhebliche Fortschritte erzielt werden". Im Mai 2003 räumten die EU-Verteidigungsminister ein, dass es der Union nach wie vor an modernen Lufttransportkapazitäten, an Präzisionswaffen und an geeigneten Kommunikationsmöglichkeiten fehle. Kriseneinsätze seien daher auch weiterhin vorerst nur mit Verzögerung möglich.

Gegen die Erwartung, dass aus der Europäischen Union in naher Zukunft ein monolithischer außenpolitischer Akteur wird, spricht zum einen die hohe außenpolitische Heterogenität ihrer Mitgliedstaaten. Über Jahrhunderte entfalteten diese, entsprechend ihrer jeweiligen Lage, enge wirtschaftliche, gesellschaftliche und kulturelle Beziehungen zum eurasischen, mediterranen oder atlantischen Vorfeld bzw. Bezugsraum Europas, an die mit dem Zerbrechen des „Eisernen Vorhangs" auch nach Osten wieder angeknüpft wurde. So erinnern sich Deutschland und die skandinavischen Länder offensichtlich „der früheren geopolitischen Ausrichtung ihrer Außenpolitik nach Osteuropa, die Mittelmeeranrainerstaaten Spanien, Italien oder Griechenland ihrer mediterranen Politik und Großbritannien oder die Niederlande ihrer transatlantischen Vergangenheit" (Pfetsch 2001: 105).

Noch gesteigert wird die außenpolitische Heterogenität durch die unterschiedliche Perzeption sicherheitspolitischer Herausforderungen, etwa des Risikos, von Konflikten, Kriegen und/oder Bürgerkriegen selbst in Mitleidenschaft gezogen zu werden: Während die mittelost- und nordeuropäischen Mitglieder der Europäischen Union verständlicherweise vor allem ein elementares Interesse an dauerhafter Stabilität der Russischen Föderation, der Gemeinschaft Unabhängiger Staaten und den weiteren Nachfolgestaaten der Sowjetunion haben, ist für die süd- und südosteuropäischen Mitgliedstaaten demgegenüber die weitere Entwicklung der Staatenwelt an der Süd- und Südostküste des Mittelmeeres (Nordafrika/Naher und Mittlerer Osten) von besonderer Bedeutung. Dies gilt um so mehr, da die Europäische Union nach Abschluss der bevorstehenden Erweiterungsrunden unmittelbar an ebendiese Krisenherde und Unruhezonen grenzen wird. Aller Voraussicht nach dürfte sich die Suche nach außen- und sicherheitspolitischen Gemeinsamkeiten in einer auf 25 Mitgliedstaaten angewachsenen Union damit noch sehr viel schwieriger gestalten, als sie es ohnehin schon ist.

Gegen die Erwartung einer substantiellen Vertiefung der GASP in naher Zukunft spricht zum anderen auch, dass sich die neuen Mitgliedstaaten überaus schwer damit tun werden, auf ihre soeben erst zurückgewonnenen Souveränitätsrechte im Bereich der Außen- und Sicherheitspolitik verzichten zu sollen. Zugleich orientieren sich die mittel- und osteuropäischen Staaten in ihrer Außen- und Sicherheitspolitik sehr viel mehr an den Vereinigten Staaten, als dies das „alte Europa" (so US-Verteidigungsminister Donald Rumsfeld), namentlich Frankreich und Deutschland, zuletzt taten. Aus der historisch tief verwurzelten Sicht der Beitrittsstaaten sind es nämlich vor allem die USA, die eine glaubhafte militärische Sicherheitsgarantie gegen mögliche Risiken angesichts einer noch immer für unkalkulierbar gehaltenen Entwicklung in den Nachfolgestaaten der ehemaligen Sowjetunion und vor allem Russland selbst bieten. Zugleich verbirgt sich hinter der Orientierung an den USA wohl auch die Absicht, eine Gegengewicht gegen die so perzipierte deutsch-französische Hegemonie innerhalb der Europäischen Union zu errichten. Einen ersten Vorgeschmack auf zunehmende Spannungen und Differenzen in diesem Sinne bot der öffentliche Aufruf von acht europäischen Regierungschefs vom 30. Januar 2003, in dem diese sich ausdrücklich hinter die Irak-Politik der Bush-Administration stellten und ihre Solidarität mit den USA bekundeten.[7]

Die außen- und sicherheitspolitischen Interessendivergenzen unter den EU-Mitgliedstaaten gründen also auch auf besonderen Partnerschaften (vgl. List 1999: 281). Dabei ist keineswegs nur an die besondere Beziehung („special relationship") zwischen dem Vereinigten Königreich und den Vereinigten Staaten zu denken, als deren engster Partner und Verbündeter sich Großbritannien betrachtet und wohl auch angesehen werden darf, wie die Position der britischen Regierung im Irak-Konflikt einmal mehr belegt. Traditionell sehr enge Beziehungen finden sich auch innerhalb Europas, etwa zwischen Deutschland und Kroatien, oder Frankreich und Rumänien. In diesem Zusammenhang ist auch die Rolle zu betonen, die Frankreich in seiner afrikanischen „Einflusszone" und Großbritannien im Rahmen des „Commonwealth of Nations" als ehemalige Kolonialmächte noch immer spielen.

Kontrovers verläuft die Diskussion über die internationale Identität der Europäischen Union schließlich auch, da im Rahmen der GASP höchst unterschiedliche sicherheitspolitische Kulturen aufeinander treffen. Frankreich und Großbritannien etwa haben als Siegermächte des zweiten Weltkriegs, Nuklearmächte und ständige Mitglieder des VN-Sicherheitsrates, im Gegensatz zu den nordischen Mitgliedstaaten und der Bundesrepublik Deutschland, ein historisch weitgehend „ungebrochenes" Verhältnis zur Androhung und Anwendung militärischer Gewalt als „normalem" Mittel ihrer Sicherheits- und Verteidigungspolitik. Im übrigen gehören der Europäischen Union eben nicht nur Bündnispartner im Rahmen des Nordatlantik-Paktes, sondern mit Finnland, Irland, Österreich und Schweden auch neutrale Staaten an. Daraus resultiert nicht nur erheblicher Klärungsbedarf über das Verhältnis der ESVP zur NATO, hinter dem letztlich ebenfalls „die Frage nach der Rolle der USA in und für Europa" steht (Varwick 2001: 261; vgl. dazu auch den Beitrag von Varwick im vorliegenden Band). Schwierigkeiten bereitet auch, dass die neutralen Staaten, bei der Überführung der Westeuropäischen Union in die EU, die mit Artikel V des WEU-Vertrages verknüpfte automatische militärische Beistandsverpflichtung nicht übernehmen möchten (vgl. Luif 2002: 57ff. und Algieri 2001: 180).

---

7   Zu den Unterzeichnern des „Briefs der 8" gehörten die Staats- bzw. Regierungschefs von Großbritannien, Italien, Spanien, Portugal, Ungarn, Polen, Dänemarks und der Tschechischen Republik. Am 5. Februar 2003 wurde zudem der sog. „Brief der 10" veröffentlicht, in dem sich auch die Staats- bzw. Regierungschefs von Albanien, Bulgarien, Kroatien, Estland, Lettland, Litauen, Mazedonien, Rumänien, Slowakische Republik und Slowenien für einen harten Kurs gegen den Irak aussprachen.

4. Die Europäische Union als Akteur im internationalen System: Weltmacht, Zivilmacht oder Friedensmacht?

Wer die Entwicklung der Gemeinsamen Außen- und Sicherheitspolitik seit dem Vertrag von Maastricht sowie die Europäische Sicherheits- und Verteidigungspolitik gleichwohl als „Renaissance" der „Idee von Europa als politischer Kraft" (Herz 2002: 101) interpretiert, steht insofern vor der Frage, worin diese Idee überhaupt besteht: Welche Rolle will und soll die EU auf der Bühne der Weltpolitik spielen bzw. anstreben? Und welcher Stellenwert soll dabei der militärischen Dimension eingeräumt werden? Pointiert formuliert: Macht Europa Frieden? Gefragt sind also Leitbilder als zentrale politische Idee, die „Handlungsspielräume absteckt sowie Strategien ermöglicht und rechtfertigt" (Ehrhart 2002: 243). Zu dieser Thematik hat sich in den zurückliegenden Jahre eine rege und kontrovers geführte Debatte entsponnen.

4.1 Die Europäische Union als „Weltmacht"

Diesem Leitbild zufolge handelt es sich bei der Europäischen Union in ihrer derzeitigen „Verfassung" um einen „wirtschaftlichen Riesen und politischen Zwerg" bzw. einen „Papiertiger", dem es an außenpolitischer Handlungsfähigkeit und militärischer Leistungsfähigkeit mangelt. Angenommen wird zudem, dass für ihre Mitgliedstaaten in wohlverstandenem Eigeninteresse keine Alternative zu einer Weltmachtrolle der Union bestehe, da sie auf sich allein gestellt den gegenwärtigen Herausforderungen im internationalen System nicht gewachsen seien. Daher müsse die Union nunmehr endlich ihren niedrigen außenpolitischen Institutionalisierungsgrad erhöhen und den Status einer auch zu militärischer Machtprojektion fähigen „Weltmacht" anstreben: „Die politisch-strategische Nische, in der sich die Integration im Windschatten der Nachkriegsallianzen entwickeln konnte, existiert nicht mehr, und die Welt nach dem Ost-West-Konflikt ist, was viele bedauern mögen, kein Spielplatz für Zivilmächte" (Janning 2002: 850f.). Für die ehemaligen Großmächte unter den Mitgliedstaaten der EU besteht der „Charme" dieses Leitbildes zweifellos darin, dass ihnen der „Umweg" über Europa erlaubt, ihre eigenen weltpolitischen Ambitionen, also ihren Anspruch auf internationale Mitgestaltung und „Verantwortung", weiterhin einfordern und realisieren zu können. Mithin bleibt die friedenspolitische Dividende einer „Weltmacht Europa" zweifelhaft: Das Streben nach eigenständiger militärischer Handlungsfähigkeit könnte von Seiten Dritter als Bedrohung der eigenen Sicherheit wahrgenommen werden und das Sicherheitsdilemma auf globaler Ebene verschärfen. Davon einmal ganz abgesehen: Mag die Entwicklung der ESVP auch mit „Lichtgeschwindigkeit" (Javier Solana) voranschreiten, so ist die Europäische Union von einer „Weltmacht-Rolle" zur Zeit noch immer „Lichtjahre" entfernt. Gerade deshalb aber wird ihre Spaltung in der Irak-Frage zum An-

Neue Europäische Sicherheitsarchitektur II 263

lass genommen, noch energischer als bisher auf eine solche Rolle zu drängen. Ungeklärt bleibt vor dem Hintergrund des hegemonialen Unilateralismus der USA dabei schließlich die Zukunft der transatlantischen Beziehungen: Soll die Europäische Union ein „partnership in leadership" mit den USA anstreben, wie es insbesondere Großbritannien, Spanien und Italien fordern? Oder soll die EU das strategische Fernziel sicherheits- und verteidigungspolitischer Autonomie in einer multipolaren Weltordnung ins Auge fassen, wie es vor allem Frankreich wünscht? Ganz unabhängig von der Frage nach der politischen Wünschbarkeit letztgenannter Option betrachtet, müsste der europäische Integrationsverband dann tatsächlich in die Lage versetzt werden, seinen außenpolitischen Interessen „emanzipiert", d.h. ohne Unterstützung und möglicherweise sogar gegen die Interessen der USA, Geltung zu verschaffen und selbst für seine Sicherheit zu sorgen.

4.2 Die Europäische Union als „Zivilmacht"

Auf strikten Widerspruch stößt die Forderung nach einer „Weltmacht EU" bei den Anhängern der „Zivilmacht-These", wie sie teilweise Friedens- und Konfliktforscher, vor allem aber zivilgesellschaftliche Akteure aus dem eher „linken" politischen Spektrum (z.B. Friedensgruppen) vertreten. Die Androhung und Anwendung militärischer Gewalt als Mittel der Politik wird dabei prinzipiell abgelehnt; Außen- und Sicherheitspolitik soll ausschließlich mit zivilen Mitteln betrieben werden. François Duchêne, der die „Zivilmacht-These" in den siebziger Jahren formulierte, vertrat damals die Auffassung, dass die Europäische Gemeinschaft die Chance habe zu demonstrieren, „welchen Einfluß ein großer politischer, zur Ausübung wesensmäßig ziviler Machtformen gegründeter Zusammenschluß haben kann. (...) Es muß versucht werden, das Gefühl für gemeinsame Verantwortung und für vertragliches Vorgehen, das sich bisher ausschließlich auf die ‚heimischen' und nicht auf die ‚fremden' Angelegenheiten, auf die ‚Innen-' und nicht auf die ‚Außenpolitik' bezog, auch in den internationalen Beziehungen einzuführen" (Duchêne 1973: 33f.). Die Beschlüsse zur GASP und zur ESVP werden vor diesem Hintergrund als Abschied von der Zivilmacht-Rolle und als Militarisierung der europäischen Integration gedeutet, da sie in eklatantem Gegensatz zur historischen Lektion und inneren Natur des Integrationsprozesses stehen würden. Die EU wandele sich in eine militärische Großmacht, deren Interventionsarmee jeder Zeit, allen Ortes und im Zweifelsfall unter Umgehung eines VN-Mandats (wie beispielsweise im Kosovo-Krieg) zur Durchsetzung eigener Interessen eingesetzt werden solle. Übersehen wird in diesem Zusammenhang mitunter, dass „die Vergemeinschaftung der sicherheitspolitischen Instrumente" ursprünglich als das eigentliche Ziel der Integration galt und sich insofern „mit der europäischen Integration durchaus auch die Vision einer militärisch handlungsfähigen Union, die sich auf der weltpolitischen

Bühne im Kampf um Einfluss und Vorherrschaft würde behaupten können", verband (Dembinski 2002: 17). Zu Verteidigungszwecken wäre der Einsatz militärischer Gewalt nach Duchêne im übrigen durchaus statthaft. Ihm aber ging es darum, dass das internationale Agieren der EG „vor allem durch den zivilen Charakter von Mitteln und Zwecken und einen für sie konstitutiven Sinn für gemeinsames Vorgehen" bestimmt sein sollte (Duchêne 1973: 35). Das Leitbild der „Zivilmacht" setzt insofern auf den Auf- und Ausbau leistungsfähiger multilateraler Institutionen und Instrumente der zivilen Konfliktbearbeitung, der Gewaltprävention, der friedlichen Streitbeilegung sowie der Schlichtung und Vermittlung: „Nicht das Vorbild einer mitunter unilateral ausgerichteten Hegemonialmacht kann (...) für die EU-Außenbeziehungen maßgeblich sein. (...). Im Interesse des weiteren Auf- und Ausbaus der Union erfordert dies ein konsequentes und entschiedenes Bekenntnis zu Multilateralismus, zu Konfliktprävention sowie zu Dialog- und Kooperationsstrategien als Leitbild der EU-Außenbeziehungen. Darin sollte der europäische Beitrag zur Lösung aktueller und kommender Probleme der Weltpolitik liegen" (Fischer und Statz 1998: 43). Offen bleibt allerdings, ob und in welchem Maße auf die Androhung und Anwendung militärischer Gewalt als „letztem Mittel" der Politik tatsächlich in jedem Fall vollständig verzichtet werden kann. Angesichts der Realität neuartiger Kriegs- und Konfliktszenarien und der damit für die Staatengemeinschaft verbundenen Aufgabe der Friedenssicherung bzw. Friedenserzwingung, befinden sich die Anhänger der klassischen „Zivilmacht-These", sofern sie die Anwendung militärischer Gewalt rundweg ablehnen, zur Zeit jedenfalls wohl eher in der Defensive.

4.3 Die Europäische Union als „Friedensmacht"

Bei diesem Leitbild handelt es sich um eine Weiterentwicklung des klassischen „Zivilmacht-Konzepts", wobei die Aufgabe der zivilen Konfliktbearbeitung mit einer militärischen Rolle bei der Abwendung von Gefahren für den Weltfrieden und der Wahrung der internationalen Sicherheit in Einklang gebracht werden soll. Eine „Friedensmacht" ist demnach als „Zivilmacht mit militärischen Mitteln" anzusehen, „wie sie (...) von Hans W. Maull skizziert worden ist" (Ehrhart 2002: 244).[8] Auch diesem Leitbild liegt die Überzeugung zu Grunde, dass Konfliktbearbeitung vornehmlich durch „zivile" Mittel im Rahmen von Krisenprävention zu erfolgen habe. Internationales Ordnungspotenzial soll also vorrangig durch die Verregelung und Verrechtlichung der Konfliktaustragung, die Einhegung von Gewaltanwendung, Ent-

---

8 In der wissenschaftlichen Debatte ist strittig, ob Maulls Zivilmacht-Begriff über das „klassische" Konzept Duchênes hinausgeht. Um die Differenz zwischen beiden Konzepten zu verdeutlichen, wird hier, unter Aufnahme eines Vorschlags von Hans-Georg Ehrhart, der Begriff der „Friedensmacht" verwendet (vgl. Ehrhart 2002: 244).

wicklung von Mechanismen zur Entwicklung, Legitimierung und Durchsetzung allgemeiner Normen sowie das Streben nach sozialer Ausgewogenheit entfaltet werden (vgl. exemplarisch Maull 1992). Für den Fall des Scheiterns „ziviler" Mittel bei der Durchsetzung gemeinschaftlicher Normen, Prinzipien und Interessen wird jedoch ausdrücklich die Möglichkeit der Androhung und Anwendung militärischer Gewalt erlaubt. Als conditio sine qua non bedürfen sie allerdings der völkerrechtlichen Legitimation, wie sie die Charta der Vereinten Nationen vorsieht.[9]

Vor diesem Hintergrund besteht nach Maull die „mission civilisatrice" der Europäischen Union darin, anderen Regionen und Kulturkreisen das Angebot eines Diskurses über dieses, innerhalb der Union so erfolgreich praktizierte Politikmodell zu machen (Maull 1995: 281).

Letztlich aber bleibt „die Unterscheidung zwischen noch vertretbarer und unzulässiger Gewalt" (Dembinski 2002: 4) unscharf. Welche Probleme das Leitbild der „Friedensmacht" impliziert, zeigt die Debatte um die Rechtmäßigkeit der Kosovo-Intervention und des Irak-Krieges. Konkret ist danach zu fragen, wie sich die Europäische Union verhalten soll, wenn es innerhalb eines souveränen Staates augenscheinlich zu massiven Menschenrechtsverletzungen kommt, oder von einzelnen Mitgliedern der VN eine Gefährdung des Weltfriedens und der internationalen Sicherheit ausgemacht wird, weil andere Mitglieder terroristische Organisationen unterstützen oder Massenvernichtungswaffen bauen, der Sicherheitsrat der Vereinten Nationen eine Intervention aber nicht legitimiert oder überhaupt untätig bleibt. Problematisch erscheint ferner das Missverhältnis zwischen den hohen Investitionskosten zur Herstellung militärischer Handlungsfähigkeit einerseits und den vergleichsweise geringen Ansätzen für nichtmilitärische Krisenbewältigung andererseits.[10] Vor allem aber bleibt festzuhalten, dass die Europäische Union zur Zeit (noch) nicht über das Ordnungs-Potenzial einer „Friedensmacht" verfügt. Noch jedenfalls ist sie nicht in der Lage, in diesem Sinne ein Gleichgewicht bzw. eine Gegenmacht zu den Vereinigten Staaten zu bilden, hier

---

9 Dementsprechend formuliert Ehrhart folgende friedenspolitische Anforderungen an den Akteur EU: „Eine Friedensmacht EU müsste (...) erstens normativ auf Kooperation und Frieden ausgerichtet sein. Zweitens müsste präventiven Strategien eindeutig der Vorrang eingeräumt werden. Drittens müsste sie über die notwendigen zivilen und militärischen Instrumente zu konstruktiven Konfliktbearbeitung verfügen. Viertens wäre eine enge Zusammenarbeit mit gesellschaftlichen Akteuren, insbesondere mit Nichtregierungsorganisationen notwendig. Schließlich müssten intensive kooperative Beziehungen zu den ‚lead organizations' (sic!) UNO und OSZE bestehen." Zitiert nach: Ehrhart, Hans-Georg: Die Europäische Union, die ESVP und das neue Sicherheitsdilemma. In: Welttrends. Nummer 38, Frühjahr 2003. S. 135-144. Hier: S. 144.

10 Zum Vergleich: Während zur Verwirklichung des „European Headline goal" dreistellige Milliardenbeträge aufgebracht werden (müssen), wurden vom Rat für das Jahr 2001 im Rahmen des Krisenreaktionsmechanismus bei der Kommission rund 20 Mio Euro als kurzfristig mobilisierbare Finanzmittel für zivile Maßnahmen zur Krisenbewältigung zur Verfügung gestellt.

verstanden „als (...) Chance, einem weltordnungspolitischen Gegenentwurf zu dem von den USA vorgeschlagenen Gehör und Geltung zu verschaffen" (Müller 2003: 155).

Die zentralen Aussagen der drei hier als Idealtypen vorgestellten Leitbilder wollen wir tabellarisch noch einmal wie folgt zusammenfassen:

Abbildung 3: Leitbilder für die Europäische Union als Akteur im internationalen System

Leitbild	Kerngedanke	Handlungsorientierung
„Weltmacht EU"	Unter den Bedingungen der Globalisierung spielen die Mitgliedstaaten der Europäischen Union für sich genommen nur noch eine Nebenrolle im internationalen System. Eine „Weltmacht EU" entspricht insofern ihrem wohlverstandenem Eigeninteresse. Angesichts der Herausforderungen und Risiken, mit denen die EU konfrontiert ist, beinhaltet dies auch eine militärische Dimension.	Die Europäische Union soll sich zu einem globalen, auch militärisch umfassend handlungsfähigen Akteur im internationalen System entwickeln.
„Zivilmacht EU"	Die europäische Integration ist ein Friedensprojekt, bei dem durch Verregelung und Verrechtlichung der zwischenstaatlichen Beziehungen die Anwendung militärischer Gewalt als Mittel des Konfliktaustrags in Europa überwunden wurde. Die Einbeziehung der Sicherheits- und Verteidigungspolitik in den Vertragsrahmen der EU steht im Widerspruch zur historischen Lektion und inneren Natur des Integrationsprozesses und stellt eine Militarisierung dar.	Die Europäische Union soll weiterhin ausschließlich eine Politik der Kooperation, des Multilateralismus und der friedlichen Konfliktprävention ohne Aufbau und Nutzung eigener Militärkapazitäten verfolgen.
„Friedensmacht EU"	Im Zentrum internationaler Politik steht die Aufgabe der Verrechtlichung und Verregelung des Konfliktaustrags, die Einhegung von Gewaltanwendung, die Entwicklung von Mechanismen zur Schöpfung, Legitimierung und Durchsetzung allgemeiner Normen sowie das Streben nach sozialer Ausgewogenheit. Bei der Bewältigung dieser Aufgaben kommt dem europäischen Integrationsprozess im Weltmaßstab Modellcharakter zu.	Durch den Ausbau institutionalisierter Kooperationszusammenhänge soll die Europäische Union einen Beitrag zur weiteren Verrechtlichung der internationalen Beziehungen leisten. Die Androhung und Anwendung militärischer Gewalt wird dabei nicht angestrebt, ist zum Zwecke der Selbstverteidigung, Krisenbewältigung und Durchsetzung internationaler Normen und Rechtsstandards mitunter aber notwendig. Das Hauptaugenmerk hat jedoch der Krisenprävention zu gelten.

Quelle: Eigene Darstellung

5. Ausblick

Als Friedensgemeinschaft hat sich die Europäische Gemeinschaft/Europäische Union in den zurückliegenden Jahrzehnten in beispielhafter Art und Weise bewährt. Doch ist die Union auch in der Lage, über ihre Grenzen hinaus einen substantiellen Beitrag zu Frieden und Sicherheit im 21. Jahrhundert zu leisten? Die Antwort auf diese Frage fällt ambivalent aus:

Einerseits hat das neue Jahrhundert für die Europäische Union so begonnen, wie das 20. Jahrhundert endete; mit einer Krise ihrer Handlungsfähigkeit. Sie ist noch immer nicht in der Lage, in wichtigen Fragen der Weltpolitik mit einer Stimme zu sprechen. Es bestätigt sich gar ein Trend zur Renationalisierung der Außen- und Sicherheitspolitik. So können alle Bekenntnisse „die Außen- und Sicherheitspolitik der Union aktiv und vorbehaltlos im Geiste der Loyalität und der gegenseitigen Solidarität" zu unterstützen (Art. 11 EUV), den politischen Willen der Mitgliedstaaten nicht ersetzen, die GASP auch wirklich mit Leben zu erfüllen. Diese Feststellung gilt auch für die Debatte um eine eigenständige „Europäische Sicherheitsstrategie" sowie das Amt und Tätigkeitsprofil eines „europäischen Außenministers", wie es vom Europäischen Konvent als Bestandteil der künftigen EU-Verfassung vorgeschlagen wurde. Der Mangel an politischem Willen ihrer Mitgliedstaaten, die Heterogenität ihrer Interessen sowie ihre anhaltende Weigerung, substantielle Souveränitätsrechte in der Außen- und Sicherheitspolitik auf die europäische Ebene zu übertragen, sichtbar vor allem in der Weigerung zu Mehrheitsbeschlüssen in diesem Bereich, zementieren also auf absehbare Zeit den Status sicherheitspolitischer Unmündigkeit der EU.[11] Die Politik der Union wird damit auch weiterhin an einer Glaubwürdigkeitslücke zwischen ihrem programmatisch-deklaratorischen Anspruch und der Realität leiden (vgl. Varwick 2002: 103ff.).

Die Europäische Union ist jedoch keineswegs grundsätzlich dazu „verdammt", das Schicksal einer ohnmächtigen politisch-militärischen Zwerg-Existenz erdulden zu müssen, wie ihr Engagement auf dem Balkan zeigt. Verfolgt sie doch dort im Rahmen des von der Bundesrepublik initiierten sog. „Stabilitätspakts für Südosteuropa" das Ziel, den durch das Auseinanderfallen Jugoslawiens neu entstandenen Staaten mittelfristig eine realistische Beitrittsperspektive zu eröffnen. Zugleich ist sie im ehemaligen Jugoslawien erstmals in ihrer Geschichte als eigenständiger Akteur in einem Krisengebiet tätig: Zum Jahresbeginn 2003 löste eine Polizei-Mission der Europäischen Union (EUPM) in Bosnien-Herzegowina die dort bis zu diesem Zeitpunkt stationierte internationale Polizei-Truppe der Vereinten Nationen ab. Zudem übernahm die EU im Frühjahr 2003 von der NATO das Kommando der internationalen Friedens-

---

11 Am strikten Veto Großbritanniens scheiterte der Wunsch vieler Mitglieder des Europäischen Konvents, Mehrheitsbeschlüsse in der Außenpolitik zur Regel zu machen. Premierminister Tony Blair drohte für diesen Fall damit, dass die britische Regierung die geplante Verfassung der Europäischen Union nicht unterzeichnen werde.

truppe in Mazedonien. Bei dem unter der Bezeichnung „Concordia" laufenden Einsatz handelt es sich um den ersten je von der EU geführten Militäreinsatz. Geplant ist ferner die Übernahme der Sfor-Friedensmission in Bosnien-Herzegowina von der NATO. Schließlich begann angesichts von Massakern verfeindeter Volksgruppen im Nordosten der „Demokratischen Republik Kongo" und auf Anfrage der Vereinten Nationen am 12. Juni 2003 unter französischer Führung eine „Artemis" getaufte Intervention der „schnellen Eingreiftruppe" der Europäischen Union in diesem zentralafrikanischen Staat. Diese (hunmanitäre) Intervention, mit der die EU ihre Ambition unterstrich, vermehrt weltpolitisches Profil zu zeigen, endete am 1. September 2003 mit der Ablösung der Eingreiftruppe durch Blauhelmsoldaten der Vereinten Nationen. Als erster Kampfeinsatz der Europäer ohne jegliche NATO-Unterstützung kann „Artemis" insofern zweifellos auch als Versuch einer weiteren sicherheitspolitischen Emanzipation von den USA interpretiert werden.

Realistisch erscheint damit ein Szenario, in dessen Verlauf sich die Europäische Union sukzessive zu einem Akteur entwickelt, der, gestützt auf in beschränktem Maße handlungsfähige Interventionskapazitäten, auch weiterhin vorrangig mit zivilen Mitteln den Versuch unternimmt, Stabilität prioritär in sein unmittelbares regionales Umfeld hinein zu projizieren. Sollte dies gelingen, würde eine gesamteuropäische Friedensgemeinschaft entstehen, die unter den gegebenen Bedingungen auch und gerade im anbrechenden 21. Jahrhundert weltpolitischen Modellcharakter haben würde.

Literatur

Quellen und Dokumente

Anhang III zu den Schlussfolgerungen des Vorsitzes des Europäischen Rates am 3. und 4. Juni 1999 in Köln. In: Volle, Angelika und Weidenfeld, Werner (Hrsg.), (2000): Europäische Sicherheitspolitik in der Bewährung. Bielefeld: Bertelsmann. S. 135-140.

Auswärtiges Amt (Hrsg.), (1998): Gemeinsame Außen- und Sicherheitspolitik der Europäischen Union (GASP). Dokumentation. 11., überarbeitete Auflage. Stand: Mitte 1998. Bonn.

„Ein sicheres Europa in einer besseren Welt." Javier Solana, Hoher Vertreter für die Gemeinsame Außen- und Sicherheitspolitik der EU. Europäischer Rat von Thessaloniki, 20/06/2003. In: http://ue.int/pressdate/DE/reports/76257.pdf.

Erklärung zur Einsatzbereitschaft auf dem Gebiet der Gemeinsamen Sicherheits- und Verteidigungspolitik, Anlage II der Schlussfolgerungen des Vorsitzes des Europäischen Rates von Laeken am 14. und 15. Dezember 2001. In: Internationale Politik. 57. Jg., Nr.1/2002. S. 130-132.

„Verstärkte militärische Fähigkeiten". Gemeinsame Erklärung Deutschlands, Frankreichs, Luxemburgs und Belgiens zur Europäischen Sicherheits- und Verteidi-

gungspolitik vom 29. April 2003 (Wortlaut). In: Blätter für deutsche und internationale Politik 6/2003. 48. Jg. S. 755-758.
Gipfeltreffen des französischen Staatspräsidenten, Chaques Chirac, und des britischen Premierministers, Tony Blair, am 4. Dezember 1998 in St. Malo. In: Volle, Angelika und Weidenfeld, Werner (Hrsg.), (2000): Europäische Sicherheitspolitik in der Bewährung. Bielefeld: Bertelsmann. S. 131-132.
Schlussfolgerungen des Vorsitzes des Europäischen Rates am 10. und 11. Dezember 1999 in Helsinki (Auszüge). In: Volle, Angelika und Weidenfeld, Werner (Hrsg.), (2000): Europäische Sicherheitspolitik in der Bewährung. Bielefeld: Bertelsmann. S. 140-144.
Schlussfolgerungen des Europäischen Rates von Göteborg vom 15. und 16. Juni 2001 (Auszüge). In: Internationale Politik. 56. Jg., Nr. 9/2001. S. 117-128.
Europäische Union. Europäische Gemeinschaft. Die Vertragstexte von Maastricht. Bearbeitet und eingeleitet von Thomas Läufer. 3. Auflage Bonn 1994.
Vertrag von Amsterdam. Texte des EU-Vertrages und des EG-Vertrages mit den deutschen Begleitgesetzen. Herausgegeben von Thomas Läufer. Bonn 1999.
Vertrag über die Europäische Union. Konsolidierte Fassung. In: Fischer, Klemens H. (2001): Der Vertrag von Nizza. Text und Kommentar. Baden-Baden und Zürich: Nomos und Schulthess. S. 273-314.

Sekundärliteratur

Algieri, Franco (2001): Europäische Sicherheits- und Verteidigungspolitik. In: Weidenfeld, Werner (Hrsg.), (2001): Nizza in der Analyse. Strategien für Europa. Gütersloh: Verlag Bertelsmann Stiftung. S. 161-201.
Arnold, Hans (2002): Welche Sicherheit für das größere Europa? In: Arnold, Hans und Krämer, Raimund (Hg.), (2002): Sicherheit für das größere Europa. Politische Optionen im globalen Spannungsfeld. Bonn: Dietz. S. 334-362.
Boyer, Yves (2002): France and the European Security and Defence Policy. A Leadership Role Among Equals. In: Ehrhart, Hans-Georg, (Hrsg.), (2002): Die Europäische Sicherheits- und Verteidigungspolitik. Positionen, Perzeptionen, Probleme, Perspektiven. Baden-Baden: Nomos. S. 49-57.
Dembinski, Matthias (2000): Perspektiven der Europäischen Sicherheits- und Verteidigungspolitik. HSFK-Report Nr. 11/2000. Frankfurt am Main.
Dembinski, Matthias (2002): Kein Abschied vom Leitbild „Zivilmacht". Die Europäische Sicherheits- und Verteidigungspolitik und die Zukunft Europäischer Außenpolitik. HSFK-Report 12/2002. Frankfurt am Main.
Duchêne, François (1973): Die Rolle Europas im Weltsystem: Von der regionalen zur planetarischen Interdependenz. In: Kohnstamm, Max und Hager, Wolfgang (Hrsg.), (1973): Zivilmacht Europa – Supermacht oder Partner? Frankfurt am Main: Suhrkamp. S. 11-35.
Ehrhart, Hans-Georg (2002): Leitbild Friedensmacht? Die Europäische Sicherheits- und Verteidigungspolitik und die Herausforderung der Konfliktbearbeitung. In: Georg, Hans-Ehrhart (Hrsg.), (2002): Die Europäische Sicherheits- und Verteidigungspolitik. Positionen, Perzeptionen, Probleme, Perspektiven. Baden-Baden: Nomos. S. 243-257.

Ehrhart, Hans-Georg (2003): Die Europäische Union, die ESVP und das neue Sicherheitsdilemma. In: Welttrends. Nummer 38, Frühjahr 2003. S. 135-144.

Fischer, Martina und Statz, Albert (1998): Die Gemeinsame Außen- und Sicherheitspolitik der Europäischen Union – Chance oder Hindernis für die Schaffung einer Friedensordnung? In: Schriftenreihe des Österreichischen Studienzentrums für Frieden und Konfliktlösung – ÖSFK (Hrsg.). Gerald Mader/Wolf Dieter Eberwein/Wolfgang R. Vogt: Studien für europäische Friedenspolitik. Band 3. Europäische Friedensordnung. Konturen einer Sicherheitsarchitektur. Münster: agenda Verlag. S. 21-47.

Forster, Anthony and Wallace, William (2000): Common Foreign and Security Policy. From Shadow to Substance? In: Wallace, Helen and Wallace, William (eds.), (2000): Policy-Making in the European Union. Fourth Edition. Oxford: Oxford University Press. S. 461-491.

Fröhlich, Stefan (2001): Integrationspolitik als Krisenpräventionspolitik? – Die globalen Herausforderungen an die EU. In: Kirt, Romain (Hrsg.), (2001): Die Europäische Union und ihre Krisen. Baden-Baden: Nomos. S. 269-285.

Herz, Dietmar (2002): Die Europäische Union. München: Verlag C.H. Beck.

Janning, Josef (2002): Frieden in Europa. In: Weidenfeld, Werner (Hrsg.), (2002): Europa-Handbuch. Bonn: Bundeszentrale für politische Bildung. S. 827- 853.

Jopp, Matthias (1995): Die Reform der Gemeinsamen Außen- und Sicherheitspolitik – institutionelle Vorschläge und ihre Realisierungschancen. In: Integration. 18. Jg., 3/1995. S. 133-143.

Kaiser, Karl (1985): Ein unauflöslicher Zusammenhang: Sicherheit und Integration. In: Weidenfeld, Werner (Hrsg.), (1985): Die Identität Europas. München: Hanser. S. 173-190.

List, Martin (1999): Baustelle Europa. Einführung in die Analyse europäischer Kooperation und Integration. Opladen: Leske+Budrich.

Luif, Paul (2002): Die bündnisfreien und neutralen Mitgliedstaaten der Europäischen Union: Ihre Position in der Außen-, Sicherheits- und Verteidigungspolitik. In: Müller-Brandeck-Bocquet, Gisela (Hrsg.), (2002): Europäische Außenpolitik. GASP- und ESVP-Konzeptionen ausgewählter EU-Mitgliedstaaten. Baden-Baden: Nomos. S. 57-82.

Maull, Hanns W. (1992): Zivilmacht: Die Konzeption und ihre sicherheitspolitische Relevanz. In: Heydrich, Wolfgang u.a. (Hrsg.), (1992): Sicherheitspolitik Deutschlands: Neue Konstellationen, Risiken, Instrumente. Baden-Baden: Nomos. S. 771-786.

Maull, Hanns W. (1995): Europa als internationaler Akteur. In: Lehmbruch, Gerhard (Hrsg. im Auftrag der Deutschen Vereinigung für Politische Wissenschaft), (1995): Einigung und Zerfall: Deutschland und Europa nach dem Ende des Ost-West-Konflikts. Opladen: Leske+Budrich. S. 269-283.

Müller, Harald (2003): Amerika schlägt zurück. Die Weltordnung nach dem 11. September. Frankfurt am Main: Fischer.

Pfetsch, Frank R. (2001): Die Europäische Union. Eine Einführung. 2., erweiterte und aktualisierte Auflage. München: Wilhelm Fink Verlag.

Regelsberger, Elfriede; de Schoutheete de Tervarent, Philippe und Wessels, Wolfgang (Hrsg.), (1997): Foreign Policy of the European Union. From EPC to CFSP and Beyond. Boulder (Colorado/USA) und London (UK): Lynne Rienner Publishers.

Seidelmann, Reimund (2002): Perspektiven und Optionen für die Kompetenz- und Mittelverteilung zwischen EU, NATO und den Mitgliedstaaten. In: Reiter, Erich, Rummel, Reinhardt und Schmidt, Peter (Hg.), (2002): Europas ferne Streitmacht. Chancen und Schwierigkeiten der Europäischen Union beim Aufbau der ESVP. Hamburg: Mittler. S. 195-221.

Senghaas, Dieter (2000): Friedenszonen. In: Kaiser, Karl und Schwarz, Hans-Peter (Hrsg.), (2000): Weltpolitik im neuen Jahrhundert. Baden-Baden: Nomos. S. 404-413.

Varwick, Johannes (2001): Probleme der Sicherheitsarchitektur Europas. In: Loth, Wilfried (Hrsg.), (2001): Das europäische Projekt zu Beginn des 21. Jahrhunderts. Opladen: Leske+Budrich. S. 247-266.

Varwick, Johannes (2002): Die ESVP – Eine folgerichtige Weiterentwicklung der Gemeinsamen Außen- und Sicherheitspolitik (GASP)? In: Hoyer, Werner und Kaldrack, Gerd F. (Hrsg.), (2002): Europäische Sicherheits- und Verteidigungspolitik (ESVP). Der Weg zu integrierten europäischen Streitkräften? Baden-Baden: Nomos. S. 96-107.

Wagner, Wolfgang (2002): Die Konstruktion einer europäischen Außenpolitik. Deutsche, französische und britische Ansätze im Vergleich. Frankfurt am Main: Campus.

Wolf, Reinhard (2000): Weltmacht oder Ohnmacht? Bilanz und Perspektiven der EU-Sicherheitspolitik. In: Schubert, Klaus und Müller-Brandeck-Bocquet (Hrsg.), (2000): Die Europäische Union als Akteur in der Weltpolitik. Leske+Budrich. S. 263-280.

Internet-Adressen

Europäische Union (Internetportal zu den Auswärtigen Beziehungen der EU): http://europa.eu.int/pol/ext/index_de.htm

Europäische Union (Internetportal zur Gemeinsamen Außen- und Sicherheitspolitik): http://europa.eu.int/pol/cfsp/index_de.htm

Europäische Kommission (Internetportal zur „Europäischen Union in der Welt"): http://europa.eu.int/comm/world/

Hoher Beauftragter der EU für die Gemeinsame Außen- und Sicherheitspolitik, Javier Solana: http://ue.eu.int/solana/default.asp?lang=en

Ausschuss für auswärtige Angelegenheiten, Menschenrechte, gemeinsame Sicherheits- und Verteidigungspolitik des Europäischen Parlaments: http://www.europarl.eu.int/committees/afet_home.htm

Wolfgang Zellner

Neue Europäische Sicherheitsarchitektur III.
Die Organisation für Sicherheit und Zusammenarbeit in Europa

1. Einleitung
2. Politische Grundeigenschaften der OSZE
3. Institutionelle und operative Aspekte der OSZE
4. Die Vor-Ort-Aktivitäten der OSZE
5. Zur politischen Funktionsweise der OSZE
6. Ausblick

1. Einleitung

Die Organisation für Sicherheit und Zusammenarbeit in Europa (OSZE) ist die Nachfolgeorganisation der Konferenz über Sicherheit und Zusammenarbeit in Europa (KSZE), die 1975 mit der Unterzeichnung der Schlussakte von Helsinki begründet wurde. Die Hauptfunktion der Konferenzfolge KSZE, der alle europäischen Staaten mit Ausnahme Albaniens sowie die USA und Kanada angehörten, bestand darin, Regeln und eher schwache Regime zu errichten mit dem Zweck, die Risiken der nuklear armierten Ost-West-Konfrontation durch eine überwölbende Dimension der Zusammenarbeit zu entschärfen. Damit zielte die KSZE im wesentlichen auf die zwischenstaatliche Ebene, wenngleich ihr breites Themenspektrum, angeordnet in den drei „Körben" Sicherheit, Wirtschaft und menschliche Dimension, zumindest über letztere auch Ansatzpunkte für die Einwirkung auf die innenpolitische Ebene bot. Damit hat die KSZE nicht unerheblich zur Erosion der Legitimitätsgrundlage des realsozialistischen Systems beigetragen.

Die KSZE-Funktion der zwischenstaatlichen Risikominderung hat sich mit dem Ende der Ost-West-Konfrontation im wesentlichen erfüllt. Danach kam es zu zwei zunächst parallel verlaufenden Entwicklungen: Einige Staaten, voran die Russische Föderation, versuchten, die KSZE, die Anfang 1995 in OSZE umbenannt wurde, in eine sicherheitspolitische Rahmenorganisation für ganz Europa umzubauen mit dem primären Ziel, die NATO zu ersetzen oder zumindest ihre Bedeutung zu relativieren. Spätestens seit dem Budapester KSZE-Gipfel 1994 (www.osce.org für alle KSZE/OSZE-Dokumente) erwies sich dieses Ziel, die Regelung zwischenstaatlicher Sicherheitsbeziehungen fortschreiben zu wollen, als überholt und illusionär. Parallel dazu begann die KSZE seit 1992/1993, ihre ersten Vor-Ort-Missionen einzurichten und wandte sich damit jenem Thema zu, das für die heutige OSZE prägend ist: die Regulierung innenpolitischer und intraregionaler Konflikte und Krisen durch Frühwarnung, Krisenverhütung, Konfliktmanagement und Konfliktnachsorge mit nichtmilitärischen Mitteln. Damit war allerdings eine mittlerweile weitreichende Entpolitisierung der Organisation und ihre Entwicklung zu einem „Dienstleistungsbetrieb" verbunden (Oberschmidt/Zellner 2001). Die OSZE ist heute nicht mehr Ort großer politischer Entscheidungen, beim Treffen des Ministerrates in Porto im Dezember 2002 war gerade noch gut ein Viertel der Teilnehmerstaaten durch ihre Außenminister vertreten.

Die heutige OSZE ist eine mittelgroße internationale Regionalorganisation mit spezialisierter Aufgabenstellung, die einer breiteren politischen Öffentlichkeit bestenfalls als Chiffre bekannt ist. Selbst politisch gebildete Menschen verwechseln gerne die Abkürzungen „OSCE" und „OECD". Andererseits unterstreicht die Tatsache, dass sich Haushaltsvolumen und Mitarbeiterumfang der OSZE in der vergangenen Dekade in etwa verzehnfacht haben, die Frage, warum Staaten bereit sind, in diese Organisation zu investieren.

2. Politische Grundeigenschaften der OSZE

Die OSZE verfügt über eine *gemeinsame normative Basis*, die zum ersten Mal 1975 im Helsinki-Dekalog formuliert wurde. Nach dem Ende der Ost-West-Konfrontation wurde dieser Wertekanon in der Charta von Paris 1990 erweitert und differenziert und später in einer Reihe von Folgedokumenten immer wieder bekräftigt. Nach dem Wegfall des Systemantagonismus betreffen die OSZE-Werte Menschen- und Minderheitenrechte, Demokratie, Rechtsstaatlichkeit und Marktwirtschaft. In einigen Bereichen, insbesondere bei den Rechten nationaler Minderheiten, geht der politisch, nicht aber völkerrechtlich verbindliche Wertebestand der OSZE über den anderer internationaler Organisationen, etwa der VN, des Europarates und der EU hinaus. Die KSZE/OSZE gilt unangefochten als normsetzende Organisation, auch wenn dieser Prozess seit Mitte der neunziger Jahre praktisch zum Erliegen gekommen ist. Mit ihrer Mitgliedschaft, im OSZE-Sprachgebrauch „Teilnahme" in/an der OSZE erkennen die Staaten den gesamten Werteplafonds der Organisation an. Dessen ungeachtet verletzen staatliche Institutionen einer Reihe von Teilnehmerstaaten vor allem in Ost- und Südosteuropa, im Kaukasus und in Zentralasien nahezu täglich fundamentale Menschenrechte. Dieser durchgehende Widerspruch zwischen Prinzipien und Realität ist einer der Schlüssel zum Verständnis der OSZE.

Ein zweites wesentliches Merkmal der OSZE ist ihre *geographische und politische Inklusivität*. Das Anwendungsgebiet der OSZE schließt den gesamten Raum „zwischen Vancouver und Wladiwostok" ein. Jeder der 55

Staaten im Anwendungsgebiet der OSZE ist ein Teilnehmerstaat mit grundsätzlich gleichen Rechten und Verpflichtungen. Daraus folgt logisch das Konsensprinzip bei der Beschlussfassung und ein kooperativer Politikansatz. In der Realität sind die Staaten natürlich nicht gleich in ihrer Fähigkeit, die Tätigkeit der OSZE zu beeinflussen. Wie im nächsten Abschnitt 3 zu zeigen sein wird, bestimmt ein relativ kleiner Kreis westlicher Teilnehmerstaaten maßgeblich die Politik der OSZE.

Eine weitere Eigenschaft der OSZE besteht darin, dass ihre *breit gefasste Agenda* mit der Sicherheits-, der wirtschaftlichen und der menschlichen Dimension zumindest grundsätzlich alle Felder abdeckt, die für ein modernes Verständnis von Stabilität und Sicherheit relevant sind. In der Geschichte der KSZE hat diese breite thematische Anlage vor allem dazu gedient, Dimensions-übergreifende „Paketlösungen" zu ermöglichen (Schlotter 1999) und damit den Spielraum für Kompromisse zu vergrößern. Heute erlaubt diese breite Politikanlage zumindest grundsätzlich, alle Ursachenkomplexe zu erfassen, die für die Regulierung innenpolitischer und intraregionaler Konflikte von Bedeutung sind.

Eine Folge der gemeinsamen normativen Basis und der gleichen Verpflichtungen der OSZE-Teilnehmerstaaten ist das *hohe Niveau an Legitimität*, auf das die OSZE bauen kann. Auf dieser Basis haben sich die KSZE-Teilnehmerstaaten auf dem Prager Treffen des Rates der Außenminister 1992 das Recht zugesprochen, „dass in Fällen von eindeutigen, groben und nicht behobenen Verletzungen einschlägiger KSZE-Verpflichtungen einschlägige Maßnahmen durch den Rat bzw. den Ausschuss Hoher Beamter getroffen werden können, erforderlichenfalls auch ohne Zustimmung des betroffenen Staates" (Prager Dokument 1992, Pkt. 16). Die legitimatorische Grundlage für ein solches Vorgehen mit politischen Mitteln und außerhalb des Gebietes des betroffenen Staates ist die Verknüpfung der Sicherheits- mit der menschlichen Dimension dergestalt, dass eine Verletzung grundlegender Menschen- und Minderheitenrechte als Gefährdung für Stabilität und Sicherheit begriffen wird, mit der sich jeder Staat befassen darf.

Zusammengenommen erlauben es diese vier politischen Grundcharakteristika der OSZE, sich in begrenzter und kooperativer Weise mit friedlichen Mitteln in die inneren Angelegenheiten ihrer Teilnehmerstaaten einzumischen. Dies stellt das Fundament der Konfliktregulierungsfähigkeit der OSZE dar.

3. Institutionelle und operative Aspekte der OSZE

Die OSZE wurde nicht am grünen Tisch konzipiert, sondern entstand in mehreren Institutionalisierungsschüben bei der Suche nach Antworten auf aktuelle Krisen. Das Ergebnis sind komplex-hybride Organisations- und Entscheidungsstrukturen, wobei die Organisation selbst nur über eine sehr schwache Autonomie verfügt, die Teilnehmerstaaten hingegen über nahezu alle relevanten Aspekte des Politikprozesses bestimmen. Im folgenden werden Haushalt und Personal der OSZE, ihre Entscheidungs- und Organisationsstrukturen sowie ihre thematisch orientierten Institutionen kurz dargestellt.

Haushalts- und Personalstruktur. Das Budget der OSZE stieg von 12 Mio. € im Jahr 1993 steil auf 205 Mio. € im Jahr 2000 an, um dann wieder leicht auf 187,3 Mio. € in 2002 abzufallen. Damit verzeichnet die Organisation zwischen 1993 und 2002 eine Vervielfachung ihrer Mittel etwa um den Faktor 15. Nahezu 82 Prozent des Haushalts 2002 wurden für Feldaktivitäten ausgegeben. Etwa elf Prozent wurden für zentrale Strukturen, insbesondere das Sekretariat genutzt, und sieben Prozent entfielen auf die drei OSZE-Institutionen, das Büro für demokratische Institutionen und Menschenrechte, den Hohen Kommissar für nationale Minderheiten und den OSZE-Beauftragten für Medienfreiheit. Damit stellt die OSZE eine extrem schlanke und kosteneffiziente internationale Organisation dar.

Ende 2002 arbeiteten insgesamt 3.370 Personen für die OSZE. Davon waren 370 direkt von der Organisation beschäftigt. Für dieses Personal gilt in der professionellen Kategorie eine Höchstbeschäftigungszeit von bis zu zehn Jahren, denn die OSZE soll nach dem Willen ihrer Teilnehmerstaaten keine Karriereorganisation sein. Kehrseite dessen ist ein recht begrenztes institutionelles Gedächtnis. Eine zweite Kategorie stellt sekundiertes internationales Personal dar, derzeit etwa 1.000 Personen, die vor allem in den Feldmissionen für einen begrenzten Zeitraum zwischen einem halben und mehreren Jahren eingesetzt werden. Sekundiertes Personal wird von den Entsendestaaten bezahlt. Eine dritte Personalkategorie sind die Ortskräfte der Feldmissionen, derzeit etwa 2.000 Personen, die zunehmend auch über reine Hilfs- und administrative Tätigkeiten hinaus eingesetzt werden.

Entscheidungs- und Organisationsstrukturen. Die OSZE gilt weithin als eine Konsensorganisation, in welcher der Konsenszwang ihre Funktionstüchtigkeit beeinträchtigt. In Wirklichkeit ist Konsens lediglich für die Verabschiedung von Haushalten und Missionsmandaten erforderlich. Alle anderen operativen und politischen Aspekte der Führung der Organisation fallen in die Kompetenz des Amtierenden Vorsitzenden, der sie in Konsultation mit wichtigen Teilnehmerstaaten, darunter in (fast) jedem Fall den „Großen Fünf" (USA, Russland, Großbritannien, Frankreich, Deutschland) ausübt. Dies hat zur Folge, dass die Masse der Staaten an vielen Entscheidungsprozessen nur schwach beteiligt ist, wogegen selbst ein Mitgliedsstaat von EU und NATO, die Niederlande, einmal formellen Protest eingelegt haben. Diese weithin informelle Art der Entscheidungsfindung vergrößert vor dem Hintergrund schwacher formaler Strukturen den Einfluss der größeren Staaten, allen voran den der USA, und schmälert denjenigen kleinerer oder ärmerer Staaten. Große und/oder wohlhabende Staaten haben darüber hinaus die Möglichkeit,

Neue Europäische Sicherheitsarchitektur III 277

die Politik der OSZE durch die Sekundierung von Personal und die Bereitstellung „freiwilliger Beiträge" für Projekte ihres Interesses zu beeinflussen. Die zentralen Strukturen der OSZE, insbesondere das Sekretariat, sind politisch, völkerrechtlich und organisatorisch relativ schwach ausgestaltet. In politischer Hinsicht ist bedeutsam, dass der Generalsekretär der OSZE (im Gegensatz zum Generalsekretär der VN) kein politisches Mandat innehat, und dass er und das Sekretariat sich nur einer sehr begrenzten organisatorischen und gar keiner politischen Autonomie erfreuen. Diese engen Grenzen werden von jährlich wechselnden Vorsitzenden immer wieder neu justiert. In völkerrechtlicher Hinsicht ist die OSZE in einer schwachen Position, da sie nicht einmal ein partielles Völkerrechtssubjekt darstellt. Damit dürfte die OSZE wohl die einzige internationale Organisation dieser Größenordnung ohne Rechtsfähigkeit sein. Dies stellt nicht nur eine Prestigefrage dar, sondern erschwert es der Organisation, Abkommen mit (Gast-)Staaten zu schließen und ihr Personal durch Immunität zu schützen. 54 Teilnehmerstaaten wollen der OSZE irgendeine Form von Rechtsfähigkeit verleihen, die USA hingegen blockieren diesen Schritt. Die zentralen OSZE-Strukturen sind auch in organisatorischer Hinsicht schwach. Das Sekretariat hat weder das Mandat noch die Fähigkeit, eine Organisation mit derzeit etwa 3.400 Mitarbeitern zu führen, zu kontrollieren, geschweige denn, für sie zu planen. Im Ergebnis dessen erfreuen sich die einzelnen Organisationselemente der OSZE, also ihre Institutionen und Feldmissionen, eines hohen Grades an Autonomie und geringer Kontrolle. Insgesamt stellt die OSZE ein Beispiel *per excellence* für eine nur schwach autonome internationale Organisation dar, die umso bessere Ansatzpunkte für die Durchsetzung spezifischer Interessen starker Teilnehmerstaaten bietet.

Die Organisationsstruktur der OSZE

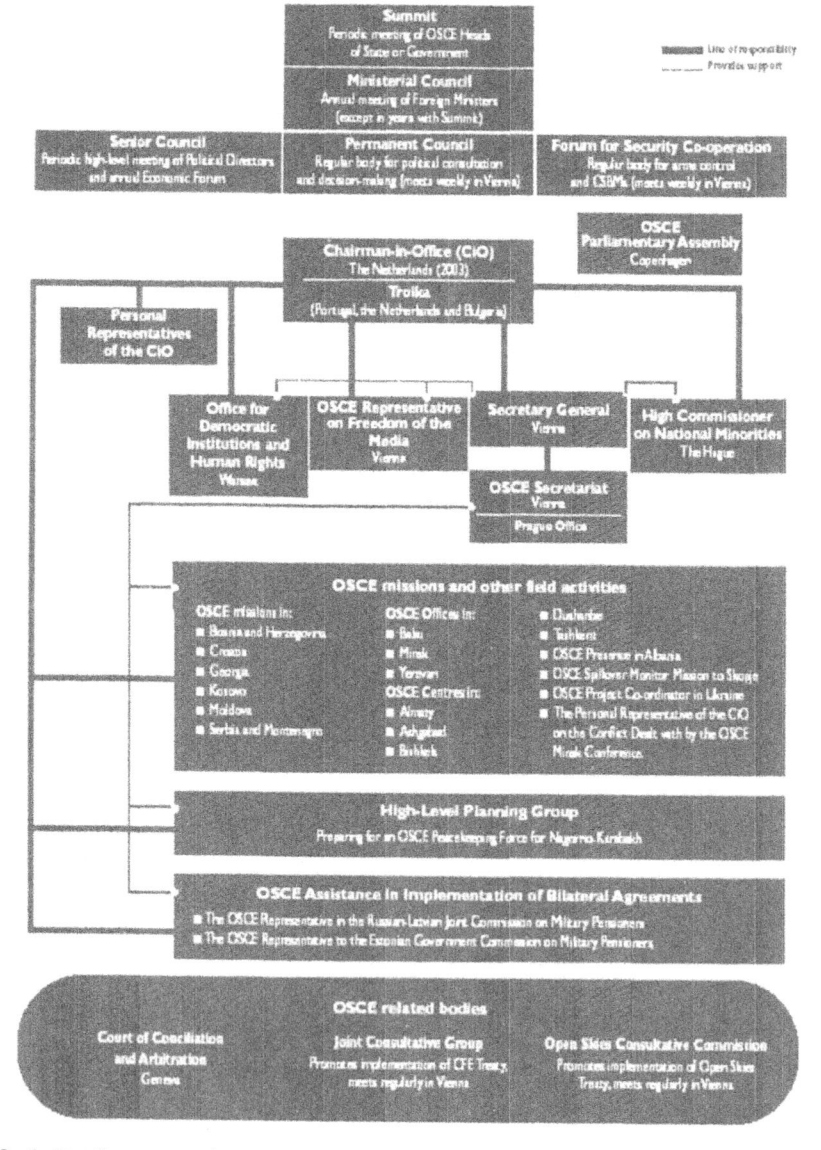

Quelle: http://www.osce.org/general/gen_info_pics/organigram.pdf

Das Büro für demokratische Institutionen und Menschenrechte (BDIMR). Auf dem Pariser KSZE-Gipfeltreffen 1990 wurde ein kleines „Büro für Freie Wahlen" gegründet, das 1992 in BDIMR umbenannt und mit zusätzlichen Aufgaben betraut wurde. Das BDIMR beobachtet u.a. Wahlen in OSZE-Staaten und unterstützt Regierungen bei der Ausarbeitung von Wahlgesetzgebungen, es organisiert die jährlichen *Human Dimension Implementation Meetings* und zahlreiche andere Seminare, unterstützt die neuen Demokratien beim Aufbau demokratischer Institutionen und führt in diesem Rahmen eine große Zahl von Projekten durch. Dabei arbeitet das BDIMR eng mit dem Europarat und einer Reihe von Nicht-Regierungsorganisationen (NRO) zusammen. Das BDIMR ist heute die führende gesamteuropäische Einrichtung für Wahlbeobachtung. Im Jahr 2000 beobachteten mehr als 3.000 BDIMR-Beobachter 15 Wahlen. Diese Aktivitäten werden von der Abteilung Wahlen des BDIMR organisiert. Die Demokratisierungsabteilung führt Programme zur Stärkung demokratischer Institutionen und der Rechtsstaatlichkeit, zum Schutz von Menschenrechten und für die Gleichstellung sowie zum Kampf gegen den Menschenhandel durch. Eine kleine Beobachtungsabteilung verfolgt die Einhaltung der Verpflichtungen der menschlichen Dimension durch die Teilnehmerstaaten, die Kontaktstelle für Roma- und Sinti-Fragen organisiert Informationsaustausch und Unterstützung. Das BDIMR beschäftigt derzeit mehr als 80 Personen, sein Haushalt lag 2002 bei 8,45 Mio. €. Bis Ende 2002 war der Schweizer Botschafter Gérard Stoudmann BDIMR-Direktor, ihm folgte der österreichische Botschafter Christian Strohal (Oberschmidt 2001, ODIHR 2001).

Die Institution des *Hohen Kommissars für nationale Minderheiten (HKNM)* wurde auf dem KSZE-Gipfeltreffen von Helsinki 1992 auf eine niederländische Initiative hin eingerichtet. Sein Mandat beauftragt den HKNM, sich mit solchen Minderheitenkonflikten zu befassen, „die sich noch nicht über ein Frühwarnstadium hinaus entwickelt haben, die jedoch nach Einschätzung des Hohen Kommissars das Potential in sich bergen, sich im KSZE-Gebiet zu einem den Frieden, die Stabilität und die Beziehungen zwischen den Teilnehmerstaaten beeinträchtigenden Konflikt zu entwickeln" (Helsinki Dokument 1992, Kap. II, Ziff. 3). Damit ist der HKNM eindeutig kein Minderheiten-Ombudsmann, sondern ein Instrument der sicherheitspolitischen Dimension. Da er jedoch auf der Grundlage der OSZE-Prinzipien der menschlichen Dimension arbeitet und damit die Sicherheits- und die menschliche Dimension in einzigartiger Weise verbindet, stellt er ein innovatives Instrument für Frühwarnung und Konfliktverhütung dar. Der frühere niederländische Außenminister Max van der Stoel diente als erster HKNM von 1993 bis 2001, ihm folgte der schwedische Diplomat Rolf Ekéus.

Der Hohe Kommissar arbeitet unabhängig, unparteiisch und vertraulich. Er entscheidet selbst, wo er tätig werden will und konsultiert dabei lediglich den Amtierenden Vorsitz. Der HKNM arbeitet mit einem *Top-Down*-Ansatz und bespricht Minderheitenfragen mit Präsidenten, Ministerpräsidenten und den zuständigen Ministern, während örtliche Mandatsträger und NRO lediglich so weit erforderlich einbezogen werden. Nach solchen Diskussionen gibt der HKNM häufig Empfehlungen ab, er hat jedoch keine Möglichkeit, deren Umsetzung zu erzwingen. Bisher war der HKNM in mehr als einem Dutzend Transformationsländern tätig, so in Albanien, Estland, Georgien, Kasachstan, Kirgisistan, Kroatien, Lettland, Mazedonien, Moldau, Rumänien, Russland, der Slowakei, der Ukraine und Ungarn. Die beiden einzigen westlichen Länder, in denen er aktiv wurde, sind Griechenland und die Türkei, wobei sich letztere erst nach längerem Zögern bereit erklärte, mit dem HKNM zu sprechen. Der HKNM hat in enger Zusammenarbeit mit der EU-Kommission wesentlich dazu beigetragen, ethnopolitische Konflikte in Kandidatenländern vor deren Beitritt zur Europäischen Union zu entschärfen, so in Estland, Lettland, Rumänien und der Slowakei (Horváth 2002, Sarv 2002). Ob er diese Aufgabe weiter verfolgen kann und soll, nachdem diese Länder 2004 der EU beigetreten sein werden, ist eine offene politische Frage (insgesamt: Kemp 2001, Zellner 2001).

Der *OSZE-Beauftragte für Medienfreiheit* wurde auf eine deutsche Initiative hin auf dem Lissabonner Gipfeltreffen der OSZE 1996 eingerichtet. Zum ersten Amtsinhaber wurde 1997 der deutsche Politiker Freimut Duve gewählt. Sein Mandat stellt dem Beauftragten eine dreifache Aufgabe: Erstens nimmt er eine Frühwarnfunktion wahr, indem er die Medienentwicklung in den Teilnehmerstaaten hinsichtlich der Einhaltung von OSZE-Prinzipien beobachtet. Zweitens konzentriert er sich auf schnelle Initiativen in Fällen ernsthafter Nichteinhaltung, und drittens berichtet er regelmäßig dem Ständigen Rat. In der Praxis verfolgt Duve einen projektorientierten Ansatz und veranstaltet häufig Seminare und Konferenzen. Er scheut auch nicht davor zurück, Fälle von Medienmissbrauch oder -unterdrückung in westlichen Ländern anzuprangern, etwa in Deutschland oder Italien (OSCE Representative on Freedom of the Media 2002).

Im Unterschied zu den o.g. drei Institutionen ist das *Forum für Sicherheitskooperation (FSK)* ein Beschlussgremium, in dem alle 55 Staaten vertreten sind. Das FSK wurde 1992 eingerichtet und dient als Rahmen für Verhandlungen über Abrüstung und Rüstungskontrolle einschließlich Vertrauens- und Sicherheitsbildender Maßnahmen (VSBM) sowie zur Überwachung von deren Implementierung. Das FSK hat das Wiener Dokument 1992 über VSBM und dessen Fortschreibungen 1994 und 1999 erarbeitet, ferner u.a. Dokumente zum globalen Austausch militärischer Information und zur Nichtweiterverbreitung. Der 1994 erarbeitete „OSZE-Verhaltenskodex zu politisch-militärischen Aspekten der Sicherheit" stellt zumindest auf normativer Ebene einen Durchbruch dar, indem er die Teilnehmerstaaten auf eine demokratische Verfassung und Kontrolle ihrer Streitkräfte sowie auf den Grundsatz der Verhältnismäßigkeit beim Einsatz von Streitkräften bei inneren Krisen verpflichtet. Allerdings wurde der Kodex in der Praxis vielfach sträflich missachtet, wobei das Verhalten der Russischen Föderation in beiden Tschetschenienkriegen nur einen besonders krassen Fall darstellt. Auf regionaler Ebene unterstützte die OSZE die Ausarbeitung von drei Rüstungskontrollabkommen für Bosnien-Herzegowina, das frühere Jugoslawien und seine Nachbarstaaten. In den vergangenen Jahren ist die Bedeutung des FSK stark zurückgegangen. Auf Grund der veränderten Lage in Europa haben die Wiener Dokumente an Bedeutung verloren. Zudem hat die NATO eine Reihe von Aufgaben, etwa im Bereich militärischer Kooperation, übernommen, mit denen ursprünglich das FSK betraut war. Und schließlich betraf der allgemeine Niedergang von Abrüstung und Rüstungskontrolle (vgl. den Beitrag von Martin Kahl im vorliegenden Band) auch das FSK (Lachowski/Rotfeld 2001).

4. Die Vor-Ort-Aktivitäten der OSZE

Die Vor-Ort-Aktivitäten stellen das Kernstück der heutigen OSZE und gleichzeitig ihren wichtigsten komparativen Vorteil gegenüber anderen internationalen Organisationen dar. Die OSZE betreibt heute 18 aktive Missionen und andere Vor-Ort-Aktivitäten, sechs haben ihre Tätigkeit bereits eingestellt. Damit deckt sie die drei wichtigsten Krisenregionen Balkan, Kaukasus und Zentralasien nahezu vollständig ab. In Westeuropa gibt es keine Vor-Ort-Aktivitäten der OSZE.

Vor-Ort-Aktivitäten der OSZE in Situationen instabilen Friedens. Die Ende 2001 gegen den Widerstand der Russischen Föderation geschlossenen OSZE-Missionen in *Estland* (Neukirch 2003) und *Lettland* (Machl 2002) können als klare Erfolge bewertet werden. In den frühen neunziger Jahren galten die Konflikte zwischen ethnischen Esten und Letten und den großen Russisch sprechenden Minderheiten in diesen beiden Ländern wegen eines möglichen Konflikts mit Russland als mit am gefährlichsten in Europa. Kernfragen waren Naturalisierung und Zugang zur Staatsbürgerschaft sowie der Gebrauch des Russischen im öffentlichen Leben und im Bildungswesen. Obwohl diese Probleme, insbesondere in Lettland, noch nicht als abschließend gelöst gelten können, stellen sie nicht länger eine Bedrohung für Sicherheit und Stabilität in Europa dar. Dies ist von überragender Bedeutung, insbesondere mit Blick auf die EU-Erweiterung. In enger Zusammenarbeit mit den beiden Missionen leistete der HKNM dafür einen, wenn nicht den entscheidenden Beitrag. Ein vergleichbares Ergebnis erzielte die OSZE in *Rumänien* und in der *Slowakei*, wo zwar keine Feldmissionen tätig waren, jedoch seit 1993 der HKNM. Die Konflikte bezüglich der ungarischen Minderheiten in diesen Ländern wurden Anfang der neunziger Jahre von einigen Fachleuten als die zweitbrisantesten nach denjenigen Post-Jugoslawiens eingeschätzt. Heute dürfen diese Konfliktkonstellationen zumindest in einem sicherheitspolitischen Sinne als im wesentlichen gelöst gelten (Horváth 2002). Auffallend ist, dass sich alle vier genannten Erfolgsfälle auf EU-Beitrittskandidaten beziehen. Dies ist zum einen darauf zurückzuführen, dass diese Staaten über eine besondere Motivation verfügen, ethnopolitische Probleme in ihren Ländern vor dem Beitritt zu lösen. Zum anderen gab es eine enge Abstimmung und Aufgabenteilung zwischen der EU-Kommission und der OSZE und hier insbesondere dem HKNM.

Zumindest Teilerfolge sind in der *Ukraine* zu verzeichnen, wo die 1994 eingerichtete OSZE-Mission 1997 durch einen Projektkoordinator mit engerem Mandat ersetzt wurde. Dort gelang es mit Hilfe der OSZE-Mission und des HKNM, das Problem der Krimautonomie zumindest so weit zu lösen, dass es kein internationales Sicherheitsproblem mehr darstellt, während die Fortschritte bei der Verbesserung der Lage nationaler Minderheiten, insbesondere der Krimtataren, sehr begrenzt blieben (Büscher 1999, Kulyk 2002).

Mehr oder weniger deutliche Misserfolge hingegen sind in Belarus und in Mazedonien vor dem Frühjahr 2001 zu verzeichnen. In *Belarus* gelang es nicht, dem Lukaschenko-Regime wesentliche Zugeständnisse abzutrotzen. Im Gegenteil, Ende 2002 drängte die Regierung von Belarus die Berater- und Beobachtergruppe der OSZE beinahe aus dem Land hinaus. Zwar konnte die Gruppe Anfang 2003 ihre Aktivitäten neu starten, aber nur auf der Grundlage eines schwächeren Mandats. Der einzige Teilerfolg in Belarus liegt in der Förderung von NRO (Wieck 2002). In *Mazedonien* war die OSZE genauso wenig wie zahlreiche andere internationale Organisationen in der Lage, die Eskalation zu einem Beinahe-Bürgerkrieg im Frühjahr und Sommer 2001 vorherzusehen, geschweige denn zu verhindern.

Vor-Ort-Aktivitäten der OSZE in Situationen akuter Krisen. 1997 drohte in *Albanien* ein allgemeiner Staatszusammenbruch. Unter dem Schutz der von Italien geführten Militäroperation „Alba" gelang es der OSZE im Zusammenspiel zwischen dem Persönlichen Beauftragten des Amtierenden Vorsitzes, dem früheren österreichischen Bundeskanzler Franz Vranitzky, und der rasch eingerichteten OSZE-Präsenz in Albanien, das Land in geordnete Bahnen zurückzuführen und die Abhaltung von Wahlen sowie den Aufbau demokratischer Institutionen zu unterstützen. Dabei koordinierte die OSZE die Bemühungen aller anderen beteiligten internationalen Organisationen (Imholz 2001).

Teilerfolge konnte die OSZE im ersten Tschetschenienkrieg, in Tadschikistan und in Mazedonien nach März 2001 erzielen. In *Tschetschenien* trug die OSZE 1995 sichtbar zum Zustandekommen einer Waffenruhe bei, deren Wirkung allerdings später marginalisiert wurde (Gyarmati 1996). In *Tadschikistan* unterstützte die Organisation als Juniorpartner der VN die letztlich erfolgreichen inter-tadschikischen Gespräche, die 1997 zu einer gemeinsamen Regierung der ehemaligen Bürgerkriegsgegner führten, die auch heute noch besteht (Seifert 1999, Jonson 2002). Bei der Lösung des Konflikts in *Mazedonien* im Jahre 2001 spielten die EU und die NATO die Hauptrollen, beteiligt an der Herbeiführung des Rahmenabkommens vom August 2001, das den (heißen) Konflikt beendete, war allerdings auch der Persönliche

Vertreter des Amtierenden Vorsitzes, Van der Stoel. Zudem stellt die durch Van der Stoel initiierte Gründung der *South East European University in Macedonia*, die 2001 ihren Lehrbetrieb in albanischer, englischer und mazedonischer Sprache aufnahm, ein wichtiges Elemente zur längerfristigen Lösung eines der Kernprobleme des Landes – albanischsprachiger Universitätsausbildung – dar (Van der Stoel 2002). Nach August 2001 trug die OSZE durch die Beobachtung der Lage in kritischen Regionen, die Beobachtung der Parlamentswahlen im September 2002 und die Ausbildung multiethnischer Polizeikräfte wesentlich zu einer Konsolidierung der Lage bei (Schenker 2002).

In zwei Fällen war die OSZE ganz eindeutig nicht erfolgreich, und zwar im zweiten Tschetschenienkrieg und mit der Kosovo-Verifizierungsmission. Zwar konnte die OSZE-Unterstützungsgruppe 2001 nach *Tschetschenien* zurückkehren, von wo sie aus Sicherheitsgründen nach Moskau evakuiert worden war, ihr Aufgabenbereich blieb jedoch im wesentlichen auf humanitäre Fragen begrenzt (Missong 2001). Ende 2002 musste die Gruppe abgezogen werden, da Russland nicht bereit war, ihr Mandat zu verlängern. Verhandlungen zwischen dem niederländischen Vorsitz und der russischen Regierung waren bei Abfassung dieses Artikels noch nicht abgeschlossen. Es zeichnet sich jedoch ab, dass die Russische Föderation auf einer Begrenzung des Mandats auf humanitäre Fragen besteht, was für eine politische Organisation wie die OSZE kaum akzeptabel sein dürfte. Die *Kosovo-Verifizierungsmission*, welche die Einhaltung des im Herbst 1998 abgeschlossenen Holbrooke-Milosevic-Abkommens überwachen sollte, war mit dieser Aufgabe von Anfang an überfordert. Zum einen wurde das Abkommen von beiden Seiten immer häufiger verletzt, so dass es zumindest einer robusten *Peace-Keeping*-Truppe bedurft hätte, um seine Einhaltung durchzusetzen. Zum anderen erreichte die Mission nie ihre geplante Soll-Stärke. Dazu kam, dass die Aktivitäten der Mission unter einem US-amerikanischen Missionsleiter seitens der Russischen Föderation als operative Vorbereitung des folgenden Luftkriegs der NATO gegen Serbien interpretiert wurden (Matwejew 1999). Wenige Tage vor Beginn der Luftangriffe wurde die Mission auf Weisung des norwegischen Vorsitzenden abgezogen.

Vor-Ort-Aktivitäten der OSZE in Situationen „eingefrorener" Konflikte. Auf diesem Eskalationsniveau sind Teilerfolge in der *Republik Moldau* und in *Georgien* zu verzeichnen, während die Minsker Konferenz der OSZE über den *Berg-Karabach-Konflikt* bisher wenig erfolgreich war. In Moldau gelang es bisher nicht, in der Statusfrage bezüglich Transnistriens einen Durchbruch zu erzielen, auch wenn die erheblichen Anstrengungen des niederländischen Vorsitzes Anfang 2003 zumindest zu operativen Fortschritten und gesteigerten Erwartungen führten. Bei der Zerstörung von rund 40.000 Tonnen russischer Waffen und Munition konnten jedoch mit (auch finanzieller) Unterstützung der OSZE erste Fortschritte erreicht werden (Hill 2002). Ähnlich die Lage in Georgien: Auch hier sind in der Statusfrage bezüglich Südossetiens, für das die OSZE verantwortlich ist (während die UN Abchasien bearbeiten), keine Fortschritte zu verzeichnen. Andererseits trug die Überwachung der georgischen Grenzen zu Tschetschenien und Inguschetschien dazu bei, eine mögliche Eskalation und ein Zusammenwachsen der verschiedenen Konfliktherde zu vermeiden (Tagliavini 2001, Heinrich 2001). Die Minsker Konferenz konnte trotz zahlreicher Verhandlungsansätze bisher keinen Durchbruch erzielen. Gleichzeitig ist dies der einzige Konflikt, für den sich die OSZE im Rahmen ihrer *High Level Planning Group* konkret auf die Entsendung einer *Peace-Keeping*-Mission vorbereitet.

OSZE-Missionen in Nachkonfliktsituationen. OSZE-Missionen bearbeiten Nachkonfliktsituationen in Bosnien-Herzegowina (Prsa 2002) und Kroatien (Merlingen/Mujić 2002) seit 1996, im Kosovo (Knoll/Jonston Molina 2002) seit 1999, in Serbien und Montenegro (Sannino 2002) seit 2000 und in Mazedonien seit 2001. Für die Beurteilung des Erfolgs bzw. Misserfolgs dieser Missionen ist eine viel längere Zeitperspektive erforderlich als für Missionen, die Krisen verhüten oder bearbeiten sollen. Von daher können hier nur drei vorläufige Beobachtungen wiedergegeben werden. Zwei der fünf Missionen arbeiten in Quasi-Protektoraten, wo die OSZE und andere internationale Organisationen Aufgaben übernehmen, die normalerweise souveränen Staaten obliegen, etwa die Durchführung von Wahlen. Abgesehen von Kroatien und Serbien und Montenegro ist die Sicherheitssituation noch so labil, dass die OSZE nur unter dem militärischen Schutz der NATO bzw. in Mazedonien neuerdings der EU arbeiten kann. Und schließlich kommen in Bosnien-Herzegowina und im Kosovo zu den „normalen" Schwierigkeiten einer Nachkriegssituation ungelöste Statusfragen, die jenseits der Einwirkungsmöglichkeiten der OSZE, geschweige denn einzelner ihrer Missionen liegen. Ungeachtet der noch nicht beantwortbaren Frage nach ihrem Gesamterfolg können zahlreiche Einzelleistungen der großen Balkan-Missionen der OSZE identifiziert werden. So organisierten bzw. beobachteten OSZE-Missionen mehr als ein Dutzend Wahlen. Im Kosovo, Südserbien und in Mazedonien bildet die OSZE multiethnische Polizeikräfte aus. Und in allen fünf Einsatzgebieten führt die OSZE ein breites Spektrum von Projekten durch, die u.a. auf den Aufbau demokratischer Institutionen und freier Medien, die Förderung der Rechtsstaatlichkeit durch zahlreiche Ausbildungsprogramme, die Bekämpfung des Menschenhandels und die Förderung von Nichtregierungsorganisationen zielen.

5. Zur politischen Funktionsweise der OSZE

Die OSZE ist eine internationale Organisation mit geringer institutioneller Autonomie, deren Funktionieren unmittelbar vom Interesse und von den Initiativen zentraler (Gruppen von) Teilnehmerstaaten abhängt. Dies betrifft in erster Linie die Russische Föderation, die USA und die EU und ihre Mitgliedsstaaten. Von diesem Kräftedreieck hängt entscheidend ab, in welche Richtung sich die OSZE weiterentwickeln kann.

Die Russische Föderation. Ohne aktive russische Mitarbeit würde die OSZE viel von ihrer Daseinsberechtigung verlieren. Zwei der drei Hauptkrisenregionen, in denen die OSZE tätig ist, der Kaukasus und Zentralasien, grenzen an Russland. Offensichtlich verfolgt die Russische Föderation zahlreiche Interessen in diesen Regionen. Dauerhafte Lösungen für die Konflikte dort dürften ohne russische Kooperation kaum möglich sein. Obwohl die KSZE immer wieder als Bühne für die Anprangerung sowjetischer Menschenrechtsverletzungen gedient hatte, nahm die Sowjetführung eine grundsätzlich positive Haltung zur KSZE ein, weil ihr deren Prinzipien den territorialen Status quo in Europa zu garantieren schienen. Diese positive Grundhaltung zur KSZE/OSZE ging nach 1991 auf die russische Führung über, die bald die ‚neue' KSZE/OSZE für ihre spezifischen Zwecke einzusetzen trachtete. Ziel dabei war, über eine Ausgestaltung der KSZE/OSZE als sicherheitspolitischer Rahmenorganisation in Europa die NATO zu ersetzen, zu schwächen oder zumindest in ihrer politischen Bedeutung zu relativieren. Spätestens Mitte der neunziger Jahre hatte sich diese Hoffnung zerschlagen.

Aus drei Gründen ist die OSZE für die Russische Föderation heute nur noch von zweitrangiger Bedeutung. *Erstens* führte der NATO-Luftkrieg gegen Serbien 1999 und die Rolle der Verifizierungsmission der OSZE in diesem Zusammenhang bei Russland zu der Perzeption, dass die OSZE nicht nur kein Gegengewicht zur NATO darstellte, sondern im Gegenteil deren Operationen auch noch unterstützte. Aus russischer Sicht stellte die Kosovo-Verifizierungsmission eine direkte Vorbereitung des NATO-Luftkriegs dar. Ein Mitglied der russischen OSZE-Vertretung schrieb dazu, „dass der Präzedenzfall der Kosovo-Verifizierungsmission, die 1998-1999 eingerichtet wurde, die OSZE derart an die NATO band, dass sie in der Praxis in bestimmten militärischen Aspekten der Politik des Bündnisses untergeordnet war (Militärberichterstattung, nachrichtendienstliche Daten). Offensichtlich diente die OSZE-Mission als Deckmantel oder zur Tarnung für bestimmte Aktivitäten von NATO-Staaten, die zur Vorbereitung auf den Krieg gehörten" (Matwejew 1999: 72).

Zweitens kritisiert die Russische Föderation bereits seit Jahren die geographische und inhaltliche Einseitigkeit der OSZE-Politik sowie die Machtfülle des Amtierenden Vorsitzes. Russland bemängelt insbesondere, dass sich die OSZE-Aktivitäten fast ausschließlich und ihre Feldaktivitäten ausnahmslos auf den Osten Europas beziehen. In dieser Hinsicht formuliert die Russische Föderation eine verbreitete Haltung der Gaststaaten von Missionen, die diese mehrheitlich als ein abzulegendes „Stigma" empfinden. Darüber hinaus kritisiert die Russische Föderation die übermäßige Schwerpunktsetzung auf die menschliche Dimension unter Vernachlässigung von Wirtschafts- und Sicherheitsfragen. Beide Kritikpunkte verbinden sich in dem

Vorwurf an den Westen, mit doppeltem Maß zu messen. Schließlich kritisiert Russland den breiten politischen Ermessensspielraum des Amtierenden Vorsitzes und der Missionsleiter, den diese nutzen würden, um nicht konsensfähige Positionen als Haltung der OSZE auszugeben. Die Russische Föderation fordert daher eine stärkere Formalisierung der Arbeitsgremien und -prozesse der OSZE. Hinter dieser Kritik steht die Tatsache, dass Russland in OSZE-Führungspositionen nur schwach vertreten ist und deswegen den Entscheidungsprozess von innen heraus kaum beeinflussen kann.

Drittens relativiert die neue Qualität der Zusammenarbeit zwischen der Russischen Föderation und den USA nach den Terroranschlägen des 11. September 2001 die Bedeutung der OSZE für die russische Führung. Zwar sieht man es dort gerne, dass sich die OSZE verstärkt dem Kampf gegen den Terrorismus widmet, schließlich war es Russland, das bereits seit 1993 vor Terrorismus und islamistischem Extremismus an seinen Südgrenzen gewarnt hatte. Andererseits aber braucht man wegen der neuen Nähe zu den USA die OSZE nicht mehr als Gegengewicht zur NATO und kann darüber hinaus verbuchen, dass die USA und westeuropäische Länder das Thema der russischen Menschenrechtsverletzungen in Tschetschenien nicht mehr bzw. nur noch deutlich abgeschwächt ansprechen. Das bedeutet, dass sich die Relevanz der OSZE für die Russische Föderation ungekehrt proportional zu deren Nähe zu den USA darstellt und damit von den Konjunkturen im Verhältnis dieser beiden Länder abhängig bleibt.

Die Vereinigten Staaten von Amerika sind schon deshalb von zentraler Bedeutung für die OSZE, weil sie die einzige Weltmacht sind, und weil Lösungen in zentralen Konflikten, in denen die OSZE engagiert ist, bisher niemals ohne ein aktives Engagement der USA zustande kamen. Angesichts der russischen Ambitionen waren die USA nach 1990 bestrebt, alles zu vermeiden, was die KSZE/OSZE zu einer potentiellen Rivalin der NATO hätte machen können. Dies wurde im wesentlichen dadurch erreicht, dass man den Grad der Institutionalisierung und Autonomie der OSZE niedrig hielt. Das US-Interesse an der OSZE ist das an einem flexiblen Instrument, nicht an einer starken internationalen Organisation, dieses Interesse jedoch ist durchaus gegeben. Zudem machte es die institutionelle und organisatorische Schwäche der OSZE den USA als stärkstem Teilnehmerstaat leicht, die Organisation für ihre spezifischen Belange einzusetzen. Dazu zählen traditionell Demokratie- und Menschenrechtsfragen einschließlich Wahlbeobachtung und Unterstützung bei der Institutionenbildung, die wirtschaftliche Dimension, Polizeiangelegenheiten, in regionaler Hinsicht Zentralasien und nach dem 11. September 2001 der Kampf gegen den Terrorismus. Die Tatsache, dass die USA in Wien die zahlenmäßig stärkste Vertretung bei der OSZE unterhalten und im US-Kongress eine eigene „Commission on Security and Cooperation in Europe" die OSZE-Politik der USA verfolgt, ändert nichts daran, dass die OSZE wie auch das Thema ziviler Konfliktbearbeitung nur einen geringen Stellenwert in der US-Außenpolitik einnehmen. Ungeachtet dessen ist der

Einfluss der USA in der OSZE überragend, sie können ihre Interessen dort weitestgehend durchsetzen, während umgekehrt Positionen gegen die USA auch dann nicht durchsetzbar sind, wenn diese in einer spezifischen Frage (wie der des Rechtsstatus der OSZE) eine andere Haltung einnehmen als die restlichen 54 Teilnehmerstaaten.

Die Einflussmöglichkeiten der *Europäischen Union* in der OSZE nehmen sich auf dem Papier beeindruckend aus: Die EU stellt mehr als ein Viertel der Teilnehmerstaaten, zusammen mit den Beitrittsländern knapp die Hälfte, und steuert etwa zwei Drittel der Finanzbeiträge und des sekundierten Personals bei. Die politische Wirklichkeit sieht jedoch anders aus. Obwohl die EU-Staaten in Wien ein eigenes Abstimmungsgremium unterhalten – die Koordination ihrer OSZE-Politik war die erste gemeinsame Aktion im Rahmen der Gemeinsamen Außen- und Sicherheitspolitik (GASP) der EU – sind ihre Entscheidungsprozesse langsam und ihr Einfluss in der Organisation bleibt unterproportional. Dies liegt weniger an der Stärke der USA, sondern eher an der Schwäche der GASP der EU (vgl. den Beitrag von Bernhard Rinke im vorliegenden Band). Insbesondere die drei größten EU-Staaten Großbritannien, Frankreich und Deutschland tun sich in vielen Fragen schwer, zu gemeinsamen Positionen zu kommen. In jüngster Zeit sind allerdings Entwicklungen zu beobachten, die dieses traditionelle Bild verändern. Zum einen hat die EU nicht unerhebliche Anstrengungen unternommen, um eigene Kapazitäten für zivile Konfliktbearbeitung in Feldern zu entwickeln, in denen auch die OSZE tätig ist. Ein Beispiel ist die Übernahme der Nachfolgemission der *International Police Task Force* der VN in Bosnien-Herzegowina, für die sich auch die OSZE interessiert hatte. Ungeachtet der Bekundungen von EU-Vertretern, dass die EU eng mit der OSZE zusammenarbeiten wolle, sind Aufgabenteilung und Zusammenarbeit zwischen EU und OSZE bis jetzt nicht hinreichend geklärt. Die bevorstehende EU-Erweiterung verschärft diese Frage, denn sie wird nicht nur die Agenda der beiden Organisationen im Bereich ziviler Konfliktregulierung weiter einander annähern, sondern darüber hinaus eine Reihe von Staaten – Estland, Lettland, Rumänien, die Slowakei und Ungarn – in die EU führen, in denen die OSZE bisher aktiv war. Dabei ist ungeklärt, ob etwa der HKNM weiter in den baltischen Staaten aktiv bleiben soll und kann, oder ob diese Länder mit dem EU-Beitritt automatisch aus dem Kompetenzbereich der OSZE herausfallen werden. Die OSZE hat der EU bisher eine Reihe sensitiver Aufgaben abgenommen und damit den Beitrittsprozess erheblich unterstützt, insbesondere im Bereich ethnopolitischer Konfliktlagen. Eine vergleichbare Rolle könnte sie für eine neue Nachbarschaftspolitik der erweiterten EU spielen. Auch wenn in den Fällen Belarus und Moldau Ende 2002/Anfang 2003 ein verbessertes Zusammenspiel zwischen beiden Organisationen zu beobachten war, ist noch nicht klar, inwieweit sich die EU für die Stabilisierung von *wider Europe* des multilateralen Instruments OSZE zu bedienen wünscht oder ob sie diese Aufgaben selbst erledigen will.

Zusammengenommen ist festzuhalten, dass sich die Bedeutung der OSZE für Russland stark relativiert hat, die EU noch nicht genau weiß, ob und was sie mit dem Instrument OSZE anfangen soll, während die USA diese Organisation wie bisher pragmatisch entsprechend ihrer Interessenlage einsetzen. Für die OSZE bedeutet das eine unsichere Perspektive, die in hohem Maße von den allgemeinen politischen Rahmenbedingungen sowie von der Entwicklung der Verhältnisse zwischen den USA, Russland und der EU und ihren Mitgliedsstaaten abhängig ist.

6. Ausblick

Die heutige OSZE ist eine in hohem Maße operativ tätige internationale Organisation, die sich in vielfältiger Weise, insbesondere mit Hilfe ihrer Feldaktivitäten, in die „inneren Angelegenheiten" ihrer Teilnehmerstaaten einmischt. Aus zwei Gründen muss das in Zukunft nicht so bleiben: Zum einen wird die Kritik „östlicher" Staaten lauter, westliche Teilnehmerstaaten würden ihnen in unangemessener Weise Lehren erteilen, die sie auf sich selbst nicht anwenden wollten. Zum anderen ist die OSZE eine nur schwach autonome Organisation mit einer „leichten" Struktur, die ebenso rasch abgebaut werden könnte, wie sie entstanden ist. Ob das heutige Profil der OSZE als einer Spezialorganisation zur Regulierung innenpolitischer und intraregionaler Konflikte und Krisen durch Frühwarnung, Krisenverhütung, Konfliktmanagement und Konfliktnachsorge mit nichtmilitärischen Mitteln aufrecht erhalten werden kann oder ob es sich als vorübergehendes Phänomen einer Transformationsperiode erweist, hängt aller Wahrscheinlichkeit nach von der weiteren Entwicklung von vier eng zusammenhängenden Problemkomplexen ab: erstens vom Ausmaß der weiteren Ent- bzw. Repolitisierung der OSZE, zweitens von der Fähigkeit der Organisation bzw. ihrer Teilnehmerstaaten, neue Themenfelder in einem kooperativen Ansatz zu erschließen, drittens von der weiteren Entwicklung der Vor-Ort-Aktivitäten der OSZE und viertens von der Qualität ihrer Zusammenarbeit mit der Europäischen Union.

Die Entpolitisierung der OSZE lief in zwei Phasen ab. Mitte der neunziger Jahre musste der kurz zuvor entstandene Gedanke *ad acta* gelegt werden, die OSZE könne zu einer gesamteuropäischen Sicherheitsorganisation ausgebaut werden, die, ausgestattet mit einem eigenen Sicherheitsrat, in Europa eine der globalen Rolle der VN vergleichbare Rolle spielen könne. Wenngleich dieses Ziel vor allem von der Russischen Föderation verfolgt wurde, so wurde es doch, zumindest in Aspekten, auch von einzelnen westlichen Politikern unterstützt, etwa dem damaligen Bundesaußenminister Hans-Dietrich Genscher. Mit der Aufgabe dieser Zielvorstellung war unzweifelhaft ein erster Schub von Entpolitisierung verbunden: Für die „große" europäische Ordnungspolitik hörte die OSZE auf, Gegenstand der Überlegung zu sein.

Parallel dazu entwickelte sich die OSZE zu einer Spezialorganisation für Konfliktprävention und Krisenregulierung – aber auch diese Rolle wurde bald zum Gegenstand einer zweiten Welle von Entpolitisierung der Organisation. Bereits Mitte der neunziger Jahre zeichnete sich ab, dass die OSZE immer häufiger aus der Funktion der aktiven Krisenmanagerin verdrängt und auf die Implementierung von Aufgaben der Konfliktnachsorge begrenzt wurde. Das klassische Beispiel hierfür ist Bosnien-Herzegowina, wo die OSZE 1995 mit dem Zustandekommen des Dayton-Abkommens nichts zu tun gehabt hatte, danach aber zusammen mit anderen internationalen Organisationen zu dessen Implementierung herangezogen wurde. Dies setzte sich 1999 im Kosovo fort, wo die OSZE ursprünglich als Leitorganisation vorgesehen war. Dass die UN diese Rolle übernahmen, war wesentlich der Tatsache geschuldet, dass sich Russland aus Enttäuschung über die Kosovo-Verifizierungsmission der OSZE für eine VN-Lösung stark machte. In Mazedonien schließlich war die OSZE an der Aushandlung des Rahmenabkommens vom August 2001 nur noch in zweiter Linie beteiligt. Das bedeutet, dass gerade die großen Balkan-Missionen der OSZE, die ihr quantitatives Wachstum seit Mitte der neunziger Jahre entscheidend ausmachen, die Entpolitisierung der Organisation in besonders hohem Maße widerspiegeln. Diese Entpolitisierung hat mittlerweile ein Ausmaß erreicht, das auch die Kernfunktion der OSZE, ihre Fähigkeit zur Krisenregulierung, berührt. Deshalb ist eine spürbare Repolitisierung der OSZE mittelfristig die erste und wichtigste Voraussetzung zur Aufrechterhaltung ihrer Fähigkeit zur Krisenregulierung. Der Impuls dafür kann wegen ihrer fehlenden Autonomie nicht aus der Organisation als solcher kommen, sondern nur von ihren Teilnehmerstaaten. Diese müssen entscheiden, ob sie die OSZE brauchen und wofür. Die Parlamentarische Versammlung der OSZE kann bei dieser Überlegung Hilfestellung leisten.

Ein zweiter Faktor von großer Bedeutung für die Zukunft der OSZE ist die *Entwicklung kooperativer Ansätze (auch) für neue Themenfelder*. Ihre Inklusivität und ihr kooperativer Ansatz stellen die Legitimationsgrundlage der OSZE dar und damit die Basis für ihre Fähigkeit, sich mit „inneren Angelegenheiten" ihrer Teilnehmerstaaten zu befassen. Dieses Legitimationspotential haben westliche Staaten aus östlicher Sicht in zweifacher Weise überdehnt: Zum einen durch eine inhaltliche Asymmetrie in Form einer zu starken Konzentration auf Fragen der menschlichen Dimension bei gleichzeitiger Vernachlässigung von Sicherheits- und wirtschaftlichen Problemen. Zum anderen durch eine regionale Asymmetrie – so gut wie alle Aktivitäten der Organisation beziehen sich auf den östlichen Teil ihres Anwendungsgebietes. Ohne spürbare Fortschritte in beiden Bereichen wird es für die OSZE schwer werden, die notwendige Legitimationssubstanz aufrecht zu erhalten. Deswegen sollte sie sich wieder stärker auf ihren kooperativen Sicherheitsansatz besinnen, der die Grundlage ihrer bisherigen Erfolge ausmacht. Dafür wäre es nützlich, stärker Ost-West-übergreifende Fragestellungen aufzugreifen und dabei „westliche" Teilnehmerstaaten nicht auszusparen. Zudem wäre es förderlich, die unverzichtbare Arbeit in der menschlichen Dimension durch verstärkte Aktivitäten in den Bereichen Sicherheit und Wirtschaft zu ergänzen und diese Themenbereiche in „korbübergreifenden" Projekten zu bündeln. Konkrete Themenfelder, in denen die OSZE zumindest partiell bereits tätig ist, sind die Bearbeitung der wirtschaftlichen, sozialen, politischen und kulturell-ideologischen Ursachen von transnationalem Terrorismus, der Kampf gegen den Schmuggel von Menschen, Waffen und Drogen sowie integrierte Sicherheitssektorreformen, im Rahmen derer versucht wird, die verschiedenen Elemente des Sicherheitsapparats – Polizei, Justiz, Staatsanwaltschaften, Strafvollzug etc. – auf eine rechtsstaatliche Grundlage zu stellen. Ein weiterer Aufgabenbereich betrifft die Bearbeitung von Minderheitenkonflikten innerhalb der erweiterten Europäischen Union, etwa in Lettland oder Rumänien, aber auch das übergreifende Thema der Roma und Sinti. Und schließlich wäre die OSZE gut positioniert, um mit gemäßigten Strömungen des politischen Islam einen Dialog über die Vereinbarkeit von christlich-säkular geprägten OSZE-Prinzipien und islamischen Wertvorstellungen aufzunehmen (Kreikemeyer/Seifert 2002).

Die *weitere Entwicklung der OSZE-Feldaktivitäten* steht in engem Zusammenhang mit dem eben erörterten Problemkomplex. Eine wachsende Zahl von Gaststaaten begreift die Präsenz von OSZE-Missionen auf ihrem Territorium als eine Art „Stigma", das im Interesse der Erlangung voller staatlicher Souveränität abzulegen sei. Die EU-Beitrittskandidaten Estland und Lettland waren in dieser Hinsicht bereits erfolgreich, der Ukraine und Belarus gelang es, schwächere Mandate durchzusetzen, während die Verhandlungen über die Fortführung der OSZE-Unterstützungsgruppe in Tschetschenien Anfang April 2003 noch nicht abgeschlossen waren. Auf dem Balkan wird Kroatien im Zuge seiner EU-Beitrittspläne stärker als bisher auf eine Schließung bzw. mindestens Relativierung der Rolle der OSZE-Mission drängen, in Mazedonien waren derartige Tendenzen vor der Krise im Frühjahr/Sommer 2001 zu verzeichnen. Und auch die Regierungen der zentralasiatischen Staaten wachen sorgfältig darüber, dass zumindest die Stärke des ständigen Personals in den OSZE-Zentren dort nicht erhöht wird. Demgegenüber sind OSZE-freundliche Regierungen, welche die weitere Tätigkeit der Mission in ihrem Land explizit wünschen, deutlich in der Minderzahl. Neben Armenien, Georgien und Kirgisistan sind dazu auch Serbien und Montenegro zu zählen. Wenn Aufgabenzuschnitt und Auftreten der OSZE-Missionen nicht den veränderten Bedingungen angepasst werden, dann könnte sich eine Gruppe Missions-kritischer Gaststaaten bilden, die auf einen erheblichen Abbau von OSZE-Feldaktivitäten zielen würde. Sollten diese Ambitionen erfolgreich sein, und dafür ist lediglich die Verweigerung des Konsenses bei der turnusmäßigen Verlängerung der sechs- bzw. zwölfmonatigen Mandate erforderlich, dann würde sich der Charakter der OSZE fundamental verändern. Aus einer im Bereich innenpolitischer und intraregionaler Konfliktregulierung operativ tätigen Organisation würde (wieder) ein Diskussionsforum

Neue Europäische Sicherheitsarchitektur III 291

mit einigen sektoralen Arbeitsinstitutionen. Anfang 2003 stellt dies (noch) nicht die Wirklichkeit dar, kann jedoch als mögliche Entwicklungsperspektive nicht länger ausgeschlossen werden.

Zusammenarbeit mit der Europäischen Union. Die OSZE arbeitet mit zahlreichen internationalen Organisationen zusammen, als relativ schwache Organisation ist sie auf diese Kooperation angewiesen. Aus zwei Gründen ist jedoch die Zusammenarbeit mit der EU von zentraler Bedeutung. Erstens werden die EU-Mitglieder bald rund die Hälfte der OSZE-Teilnehmerstaaten ausmachen und die EU wird geographische Räume einschließen bzw. an sie angrenzen, in denen die OSZE aktiv ist oder war. Das betrifft die baltische Region, Belarus und die Ukraine und alle Staaten des Westbalkan, denen die EU im Rahmen der *Stabilization and Association Agreements* (SAA) eine längerfristige Beitrittsperspektive gegeben hat. In diesen Regionen wird die EU die federführende Organisation sein bzw. ist sie es bereits. Aber auch im Kaukasus und in Zentralasien sind vermehrte Aktivitäten der EU zu verzeichnen. Zweitens hat die EU erhebliche Anstrengungen unternommen, eigene Fähigkeiten für militärische und zivile Krisenregulierung zu erwerben. Dies schließt Aufgabenfelder wie Polizeieinsätze oder die Ausbildung von zivilem Missionspersonal ein, in denen auch die OSZE tätig ist. Beide Faktoren machen eine qualitativ verbesserte Arbeitsteilung und Zusammenarbeit zwischen der EU und der OSZE erforderlich, wenn letztere nicht durch einen Verdrängungswettbewerb beschädigt werden soll. Zwar hat sich der Hohe Repräsentant für Gemeinsame Außen- und Sicherheitspolitik der EU, Solana, im September 2002 vor dem Ständigen Rat der OSZE für eine Vertiefung der Kooperation ausgesprochen, doch hinkt die Realisierung dieser Vorstellungen der Wirklichkeit immer noch erheblich hinterher. Dahinter steht eine gewisse Unentschlossenheit auf Seiten der EU und zahlreicher ihrer Mitgliedsstaaten hinsichtlich der Frage, welche Aufgaben die Union künftig alleine erledigen will und welche in dem weiter gefassten, inklusiveren Rahmen der OSZE bearbeitet werden sollen. Von der Antwort darauf hängen die weiteren Entwicklungsperspektiven der OSZE in erheblichem Maße ab.

Eine kurze Arbeitsdefinition der OSZE könnte lauten:

Die OSZE ist eine eher schwach institutionalisierte internationale Organisation mit nur geringer Autonomie, eine regionale Abmachung im Sinne des Kapitels VIII der VN-Charta, mit umfassender Mitgliedschaft und einem Aufgabenbereich mit dem Schwerpunkt der Regulierung innenpolitischer und intraregionaler Konflikte und Krisen durch Frühwarnung, Krisenverhütung, Konfliktmanagement und Konfliktnachsorge mit nichtmilitärischen Mitteln.

Beim Studium der internationalen Beziehungen erweist sich die OSZE als hervorragendes Objekt für die Analyse des komplexen Zusammenspiels einer Vielzahl konfligierender einzelstaatlicher Interessen in der Arena eines nur schwach-institutionellen Rahmens von relativ geringer Eigendynamik und

Prägekraft. Aus der OSZE wird nur das werden, was ihre Teilnehmerstaaten wollen. Angesichts der je spezifisch beschränkten Interessenlage der Russischen Föderation und der USA kommt dabei der EU die Schlüsselrolle zu.

Literatur

Basisliteratur

Institut für Friedensforschung und Sicherheitspolitik an der Universität Hamburg/ IFSH (Hrsg.) (1995ff.): OSZE-Jahrbuch. Baden-Baden: Nomos.
Organization for Security and Cooperation in Europe 2000, OSCE Handbook, Vienna, 3rd edition.
Tudyka, Kurt P. (2002): Das OSZE-Handbuch. Die Organisation für Sicherheit und Zusammenarbeit von Vancouver bis Wladiwostok. Opladen: Leske + Budrich. 2. Aufl.

Literatur zu einzelnen Themenbereichen

Büscher, Klemens (1999): Die Missionen in der Republik Moldau und in der Ukraine: Eine doppelte Bilanz. In: Institut für Friedensforschung und Sicherheitspolitik an der Universität Hamburg/IFSH (Hrsg.), OSZE-Jahrbuch 1999. Baden-Baden: Nomos. S. 221-238.
Gyarmati, István (1996): Der ungarische Vorsitz und der Tschetschenienkonflikt, in: Institut für Friedensforschung und Sicherheitspolitik an der Universität Hamburg/IFSH (Hrsg.): OSZE-Jahrbuch 1996. Baden-Baden: Nomos. S. 177-188.
Heinrich, Hans-Georg (2001): Konfliktmanagement durch die OSZE in Georgien: Der politische Kontext. In: Institut für Friedensforschung und Sicherheitspolitik an der Universität Hamburg/IFSH (Hrsg.): OSZE-Jahrbuch 2001. Baden-Baden: Nomos. S. 229-234.
Hill, William (2002): Making Istanbul a reality: Moldova, Russia and the withdrawal from Transdniestria. In: Helsinki Monitor, vol. 13, no. 2, S. 129-145.
Horváth, István (2002): Facilitating Conflict Transformation: Implementation of the Recommendations of the OSCE High Commissioner on National Minorities to Romania, 1993-2001 (Wolfgang Zellner/Randolf Oberschmidt/Claus Neukirch (Hrsg.): Comparative Case Studies on the Effectiveness of the OSCE High Commissioner on National Minorities), Hamburg (CORE Working Paper No. 8).
Imholz, Kathleen (2001): Die OSZE-Präsenz in Albanien: Von einem Staat im Ausnahmezustand zum konsolidierten Staat. In: Institut für Friedensforschung und Sicherheitspolitik an der Universität Hamburg/IFSH (Hrsg.): OSZE-Jahrbuch 2001. Baden-Baden: Nomos. S. 171-179.
Jonson, Lena (2002): Die OSZE-Langzeitmission in Tadschikistan. In: Institut für Friedensforschung und Sicherheitspolitik an der Universität Hamburg/IFSH (Hrsg.): OSZE-Jahrbuch 2002. Baden-Baden, Nomos. S. 263-274.

Kemp, Walter A. (Hrsg.), (2001): Quiet Diplomacy in Action: The OSCE High Commissioner on National Minorities. The Hague/London/Boston: Kluwer Law International.

Knoll, Bernhard/Kara Johnston Molina (2002): Ein steiniger Weg: Das Kosovo im Übergang zur vorläufigen Selbstverwaltung. In: Institut für Friedensforschung und Sicherheitspolitik an der Universität Hamburg/IFSH (Hrsg.): OSZE-Jahrbuch 2002. Baden-Baden. Nomos. S. 145-167.

Kreikemeyer, Anna/Arne C. Seifert (Hrsg.), (2002): Zur Vereinbarkeit von politischem Islam und Sicherheit im OSZE-Raum. Baden-Baden: Nomos.

Kulyk, Volodymyr (2002): Revisiting a Success Story: Implementation of the Recommendations of the OSCE High Commissioner on National Minorities to Ukraine, 1994-2001 (Wolfgang Zellner/Randolf Oberschmidt/Claus Neukirch (Hrsg.): Comparative Case Studies on the Effectiveness of the OSCE High Commissioner on National Minorities). Hamburg (CORE Working Paper No. 6).

Lachowski, Zdzislaw/Adam Daniel Rotfeld (2001): Erfolg oder Fehlschlag? Vertrauens- und sicherheitsbildende Maßnahmen nach dem Kalten Krieg. In: Institut für Friedensforschung und Sicherheitspolitik an der Universität Hamburg/IFSH (Hrsg.): OSZE-Jahrbuch 2001. Baden-Baden: Nomos. S. 341-359.

Machl, Sabine (2002): Die OSZE-Missionen im Baltikum. In: Institut für Friedensforschung und Sicherheitspolitik an der Universität Hamburg/IFSH (Hrsg.): OSZE-Jahrbuch 2002. Baden-Baden: Nomos. S. 233-242.

Matwejew, Alexander (1999): Die Identitätskrise der OSZE. In: Institut für Friedensforschung und Sicherheitspolitik an der Universität Hamburg/IFSH (Hrsg.): OSZE-Jahrbuch 1999. Baden-Baden: Nomos. S. 67-90.

Merlingen, Michael/Ženet Mujić (2002): Die OSZE-Mission in Kroatien – Die Sicht aus Zagreb. In: Institut für Friedensforschung und Sicherheitspolitik an der Universität Hamburg/IFSH (Hrsg.): OSZE-Jahrbuch 2002. Baden-Baden: Nomos. S. 209-220.

Missong, Alfred (2001): Ohne Verhandlungen kein Ende des Krieges in Tschetschenien. In: Institut für Friedensforschung und Sicherheitspolitik an der Universität Hamburg/IFSH (Hrsg.): OSZE-Jahrbuch 2001. Baden-Baden: Nomos. S. 181-197.

Neukirch, Claus (2003): Konfliktmanagement und Konfliktprävention im Rahmen von OSZE-Langzeitmissionen. Eine Analyse der Missionen in Moldau und Estland, Baden-Baden: Nomos.

Oberschmidt, Randolf (2001): Zehn Jahre Büro für Demokratische Institutionen und Menschenrechte der OSZE – Eine Zwischenbilanz. In: Institut für Friedensforschung und Sicherheitspolitik an der Universität Hamburg/IFSH (Hrsg.): OSZE-Jahrbuch 2001, Baden-Baden, Nomos. S. 421-435.

Oberschmidt, Randolf/Wolfgang Zellner (2001): OSCE at the Crossroads, Hamburg (CORE Working Paper No. 2).

OSCE Office for Democratic Institutions and Human Rights (ODIHR), (2001): OSCE Human Dimension Commitments. A Reference Guide, Warsaw.

OSCE Representative on Freedom of the Media 2002: Freedom and Responsibility. Yearbook 2001/2002. Vienna.

Prsa, Maria (2002): Die OSZE-Mission in Bosnien und Herzegowina. In: Institut für Friedensforschung und Sicherheitspolitik an der Universität Hamburg/IFSH (Hrsg.): OSZE-Jahrbuch 2002, Baden-Baden, Nomos. S. 169-185.

Sannino, Stefano (2002): Die OSZE-Mission in der Bundesrepublik Jugoslawien. In: Institut für Friedensforschung und Sicherheitspolitik an der Universität Hamburg/IFSH (Hrsg.): OSZE-Jahrbuch 2002. Baden-Baden: Nomos. S. 131-143.

Sarv, Margit (2002): Integration by Reframing Legislation: Implementation of the Recommendations of the OSCE High Commissioner on National Minorities to Estonia, 1993-2001 (Wolfgang Zellner/Randolf Oberschmidt/Claus Neukirch (Hrsg.): Comparative Case Studies on the Effectiveness of the OSCE High Commissioner on National Minorities), Hamburg (CORE Working Paper No. 7).

Schenker, Harald (2002): Die OSZE-Mission in Skopje – Eine sich wandelnde Feldmission in einem sich wandelnden Umfeld, in: Institut für Friedensforschung und Sicherheitspolitik an der Universität Hamburg/IFSH (Hrsg.): OSZE-Jahrbuch 2002. Baden-Baden: Nomos. S. 187-201.

Schlotter Peter (1999): Die KSZE im Ost-West-Konflikt. Wirkung einer internationalen Institution, Frankfurt/M./New York: Campus Verlag.

Seifert, Arne C. (1999): Die OSZE-Langzeitmission in Tadschikistan. In: Institut für Friedensforschung und Sicherheitspolitik an der Universität Hamburg/IFSH (Hrsg.): OSZE-Jahrbuch 1999. Baden-Baden: Nomos. S. 291-307.

Tagliavini, Heidi (2001): Konfliktprävention und Konfliktbearbeitung in Georgien – Aus der Tätigkeit einer Persönlichen Vertreterin des OSZE-Vorsitzes. In: Institut für Friedensforschung und Sicherheitspolitik an der Universität Hamburg/IFSH (Hrsg.), OSZE-Jahrbuch 2001. Baden-Baden: Nomos. S. 217-227.

Van der Stoel, Max (2002): Die Südosteuropa-Universität in Mazedonien. In: Institut für Friedensforschung und Sicherheitspolitik an der Universität Hamburg/IFSH (Hrsg.): OSZE-Jahrbuch 2002. Baden-Baden: Nomos. S. 203-207.

Wieck, Hans-Georg (2002): Die demokratische Zivilgesellschaft – Alternative zum autokratischen Lukaschenko-Regime in Belarus. In: Institut für Friedensforschung und Sicherheitspolitik an der Universität Hamburg/IFSH (Hrsg.): OSZE-Jahrbuch 2002. Baden-Baden: Nomos. S. 243-261.

Zellner, Wolfgang (2001): The OSCE's High Commissioner on National Minorities – His Work, Effectiveness, and Recommendations to Strengthen the HCNM as an Institution. In: Heinz Gärtner/Adrian Hyde-Price/Erich Reiter (Hrsg.): Europe's New Security Challenges, Boulder, Co.: Lynne Rienner Publishers. S. 265-295.

Internet-Adressen

Organisation für Sicherheit und Zusammenarbeit in Europa (OSZE): http: //www.osce.org

OSCE Networking Project: http: //www.isn.ethz.ch/osce

Zentrum für OSZE-Forschung/Centre for OSCE Research (CORE) am Institut für Friedensforschung und Sicherheitspolitik an der Universität Hamburg (IFSH): http: //www.core-hamburg.de

Autoren

Die Herausgeber

Bernhard Rinke M.A. (Jg. 1969): Studium der Politikwissenschaft, Kommunikationswissenschaft und Geographie an der Westfälischen Wilhelms-Universität Münster. Stipendiat der Deutschen Stiftung Friedensforschung und Doktorand am Institut für Friedensforschung und Sicherheitspolitik an der Universität Hamburg (IFSH). Arbeitsschwerpunkte: Europäische Integration, Europäische Außen- und Sicherheitspolitik, Friedens- und Konfliktforschung.
Prof. Dr. Dr. h.c. Wichard Woyke (Jg. 1943): Professor für Politikwissenschaft am Institut für Politikwissenschaft der Westfälischen Wilhelms-Universität Münster. Arbeitsschwerpunkte: Internationale Politik, Französische Außen- und Sicherheitspolitik, Europäische Integration, Politisches System Deutschlands.

Die Autorinnen und Autoren

Dr. Stephan Böckenförde (Jg. 1964): Studium der Politikwissenschaft, Deutschen Philologie, Soziologie und Sozialwissenschaften an der Westfälischen Wilhelms-Universität Münster sowie der Deutschen Literatur und Sprachwissenschaft an der University of Washington in Seattle (USA). Lehrbeauftragter an der Freien Universität Berlin und der Technischen Universität Dresden. Arbeitsschwerpunkte: Außen- und Sicherheitspolitik der USA, Rüstungskontrolle.
Dr. Dieter Dettke (Jg. 1941): Studium der Politik- und Rechtswissenschaften an der Rheinischen Friedrichs-Wilhelm-Universität Bonn, in Straßburg und an der Freien Universität Berlin. Leiter des Büros der Friedrich-Ebert-Stiftung in Washington. Arbeitsschwerpunkte: Transatlantische Beziehungen, Außen- und Sicherheitspolitik.
Dr. Martina Fischer (Jg. 1958): Studium der Geschichte, Germanistik, Publizistik und Politikwissenschaft an der Westfälischen Wilhelms-Universität Münster und der Freien Universität Berlin. Zur Zeit kommissarische Leiterin des Berghof Forschungszentrums für konstruktive Konfliktbearbeitung, Berlin. Arbeitsschwerpunkte: Krisenprävention und Konfliktbearbeitung in Südosteuropa, europäische Sicherheitspolitik, Friedensförderung durch Jugendarbeit, Qualifizierungskonzepte für Friedensfachkräfte, Integration von Ansätzen der Friedensförderung in die Entwicklungszusammenarbeit.
Wibke Hansen M.A. (Jg. 1973): Studium der Politikwissenschaft, Soziologie und Englischen Philologie an der Westfälischen Wilhelms-Universität Münster sowie

der „Peace Studies" an der University of Bradford (GB). Externe Mitarbeiterin am Zentrum für Internationale Friedenseinsätze, Berlin. Mitglied der United Nations Training Assistance Teams (UNTAT), Training and Evaluation Service, Department of Peacekeeping Operations. Arbeitsschwerpunkte: Friedens- und Konfliktforschung, Friedenseinsätze der Vereinten Nationen.

Dr. Kai Hirschmann (Jg.1965): Studium der Wirtschaftswissenschaften (VWL/Internationale Wirtschaftsbeziehungen) an der Gerhard-Mercator-Universität Duisburg und der wirtschaftswissenschaftlichen Fakultät der Handelshochschule Warschau. Studienreferent für Wirtschaftspolitik an der Bundesakademie für Sicherheitspolitik, Bonn. Arbeitsschwerpunkte: Terrorismusforschung, Transformationsforschung.

Dr. Martin Kahl (Jg. 1958): Studium der Politikwissenschaft, Soziologie und Philosophie an der Westfälischen Wilhelms-Universität Münster. Mitarbeiter am Institut für Friedensforschung und Sicherheitspolitik an der Universität Hamburg (IFSH). Arbeitsschwerpunkte: Rüstungskontrolle, Militärstrategie, Europäische Integration, Europäische Sicherheitspolitik.

Prof. Dr. Dr. h.c. Reinhard Meyers (Jg. 1947): Professor für Politikwissenschaft am Institut für Politikwissenschaft der Westfälischen Wilhelms-Universität Münster. Arbeitsschwerpunkte: Geschichte, Ideengeschichte und Wissenschaftsgeschichte der Internationalen Beziehungen, Friedens- und Konfliktforschung, Europapolitik, Entwicklungspolitik.

Dr. Johannes Varwick (Jg. 1968): Studium der Politikwissenschaft, Wirtschaftspolitik und Kommunikationswissenschaft an der Westfälischen Wilhelms-Universität Münster. Professor für Politikwissenschaft an der Christian-Albrecht Universität Kiel. Arbeitsschwerpunkte: Europäische Union, internationale Sicherheit und strategische Fragen, europäische und deutsche Außen-, Sicherheits- und Verteidigungspolitik.

Jörg Waldmann M.A. (Jg.1969): Studium der Politikwissenschaft, Soziologie und Wirtschaftspolitik an der Westfälischen Wilhelms-Universität Münster. Wissenschaftlicher Mitarbeiter am dortigen Institut für Politikwissenschaft. Arbeitsschwerpunkte: Internationale Beziehungen, Deutsche und internationale Entwicklungspolitik, Internationale Umweltpolitik.

Dr. Wolfgang Zellner (Jg. 1953): Studium der Soziologie an der Universität Regensburg. Wissenschaftlicher Mitarbeiter am Institut für Friedensforschung und Sicherheitspolitik an der Universität Hamburg (IFSH). Zur Zeit Stellvertretender Wissenschaftlicher Direktor (kommissarisch) des IFSH und kommissarischer Leiter dessen Zentrums für OSZE-Forschung. Arbeitsschwerpunkte: OSZE, Sicherheits- und Militärpolitik, Rüstungskontrolle.

Sachregister

Abkommen von Dayton 228
ABM-Vertrag 12, 57, 160, 162, 242
Abrüstung 153
Abschließende Akte der Verhandlungen über Personalstärken der Konventionellen Streitkräfte in Europa 62
Ad-hoc-Koalitionen 238
Agenda für den Frieden 141
Al-Qaida 79
Australische Gruppe (AG) 68

Bedrohung 10
Befreiungsarmee 26
Beistandspflicht 226
Bekämpfung von Terrorismusgefahren 196
Bevölkerungswachstum 101, 111
Bipolarität 153
„Botschaft von Turnberry" 230
Brief der Acht 258
Bundeswehr 202
Bündnisfall 212, 225
Bürgerkrieg, langdauernder 26
Bürgerrechte 182
Büro für demokratische Institutionen und Menschenrechte (BDIMR) 277
BWÜ 66

Chemiewaffenübereinkommen 56, 66
coalitions of the willing 225, 239
Combined Joint Task Forces (CJTF) 227
„cyberspace security" 14
Cyberterrorismus 92

Demokratie 152

„deutscher Weg" 213
Doppelbeschluss 226
Dritte Welt 101
Durchführungsmöglichkeiten 91

ECOWAS 74
Einbindung, multinationale 209
Eindämmung 16
Eindämmungspolitik 16
Einheitliche europäische Akte 249
Entgrenzung der Kriegsakteure 41
Entgrenzung der Staatengesellschaft 31
Entscheidungsprozess, sicherheitspolitischer 205
Entwicklung des Kriegsbildes 31
Entwicklungszusammenarbeit 174, 188, 189, 190, 197
Erstschlag 12
Erweiterungsstudie 233
Euro-Atlantischen Rat 227
Europäische politische Zusammenarbeit (EPZ) 248, 251
Europäische Union (EU) 174, 186, 182, 190, 192, 197
Europäische Politische Union 248
Europäische Sicherheits- und Verteidigungspolitik (EVSP) 210, 242, 255
Europäische Sicherheits- und Verteidigungsunion (ESVU) 254
Europäische Verteidigungsgemeinschaft 226, 248
European headline goal 255
Existenzgefährdung 15
Exportkontrollen 54
EZ 189, 190, 191

flexible response 18
Forum für Sicherheitskooperation (FSK) 278
Fragmentierung der staatlichen Handlungssubjekte 38
freier Markt 152
Freiheitsrechte, bürgerliche 152
Friedensgemeinschaft 246
Friedenskonsolidierung 137
Friedensmacht 264
Frühwarninstrumente 197
Frühwarnsysteme 182
Frühwarnung 185, 187
Frühwarnungseinrichtungen 193

Gemeinsame Außen- und Sicherheitspolitik (GASP) 251
Gesellschaft für technische Zusammenarbeit (GTZ) 184, 190
Gewalt, privatisierte 33, 40
Gewaltlegitimierungsmonopol 212
Gewaltverbot 128
Gewaltverbot der VN 157
Globale Umweltveränderungen 105
Globalisierung 27, 31, 32
Golfkrieg 167
Golfkrieg von 1991 250
Guerilla- und Freiheitskampf 84
Guerillagruppen 26

Hoher Kommissar für nationale Minderheiten (HKNM) 277
homeland security 14

Interessen, deutsche, sicherheitspolitische 220
Internationale Atomenergieorganisation (IAEO) 65
Internationale, islamistische 81
Internationalisierung, gesellschaftliche 78
Intervention, humanitäre 135
Interventionsfähigkeit, globale 241
Irakkrieg 154, 169
Irak-Krise 254, 259

Jugoslawienkrise 225

Kalter Krieg 25
Kampfeinsätze 203
Kanonenbootpolitik 37
KFOR 242

kleine Kriege 37, 43
Klimawandel 105
Koalition der Willigen 151, 163, 210
Kommunikationsstrategie 85
Konferenz über Sicherheit und Zusammenarbeit in Europa (KSZE) 271
Konfliktkonstellationen 80
Konfliktkonstellationen, neue 77
Konsument sicherheitspolitischer Ordnung 218
Kosovo Force (KFOR) 37
Kosovo-Konflikt 228, 239, 253
Kosovokrieg 155, 157, 167
Kosovo-Krise 239, 240
Krieg der Vereinigten Staaten gegen den Irak 156
Krieg zwischen Staaten 26
Kriegsführung 14
Kriegsführung, asymmetrische 14
Kriegstyp, neuer 36
Krise, ökologische 106
Krisenmanagment, ziviles 256
Krisenprävention 247
Kultur, sicherheitspolitische 201

Linksterrorismus 86
Londoner Erklärung 231

Maastrichter Vertrag 250
Massenvernichtungsmittel 163
Massenvernichtungswaffen 156, 168
Menschenrechte 32, 177f., 182, 195f.
Menschenrechtsarbeit 197
Menschenrechtsverletzungen 173, 175, 176, 177, 182, 190, 196
Menschenrechtszusammenarbeit 174
Multilateralismus 220
Migration 111
Militarisierung 203
Missile Technology Control Regime 69

Nationale Sicherheit 10
NATO 25, 102, 157, 167, 177, 178, 209
NATO-Kooperationsrat (NACC) 227, 231
NATO-Russland Grundakte 19
NATO-Strategie 19
NBC-Terrorismus 91f.
Neue Kriege 27, 32, 33, 39, 42, 44
Nichtregierungsorganisationen (NGO) 174, 192, 194

Sachregister

no-first-use-Politik 19
Nordatlantischer Kooperationsrat 18
Nord-Süd-Konflikt 111

OAS 74, 157
OECD 189
OECD-Welt 173
öffentlicher Aufruf von acht europäischen Regierungschefs vom 30. Januar 2003 261
Ökonomie des Krieges 42
Organisation für Sicherheit und Zusammenarbeit in Europa (OSZE) 271
Organisationsstrukturen, neue 93
Osterweiterung 246
Ost-West-Gegensatz 102
Ost-West-Konflikt 154, 225f., 246, 250
OSZE 174, 181, 186
OSZE-Beauftragter für Medienfreiheit 278

„Partnerschaft für den Frieden" (PfP) 227, 232
Partnership for Peace Programm (PFP) 19
Peacekeeping, erste Generation 133
Petersberg-Aufgaben 252
PLO 86
präemptiv 179
Präventivkrieg 173, 179
Präventivschläge 22

Raketenabwehr 12
Rats für gegenseitige Wirtschaftshilfe (RGW) 250
Rebellengruppen 26
Recht auf Selbstverteidigung 179
Rüstungskontrolle 160, 162, 169
Rüstungskontrollregime 168
Rüstungskontrollschritte 153
Rüstungskontrollvereinbarungen 159
Rüstungsreduzierung 160

Sanktionen 136
Selbstverteidigung 176, 177, 179, 180
Selbstverteidigung, präventive 179
Selbstverteidigungsrecht 180f.
Sicherheit, erweiterte 116
Sicherheit, internationale 10
Sicherheit, kollektive 10, 127
Sicherheit, nationale 10

Sicherheits- und Verteidigungspolitik, europäische 254
Sicherheitsbegriff, erweiterter 102, 103, 120
Sicherheitsdilemma 102
Sicherheitsdoktrin der USA, neue nationale 247
Sicherheitspolitik, nachhaltige 247
Sicherheitsrat, Gewaltmonopol 129
Söldnerfirmen, internationale 26
Souveränität 174, 178
Souveränitätsprinzip 175
Spagat zwischen transatlantischer und europäischer Orientierung 214
Strategic Arms Limitation Talks 57
Strategic Arms Reduction Talks 59
Strategie, sicherheitspolitische 204
Study on Enlargement 234
System internationaler Politik, staatenzentrisch 29

Terror 83
Terrorismus 83
Terrorismus, ethnisch-nationalistischer 87
Terrorismus, ideologischer 79
Terrorismus, NBC- 91
Terrorismusbekämpfung 173, 179
Terrornetzwerke 26
Testschwellenvertrag 57
Teststoppvertrag, begrenzter 56
Trittbrettfahrer, sicherheitspolitische 218

UN 154, 155
Unilateralismus 151
unipolare Welt 168
Unipolarität 153, 162, 166

Vereinigte Staaten von Amerika 151
Vereinte Nationen 154, 157ff., 161, 164, 230
Vereinte Nationen, Charta 26, 126
Verhütung gewaltsamer Konflikte 190
Verteidigungspolitische Richtlinien 205
Vertrag über den „Offenen Himmel" 62
Vertrag über die Nichtverbreitung von Kernwaffen 56
Vertrag über Konventionelle Streitkräfte in Europa 62
Vertrag von Amsterdam 252
Vertrag zum umfassenden Verbot von Nuklearversuchen 57

Verwundbarkeit 12
Vor-Ort-Aktivitäten der OSZE 279

Warlords 26
Warnungen, frühzeitige 193
Warschauer Pakt 25, 230
Warschauer Vertragsorganisation (WVO) 250
Wassenaar Arrangement 69
Weltmacht 262
Weltordnung, multipolare 254
Westeuropäische Union (WEU) 226, 250

Wissenschaftlicher Beirat der Bundesregierung 122

„Zentrum für Internationale Friedenseinsätze" (ZIF) 217
Ziel-Mittel-Komplex 15
Zivilgesellschaft 191, 193, 197
Zivilmacht 201, 263
Zwangsmaßnahmen 129
2+4-Vertrag 250
Zweiter Golfkrieg 157

Printed by Books on Demand, Germany